行政学
原著选读

CLASSIC

乔耀章 编著

PUBLIC ADMINISTRATION

北京大学出版社
PEKING UNIVERSITY PRESS

图书在版编目(CIP)数据

行政学原著选读/乔耀章编著. —北京:北京大学出版社,2024.1
ISBN 978-7-301-34807-9

Ⅰ. ①行… Ⅱ. ①乔… Ⅲ. ①行政学—高等学校—教材 Ⅳ. ①D035-0

中国国家版本馆 CIP 数据核字(2023)第 257021 号

书　　　名	行政学原著选读 XINGZHENGXUE YUANZHU XUANDU
著作责任者	乔耀章　编著
责 任 编 辑	朱梅全
标 准 书 号	ISBN 978-7-301-34807-9
出 版 发 行	北京大学出版社
地　　　址	北京市海淀区成府路 205 号　100871
网　　　址	http://www.pup.cn　新浪微博:@北京大学出版社
电 子 邮 箱	zpup@pup.cn
电　　　话	邮购部 010-62752015　发行部 010-62750672　编辑部 021-62071998
印 刷 者	河北滦县鑫华书刊印刷厂
经 销 者	新华书店 730 毫米×980 毫米　16 开本　25.25 印张　439 千字 2024 年 1 月第 1 版　2024 年 1 月第 1 次印刷
定　　　价	78.00 元

未经许可,不得以任何方式复制或抄袭本书之部分或全部内容。
版权所有,侵权必究
举报电话:010-62752024　电子邮箱:fd@pup.cn
图书如有印装质量问题,请与出版部联系,电话:010-62756370

编 著 说 明

　　我从教近半个世纪，感悟之一是，在原著学习、原理学习、教材学习以及课堂学习之间可列出几个不等式。同样的教材，不同的老师备课的课堂教学效果是不一样的。相同或相近的原理被不同的编撰者编到不同的教材里，教材与原理的本意还是有距离的。原理是经过专家从阅读原著中抽象概括出来的，原理与原著的原意不一定完全切合。所以，课堂学习、教材学习、原理学习都不能取代经典原著的学习。原著学习可谓探寻知识智慧之源。通过原著学习，可以读懂作者，读懂作者所属的时代，进而反哺读者的时代并为之所用。"行政学原著选读"是行政学或公共行政学、行政管理学、公共管理学本科生、研究生必修的基础课程。早在2002年元月，我曾在多年教学实践的基础上选编了一本胶印的教材作为试用，持续使用了二十多年，其中苏州大学与宿迁学院合办的行政管理本科专业也一直使用该教材。后来在原有胶印版的基础上又增加了一些新的内容，但由于主客观方面的原因一直未出版，其中部分原因是对编写的内容及其体例方面的考虑，怎样做到有别于国内现有公开出版的有关西方行政学"理论概要""学说史""经典导读""原著导读"等教材。如果本书能体现出"后出版"的优势或特色，或许会更有些学术价值。

　　"原著选读"或"经典选读"①既有别于"原著研读"或"经典研读"，也有别于"原著导读"或"经典导读"。为了避免我自己的学术旨趣所限，其主要的意涵在于保持原著的原貌，强调读者要亲自阅读，不要"被阅读"，亲自吃"原著之馍馍"方有原汁原味的味道。我认为读者亲自阅读，更有利于避免产生"先入为主"的

---

　　① 原著，英文是"original work"，意思是指最初的著作，原义指原版的书籍、原版的文章、原版的作品或系列等；经典，英文是"classics"，一般指经久不衰的、具有典范性、权威性、根本性、价值性、精髓性的著作。这里所称的原著或经典是指被翻译的著作中所包含的内容和设定是原创之作。

依赖性,以至于在阅读与理解力方面可能被"误导"。这不仅关涉到为什么要读原著、读哪些原著、怎么读原著等问题,而且能最大限度地发挥读者的潜能,为学习增效。

我们为什么要选读行政学原著呢?当我们从特定的视角把行政学视为"国家学"或"政府学"之时,我们可以进而言之:从唯物的视角可以说,有什么样的国家或政府就会有什么样的行政学;从辩证的视角则可以说,有什么样的行政学才会有什么样的国家或政府。那么,中国的国家或政府与行政学是什么关系呢?中国是个"文明型国家"[①],有着上下五千年的历史[②],有着极其丰富的治国理政之道,如吴兢的《贞观政要》、司马光的《资治通鉴》、王夫之的《读通鉴论》等。但是,由于时代的局限,却没有能够产生出现代行政学的篇章来,究竟是为什么?我以为这是很值得以行政学、公共行政学研究以及以治国理政为志业的人们都要深刻反思的问题。我主张为了中华民族的复兴而学习、研究、践行行政学原著,进而建构和发展出中国特色的行政学。

在此情境下,我们研读的内容和要求是什么呢?在浩如烟海的行政学文献中,不同作者有不同的著作,同一个作者有不同的著作,选择哪一部著作作为代表作,还真有点难以抉择。本书要选哪些原著?怎么选?能否言必称西方行政学?行政学在中国被认为是一种"舶来品",对此我较早提出和初步论证了"行政学中国化问题"。为了避免现代行政学主要是"美学"(即"美国行政学",因为现代行政学不仅产生在美国,而且绝大多数现代行政学学者都是美国人或他国旅居美国的行政学人)的认知倾向,我沿袭原来胶印版的"传统",在选读书目的过程中考虑到了古今中外的相关原著、经典,在逻辑层面上关涉到国学、马克思主义经典著作、西方经典著作三方面共二十六篇,加上附录,分为三个部分。

第一部分为国学与马克思主义经典文献。国学部分选出《孙子兵法》一篇,以表明2000多年前古老的中国"兵书""兵学"与现代行政学有着某种"神似"之处;马克思主义经典文献选出马克思、恩格斯、列宁、毛泽东、邓小平的有关著作七篇,以表明马克思主义经典文献有助于对近现代以来公共行政学一般规律和特殊规律的揭示。

第二部分为西方经典文献,在参照彭和平、竹立家等编译的《国外公共行政理论精选》(中共中央党校出版社1997年版)、竺乾威和马国泉编的《公共行政

[①] 参见张维为:《中国震撼:一个"文明型国家"的崛起》,上海人民出版社2011年版。
[②] 参见姚大力等著,姜鹏、李静编:《五万年中国简史》,文汇出版社2020年版。该书认为,中华民族的历史应从第一批智人踏上中华大地开始算起,距今已有五万年。

学经典文选（英文版）》（复旦大学出版社2000年版）、毛寿龙主编的《西方公共行政学名著提要》（江西人民出版社2006年版），以及杰伊·M.沙夫里茨、艾伯特·C.海德、桑德拉·J.帕克斯编的《公共行政学经典（第五版）》（中国人民大学出版社2010年版）等的基础上，选出伍德罗·威尔逊的《行政学研究》和菲利普·J.库珀等的《二十一世纪的公共行政：挑战与改革》等为首尾的经典之作十八篇，限于篇幅，大部分节选其中的经典段落，使读者能够进一步深入理解行政学理论，以表明欧美国家的近现代行政学理论与实践具有先行性，对于后欧美国家行政学的创建和发展及其国家治理实践具有互鉴性价值与意义。

第三部分为附录，收录我所写的相关研究文章四篇，供读者学习研究时参考。

在编写体例方面，本书以第一部分、第二部分为主，特别是以第二部分为重点。为尽可能避免我自己主观意识的影响，我为所推荐阅读的经典作品写了简要的导读，以利于读者把握该篇经典的内容意旨或中心思想；同时，在每篇推荐作品后提出几道有助于温故而知新的思考题，力求体现学以致用，读以致用。与其他相关教材比较，本书的特色之一在于：行政要讲政治、讲科学，要讲德政、讲民主、讲法治。中国特色的行政学、公共行政学或公共管理学，学习行政学原著不限于西方经典文献，不能不讲国学，也不能不以马克思主义的基本原理作指引。

"思想自由，兼容并蓄"的北京大学是享誉国内外的著名高等学府和思想学术高地。北京大学出版社依靠北京大学雄厚的教学、科研力量，出版了大量高水平、高质量、适应多层次需要的优秀高等教育教材，一直保持着领先地位。虽然我与北京大学没有结成学习和工作的缘分，但是我与北京大学政府管理学院、国际关系学院多名德高望重的知名教授保持着良好的学术情缘，对于他们给予我的诸多学术滋养，我一直心怀敬仰与感激。近年来，我和北京大学出版社的朱梅全编辑一直保持着非常友好的联系，本书在他的热情鼓励和支持下得以在北京大学出版社出版，实现了我近二十年来的一项夙愿，由此我对朱梅全编辑表示由衷的谢意！

同时，本书的出版得到了"江苏省品牌培育专业（行政管理）项目""江苏省优势学科政治学"以及苏州大学新型城镇化与社会治理协同创新中心的资助。苏州大学政治与公共管理学院公共管理系朱妍老师为此付出了辛勤劳动，一并表示感谢！

目 录
CONTENTS

第一部分　国学与马克思主义经典文献

第一篇　孙子兵法 / 003
　　　　孙　武

第二篇　费尔巴哈(节选) / 013
　　　　马克思、恩格斯

第三篇　共产党宣言(节选) / 018
　　　　马克思、恩格斯

第四篇　论权威(节选) / 037
　　　　恩格斯

第五篇　家庭、私有制和国家的起源(节选) / 041
　　　　恩格斯

第六篇　宁肯少些,但要好些 / 058
　　　　列宁

第七篇　论十大关系 / 070
　　　　毛泽东

第八篇　党和国家领导制度的改革 / 086
　　　　邓小平

第二部分　西方经典文献

第一篇　行政学研究 / 105
　　伍德罗·威尔逊

第二篇　政治与行政 / 127
　　弗兰克·J. 古德诺

第三篇　科学管理原理 / 143
　　弗雷德里克·W. 泰勒

第四篇　官僚制 / 151
　　马克斯·韦伯

第五篇　公共行政学研究导论 / 160
　　伦纳德·D. 怀特

第六篇　组织理论札记 / 170
　　卢瑟·古立克

第七篇　人的激励理论 / 183
　　亚伯拉罕·马斯洛

第八篇　经理人员的职能 / 203
　　切斯特·I. 巴纳德

第九篇　管理行为 / 218
　　赫伯特·A. 西蒙

第十篇　帕金森定律 / 230
　　诺斯古德·帕金森

第十一篇　什么是公共行政学 / 237
　　德怀特·沃尔多

第十二篇　彼得原理 / 253
　　劳伦斯·J. 彼得、雷蒙德·赫尔

第十三篇　走向新公共行政 / 259
　　H. 乔治·弗雷德里克森

第十四篇　公共事业和私营企业管理 / 275
　　　　　格雷厄姆·T.艾利森

第十五篇　改革政府 / 299
　　　　　戴维·奥斯本、特德·盖布勒

第十六篇　市场选择、公共选择和制度选择研究的一些进展 / 310
　　　　　文森特·奥斯特罗姆

第十七篇　新公共服务：服务，而不是掌舵 / 332
　　　　　珍妮特·V.登哈特、罗伯特·B.登哈特

第十八篇　二十一世纪的公共行政：挑战与改革 / 338
　　　　　菲利普·J.库珀等

第三部分　附　　录

第一篇　行政学中国化与行政哲学思考 / 367
第二篇　行政学中国化过程中的学科发展与方法体系 / 371
第三篇　行政学美国化：理论支点及其引发的批评与启示 / 378
第四篇　行政学中国化与行政发展观辨析 / 392

第一部分

国学与马克思主义经典文献

中国传统文化是多元思想体系相互碰撞、相互包容、相互学习之后经过长期积淀而形成的统一体,向世界展示了人类社会历经数千年而不绝的治国理政文化脉络。在众多的国学经典中,有很多从不同层面论及治国理政。如宋代程颐在《代吕公著应诏上神宗皇帝书》中论道:"为政之道,以顺民心为本,以厚民生为本,以安而不扰为本。"意思是:治国理政应以顺应人民愿望为本,以丰厚人民生活为本,以安定而不扰民为本。这"三本"从政治、经济、思想三个方面揭示出民本思想本质上是一体的,揭示了国家的治乱与兴衰取决于民心向背之史证。但是,我们从众多国学经典中只选出最具代表性的《孙子兵法》,以表明两千多年前古老的中国"兵书""兵学"与现代行政学有着某种"神似"之处。

在马克思主义经典文献中,我们选出马克思、恩格斯、列宁、毛泽东、邓小平的相关文献或节选七篇,以表明这些经典文献有助于对近现代以来公共行政学一般规律和特殊规律的揭示。

第一篇 孙子兵法

孙 武

▶ 导 读

《孙子兵法》又称《孙武兵法》《吴孙子兵法》《孙子兵书》《孙武兵书》等,是中国现存最早的兵书,也是世界上最早的军事著作①,被誉为"兵学圣典",又是一部治国方略大典。《孙子兵法》富含深刻的哲理,具有管理、领导、决策、哲学、逻辑、信息、行为、心理等方面丰富的内容。它体现出"三个跨域":时间跨域,公元前春秋战国以来;空间跨域,蜚声中外,经久不衰;领域跨域,不限于军事治军理论思想、原则和方法,而且在国家管理、政府管理、企业管理、商业经营、教育管理、外交管理、科学管理等领域也都具有现实指导意义。国内有不少学者研究《孙子兵法》与行政管理的关系,认为虽然军事管理与行政管理在表现形式上或者内容上都有所不同,但是两者都必须处理好内部与外部的各种矛盾,作出正确的判断和决策,两者有其相融性。譬如,军事管理以人为本,行政管理也是以人为本,两者的管理对象和目的有相似性。另外,两者在有关管理的原则性、规律性方面是一脉相承的。譬如,国事为重、将为国辅、视卒如子、以法治军、知者必胜、谋略取胜、求之于势、以变应变等理论如能恰如其分地转化为行政管理的理论与方法,行政管理就能取得显著的成效。②

---

① 世界三大兵书包括:中国孙武所著《孙子兵法》、德国克劳塞维茨(Carl von Clausewitz)所著《战争论》、日本宫本武藏所著《五轮书》。
② 参见管正:《孙子兵法在现代行政管理中的价值与应用》,载《滨州学院学报》2006年第5期。

计　篇

　　孙子曰：兵者，国之大事，死生之地，存亡之道，不可不察也。故经之以五事，校之以计，而索其情：一曰道，二曰天，三曰地，四曰将，五曰法。道者，令民于上同意，可与之死，可与之生，而不危也；天者，阴阳、寒暑、时制也；地者，远近、险易、广狭、死生也；将者，智、信、仁、勇、严也；法者，曲制、官道、主用也。凡此五者，将莫不闻，知之者胜，不知之者不胜。故校之以计，而索其情，曰：主孰有道？将孰有能？天地孰得？法令孰行？兵众孰强？士卒孰练？赏罚孰明？吾以此知胜负矣。将听吾计，用之必胜，留之；将不听吾计，用之必败，去之。计利以听，乃为之势，以佐其外。势者，因利而制权也。兵者，诡道也。故能而示之不能，用而示之不用，近而示之远，远而示之近。利而诱之，乱而取之，实而备之，强而避之，怒而挠之，卑而骄之，佚而劳之，亲而离之，攻其无备，出其不意。此兵家之胜，不可先传也。夫未战而庙算胜者，得算多也；未战而庙算不胜者，得算少也。多算胜少算，而况于无算乎！吾以此观之，胜负见矣。

作　战　篇

　　孙子曰：凡用兵之法，驰车千驷，革车千乘，带甲十万，千里馈粮。则内外之费，宾客之用，胶漆之材，车甲之奉，日费千金，然后十万之师举矣。其用战也，胜久则钝兵挫锐，攻城则力屈，久暴师则国用不足。夫钝兵挫锐，屈力殚货，则诸侯乘其弊而起，虽有智者不能善其后矣。故兵闻拙速，未睹巧之久也。夫兵久而国利者，未之有也。故不尽知用兵之害者，则不能尽知用兵之利也。善用兵者，役不再籍，粮不三载，取用于国，因粮于敌，故军食可足也。国之贫于师者远输，远输则百姓贫；近师者贵卖，贵卖则百姓财竭，财竭则急于丘役。力屈中原、内虚于家，百姓之费，十去其七；公家之费，破军罢马，甲胄矢弓，戟盾矛橹，丘牛大车，十去其六。故智将务食于敌，食敌一钟，当吾二十钟；䓟秆一石，当吾二十石。故杀敌者，怒也；取敌之利者，货也。车战得车十乘以上，赏其先得者而更其旌旗。车杂而乘之，卒善而养之，是谓胜敌而益强。故兵贵胜，不贵久。故知兵之将，民之司命。国家安危之主也。

第一部分
第一篇 孙子兵法

谋 攻 篇

孙子曰：凡用兵之法，全国为上，破国次之；全军为上，破军次之；全旅为上，破旅次之；全卒为上，破卒次之；全伍为上，破伍次之。是故百战百胜，非善之善也；不战而屈人之兵，善之善者也。故上兵伐谋，其次伐交，其次伐兵，其下攻城。攻城之法，为不得已。修橹轒辒，具器械，三月而后成；距堙，又三月而后已。将不胜其忿而蚁附之，杀士卒三分之一，而城不拔者，此攻之灾也。故善用兵者，屈人之兵而非战也，拔人之城而非攻也，毁人之国而非久也，必以全争于天下，故兵不顿而利可全，此谋攻之法也。故用兵之法，十则围之，五则攻之，倍则分之，敌则能战之，少则能逃之，不若则能避之。故小敌之坚，大敌之擒也。夫将者，国之辅也。辅周则国必强，辅隙则国必弱。故君之所以患于军者三：不知军之不可以进而谓之进，不知军之不可以退而谓之退，是谓縻军；不知三军之事而同三军之政，则军士惑矣；不知三军之权而同三军之任，则军士疑矣。三军既惑且疑，则诸侯之难至矣。是谓乱军引胜。故知胜有五：知可以战与不可以战者胜，识众寡之用者胜，上下同欲者胜，以虞待不虞者胜，将能而君不御者胜。此五者，知胜之道也。故曰：知己知彼，百战不殆；不知彼而知己，一胜一负；不知彼不知己，每战必殆。

形 篇

孙子曰：昔之善战者，先为不可胜，以待敌之可胜。不可胜在己，可胜在敌。故善战者，能为不可胜，不能使敌之必可胜。故曰：胜可知，而不可为。不可胜者，守也；可胜者，攻也。守则不足，攻则有余。善守者藏于九地之下，善攻者动于九天之上，故能自保而全胜也。见胜不过众人之所知，非善之善者也；战胜而天下曰善，非善之善者也。故举秋毫不为多力，见日月不为明目，闻雷霆不为聪耳。古之所谓善战者，胜于易胜者也。故善战者之胜也，无智名，无勇功，故其战胜不忒。不忒者，其所措胜，胜已败者也。故善战者，立于不败之地，而不失敌之败也。是故胜兵先胜而后求战，败兵先战而后求胜。善用兵者，修道而保法，故能为胜败之政。兵法：一曰度，二曰量，三曰数，四曰称，五曰胜。地生度，度生量，量生数，数生称，称生胜。故胜兵若以镒称铢，败兵若以铢称镒。称胜者之战民也,若决积水于千仞之溪者,形也。

势　篇

孙子曰:凡治众如治寡,分数是也;斗众如斗寡,形名是也;三军之众,可使必受敌而无败者,奇正是也;兵之所加,如以碬投卵者,虚实是也。凡战者,以正合,以奇胜。故善出奇者,无穷如天地,不竭如江海。终而复始,日月是也。死而更生,四时是也。声不过五,五声之变,不可胜听也;色不过五,五色之变,不可胜观也;味不过五,五味之变,不可胜尝也;战势不过奇正,奇正之变,不可胜穷也。奇正相生,如循环之无端,孰能穷之哉!

激水之疾,至于漂石者,势也;鸷鸟之疾,至于毁折者,节也。故善战者,其势险,其节短。势如扩弩,节如发机。纷纷纭纭,斗乱而不可乱;浑浑沌沌,形圆而不可败。乱生于治,怯生于勇,弱生于强。治乱,数也;勇怯,势也;强弱,形也。故善动敌者,形之,敌必从之;予之,敌必取之。以利动之,以卒待之。故善战者,求之于势,不责于人故能择人而任势。任势者,其战人也,如转木石。木石之性,安则静,危则动,方则止,圆则行。故善战人之势,如转圆石于千仞之山者,势也。

虚　实　篇

孙子曰:凡先处战地而待敌者佚,后处战地而趋战者劳。故善战者,致人而不致于人。能使敌人自至者,利之也;能使敌人不得至者,害之也。故敌佚能劳之,饱能饥之,安能动之。出其所必趋,趋其所不意。行千里而不劳者,行于无人之地也;攻而必取者,攻其所不守。守而必固者,守其所必攻也。故善攻者,敌不知其所守;善守者,敌不知其所攻。微乎微乎,至于无形;神乎神乎,至于无声,故能为敌之司命。进而不可御者,冲其虚也;退而不可追者,速而不可及也。故我欲战,敌虽高垒深沟,不得不与我战者,攻其所必救也;我不欲战,虽画地而守之,敌不得与我战者,乖其所之也。故形人而我无形,则我专而敌分。我专为一,敌分为十,是以十攻其一也。则我众敌寡,能以众击寡者,则吾之所与战者约矣。吾所与战之地不可知,不可知则敌所备者多,敌所备者多,则吾所与战者寡矣。故备前则后寡,备后则前寡,备左则右寡,备右则左寡,无所不备,则无所不寡。寡者,备人者也;众者,使人备己者也。故知战之地,知战之日,则可千里而会战;不知战之地,不知战日,则左不能救右,右不能救左,前不能救后,后不能救前,而况远者数十里,近者数里乎!以吾度之,越人之兵虽多,亦奚益于胜哉!故曰:胜可为也。敌虽众,可使无斗。故策之而知得失之计,候之而知动静之理,形之而知死生之地,角之而知有余不足之处。故形兵之极,至于无形。无形则深间不能窥,智者不能谋。因形而措胜于众,众不能知。人皆知我所以胜之形,而莫知吾所以制胜之形。故其战胜不复,而应形于无穷。夫兵形象水,水之行避高而趋下,兵之形避实而击虚;水因地而制流,兵因敌而制胜。故兵无常势,水无常形。能因敌变化而取胜者,谓之神。故五行无常胜,四时无常位,日有短长,月有死生。

军 争 篇

孙子曰:凡用兵之法,将受命于君,合军聚众,交和而舍,莫难于军争。军争之难者,以迂为直,以患为利。故迂其途,而诱之以利,后人发,先人至,此知迂直之计者也。军争为利,军争为危。举军而争利则不及,委军而争利则辎重捐。是故卷甲而趋,日夜不处,倍道兼行,百里而争利,则擒三将军,劲者先,疲者后,其法十一而至;五十里而争利,则蹶上将军,其法半至;三十里而争利,则三分之二至。是故军无辎重则亡,无粮食则亡,无委积则亡。故不知诸侯之谋者,不能豫交;不知山林、险阻、沮泽之形者,不能行军;不用乡导者,不能得地利。故兵以诈立,以利动,以分和为变者也。故其疾如风,其徐如林,侵掠如火,不动如山,难知如阴,动如雷震。掠乡分众,廓地分利,悬权而动。先知迂直之计者胜,此军争之法也。《军政》曰:"言不相闻,故为之金鼓;视不相见,故为之旌旗。"夫金鼓旌旗者,所以一民之耳目也。民既专一,则勇者不得独进,怯者不得独退,此用众之法也。故夜战多金鼓,昼战多旌旗,所以变人之耳目也。三军可夺气,将军可夺心。是故朝气锐,昼气惰,暮气归。善用兵者,避其锐气,击其惰归,此治气者也。以治待乱,以静待哗,此治心者也。以近待远,以佚待劳,以饱待饥,此治力者也。无邀正正之旗,无击堂堂之陈,此治变者也。故用兵之法,高陵勿向,背丘勿逆,佯北勿从,锐卒勿攻,饵兵勿食,归师勿遏,围师必阙,穷寇勿迫,此用兵之法也。

九 变 篇

孙子曰：凡用兵之法，将受命于君，合军聚合。泛地无舍，衢地合交，绝地无留，围地则谋，死地则战，途有所不由，军有所不击，城有所不攻，地有所不争，君命有所不受。故将通于九变之利者，知用兵矣；将不通九变之利，虽知地形，不能得地之利矣；治兵不知九变之术，虽知五利，不能得人之用矣。是故智者之虑，必杂于利害，杂于利而务可信也，杂于害而患可解也。是故屈诸侯者以害，役诸侯者以业，趋诸侯者以利。故用兵之法，无恃其不来，恃吾有以待之；无恃其不攻，恃吾有所不可攻也。故将有五危，必死可杀，必生可虏，忿速可侮，廉洁可辱，爱民可烦。凡此五者，将之过也，用兵之灾也。覆军杀将，必以五危，不可不察也。

行 军 篇

孙子曰：凡处军相敌，绝山依谷，视生处高，战隆无登，此处山之军也。绝水必远水，客绝水而来，勿迎之于水内，令半渡而击之利，欲战者，无附于水而迎客，视生处高，无迎水流，此处水上之军也。绝斥泽，唯亟去无留，若交军于斥泽之中，必依水草而背众树，此处斥泽之军也。平陆处易，右背高，前死后生，此处平陆之军也。凡此四军之利，黄帝之所以胜四帝也。凡军好高而恶下，贵阳而贱阴，养生而处实，军无百疾，是谓必胜。丘陵堤防，必处其阳而右背之，此兵之利，地之助也。上雨水流至，欲涉者，待其定也。凡地有绝涧、天井、天牢、天罗、天陷、天隙，必亟去之，勿近也。吾远之，敌近之；吾迎之，敌背之。军旁有险阻、潢井、蒹葭、小林、翳荟者，必谨覆索之，此伏奸之所处也。敌近而静者，恃其险也；远而挑战者，欲人之进也；其所居易者，利也；众树动者，来也；众草多障者，疑也；鸟起者，伏也；兽骇者，覆也；尘高而锐者，车来也；卑而广者，徒来也；散而条达者，樵采也；少而往来者，营军也；辞卑而备者，进也；辞强而进驱者，退也；轻车先出居其侧者，陈也；无约而请和者，谋也；奔走而陈兵者，期也；半进半退者，诱也；杖而立者，饥也；汲而先饮者，渴也；见利而不进者，劳也；鸟集者，虚也；夜呼者，恐也；军扰者，将不重也；旌旗动者，乱也；吏怒者，倦也；粟马肉食，军无悬甑，不返其舍者，穷寇也；谆谆翕翕，徐与人言者，失众也；数赏者，窘也；

数罚者，困也；先暴而后畏其众者，不精之至也；来委谢者，欲休息也。兵怒而相迎，久而不合，又不相去，必谨察之。兵非贵益多也，惟无武进，足以并力料敌取人而已。夫惟无虑而易敌者，必擒于人。卒未亲而罚之，则不服，不服则难用。卒已亲附而罚不行，则不可用。故合之以文，齐之以武，是谓必取。令素行以教其民，则民服；令素不行以教其民，则民不服。令素行者，与众相得也。

地 形 篇

孙子曰：地形有通者、有挂者、有支者、有隘者、有险者、有远者。我可以往，彼可以来，曰通。通形者，先居高阳，利粮道，以战则利。可以往，难以返，曰挂。挂形者，敌无备，出而胜之，敌若有备，出而不胜，难以返，不利。我出而不利，彼出而不利，曰支。支形者，敌虽利我，我无出也，引而去之，令敌半出而击之利。隘形者，我先居之，必盈之以待敌。若敌先居之，盈而勿从，不盈而从之。险形者，我先居之，必居高阳以待敌；若敌先居之，引而去之，勿从也。远形者，势均难以挑战，战而不利。凡此六者，地之道也，将之至任，不可不察也。凡兵有走者、有驰者、有陷者、有崩者、有乱者、有北者。凡此六者，非天地之灾，将之过也。夫势均，以一击十，曰走；卒强吏弱，曰驰；吏强卒弱，曰陷；大吏怒而不服，遇敌怼而自战，将不知其能，曰崩；将弱不严，教道不明，吏卒无常，陈兵纵横，曰乱；将不能料敌，以少合众，以弱击强，兵无选锋，曰北。凡此六者，败之道也，将之至任，不可不察也。夫地形者，兵之助也。料敌制胜，计险隘远近，上将之道也。知此而用战者必胜，不知此而用战者必败。故战道必胜，主曰无战，必战可也；战道不胜，主曰必战，无战可也。故进不求名，退不避罪，唯民是保，而利于主，国之宝也。视卒如婴儿，故可以与之赴深溪；视卒如爱子，故可与之俱死。厚而不能使，爱而不能令，乱而不能治，譬若骄子，不可用也。知吾卒之可以击，而不知敌之不可击，胜之半也；知敌之可击，而不知吾卒之不可以击，胜之半也；知敌之可击，知吾卒之可以击，而不知地形之不可以战，胜之半也。故知兵者，动而不迷，举而不穷。故曰：知彼知己，胜乃不殆；知天知地，胜乃可全。

九 地 篇

孙子曰：用兵之法，有散地，有轻地，有争地，有交地，有衢地，有重地，有泛地,有围地,有死地。诸侯自战其地者,为散地;入人之地而不深者,为轻地。我得则利,彼得亦利者,为争地;我可以往,彼可以来者,为交地;诸侯之地三属,先至而得天下众者,为衢地;入人之地深,背城邑多者,为重地;山林、险阻、沮泽,凡难行之道者,为泛地;所由入者隘,所从归者迂,彼寡可以击吾之众者,为围地;疾战则存,不疾战则亡者,为死地。是故散地则无战,轻地则无止,争地则无攻,交地则无绝,衢地则合交,重地则掠,泛地则行,围地则谋,死地则战。古之善用兵者,能使敌人前后不相及,众寡不相恃,贵贱不相救,上下不相收,卒离而不集,兵合而不齐。合于利而动,不合于利而止。敢问敌众而整将来,待之若何曰:先夺其所爱则听矣。兵之情主速,乘人之不及。由不虞之道,攻其所不戒也。凡为客之道,深入则专。主人不克,掠于饶野,三军足食。谨养而勿劳,并气积力,运兵计谋,为不可测。投之无所往,死且不北。死焉不得,士人尽力。兵士甚陷则不惧,无所往则固,深入则拘,不得已则斗。是故其兵不修而戒,不求而得,不约而亲,不令而信,禁祥去疑,至死无所之。吾士无余财,非恶货也;无余命,非恶寿也。令发之日,士卒坐者涕沾襟,偃卧者涕交颐,投之无所往,诸、刿之勇也。故善用兵者,譬如率然。率然者,常山之蛇也。击其首则尾至,击其尾则首至,击其中则首尾俱至。敢问兵可使如率然乎?曰可。夫吴人与越人相恶也,当其同舟而济而遇风,其相救也如左右手。是故方马埋轮,未足恃也;齐勇如一,政之道也;刚柔皆得,地之理也。故善用兵者,携手若使一人,不得已也。将军之事,静以幽,正以治,能愚士卒之耳目,使之无知;易其事,革其谋,使人无识;易其居,迂其途,使民不得虑。帅与之期,如登高而去其梯;帅与之深入诸侯之地,而发其机。若驱群羊,驱而往,驱而来,莫知所之。聚三军之众,投之于险,此谓将军之事也。九地之变,屈伸之力,人情之理,不可不察也。凡为客之道,深则专,浅则散。去国越境而师者,绝地也;四彻者,衢地也;入深者,重地也;入浅者,轻地也;背固前隘者,围地也;无所往者,死地也。是故散地吾将一其志,轻地吾将使之属,争地吾将趋其后,交地吾将谨其守,交地吾将固其结,衢地吾将谨其恃,重地吾将继其食,泛地吾将进其途,围地吾将塞其阙,死地吾将示之以不活。故兵之情:围则御,不得已则斗,过则从。是故不知诸侯之谋者,不能预交;不知山林、险阻、沮泽之形者,不能行军;不用乡导,不能得地利。四五者,一不知,非霸王之兵也。夫霸王之兵,伐大国,则其众不得聚;威加于敌,则其交不得合。是故不争天下之交,不养天下之权,信己之私,威加于敌,则其城可拔,其国可隳。施无法之赏,悬无政之令。犯三军之众,若使一人。犯之以事,勿告以言;犯之以害,勿告以利。投之亡地然后存,陷之死地然后生。夫众陷于害,然后能为胜败。故为兵之事,在顺详敌之意,并敌一向,千里杀将,是谓巧能成事。是故政举之日,夷关折符,无通其使,厉于廊庙之上,以诛其事。敌人开阖,必亟入之,先其所爱,微与之期,践墨随敌,以决战事。是故始如处女,敌人开户;后如脱兔,敌不及拒。

火攻篇

孙子曰:凡火攻有五:一曰火人,二曰火积,三曰火辎,四曰火库,五曰火队。行火必有因,因必素具。发火有时,起火有日。时者,天之燥也。日者,月在箕、壁、翼、轸也。凡此四宿者,风起之日也。凡火攻,必因五火之变而应之:火发于内,则早应之于外;火发而其兵静者,待而勿攻,极其火力,可从而从之,不可从则上。火可发于外,无待于内,以时发之,火发上风,无攻下风,昼风久,夜风止。凡军必知五火之变,以数守之。故以火佐攻者明,以水佐攻者强。水可以绝,不可以夺。夫战胜攻取而不惰其功者凶,命曰"费留"。故曰:明主虑之,良将惰之,非利不动,非得不用,非危不战。主不可以怒而兴师,将不可以愠而攻战。合于利而动,不合于利而上。怒可以复喜,愠可以复说,亡国不可以复存,死者不可以复生。故明主慎之,良将警之。此安国全军之道也。

用间篇

孙子曰:凡兴师十万,出征千里,百姓之费,公家之奉,日费千金,内外骚动,怠于道路,不得操事者,七十万家。相守数年,以争一日之胜,而爱爵禄百金,不知敌之情者,不仁之至也,非民之将也,非主之佐也,非胜之主也。故明君贤将所以动而胜人,成功出于众者,先知也。先知者,不可取于鬼神,不可象于事,不可验于度,必取于人,知敌之情者也。故用间有五:有因间,有内间,有反间,有死间,有生间。五间俱起,莫知其道,是谓神纪,人君之宝也。乡间者,因其乡人而用之;内间者,因其官人而用之;反间者,因其敌间而用之;死间者,为诳事于外,令吾闻知之而传于敌间也;生间者,反报也。故三军之事,莫亲于间,赏莫厚于间,事莫密于间,非圣贤不能用间,非仁义不能使间,非微妙不能得间之实。微哉微哉!无所不用间也。间事未发而先闻者,间与所告者兼死。凡军之所欲击,城之所欲攻,人之所欲杀,必先知其守将、左右、谒者、门者、舍人之姓名,令吾间必索知之。敌间之来间我者,因而利之,导而舍之,故反间可得而用也;因是而知之,故乡间、内间可得而使也;因是而知之,故死间为诳事,可使告敌;因是而知之,故生间可使如期。五间之事,主必知之,知之必在于反间,故反间不可不厚也。昔殷之兴也,伊挚在夏;周之兴也,吕牙在殷。故明君贤将,能以上智为间者,必成大功。此兵之要,三军之所恃而动也。

> **思考题**
>
> 1. 如何理解《孙子兵法》首篇中的"计"?
> 2. 什么是"五事七计"?
> 3. 如何看待"择人而任势"?
> 4. 谈谈《孙子兵法》中的"夺气""夺心"思想的现代价值。
> 5. 从"计篇"中的"将之五德"与"九变篇"中的"将之五危"谈谈孙子的将帅修养思想在现代行政管理中的应用。

第二篇　费尔巴哈(节选)*

马克思、恩格斯

> **导　读**
>
> 　　公共行政离不开国家,离不开法,离不开以所有制为核心的经济关系。本篇选自马克思、恩格斯1845—1946年合作撰写的《德意志意识形态》一书,该书1932年第一次在苏联用德文全文发表。该书中,马克思、恩格斯对以费尔巴哈、鲍威尔和施蒂纳为代表的各式各样唯心史观的思想进行了深刻的分析和批判,并在此基础上阐述了唯物史观的基本内容,系统分析了历史唯物主义的基本原理,标志着马克思唯物史观的创立。
>
> 　　就理论内容来说,本篇具有独立的价值,在《德意志意识形态》一书中占有十分重要的地位。在马克思、恩格斯之前,国家、法与经济的关系是被头足倒置的。马克思、恩格斯在本篇中,将国家法与经济的关系从根本上颠倒过来了,在人类历史上第一次明确指出了国家与法对所有制的依赖关系。其中,马克思、恩格斯全面论述了法的本质,分析了法的根源的物质性、法的本质的阶级性、法的发展的规律性,指出法是统治阶级意志的反映。

国家和法同所有制的关系

　　所有制的最初形式,无论是在古典古代世界或中世纪,都是部落所有制,这种所有制在罗马人那里主要是由战争决定的,而在日耳曼人那里则是由畜牧业

---

* 《马克思恩格斯选集》第1卷,人民出版社2012年版,第211—215页。

决定的。在古典古代民族中，一个城市里聚居着几个部落，因此部落所有制就具有国家所有制的形式，而个人的权利则局限于简单的占有，但是这种占有也和一般部落所有制一样，仅仅涉及地产。无论在古代或现代民族中，真正的私有制只是随着动产的出现才开始的。——（奴隶制和共同体）（古罗马公民的合法的所有权[dominium ex jure Quiritum]）。在起源于中世纪的民族那里，部落所有制经过了几个不同的阶段——封建地产，同业公会的动产，工场手工业资本——才发展为由大工业和普遍竞争所引起的现代资本，即变为抛弃了共同体的一切外观并消除了国家对所有制发展的任何影响的纯粹私有制。现代国家是与这种现代私有制相适应的。现代国家由于税收而逐渐被私有者所操纵，由于国债而完全归他们掌握；现代国家的存在既然受到交易所内国家证券行市涨落的调节，所以它完全依赖于私有者即资产者提供给它的商业信贷。因为资产阶级已经是一个**阶级**，不再是一个**等级**了，所以它必须在全国范围内而不再是在一个地域内组织起来，并且必须使自己通常的利益具有一种普遍的形式。由于私有制摆脱了共同体，国家获得了和市民社会并列并且在市民社会之外的独立存在；实际上国家不外是资产者为了在国内外相互保障各自的财产和利益所必然要采取的一种组织形式。目前国家的独立性只有在这样的国家里才存在：在那里，等级还没有完全发展成为阶级，在那里，比较先进的国家中已被消灭的等级还起着某种作用，并且那里存在某种混合体，因此在这样的国家里居民的任何一部分也不可能对居民的其他部分进行统治。德国的情况就正是这样。现代国家的最完善的例子就是北美。法国、英国和美国的一些近代著作家都一致认为，国家只是为了私有制才存在的，可见，这种思想也渗入日常的意识了。

因为国家是统治阶级的各个人借以实现其共同利益的形式，是该时代的整个市民社会获得集中表现的形式，所以可以得出结论：一切共同的规章都是以国家为中介的，都获得了政治形式。由此便产生了一种错觉，好像法律是以意志为基础的，而且是以脱离其现实基础的意志即**自由**意志为基础的。同样，法随后也被归结为法律。

私法是与私有制同时从自然形成的共同体的解体过程中发展起来的。在罗马人那里，私有制和私法的发展没有在工业和商业方面引起进一步的结果，因为他们的整个生产方式没有改变。① 在现代民族那里,工业和商业瓦解了封建的共同体,随着私有制和私法的产生,开始了一个能够进一步发展的新阶段。在中世纪进行了广泛的海上贸易的第一个城市阿马尔菲还制定了海商法。② 当工业和商业——起初在意大利,随后在其他国家——进一步发展了私有制的时候,详细拟定的罗马私法便又立即得到恢复并取得威信。后来,资产阶级力量壮大起来,君主们开始照顾它的利益,以便借助资产阶级来摧毁封建贵族,这时候法便在所有国家中——法国是在 16 世纪——开始真正地发展起来了,除了英国以外,这种发展在所有国家中都是以罗马法典为基础的。即使在英国,为了私法(特别是其中关于动产的那一部分)的进一步完善,也不得不参照罗马法的原则。(不应忘记,法也和宗教一样是没有自己的历史的。)

在私法中,现存的所有制关系是作为普遍意志的结果来表达的。仅仅使用和滥用的权利[jus utendi et abutendi]就一方面表明私有制已经完全不依赖于共同体,另一方面表明了一个错觉,仿佛私有制本身仅仅以个人意志即以对物的任意支配为基础。实际上,滥用[abuti]对于私有者具有极为明确的经济界限,如果他不希望他的财产从而他滥用的权利转入他人之手的话;因为仅仅从私有者的意志方面来考察的物,根本不是物;物只有在交往中并且不以权利为转移时,才成为物,即成为真正的财产(一种**关系**,哲学家们称之为观念)。③ 这种把权利归结为纯粹意志的法律上的错觉,在所有制关系进一步发展的情况下,必然会造成这样的现象:某人在法律上可以对某物享有权利,但实际上并不拥有某物。例如,假定由于竞争,某一块土地不再提供地租,虽然这块土地的所有者在法律上享有权利,包括享有使用和滥用的权利。但是这种权利对他毫无用处,只要他还未占有足够的资本来经营自己的土地,他作为土地所有者就一无所有。法学家们的这种错觉说明:在法学家们以及任何法典看来,各个人相互之间的关系,例如缔结契约这类事情,一般都是偶然的;他们认为这些关系可以随意建立或不建立,它们的内容完全依据缔约双方的个人意愿。

每当工业和商业的发展创造出新的交往形式,例如保险公司等等,法便不

---

① 恩格斯加了边注:"(放高利贷!)"——编者注

② 意大利城市阿马尔菲是 10—11 世纪繁荣的商业中心。在中世纪,阿马尔菲市海商法在整个意大利都有效,并在地中海沿岸各国广泛采用。

③ 马克思加了边注:"**在哲学家们看来关系 = 观念**。他们只知道'**人**'对自身的关系,因此,在他们看来,一切现实的关系都成了观念"。——编者注

得不承认它们都是获得财产的方式。

分工对科学的影响。

镇压在国家、法、道德等等中的作用。

资产者之所以必须在法律中使自己得到普遍表现，正因为他们是作为阶级进行统治的。

自然科学和历史。

没有政治史、法律史、科学史等等，艺术史、宗教史等等①。

为什么意识形态家使一切本末倒置。

笃信宗教者、法学家、政治家。

法学家、政治家（一般的国务活动家）、伦理学家、笃信宗教者。

关于一个阶级内的这种意识形态划分：**职业由于分工而独立化**；每个人都认为他的手艺是真的。他们之所以必然产生关于自己的手艺和现实相联系的错觉，是手艺本身的性质所决定的。关系在法学、政治学中——在意识中——成为概念；因为他们没有超越这些关系，所以这些关系的概念在他们的头脑中也成为固定概念。例如，法官运用法典，因此法官认为，立法是真正的积极的推动者。尊重自己的商品，因为他们的职业是和公众打交道。

法的观念。国家的观念。在**通常**的意识中事情被本末倒置了。

宗教从一开始就是**超验性的意识**，这种意识是从**现实**的力量中产生的。

要更通俗地表达这一点。

法，宗教等领域中的传统。

各个人过去和现在始终是从自己出发的。他们的关系是他们的现实生活过程的关系。为什么会发生这样的情况：他们的关系会相对于他们而独立？他们自己生命的力量会成为压倒他们的力量？

---

① 马克思加了边注："同表现为古典古代国家、封建制度、专制君主制的'共同体'相适应的，同这种联系相适应的，尤其是宗教观念。"——编者注

总之：**分工**，分工的阶段依赖于当时生产力的发展水平。

土地所有制。公社所有制。封建的所有制。现代的所有制。等级的所有制。手工工场所有制。工业资本。

> **思考题**
> 1. 如何理解所有制的产生、本质及不同形式之间的关系？
> 2. 国家与所有制之间有什么关系？
> 3. 国家与法之间有什么关系？
> 4. 法与所有制之间有什么关系？
> 5. 现代国家与现代法、现代所有制之间有什么关系？

第三篇　共产党宣言(节选)*

马克思、恩格斯

> **导　读**

　　1848年先后在意大利、法国、德国等发生的革命,几乎波及全欧洲,仅俄国、西班牙及北欧少数国家未受影响。这是平民与贵族间的抗争,主要是欧洲平民与自由主义学者对抗君权独裁的武装革命。此次革命虽造成各国君主与贵族体制动荡,但所有革命行动均以失败而告终。不过,这次革命间接导致了法国等无产阶级的觉醒和德国及意大利统一运动的发生。欧洲资本主义的发展和资产阶级革命的发生,推动了欧洲无产阶级的出现和工人运动的发展。1847年11月,共产主义者同盟第二次代表大会委托马克思和恩格斯起草一个周详的理论和实践的党纲。马克思、恩格斯取得一致认识,并研究了宣言的整个内容和结构,由马克思执笔写成。1848年2月24日,《共产党宣言》在伦敦第一次正式出版。《共产党宣言》的发表,是国际共产主义运动的第一个纲领性文献,是马克思主义诞生的重要标志,它宣告了一个新的时代的来临。为此,斯大林曾经在《无政府主义还是社会主义?》一文中指出:"马克思恩格斯以自己的'宣言'创造了一个时代。"① 列宁曾经也强调:"在恩格斯的著作《路德维希·费尔巴哈》和《反杜林论》里最明确最详尽地阐述了他们的观点,这两部著作同《共产党宣言》一样,都是每个觉悟工人必读的书籍。"②

---

* 《共产党宣言》,人民出版社2018年版,第26—51页。
① 《斯大林全集》第1卷,人民出版社1953年版,第322页。
② 《列宁选集》第2卷,人民出版社2012年版,第310页。

> 马克思、恩格斯以《共产党宣言》创造的时代所产生的历史影响是全景式、全方位而且是极其深远的,至今远未过时。在《共产党宣言》之前恩格斯有两个问答体的稿本:《共产主义者信条草案》和《共产主义原理》。《共产党宣言》由七篇序言、引言和四章构成。这里选读的是引言和前两章。

一个幽灵,共产主义的幽灵,在欧洲游荡。为了对这个幽灵进行神圣的围剿,旧欧洲的一切势力,教皇和沙皇、梅特涅和基佐、法国的激进派和德国的警察,都联合起来了。

有哪一个反对党不被它的当政的敌人骂为共产党呢?又有哪一个反对党不拿共产主义这个罪名去回敬更进步的反对党人和自己的反动敌人呢?

从这一事实中可以得出两个结论:

共产主义已经被欧洲的一切势力公认为一种势力;

现在是共产党人向全世界公开说明自己的观点、自己的目的、自己的意图并且拿党自己的宣言来反驳关于共产主义幽灵的神话的时候了。

为了这个目的,各国共产党人集会于伦敦,拟定了如下的宣言,用英文、法文、德文、意大利文、佛拉芒文和丹麦文公布于世。

一、资产者和无产者[①]

至今一切社会的历史[②]都是阶级斗争的历史。

自由民和奴隶、贵族和平民、领主和农奴、行会师傅[③]和帮工,一句话,压迫

[①] 恩格斯在1888年英文版上加了一个注:"资产阶级是指占有社会生产资料并使用雇佣劳动的现代资本家阶级。无产阶级是指没有自己的生产资料,因而不得不靠出卖劳动力来维持生活的现代雇佣工人阶级。"——编者注

[②] 恩格斯在1888年英文版上加了一个注:"这是指有**文字**记载的全部历史。在1847年,社会的史前史、成文史以前的社会组织,几乎还没有人知道。后来,哈克斯特豪森发现了俄国的土地公有制,毛勒证明了这种公有制是一切条顿族的历史起源的社会基础,而且人们逐渐发现,农村公社是或者曾经是从印度到爱尔兰的各地社会的原始形态。最后,摩尔根发现了**氏族**的真正本质及其对**部落**的关系,这一卓绝发现把这种原始共产主义社会的内部组织的典型形式揭示出来了。随着这种原始公社的解体,社会开始分裂为各个独特的、终于彼此对立的阶级。关于这个解体过程,我曾经试图在《家庭、私有制和国家的起源》(1886年斯图加特第2版)中加以探讨。"——编者注

[③] 恩格斯在1888年英文版上加了一个注:"行会师傅就是在行会中享有全权的会员,是行会内部的师傅,而不是行会的首领。"——编者注

者和被压迫者,始终处于相互对立的地位,进行不断的、有时隐蔽有时公开的斗争,而每一次斗争的结局都是整个社会受到革命改造或者斗争的各阶级同归于尽。

在过去的各个历史时代,我们几乎到处都可以看到社会完全划分为各个不同的等级,看到社会地位分成多种多样的层次。在古罗马,有贵族、骑士、平民、奴隶,在中世纪,有封建主、臣仆、行会师傅、帮工、农奴,而且几乎在每一个阶级内部又有一些特殊的阶层。

从封建社会的灭亡中产生出来的现代资产阶级社会并没有消灭阶级对立。它只是用新的阶级、新的压迫条件、新的斗争形式代替了旧的。

但是,我们的时代,资产阶级时代,却有一个特点:它使阶级对立简单化了。整个社会日益分裂为两大敌对的阵营,分裂为两大相互直接对立的阶级:资产阶级和无产阶级。

从中世纪的农奴中产生了初期城市的城关市民;从这个市民等级中发展出最初的资产阶级分子。

美洲的发现、绕过非洲的航行,给新兴的资产阶级开辟了新天地。东印度和中国的市场、美洲的殖民化、对殖民地的贸易、交换手段和一般商品的增加,使商业、航海业和工业空前高涨,因而使正在崩溃的封建社会内部的革命因素迅速发展。

以前那种封建的或行会的工业经营方式已经不能满足随着新市场的出现而增加的需求了。工场手工业代替了这种经营方式。行会师傅被工业的中间等级排挤掉了;各种行业组织之间的分工随着各个作坊内部的分工的出现而消失了。

但是,市场总是在扩大,需求总是在增加。甚至工场手工业也不再能满足需要了。于是,蒸汽和机器引起了工业生产的革命。现代大工业代替了工场手工业;工业中的百万富翁、一支一支产业大军的首领、现代资产者,代替了工业的中间等级。

大工业建立了由美洲的发现所准备好的世界市场。世界市场使商业、航海业和陆路交通得到了巨大的发展。这种发展又反过来促进了工业的扩展,同时,随着工业、商业、航海业和铁路的扩展,资产阶级也在同一程度上发展起来,增加自己的资本,把中世纪遗留下来的一切阶级排挤到后面去。

由此可见,现代资产阶级本身是一个长期发展过程的产物,是生产方式和交换方式的一系列变革的产物。

资产阶级的这种发展的每一个阶段,都伴随着相应的政治上的进展①。它在封建主统治下是被压迫的等级,在公社②里是武装的和自治的团体,在一些地方组成独立的城市共和国③,在另一些地方组成君主国中的纳税的第三等级④;后来,在工场手工业时期,它是等级君主国⑤或专制君主国中同贵族抗衡的势力,而且是大君主国的主要基础;最后,从大工业和世界市场建立的时候起,它在现代的代议制国家里夺得了独占的政治统治。现代的国家政权不过是管理整个资产阶级的共同事务的委员会罢了。

资产阶级在历史上曾经起过非常革命的作用。

资产阶级在它已经取得了统治的地方把一切封建的、宗法的和田园诗般的关系都破坏了。它无情地斩断了把人们束缚于天然尊长的形形色色的封建羁绊,它使人和人之间除了赤裸裸的利害关系,除了冷酷无情的"现金交易",就再也没有任何别的联系了。它把宗教虔诚、骑士热忱、小市民伤感这些情感的神圣发作,淹没在利己主义打算的冰水之中。它把人的尊严变成了交换价值,用**一种**没有良心的贸易自由代替了无数特许的和自力挣得的自由。总而言之,它用公开的、无耻的、直接的、露骨的剥削代替了由宗教幻想和政治幻想掩盖着的剥削。

资产阶级抹去了一切向来受人尊崇和令人敬畏的职业的神圣光环。它把医生、律师、教士、诗人和学者变成了它出钱招雇的雇佣劳动者。

资产阶级撕下了罩在家庭关系上的温情脉脉的面纱,把这种关系变成了纯粹的金钱关系。

资产阶级揭示了,在中世纪深受反动派称许的那种人力的野蛮使用,是以极端怠惰作为相应补充的。它第一个证明了,人的活动能够取得什么样的成

---

① "相应的政治上的进展"在1888年英文版中是"这个阶级的相应的政治上的进展"。——编者注
② 恩格斯在1888年英文版上加了一个注:"法国的新兴城市,甚至在它们从封建主手里争得地方自治和'第三等级'的政治权利以前,就已经称为'公社'了。一般说来,这里是把英国当做资产阶级经济发展的典型国家,而把法国当做资产阶级政治发展的典型国家。"
恩格斯在1890年德文版上加了一个注:"意大利和法国的市民,从他们的封建主手中买得或争得最初的自治权以后,就把自己的城市共同体称为'公社'。"——编者注
③ 在1888年英文版中这里加上了"(例如在意大利和德国)"。——编者注
④ 在1888年英文版中这里加上了"(例如在法国)"。——编者注
⑤ "等级君主国"在1888年英文版中是"半封建君主国"。——编者注

就。它创造了完全不同于埃及金字塔、罗马水道和哥特式教堂的奇迹;它完成了完全不同于民族大迁徙①和十字军征讨②的远征。

资产阶级除非对生产工具,从而对生产关系,从而对全部社会关系不断地进行革命,否则就不能生存下去。反之,原封不动地保持旧的生产方式,却是过去的一切工业阶级生存的首要条件。生产的不断变革,一切社会状况不停的动荡,永远的不安定和变动,这就是资产阶级时代不同于过去一切时代的地方。一切固定的僵化的关系以及与之相适应的素被尊崇的观念和见解都被消除了,一切新形成的关系等不到固定下来就陈旧了。一切等级的和固定的东西都烟消云散了,一切神圣的东西都被亵渎了。人们终于不得不用冷静的眼光来看他们的生活地位、他们的相互关系。

不断扩大产品销路的需要,驱使资产阶级奔走于全球各地。它必须到处落户,到处开发,到处建立联系。

资产阶级,由于开拓了世界市场,使一切国家的生产和消费都成为世界性的了。使反动派大为惋惜的是,资产阶级挖掉了工业脚下的民族基础。古老的民族工业被消灭了,并且每天都还在被消灭。它们被新的工业排挤掉了,新的工业的建立已经成为一切文明民族的生命攸关的问题;这些工业所加工的,已经不是本地的原料,而是来自极其遥远的地区的原料;它们的产品不仅供本国消费,而且同时供世界各地消费。旧的、靠本国产品来满足的需要,被新的、要靠极其遥远的国家和地带的产品来满足的需要所代替了。过去那种地方的和民族的自给自足和闭关自守状态,被各民族的各方面的互相往来和各方面的互相依赖所代替了。物质的生产是如此,精神的生产也是如此。各民族的精神产品成了公共的财产。民族的片面性和局限性日益成为不可能,于是由许多种民族的和地方的文学形成了一种世界的文学③。

---

① 民族大迁徙指公元3—7世纪日耳曼、斯拉夫及其他部落向罗马帝国的大规模迁徙。4世纪上半叶,日耳曼部落中的西哥特人因遭到匈奴人的进攻侵入罗马帝国。经过长期的战争,西哥特人于5世纪在西罗马帝国境内定居下来,建立了自己的国家。日耳曼人的其他部落也相继在欧洲和北非建立了独立的国家。民族大迁徙对摧毁罗马帝国的奴隶制度和推动西欧封建制度的产生起了重要的作用。

② 十字军征讨指11—13世纪西欧天主教会、封建主和大商人打着从伊斯兰教徒手中解放圣地耶路撒冷的宗教旗帜,主要对东地中海沿岸伊斯兰教国家发动的侵略战争。因参加者的衣服上缝有红十字,故称"十字军"。十字军征讨前后共八次,历时近200年,最后以失败而告终。十字军征讨给东方国家的人民带来了深重的灾难,也使西欧国家的人民遭受惨重的牺牲,但是,它在客观上也对东西方的经济和文化交流起到了一定的促进作用。

③ "文学"一词德文是"Literatur",这里泛指科学、艺术、哲学、政治等等方面的著作。——编者注

资产阶级,由于一切生产工具的迅速改进,由于交通的极其便利,把一切民族甚至最野蛮的民族都卷到文明中来了。它的商品的低廉价格,是它用来摧毁一切万里长城、征服野蛮人最顽强的仇外心理的重炮。它迫使一切民族——如果它们不想灭亡的话——采用资产阶级的生产方式;它迫使它们在自己那里推行所谓的文明,即变成资产者。一句话,它按照自己的面貌为自己创造出一个世界。

资产阶级使农村屈服于城市的统治。它创立了巨大的城市,使城市人口比农村人口大大增加起来,因而使很大一部分居民脱离了农村生活的愚昧状态。正像它使农村从属于城市一样,它使未开化和半开化的国家从属于文明的国家,使农民的民族从属于资产阶级的民族,使东方从属于西方。

资产阶级日甚一日地消灭生产资料、财产和人口的分散状态。它使人口密集起来,使生产资料集中起来,使财产聚集在少数人的手里。由此必然产生的结果就是政治的集中。各自独立的、几乎只有同盟关系的、各有不同利益、不同法律、不同政府、不同关税的各个地区,现在已经结合为一个拥有**统一的**政府、**统一的**法律、**统一的**民族阶级利益和**统一的**关税的**统一的**民族。

资产阶级在它的不到一百年的阶级统治中所创造的生产力,比过去一切世代创造的全部生产力还要多,还要大。自然力的征服,机器的采用,化学在工业和农业中的应用,轮船的行驶,铁路的通行,电报的使用,整个整个大陆的开垦,河川的通航,仿佛用法术从地下呼唤出来的大量人口——过去哪一个世纪料想到在社会劳动里蕴藏有这样的生产力呢?

由此可见,资产阶级赖以形成的生产资料和交换手段,是在封建社会里造成的。在这些生产资料和交换手段发展的一定阶段上,封建社会的生产和交换在其中进行的关系,封建的农业和工场手工业组织,一句话,封建的所有制关系,就不再适应已经发展的生产力了。这种关系已经在阻碍生产而不是促进生产了。它变成了束缚生产的桎梏。它必须被炸毁,它已经被炸毁了。

起而代之的是自由竞争以及与自由竞争相适应的社会制度和政治制度、资产阶级的经济统治和政治统治。

现在,我们眼前又进行着类似的运动。资产阶级的生产关系和交换关系,资产阶级的所有制关系,这个曾经仿佛用法术创造了如此庞大的生产资料和交换手段的现代资产阶级社会,现在像一个魔法师一样不能再支配自己用法术呼唤出来的魔鬼了。几十年来的工业和商业的历史,只不过是现代生产力反抗现代生产关系、反抗作为资产阶级及其统治的存在条件的所有制关系的历史。只要指出在周期性的重复中越来越危及整个资产阶级社会生存的商业危机就够了。在商业危机期间,总是不仅有很大一部分制成的产品被毁灭掉,而且有很大一部分已经造成的生产力被毁灭掉。在危机期间,发生一种在过去一切时代看来都好像是荒唐现象的社会瘟疫,即生产过剩的瘟疫。社会突然发现自己回到了一时的野蛮状态;仿佛是一次饥荒、一场普遍的毁灭性战争,使社会失去了全部生活资料;仿佛是工业和商业全被毁灭了。这是什么缘故呢?因为社会上文明过度,生活资料太多,工业和商业太发达。社会所拥有的生产力已经不能再促进资产阶级文明和资产阶级所有制关系的发展;相反,生产力已经强大到这种关系所不能适应的地步,它已经受到这种关系的阻碍;而它一着手克服这种障碍,就使整个资产阶级社会陷入混乱,就使资产阶级所有制的存在受到威胁。资产阶级的关系已经太狭窄了,再容纳不了它本身所造成的财富了。资产阶级用什么办法来克服这种危机呢?一方面不得不消灭大量生产力,另一方面夺取新的市场,更加彻底地利用旧的市场。这究竟是怎样的一种办法呢?这不过是资产阶级准备更全面更猛烈的危机的办法,不过是使防止危机的手段越来越少的办法。

资产阶级用来推翻封建制度的武器,现在却对准资产阶级自己了。

但是,资产阶级不仅锻造了置自身于死地的武器;它还产生了将要运用这种武器的人——现代的工人,即**无产者**。

随着资产阶级即资本的发展,无产阶级即现代工人阶级也在同一程度上得到发展;现代的工人只有当他们找到工作的时候才能生存,而且只有当他们的劳动增殖资本的时候才能找到工作。这些不得不把自己零星出卖的工人,像其他任何货物一样,也是一种商品,所以他们同样地受到竞争的一切变化、市场的一切波动的影响。

由于推广机器和分工,无产者的劳动已经失去了任何独立的性质,因而对工人也失去了任何吸引力。工人变成了机器的单纯的附属品,要求他做的只是极其简单、极其单调和极容易学会的操作。因此,花在工人身上的费用,几乎只限于维持工人生活和延续工人后代所必需的生活资料。但是,商品的价格,从而劳动的价格①,是同它的生产费用相等的。因此,劳动越使人感到厌恶,工资也就越减少。不仅如此,机器越推广,分工越细致,劳动量②也就越增加,这或者是由于工作时间的延长,或者是由于在一定时间内所要求的劳动的增加,机器运转的加速,等等。

现代工业已经把家长式的师傅的小作坊变成了工业资本家的大工厂。挤在工厂里的工人群众就像士兵一样被组织起来。他们是产业军的普通士兵,受着各级军士和军官的层层监视。他们不仅仅是资产阶级的、资产阶级国家的奴隶,他们每日每时都受机器、受监工、首先是受各个经营工厂的资产者本人的奴役。这种专制制度越是公开地把营利宣布为自己的最终目的,它就越是可鄙、可恨和可恶。

手的操作所要求的技巧和气力越少,换句话说,现代工业越发达,男工也就越受到女工和童工的排挤。对工人阶级来说,性别和年龄的差别再没有什么社会意义了。他们都只是劳动工具,不过因为年龄和性别的不同而需要不同的费用罢了。

当厂主对工人的剥削告一段落,工人领到了用现钱支付的工资的时候,马上就有资产阶级中的另一部分人——房东、小店主、当铺老板等等向他们扑来。

以前的中间等级的下层,即小工业家、小商人和小食利者,手工业者和农民——所有这些阶级都降落到无产阶级的队伍里来了,有的是因为他们的小资本不足以经营大工业,经不起较大的资本家的竞争;有的是因为他们的手艺已经被新的生产方法弄得不值钱了。无产阶级就是这样从居民的所有阶级中得到补充的。

无产阶级经历了各个不同的发展阶段。它反对资产阶级的斗争是和它的存在同时开始的。

最初是单个的工人,然后是某一工厂的工人,然后是某一地方的某一劳动部门的工人,同直接剥削他们的单个资产者作斗争。他们不仅仅攻击资产阶级

---

① 马克思和恩格斯在19世纪40—50年代,即马克思制定出剩余价值理论以前所写的著作中使用过"劳动价值"、"劳动价格"、"出卖劳动"这样的概念。1891年,恩格斯在为马克思的《雇佣劳动与资本》这本小册子所写的导言中指出:"用后来的著作中的观点来衡量","这些概念"是不妥当的,甚至是不正确的"(见《马克思恩格斯选集》第3版第1卷第318页)。马克思和恩格斯在后来的著作中使用的是"劳动力价值"、"劳动力价格"、"出卖劳动力"等概念。

② "劳动量"在1888年英文版中是"劳动负担"。——编者注

的生产关系,而且攻击生产工具本身①;他们毁坏那些来竞争的外国商品,捣毁机器,烧毁工厂,力图恢复已经失去的中世纪工人的地位。

在这个阶段上,工人是分散在全国各地并为竞争所分裂的群众。工人的大规模集结,还不是他们自己联合的结果,而是资产阶级联合的结果,当时资产阶级为了达到自己的政治目的必须而且暂时还能够把整个无产阶级发动起来。因此,在这个阶段上,无产者不是同自己的敌人作斗争,而是同自己的敌人的敌人作斗争,即同专制君主制的残余、地主、非工业资产者和小资产者作斗争。因此,整个历史运动都集中在资产阶级手里;在这种条件下取得的每一个胜利都是资产阶级的胜利。

但是,随着工业的发展,无产阶级不仅人数增加了,而且它结合成更大的集体,它的力量日益增长,而且它越来越感觉到自己的力量。机器使劳动的差别越来越小,使工资几乎到处都降到同样低的水平,因而无产阶级内部的利益、生活状况也越来越趋于一致。资产者彼此间日益加剧的竞争以及由此引起的商业危机,使工人的工资越来越不稳定;机器的日益迅速的和继续不断的改良,使工人的整个生活地位越来越没有保障;单个工人和单个资产者之间的冲突越来越具有两个阶级的冲突的性质。工人开始成立反对资产者的同盟②;他们联合起来保卫自己的工资。他们甚至建立了经常性的团体,以便为可能发生的反抗准备食品。有些地方,斗争爆发为起义。

工人有时也得到胜利,但这种胜利只是暂时的。他们斗争的真正成果并不是直接取得的成功,而是工人的越来越扩大的联合。这种联合由于大工业所造成的日益发达的交通工具而得到发展,这种交通工具把各地的工人彼此联系起来。只要有了这种联系,就能把许多性质相同的地方性的斗争汇合成全国性的斗争,汇合成阶级斗争。而一切阶级斗争都是政治斗争。中世纪的市民靠乡间小道需要几百年才能达到的联合,现代的无产者利用铁路只要几年就可以达到了。

无产者组织成为阶级,从而组织成为政党这件事,不断地由于工人的自相竞争而受到破坏。但是,这种组织总是重新产生,并且一次比一次更强大、更坚固、更有力。它利用资产阶级内部的分裂,迫使他们用法律形式承认工人的个

---

① 这句话在1888年英文版中是"他们不是攻击资产阶级的生产关系,而是攻击生产工具本身"。——编者注
② 在1888年英文版中这里加上了"(工联)"。——编者注

别利益。英国的十小时工作日法案①就是一个例子。

旧社会内部的所有冲突在许多方面都促进了无产阶级的发展。资产阶级处于不断的斗争中:最初反对贵族;后来反对同工业进步有利害冲突的那部分资产阶级;经常反对一切外国的资产阶级。在这一切斗争中,资产阶级都不得不向无产阶级呼吁,要求无产阶级援助,这样就把无产阶级卷进了政治运动。于是,资产阶级自己就把自己的教育因素②即反对自身的武器给予了无产阶级。

其次,我们已经看到,工业的进步把统治阶级的整批成员抛到无产阶级队伍里去,或者至少也使他们的生活条件受到威胁。他们也给无产阶级带来了大量的教育因素③。

最后,在阶级斗争接近决战的时期,统治阶级内部的、整个旧社会内部的瓦解过程,就达到非常强烈、非常尖锐的程度,甚至使得统治阶级中的一小部分人脱离统治阶级而归附于革命的阶级,即掌握着未来的阶级。所以,正像过去贵族中有一部分人转到资产阶级方面一样,现在资产阶级中也有一部分人,特别是已经提高到能从理论上认识整个历史运动的一部分资产阶级思想家,转到无产阶级方面来了。

在当前同资产阶级对立的一切阶级中,只有无产阶级是真正革命的阶级。其余的阶级都随着大工业的发展而日趋没落和灭亡,无产阶级却是大工业本身的产物。

中间等级,即小工业家、小商人、手工业者、农民,他们同资产阶级作斗争,都是为了维护他们这种中间等级的生存,以免于灭亡。所以,他们不是革命的,而是保守的。不仅如此,他们甚至是反动的,因为他们力图使历史的车轮倒转。如果说他们是革命的,那是鉴于他们行将转入无产阶级的队伍,这样,他们就不

---

① 英国工人阶级从18世纪末开始争取用立法手段限制工作日,从19世纪30年代起,广大无产阶级群众投入争取十小时工作日的斗争。十小时工作日法案是英国议会在1847年6月8日通过的,作为法律于1848年5月1日起生效。该法律将妇女和儿童的日劳动时间限制为10小时。但是,许多英国工厂主并不遵守这项法律,他们寻找种种借口把工作日从早晨5时半延续到晚上8时半。工厂视察员伦·霍纳的报告就是很好的证明(参看《马克思恩格斯文集》第5卷第335页)。
恩格斯在《十小时工作日问题》和《英国的十小时工作日法》(见《马克思恩格斯全集》中文第2版第10卷)中对该法作了详细的分析。关于英国工人阶级争取正常工作日的斗争,马克思在《资本论》第一卷第八章(见《马克思恩格斯文集》第5卷第267—350页)中作了详细考察。
② "教育因素"在1888年英文版中是"政治教育和普通教育的因素"。——编者注
③ "大量的教育因素"在1888年英文版中是"启蒙和进步的新因素"。——编者注

是维护他们目前的利益,而是维护他们将来的利益,他们就离开自己原来的立场,而站到无产阶级的立场上来。

流氓无产阶级是旧社会最下层中消极的腐化的部分,他们在一些地方也被无产阶级革命卷到运动里来,但是,由于他们的整个生活状况,他们更甘心于被人收买,去干反动的勾当。

在无产阶级的生活条件中,旧社会的生活条件已经被消灭了。无产者是没有财产的;他们和妻子儿女的关系同资产阶级的家庭关系再没有任何共同之处了;现代的工业劳动,现代的资本压迫,无论在英国或法国,无论在美国或德国,都是一样的,都使无产者失去了任何民族性。法律、道德、宗教在他们看来全都是资产阶级偏见,隐藏在这些偏见后面的全都是资产阶级利益。

过去一切阶级在争得统治之后,总是使整个社会服从于它们发财致富的条件,企图以此来巩固它们已经获得的生活地位。无产者只有废除自己的现存的占有方式,从而废除全部现存的占有方式,才能取得社会生产力。无产者没有什么自己的东西必须加以保护,他们必须摧毁至今保护和保障私有财产的一切。

过去的一切运动都是少数人的,或者为少数人谋利益的运动。无产阶级的运动是绝大多数人的,为绝大多数人谋利益的独立的运动。无产阶级,现今社会的最下层,如果不炸毁构成官方社会的整个上层,就不能抬起头来,挺起胸来。

如果不就内容而就形式来说,无产阶级反对资产阶级的斗争首先是一国范围内的斗争。每一个国家的无产阶级当然首先应该打倒本国的资产阶级。

在叙述无产阶级发展的最一般的阶段的时候,我们循序探讨了现存社会内部或多或少隐蔽着的国内战争,直到这个战争爆发为公开的革命,无产阶级用暴力推翻资产阶级而建立自己的统治。

我们已经看到,至今的一切社会都是建立在压迫阶级和被压迫阶级的对立之上的。但是,为了有可能压迫一个阶级,就必须保证这个阶级至少有能够勉强维持它的奴隶般的生存的条件。农奴曾经在农奴制度下挣扎到公社成员的地位,小资产者曾经在封建专制制度的束缚下挣扎到资产者的地位。现代的工人却相反,他们并不是随着工业的进步而上升,而是越来越降到本阶级的生存条件以下。工人变成赤贫者,贫困比人口和财富增长得还要快。由此可以明显地看出,资产阶级再不能做社会的统治阶级了,再不能把自己阶级的生存条件当做支配一切的规律强加于社会了。资产阶级不能统治下去了,因为它甚至不能保证自己的奴隶维持奴隶的生活,因为它不得不让自己的奴隶落到不能养活它反而要它来养活的地步。社会再不能在它统治下生存下去了,就是说,它的生存不再同社会相容了。

资产阶级生存和统治的根本条件,是财富在私人手里的积累,是资本的形成和增殖;资本的条件是雇佣劳动。雇佣劳动完全是建立在工人的自相竞争之上的。资产阶级无意中造成而又无力抵抗的工业进步,使工人通过结社而达到的革命联合代替了他们由于竞争而造成的分散状态。于是,随着大工业的发展,资产阶级赖以生产和占有产品的基础本身也就从它的脚下被挖掉了。它首先生产的是它自身的掘墓人。资产阶级的灭亡和无产阶级的胜利是同样不可避免的。

二、无产者和共产党人

共产党人同全体无产者的关系是怎样的呢?

共产党人不是同其他工人政党相对立的特殊政党。

他们没有任何同整个无产阶级的利益不同的利益。

他们不提出任何特殊的①原则,用以塑造无产阶级的运动。

共产党人同其他无产阶级政党不同的地方只是:一方面,在无产者不同的民族的斗争中,共产党人强调和坚持整个无产阶级共同的不分民族的利益;另一方面,在无产阶级和资产阶级的斗争所经历的各个发展阶段上,共产党人始终代表整个运动的利益。

因此,在实践方面,共产党人是各国工人政党中最坚决的、始终起推动作用的部分②;在理论方面,他们胜过其余无产阶级群众的地方在于他们了解无产阶级运动的条件、进程和一般结果。

共产党人的最近目的是和其他一切无产阶级政党的最近目的一样的:使无产阶级形成为阶级,推翻资产阶级的统治,由无产阶级夺取政权。

共产党人的理论原理,决不是以这个或那个世界改革家所发明或发现的思

---

① "特殊的"在1888年英文版中是"宗派的"。——编者注

② "最坚决的、始终起推动作用的部分"在1888年英文版中是"最先进的和最坚决的部分,推动所有其他部分前进的部分"。——编者注

想、原则为根据的。

这些原理不过是现存的阶级斗争、我们眼前的历史运动的真实关系的一般表述。废除先前存在的所有制关系，并不是共产主义所独具的特征。

一切所有制关系都经历了经常的历史更替、经常的历史变更。

例如，法国革命废除了封建的所有制，代之以资产阶级的所有制。

共产主义的特征并不是要废除一般的所有制，而是要废除资产阶级的所有制。

但是，现代的资产阶级私有制是建立在阶级对立上面、建立在一些人对另一些人的剥削①上面的产品生产和占有的最后而又最完备的表现。

从这个意义上说，共产党人可以把自己的理论概括为一句话：消灭私有制。

有人责备我们共产党人，说我们要消灭个人挣得的、自己劳动得来的财产，要消灭构成个人的一切自由、活动和独立的基础的财产。

好一个劳动得来的、自己挣得的、自己赚来的财产！你们说的是资产阶级财产出现以前的那种小资产阶级的、小农的财产吗？那种财产用不着我们去消灭，工业的发展已经把它消灭了，而且每天都在消灭它。

或者，你们说的是现代的资产阶级的私有财产吧？

但是，难道雇佣劳动、无产者的劳动，会给无产者创造出财产来吗？没有的事。这种劳动所创造的是资本，即剥削雇佣劳动的财产，只有在不断产生出新的雇佣劳动来重新加以剥削的条件下才能增殖的财产。现今的这种财产是在资本和雇佣劳动的对立中运动的。让我们来看看这种对立的两个方面吧。

做一个资本家，这就是说，他在生产中不仅占有一种纯粹个人的地位，而且占有一种社会的地位。资本是集体的产物，它只有通过社会许多成员的共同活动，而且归根到底只有通过社会全体成员的共同活动，才能运动起来。

因此，资本不是一种个人力量，而是一种社会力量。

因此，把资本变为公共的、属于社会全体成员的财产，这并不是把个人财产变为社会财产。这里所改变的只是财产的社会性质。它将失掉它的阶级性质。

现在，我们来看看雇佣劳动。

雇佣劳动的平均价格是最低限度的工资，即工人为维持其工人的生活所必需的生活资料的数额。因此，雇佣工人靠自己的劳动所占有的东西，只够勉强

---

① "一些人对另一些人的剥削"在1888年英文版中是"少数人对多数人的剥削"。——编者注

维持他的生命的再生产。我们决不打算消灭这种供直接生命再生产用的劳动产品的个人占有,这种占有并不会留下任何剩余的东西使人们有可能支配别人的劳动。我们要消灭的只是这种占有的可怜的性质,在这种占有下,工人仅仅为增殖资本而活着,只有在统治阶级的利益需要他活着的时候才能活着。

在资产阶级社会里,活的劳动只是增殖已经积累起来的劳动的一种手段。在共产主义社会里,已经积累起来的劳动只是扩大、丰富和提高工人的生活的一种手段。

因此,在资产阶级社会里是过去支配现在,在共产主义社会里是现在支配过去。在资产阶级社会里,资本具有独立性和个性,而活动着的个人却没有独立性和个性。

而资产阶级却把消灭这种关系说成是消灭个性和自由!说对了。的确,正是要消灭资产者的个性、独立性和自由。

在现今的资产阶级生产关系的范围内,所谓自由就是自由贸易、自由买卖。

但是,买卖一消失,自由买卖也就会消失。关于自由买卖的言论,也像我们的资产者的其他一切关于自由的大话一样,仅仅对于不自由的买卖来说,对于中世纪被奴役的市民来说,才是有意义的,而对于共产主义要消灭买卖、消灭资产阶级生产关系和资产阶级本身这一点来说,却是毫无意义的。

我们要消灭私有制,你们就惊慌起来。但是,在你们的现存社会里,私有财产对十分之九的成员来说已经被消灭了;这种私有制之所以存在,正是因为私有财产对十分之九的成员来说已经不存在。可见,你们责备我们,是说我们要消灭那种以社会上的绝大多数人没有财产为必要条件的所有制。

总而言之,你们责备我们,是说我们要消灭你们的那种所有制。的确,我们是要这样做的。

从劳动不再能变为资本、货币、地租,一句话,不再能变为可以垄断的社会力量的时候起,就是说,从个人财产不再能变为资产阶级财产①的时候起,你们说,个性被消灭了。

由此可见,你们是承认,你们所理解的个性,不外是资产者、资产阶级私有者。这样的个性确实应当被消灭。

共产主义并不剥夺任何人占有社会产品的权力,它只剥夺利用这种占有去

---

① 在1888年英文版中这里加上了"变为资本"。——编者注

奴役他人劳动的权力。

有人反驳说，私有制一消灭，一切活动就会停止，懒惰之风就会兴起。

这样说来，资产阶级社会早就应该因懒惰而灭亡了，因为在这个社会里劳者不获，获者不劳。所有这些顾虑，都可以归结为这样一个同义反复：一旦没有资本，也就不再有雇佣劳动了。

所有这些对共产主义的物质产品的占有方式和生产方式的责备，也被扩展到精神产品的占有和生产方面。正如阶级的所有制的终止在资产者看来是生产本身的终止一样，阶级的教育的终止在他们看来就等于一切教育的终止。

资产者唯恐失去的那种教育，对绝大多数人来说是把人训练成机器。

但是，你们既然用你们资产阶级关于自由、教育、法等等的观念来衡量废除资产阶级所有制的主张，那就请你们不要同我们争论了。你们的观念本身是资产阶级的生产关系和所有制关系的产物，正像你们的法不过是被奉为法律的你们这个阶级的意志一样，而这种意志的内容是由你们这个阶级的物质生活条件来决定的。

你们的利己观念使你们把自己的生产关系和所有制关系从历史的、在生产过程中是暂时的关系变成永恒的自然规律和理性规律，这种利己观念是你们和一切灭亡了的统治阶级所共有的。谈到古代所有制的时候你们所能理解的，谈到封建所有制的时候你们所能理解的，一谈到资产阶级所有制你们就再也不能理解了。

消灭家庭！连极端的激进派也对共产党人的这种可耻的意图表示愤慨。

现代的、资产阶级的家庭是建立在什么基础上的呢？是建立在资本上面，建立在私人发财上面的。这种家庭只是在资产阶级那里才以充分发展的形式存在着，而无产者的被迫独居和公开的卖淫则是它的补充。

资产者的家庭自然会随着它的这种补充的消失而消失，两者都要随着资本的消失而消失。

你们是责备我们要消灭父母对子女的剥削吗？我们承认这种罪状。

但是，你们说，我们用社会教育代替家庭教育，就是要消灭人们最亲密的关系。

而你们的教育不也是由社会决定的吗？不也是由你们进行教育时所处的那种社会关系决定的吗？不也是由社会通过学校等等进行的直接的或间接的干涉决定的吗？共产党人并没有发明社会对教育的作用；他们仅仅是要改变这

种作用的性质,要使教育摆脱统治阶级的影响。

无产者的一切家庭联系越是由于大工业的发展而被破坏,他们的子女越是由于这种发展而被变成单纯的商品和劳动工具,资产阶级关于家庭和教育、关于父母和子女的亲密关系的空话就越是令人作呕。

但是,你们共产党人是要实行公妻制的啊。整个资产阶级异口同声地向我们这样叫喊。

资产者是把自己的妻子看作单纯的生产工具的。他们听说生产工具将要公共使用,自然就不能不想到妇女也会遭到同样的命运。

他们想也没有想到,问题正在于使妇女不再处于单纯生产工具的地位。

其实,我们的资产者装得道貌岸然,对所谓的共产党人的正式公妻制表示惊讶,那是再可笑不过了。公妻制无需共产党人来实行,它差不多是一向就有的。

我们的资产者不以他们的无产者的妻子和女儿受他们支配为满足,正式的卖淫更不必说了,他们还以互相诱奸妻子为最大的享乐。

资产阶级的婚姻实际上是公妻制。人们至多只能责备共产党人,说他们想用正式的、公开的公妻制来代替伪善地掩蔽着的公妻制。其实,不言而喻,随着现在的生产关系的消灭,从这种关系中产生的公妻制,即正式的和非正式的卖淫,也就消失了。

有人还责备共产党人,说他们要取消祖国,取消民族。

工人没有祖国。决不能剥夺他们所没有的东西。因为无产阶级首先必须取得政治统治,上升为民族的阶级①,把自身组织成为民族,所以它本身还是民族的,虽然完全不是资产阶级所理解的那种意思。

随着资产阶级的发展,随着贸易自由的实现和世界市场的建立,随着工业生产以及与之相适应的生活条件的趋于一致,各国人民之间的民族分隔和对立日益消失。

无产阶级的统治将使它们更快地消失。联合的行动,至少是各文明国家的联合的行动,是无产阶级获得解放的首要条件之一。

人对人的剥削一消灭,民族对民族的剥削就会随之消灭。

民族内部的阶级对立一消失,民族之间的敌对关系就会随之消失。

---

① "民族的阶级"在 1888 年英文版中是"民族的领导阶级"。——编者注

从宗教的、哲学的和一切意识形态的观点对共产主义提出的种种责难,都不值得详细讨论了。

人们的观念、观点和概念,一句话,人们的意识,随着人们的生活条件、人们的社会关系、人们的社会存在的改变而改变,这难道需要经过深思才能了解吗?

思想的历史除了证明精神生产随着物质生产的改造而改造,还证明了什么呢?任何一个时代的统治思想始终都不过是统治阶级的思想。

当人们谈到使整个社会革命化的思想时,他们只是表明了一个事实:在旧社会内部已经形成了新社会的因素,旧思想的瓦解是同旧生活条件的瓦解步调一致的。

当古代世界走向灭亡的时候,古代的各种宗教就被基督教战胜了。当基督教思想在18世纪被启蒙思想击败的时候,封建社会正在同当时革命的资产阶级进行殊死的斗争。信仰自由和宗教自由的思想,不过表明自由竞争在信仰领域①里占统治地位罢了。

"但是",有人会说,"宗教的、道德的、哲学的、政治的、法的观念等等在历史发展的进程中固然是不断改变的,而宗教、道德、哲学、政治和法在这种变化中却始终保存着。

此外,还存在着一切社会状态所共有的永恒真理,如自由、正义等等。但是共产主义要废除永恒真理,它要废除宗教、道德,而不是加以革新,所以共产主义是同至今的全部历史发展相矛盾的。"

这种责难归结为什么呢?至今的一切社会的历史都是在阶级对立中运动的,而这种对立在不同的时代具有不同的形式。

但是,不管阶级对立具有什么样的形式,社会上一部分人对另一部分人的剥削却是过去各个世纪所共有的事实。因此,毫不奇怪,各个世纪的社会意识,尽管形形色色、千差万别,总是在某些共同的形式中运动的,这些形式,这些意识形式,只有当阶级对立完全消失的时候才会完全消失。

共产主义革命就是同传统的所有制关系实行最彻底的决裂;毫不奇怪,它在自己的发展进程中要同传统的观念实行最彻底的决裂。

不过,我们还是把资产阶级对共产主义的种种责难撇开吧。

---

① "信仰领域"在1872、1883和1890年德文版中是"知识领域"。——编者注

前面我们已经看到,工人革命的第一步就是使无产阶级上升为统治阶级,争得民主。

无产阶级将利用自己的政治统治,一步一步地夺取资产阶级的全部资本,把一切生产工具集中在国家即组织成为统治阶级的无产阶级手里,并且尽可能快地增加生产力的总量。

要做到这一点,当然首先必须对所有权和资产阶级生产关系实行强制性的干涉,也就是采取这样一些措施,这些措施在经济上似乎是不够充分的和无法持续的,但是在运动进程中它们会越出本身,①而且作为变革全部生产方式的手段是必不可少的。

这些措施在不同的国家里当然会是不同的。

但是,最先进的国家几乎都可以采取下面的措施:

1. 剥夺地产,把地租用于国家支出。
2. 征收高额累进税。
3. 废除继承权。
4. 没收一切流亡分子和叛乱分子的财产。
5. 通过拥有国家资本和独享垄断权的国家银行,把信贷集中在国家手里。
6. 把全部运输业集中在国家手里。
7. 按照共同的计划增加国家工厂和生产工具,开垦荒地和改良土壤。
8. 实行普遍劳动义务制,成立产业军,特别是在农业方面。
9. 把农业和工业结合起来,促使城乡对立②逐步消灭。③
10. 对所有儿童实行公共的和免费的教育。取消现在这种形式的儿童的工厂劳动。把教育同物质生产结合起来,等等。

当阶级差别在发展进程中已经消失而全部生产集中在联合起来的个人④的手里的时候,公共权力就失去政治性质。原来意义上的政治权力,是一个阶级用以压迫另一个阶级的有组织的暴力。如果说无产阶级在反对资产阶级的斗争中一定要联合为阶级,通过革命使自己成为统治阶级,并以统治阶级的资

---

① 在1888年英文版中这里加上了"使进一步向旧的社会制度进攻成为必要"。——编者注
② "对立"在1872、1883和1890年德文版中是"差别"。——编者注
③ 在1888年英文版中这一条是:"把农业和工业结合起来;通过把人口更平均地分布于全国的办法逐步消灭城乡差别。"——编者注
④ "联合起来的个人"在1888年英文版中是"巨大的全国联合体"。——编者注

格用暴力消灭旧的生产关系,那么它在消灭这种生产关系的同时,也就消灭了阶级对立的存在条件,消灭了阶级本身的存在条件①,从而消灭了它自己这个阶级的统治。

代替那存在着阶级和阶级对立的资产阶级旧社会的,将是这样一个联合体,在那里,每个人的自由发展是一切人的自由发展的条件。

> **思考题**
> 1. 如何理解"至今一切社会的历史都是阶级斗争的历史"?
> 2. 如何理解"资产阶级在历史上曾经起过非常革命的作用"?
> 3. 为什么共产党人要"消灭私有制"?
> 4. 如何理解"共产主义并不剥夺任何人占有社会产品的权力,它只剥夺利用这种占有去奴役他人劳动的权力"?
> 5. 如何理解"每个人的自由发展是一切人的自由发展的条件"?

---

① "消灭了阶级本身的存在条件"在1872、1883和1890年德文版中是"消灭了阶级本身"。——编者注

第四篇　论权威（节选）*

恩格斯

> **导　读**
>
> 　　1871年9月，在马克思、恩格斯领导下，第一国际召开伦敦代表会议，总结巴黎公社的斗争经验与教训，批判以巴枯宁为代表的无政府主义。1872年，意大利报纸《人民报》编辑恩·比尼亚米屡次请求恩格斯为《共和国年鉴》这本文集写文章，最后恩格斯撰写了《论权威》一文。1873年12月，《论权威》一文发表。在文章中，恩格斯站在唯物主义历史观立场上，阐释了科学的权威观，从主客体关系上说明了权威的必然性和重要性。文章既谈了国家和革命的问题，又总结了人类生产发展的历史，科学解释了权威与自治、民主和集中的关系。它对我们正确认识权威，发挥权威的作用，指导公共行政的理论与实践极有教益。

　　有些社会主义者近来开始了一次真正的十字军征讨①，来反对他们称之为

---

*《马克思恩格斯选集》第3卷，人民出版社2012年版，第274—277页。

① 指美国内战期间，从1861年底到1862年初英国工人为反对英国政府站在南部各蓄奴州一边干预战争所采取的行动。工人的斗争由于所谓的特伦特号事件而变得异常激烈。当时，英国资产阶级利用北部政府截获并逮捕乘特伦特号轮船赴英的奴隶主代表事件作口实，准备向北部各州开战。英国工人坚决支持北部。在人数众多的群众集会上，工人们抗议反动的资产阶级的战争叫嚣，要求和平解决冲突。英国工人反对干涉的群众性运动，使反动派未能把欧洲拖入支持奴隶主的战争，这一运动大大加强了无产阶级的国际团结。

　　十字军征讨指11—13世纪西欧天主教会、封建主和大商人打着从伊斯兰教徒手中解放圣地耶路撒冷的宗教旗帜，主要对东地中海沿岸伊斯兰教国家发动的侵略战争。因参加者的衣服上缝有红十字，故称"十字军"。十字军征讨前后共八次，历时近200年，最后以失败而告终。十字军征讨给东方国家的人民带来了深重的灾难，也使西欧国家的人民遭受惨重的牺牲，但是，它在客观上也对东西方的经济和文化交流起到了一定的促进作用。

权威原则的东西。他们要想给这种或那种行为定罪,只要把它们说成是**权威的**就行了。① 这种简单化的方法竟被滥用到这种地步,迫使我们不得不较详细地考察一下。这里所说的权威,是指把别人的意志强加于我们;另一方面,权威又是以服从为前提的。但是,既然这两种说法都不好听,而它们所表现的关系又使服从的一方感到难堪,于是就产生了一个问题:是不是就没有以另外方式行事的办法呢,我们能不能——在现代的社会关系下——创造出另一种社会状态来,使这种权威成为没有意义的东西而归于消失呢。我们只要考察一下作为现代资产阶级社会基础的那些经济关系,即工业关系和农业关系,就会发现,它们有一种使各个孤立的活动越来越为人们的联合活动所代替的趋势。代替各个孤立的生产者的小作坊的,是拥有庞大工厂的现代工业,在这种工厂中有数百个工人照管着由蒸汽推动的复杂机器;大路上的客运马车和货运马车已被铁路上的火车所代替,小型划桨船和帆船已被轮船所代替。甚至在农业中,机器和蒸汽也越来越占统治地位,它们正缓慢地但却一贯地使那些靠雇佣工人耕作大片土地的大资本家来代替小自耕农。联合活动、互相依赖的工作过程的错综复杂化,正在到处取代各个人的独立活动。但是,联合活动就是组织起来,而没有权威能够组织起来吗?

我们假定,社会革命推翻了现在以自己的权威支配财富的生产和流通的资本家。我们再完全按照反权威主义者的观点来假定,土地和劳动工具都成了那些使用它们的工人的集体财产。在这种情况下,权威将会消失呢,还是只会改变自己的形式?我们就来看一看。

就拿纺纱厂作例子吧。棉花至少要经过六道连续工序才会成为棉纱,并且这些工序大部分是在不同的车间进行的。其次,为了使机器不断运转,就需要工程师照管蒸汽机,需要技师进行日常检修,需要许多粗工把产品由一个车间搬到另一个车间等等。所有这些劳动者——男人、女人和儿童——都被迫按照那根本不管什么个人自治的蒸汽权威所确定的钟点开始和停止工作。所以,劳动者们首先必须就工作时间取得一致;而工作时间一经确定,大家就要毫无例

---

① 指无政府主义分子日益猖獗的活动。这些人在1872年8月4—6日意大利无政府主义组织在里米尼召开的代表会议上,以及1872年9月15—16日在圣伊米耶举行的无政府主义者国际代表大会上,公开作出决议要成立他们自己的组织并与国际工人协会总委员会断绝一切关系,同时他们还擅自决定将在纳沙泰尔(瑞士)召集反权威主义的代表大会。

马克思和恩格斯在《社会主义民主同盟和国际工人协会》(见《马克思恩格斯全集》中文第1版第18卷)一文中对上述两次会议作了详细的评述。

外地一律遵守。其次,在每个车间里,时时都会发生有关生产过程、材料分配等的细节问题,要求马上解决,否则整个生产就会立刻停顿下来。不管这些问题是怎样解决的,是根据领导各劳动部门的代表的决定来解决的呢,还是在可能情况下用多数表决的办法来解决,个别人的意志总是要表示服从,这就是说,问题是靠权威来解决的。大工厂里的自动机器,比雇用工人的任何小资本家要专制得多。至少就工作时间而言,可以在这些工厂的大门上写上这样一句话:**进门者请放弃一切自治!**① 如果说人靠科学和创造性天才征服了自然力,那么自然力也对人进行报复,按人利用自然力的程度使人服从一种真正的专制,而不管社会组织怎样。想消灭大工业中的权威,就等于想消灭工业本身,即想消灭蒸汽纺纱机而恢复手纺车。

再拿铁路作例子。这里,无数人的协作也是绝对必要的;为了避免不幸事故,这种协作必须依照准确规定的时间来进行。在这里,运转的首要条件也是要有一个能处理一切所管辖问题的起支配作用的意志,不论体现这个意志的是一个代表,还是一个受托执行有关的大多数人的决议的委员会,都是一样。不论在哪一种场合,都要碰到一个显而易见的权威。不仅如此,假如铁路员工对乘客先生们的权威被取消了,那么,随后开出的列车会发生什么事情呢?

但是,能最清楚地说明需要权威,而且是需要专断的权威的,要算是在汪洋大海上航行的船了。那里,在危急关头,大家的生命能否得救,就要看所有的人能否立即绝对服从一个人的意志。

如果我拿这种论据来反对最顽固的反权威主义者,那他们就只能给我如下的回答:"是的!这是对的,但是这里所说的并不是我们赋予我们的代表以某种权威,**而是某种委托**。"这些先生以为,只要改变一下某一事物的名称,就可以改变这一事物本身。这些深奥的思想家,简直是拿世界开玩笑。

这样,我们看到,一方面是一定的权威,不管它是怎样形成的,另一方面是一定的服从,这两者都是我们不得不接受的,而不管社会组织以及生产和产品流通赖以进行的物质条件是怎样的。

另一方面,我们也看到,生产和流通的物质条件,不可避免地随着大工业和大农业的发展而扩展起来,并且趋向于日益扩大这种权威的范围。所以,把权威原则说成是绝对坏的东西,而把自治原则说成是绝对好的东西,这是荒谬的。

---

① 这里套用了但丁《神曲》中《地狱篇》第3篇第3节地狱大门上的题词。——编著注

权威与自治是相对的东西,它们的应用范围是随着社会发展阶段的不同而改变的。如果自治论者仅仅是想说,未来的社会组织将只在生产条件所必然要求的限度内允许权威存在,那也许还可以同他们说得通。但是,他们闭眼不看使权威成为必要的种种事实,只是拼命反对字眼。

为什么反权威主义者不只限于高喊反对政治权威,反对国家呢?所有的社会主义者都认为,政治国家以及政治权威将由于未来的社会革命而消失,这就是说,公共职能将失去其政治性质,而变为维护真正社会利益的简单的管理职能。但是,反权威主义者却要求在产生权威的政治国家的各种社会条件消除以前,一举把权威的政治国家废除。他们要求把废除权威作为社会革命的第一个行动。这些先生见过革命没有?革命无疑是天下最权威的东西。革命就是一部分人用枪杆、刺刀、大炮,即用非常权威的手段强迫另一部分人接受自己的意志。获得胜利的政党如果不愿意失去自己努力争得的成果,就必须凭借它以武器对反动派造成的恐惧,来维持自己的统治。要是巴黎公社面对资产者没有运用武装人民这个权威,它能支持哪怕一天吗?反过来说,难道我们没有理由责备公社把这个权威用得太少了吗?

总之,二者必居其一。或者是反权威主义者自己不知所云,如果是这样,那他们只是在散布糊涂观念;或者他们是知道的,如果是这样,那他们就背叛了无产阶级运动。在这两种情况下,他们都只是为反动派效劳。

> **思考题**
>
> 1. 谈谈权威的客观必要性。
> 2. 如何理解权威与自治的关系?
> 3. 如何理解权威与民主的关系?
> 4. 如何理解政治权威与行政权威的关系?
> 5. 如何理解权威原则是随着社会的发展而发展的?

第五篇　家庭、私有制和国家的起源(节选)*

恩格斯

> **导　读**
>
> 恩格斯在马克思逝世以后整理马克思的手稿时,发现了马克思对路易斯·亨·摩尔根的著作《古代社会》所作的摘要和批语。恩格斯研究后认为有必要写一部专门的著作阐述唯物主义的历史观,以作为补充。为此,恩格斯写就了《家庭、私有制和国家的起源》一书。该书是一部关于古代社会发展规律和国家起源的著作,是马克思主义国家学说代表作之一。全书包括2篇序言、9章正文。恩格斯以唯物史观阐释摩尔根的研究成果,提出以下观点:由于劳动生产力的发展,产生了私有财产,因此形成了阶级和阶级对立;由于各阶级的冲突导致以血亲家族为基础的旧社会被炸毁,被组成国家的新社会所取代;家庭制度受所有制支配。恩格斯根据摩尔根对美洲印第安人社会的研究,补充他本人对古代罗马、希腊和日耳曼人社会的研究材料,论述了人类早期原始社会阶段和奴隶社会早期国家形成的历史,后来科学考古的发现也证明了恩格斯的基本论点是正确的。恩格斯科学地阐明了家庭、私有制、阶级的起源与国家产生的关系,极大地丰富了马克思主义的政治国家学说。
>
> 本篇选读的是《家庭、私有制和国家的起源》一书的最后一章。在该书的最后,恩格斯引用摩尔根对文明时代的评断作为结束语意味深长,值得我们深入思考。

---

* 《马克思恩格斯选集》第4卷,人民出版社2012年版,第174—195页。

九　野蛮时代和文明时代

我们已经根据希腊人、罗马人和德意志人这三大实例，探讨了氏族制度的解体。最后，我们来研究一下那些在野蛮时代高级阶段已经破坏了氏族社会组织，而随着文明时代的到来又把它完全消灭的一般经济条件。在这里，马克思的《资本论》对我们来说是和摩尔根的著作同样必要的。

氏族在蒙昧时代中级阶段发生，在高级阶段继续发展起来，就我们现有的资料来判断，到了野蛮时代低级阶段，它便达到了全盛时代。所以现在我们就从这一阶段开始。

这一阶段应当以美洲红种人为例；在这一阶段上，我们发现氏族制度已经完全形成。一个部落分为几个氏族，通常是分为两个；①随着人口的增加，这些最初的氏族每一个又分裂为几个女儿氏族，对这些女儿氏族来说，母亲氏族便是胞族；部落本身分裂成几个部落，在其中的每一个部落中，我们多半又可以遇到那些老氏族；部落联盟至少是在个别情况下把亲属部落联合在一起。这种简单的组织，是同它所由产生的社会状态完全适应的。它无非是这种社会状态所特有的、自然长成的结构；它能够处理在这样组织起来的社会内部一切可能发生的冲突。对外的冲突，则由战争来解决；这种战争可能以部落的消灭而告终，但从没能以它的被奴役而告终。氏族制度的伟大，但同时也是它的局限，就在于这里没有统治和奴役存在的余地。在氏族制度内部，还没有权利和义务的分别；参与公共事务，实行血族复仇或为此接受赎罪，究竟是权利还是义务这种问题，对印第安人来说是不存在的；在印第安人看来，这种问题正如吃饭、睡觉、打猎究竟是权利还是义务的问题一样荒谬。同样，部落和氏族分为不同的阶级也是不可能的。这就使我们不能不对这种状态的经济基础加以研究了。

人口是极其稀少的；只有在部落的居住地才比较稠密，在这种居住地的周围，首先是一片广大的狩猎地带，其次是把这个部落同其他部落隔离开来的中立的防护森林。分工是纯粹自然产生的；它只存在于两性之间。男子作战、打猎、捕鱼，获取食物的原料，并制作为此所必需的工具。妇女管家，制备衣食——做饭、纺织、缝纫。男女分别是自己活动领域的主人：男子是森林中的主

---

① "通常是分为两个；"是恩格斯在1891年版上增补的。——编者注

第一部分

第五篇 家庭、私有制和国家的起源（节选）

人，妇女是家里的主人。男女分别是自己所制造的和所使用的工具的所有者：男子是武器、渔猎用具的所有者，妇女是家内用具的所有者。家户经济是共产制的，包括几个，往往是许多个家庭。① 凡是共同制作和使用的东西，都是共同财产：如房屋、园圃、小船。所以，在这里，而且也只有在这里，才真正存在着文明社会的法学家和经济学家所捏造的"自己劳动所得的财产"——现代资本主义所有制还依恃着的最后一个虚伪的法律借口。

但是，人们并不是到处都停留在这个阶段。在亚洲，他们发现了可以驯服并且在驯服后可以繁殖的动物。野生的雌水牛，需要去猎取；但已经驯服的雌水牛，每年可生一头小牛，此外还可以挤奶。有些最先进的部落——雅利安人、闪米特人，也许还有图兰人——，其主要的劳动部门起初就是驯养牲畜，只是到后来才又有繁殖和看管牲畜。游牧部落从其余的野蛮人群中分离出来——这**是第一次社会大分工**。游牧部落生产的生活资料，不仅比其余的野蛮人多，而且也不相同。同其余的野蛮人比较，他们不仅有数量多得多的乳、乳制品和肉类，而且有兽皮、绵羊毛、山羊毛和随着原料增多而日益增加的纺织物。这就第一次使经常的交换成为可能。在更早的阶段上，只能有偶然的交换；制造武器和工具的特殊技能，可能导致暂时的分工。例如，在许多地方，都发现石器时代晚期的石器作坊的无可置疑的遗迹；在这种作坊中发展了自己技能的匠人们，大概是为全体工作，正如印度的氏族公社的终身手艺人至今仍然如此一样。在这个阶段上，除了部落内部发生的交换以外，决不可能有其他的交换，而且，即使是部落内部的交换，也仍然是一种例外的事件。但是，自从游牧部落分离出来以后，我们就看到，各不同部落的成员之间进行交换以及把交换作为一种经常制度来发展和巩固的一切条件都具备了。起初是部落和部落之间通过各自的氏族酋长来进行交换；但是当畜群开始变为特殊财产②的时候，个人交换便越来越占优势，终于成为交换的唯一形式。不过，游牧部落用来同他们的邻人交换的主要物品是牲畜；牲畜变成了一切商品都用来估价并且到处都乐于与之交换的商品——一句话，牲畜获得了货币的职能，在这个阶段上就已经起货币的作用了。在商品交换刚刚产生的时候，对货币商品的需要，就以这样的必然

---

① 恩格斯在这里加了一个注："特别是在美洲的西北沿岸，见班克罗夫特的著作。在夏洛特皇后群岛上的海达人部落中，还有700人聚居在一所房屋中的家户经济。在努特卡人那里，整个部落都聚居在一所房屋中生活。"——编者注

② 在1884年版中不是"特殊财产"，而是"私有财产"。——编者注

性和速度发展起来了。

园圃种植业大概是亚洲的低级阶段野蛮人所不知道的,但它在那里作为田野耕作的先驱而出现不迟于中级阶段。在图兰高原的气候条件下,在漫长而严寒的冬季,没有饲料储备,游牧生活是不可能的;因此,牧草栽培和谷物种植,在这里就成了必要条件。黑海以北的草原,也是如此。但谷物一旦作为家畜饲料而种植,它很快也成了人类的食物。耕地仍然是部落的财产,最初是交给氏族使用,后来由氏族交给家庭公社使用,最后①交给个人使用;他们对耕地或许有一定的占有权,但是没有更多的权利。

在这一阶段工业的成就中,特别重要的有两件。第一是织布机;第二是矿石冶炼和金属加工。铜、锡以及二者的合金——青铜是顶顶重要的金属;青铜可以制造有用的工具和武器,但是并不能排挤掉石器;这一点只有铁才能做到,而当时还不知道冶铁。金和银已开始用于首饰和装饰,其价值肯定已比铜和青铜高。

一切部门——畜牧业、农业、家庭手工业——中生产的增加,使人的劳动力能够生产出超过维持劳动力所必需的产品。同时,这也增加了氏族、家庭公社或个体家庭的每个成员所担负的每日的劳动量。吸收新的劳动力成为人们向往的事情了。战争提供了新的劳动力:俘虏变成了奴隶。第一次社会大分工,在使劳动生产率提高,从而使财富增加并且使生产领域扩大的同时,在既定的总的历史条件下,必然地带来了奴隶制。从第一次社会大分工中,也就产生了第一次社会大分裂,分裂为两个阶级:主人和奴隶、剥削者和被剥削者。

至于畜群怎样并且在什么时候从部落或氏族的共同占有变为各个家庭首长的财产,我们至今还不得而知。不过,基本上,这一过渡一定是在这个阶段上发生的。随着畜群和其他新的财富的出现,便发生了对家庭的革命。谋取生活资料总是男子的事情,谋取生活资料的工具是由男子制造的,并且是他们的财产。畜群是新的谋取生活资料的工具,最初对它们的驯养和以后对它们的照管都是男子的事情。因此,牲畜是属于他们的;用牲畜交换来的商品和奴隶,也是属于他们的。这时谋生所得的全部剩余都归了男子;妇女参加它的享用,但在财产中没有她们的份儿。"粗野的"战士和猎人,以在家中次于妇女而占第二位

---

① "交给家庭公社使用,最后"是恩格斯在1891年版上增补的。——编者注

为满足,但"比较温和的"牧人,却依恃自己的财富挤上了首位,把妇女挤到了第二位。而妇女是不能抱怨的。家庭内的分工决定了男女之间的财产分配;这一分工仍然和以前一样,可是它现在却把迄今所存在的家庭关系完全颠倒了过来,这纯粹是因为家庭以外的分工已经不同了。从前保证妇女在家中占统治地位的同一原因——妇女只限于从事家务劳动——,现在却保证男子在家中占统治地位:妇女的家务劳动现在同男子谋取生活资料的劳动比较起来已经相形见绌;男子的劳动就是一切,妇女的劳动是无足轻重的附属品。在这里就已经表明,只要妇女仍然被排除于社会的生产劳动之外而只限于从事家庭的私人劳动,那么妇女的解放,妇女同男子的平等,现在和将来都是不可能的。妇女的解放,只有在妇女可以大量地、社会规模地参加生产,而家务劳动只占她们极少的工夫的时候,才有可能。而这只有依靠现代大工业才能办到,现代大工业不仅容许大量的妇女劳动,而且是真正要求这样的劳动,并且它还力求把私人的家务劳动逐渐溶化在公共的事业中。

随着男子在家中的实际统治的确立,实行男子独裁的最后障碍便崩毁了。这种独裁,由于母权制的倾覆、父权制的实行、对偶婚制向专偶制的逐步过渡而被确认,并且永久化了。但是这样一来,在古代的氏族制度中就出现了一个裂口:个体家庭已经成为一种力量,并且以威胁的姿态起来与氏族对抗了。

下一步把我们引向野蛮时代高级阶段,一切文化民族都在这个时期经历了自己的英雄时代:铁剑时代,但同时也是铁犁和铁斧的时代。铁已在为人类服务,它是在历史上起过革命作用的各种原料中最后的和最重要的一种原料。所谓最后的,是指直到马铃薯的出现为止。铁使更大面积的田野耕作,广阔的森林地区的开垦,成为可能;它给手工业工人提供了一种其坚硬和锐利非石头或当时所知道的其他金属所能抵挡的工具。所有这些,都是逐渐实现的;最初的铁往往比青铜还软。所以,石制武器只是慢慢地消失的;不仅在《希尔德布兰德之歌》①中,而且在1066年的黑斯廷斯会战②中都还使用石斧。但是,进步现在

---

① 《希尔德布兰德之歌》这部英雄史诗,是古代德意志叙事诗文献,反映了民族大迁徙后期东哥特人的习俗,流传于8世纪,保留下来的仅是一些片断。

② 1066年10月14日,诺曼底公爵威廉的军队侵入英国,在黑斯廷斯附近同盎格鲁撒克逊人展开会战。盎格鲁撒克逊人的军队由于在军事组织中还保留着公社制度的残余,使用的也是原始的武器装备,因此被击败。盎格鲁撒克逊国王哈罗德战死,而威廉则成为英国国王,称威廉一世,史称征服者威廉一世。

是不可遏止地、更少间断地、更加迅速地进行着。用石墙、城楼、雉堞围绕着石造或砖造房屋的城市,已经成为部落或部落联盟的中心;这是建筑艺术上的巨大进步,同时也是危险增加和防卫需要增加的标志。财富在迅速增加,但这是个人的财富;织布业、金属加工业以及其他一切彼此日益分离的手工业,显示出生产的日益多样化和生产技术的日益改进;农业现在除了提供谷物、豆科植物和水果以外,也提供植物油和葡萄酒,这些东西人们已经学会了制造。如此多样的活动,已经不能由同一个人来进行了;于是发生了**第二次大分工**:手工业和农业分离了。生产的不断增长以及随之而来的劳动生产率的不断增长,提高了人的劳动力的价值;在前一阶段上刚刚产生并且是零散现象的奴隶制,现在成为社会制度的一个根本的组成部分;奴隶们不再是简单的助手了;他们被成批地赶到田野和工场去劳动。随着生产分为农业和手工业这两大主要部门,便出现了直接以交换为目的的生产,即商品生产;随之而来的是贸易,不仅有部落内部和部落边境的贸易,而且海外贸易也有了。然而,所有这一切都还很不发达;贵金属开始成为占优势的和普遍性的货币商品,但是还不是铸造的货币,只是不作加工按重量交换罢了。

除了自由民和奴隶的差别以外,又出现了富人和穷人的差别——随着新的分工,社会又有了新的阶级划分。各个家庭家长之间的财产差别,炸毁了各地迄今一直保存着的旧的共产制家庭公社;同时也炸毁了为这种公社而实行的土地的共同耕作。耕地起初是暂时地,后来便永久地分配给各个家庭使用,它向完全的私有财产的过渡,是逐渐进行的,是与对偶婚制向专偶制的过渡平行地发生的。个体家庭开始成为社会的经济单位了。

住得日益稠密的居民,对内和对外都不得不更紧密地团结起来。亲属部落的联盟,到处都成为必要的了;不久,各亲属部落的融合,从而分开的各个部落领土融合为一个民族[Volk]的整个领土,也成为必要的了。民族的军事首长——勒克斯、巴赛勒斯、狄乌丹斯——,成了不可缺少的常设的公职人员。还不存在人民大会的地方,也出现了人民大会。军事首长、议事会和人民大会构成了继续发展为军事民主制的氏族社会的各机关。其所以称为"军事",是因为战争以及进行战争的组织现在已经成为民族生活的正常功能。邻人的财富刺激了各民族的贪欲,在这些民族那里,获取财富已成为最重要的生活目的之一。他们是野蛮人:掠夺在他们看来比用劳动获取更容易甚至更光荣。以前打仗只是为了对侵犯进行报复,或者是为了扩大已经感到不够的领土;现在打仗,则纯

第一部分
第五篇　家庭、私有制和国家的起源（节选）

粹是为了掠夺,战争成了经常性的行当。在新的设防城市的周围屹立着高峻的墙壁并非无故:它们的堑壕成了氏族制度的墓穴,而它们的城楼已经高耸入文明时代了。内部也发生了同样的情形。掠夺战争加强了最高军事首长以及下级军事首长的权力;习惯地由同一家庭选出他们的后继者的办法,特别是从父权制实行以来,就逐渐转变为世袭制,他们最初是耐心等待,后来是要求,最后便僭取这种世袭制了;世袭王权和世袭贵族的基础奠定下来了。于是,氏族制度的机关就逐渐挣脱了自己在民族中,在氏族、胞族和部落中的根子,而整个氏族制度就转化为自己的对立物:它从一个自由处理自己事务的部落组织转变为掠夺和压迫邻近部落的组织,而它的各机关也相应地从人民意志的工具转变为独立的、压迫和统治自己人民的机关了。但是,如果不是对财富的贪欲把氏族成员分裂成富人和穷人,如果不是"同一氏族内部的财产差别把利益的一致变为氏族成员之间的对抗"(马克思语)①,如果不是奴隶制的盛行已经开始使人认为用劳动获取生活资料是只有奴隶才配做的、比掠夺更可耻的活动,那么这种情况是决不会发生的。

———

　　这样,我们就走到文明时代的门槛了。它是由分工方面的一个新的进步开始的。在野蛮时代低级阶段,人们只是直接为了自身的消费而生产;间或发生的交换行为也是个别的,只限于偶然的剩余物。在野蛮时代中级阶段,我们看到游牧民族已经有牲畜作为财产,这种财产,到了畜群具有相当规模的时候,就可以经常提供超出自身消费的若干余剩;同时,我们也看到了游牧民族和没有畜群的落后部落之间的分工,从而看到了两个并存的不同的生产阶段,也就是看到了进行经常交换的条件。在野蛮时代高级阶段,又进一步发生了农业和手工业之间的分工,于是劳动产品中日益增加的一部分是直接为了交换而生产的,这就把单个生产者之间的交换提升为社会的生活必需。文明时代巩固并加强了所有这些已经发生的各次分工,特别是通过加剧城市和乡村的对立(或者是像古代那样,城市在经济上统治乡村,或者是像中世纪那样,乡村在经济上统治城市)而使之巩固和加强,此外它又加上了一个第三次的、它所特有的、有决定意义的重要分工:它创造了一个不再从事生产而只从事产品交换的阶级——

---

　　① 参看马克思《路易斯·亨·摩尔根〈古代社会〉一书摘要》,《马克思恩格斯全集》中文第1版第45卷第522页。——编者注

商人。在此以前,阶级的形成的一切萌芽,还都只是与生产相联系的;它们把从事生产的人分成了领导者和执行者,或者分成了规模较大和较小的生产者。这里首次出现一个阶级,它根本不参与生产,但完全夺取了生产的领导权,并在经济上使生产者服从自己;它成了每两个生产者之间的不可缺少的中间人,并对他们双方都进行剥削。在可以使生产者免除交换的辛劳和风险,可以使他们的产品的销路扩展到遥远的市场,而自己因此就成为居民当中最有用的阶级的借口下,一个寄生阶级,真正的社会寄生虫阶级形成了,它从国内和国外的生产上榨取油水,作为对自己的非常有限的实际贡献的报酬,它很快就获得了大量的财富和相应的社会影响;正因为如此,它在文明时期便取得了越来越荣誉的地位和对生产的越来越大的统治权,直到最后它自己也生产出自己的产品——周期性的商业危机为止。

不过,在我们正在考察的这个发展阶段上,年轻的商人阶级还丝毫没有预感到它未来的伟大事业。但是这个阶级正在形成并且使自己成为必不可少的,而这就够了。随着这个阶级的形成,出现了**金属货币**即铸币,随着金属货币就出现了非生产者统治生产者及其生产的新手段。商品的商品被发现了,这种商品以隐蔽的方式包含着其他一切商品,它是可以任意变为任何值得向往和被向往的东西的魔法手段。谁有了它,谁就统治了生产世界。但是谁首先有了它呢?商人。他们把货币崇拜掌握在自己的手中。他们尽心竭力地叫人们知道,一切商品,从而一切商品生产者,都应该毕恭毕敬地匍匐在货币面前。他们在实践上证明,在这种财富本身的化身面前,其他一切财富形式都不过是一个影子而已。以后货币的权力再也没有像在它的这个青年时代那样,以如此原始的粗野和横暴的形式表现出来。在使用货币购买商品之后,出现了货币借贷,随着货币借贷出现了利息和高利贷。后世的立法,没有一个像古雅典和古罗马的立法那样残酷无情地、无可挽救地把债务人投在高利贷债权人的脚下——这两种立法都是作为习惯法而自发地产生的,都只有经济上的强制。

除了表现为商品和奴隶的财富以外,除了货币财富以外,这时还出现了表现为地产的财富。各个人对于原来由氏族或部落给予他们的小块土地的占有权,现在变得如此牢固,以致这些小块土地作为世袭财产而属于他们了。他们最近首先力求实现的,正是要摆脱氏族公社索取这些小块土地的权利,这种权利对他们已成为桎梏了。这种桎梏他们是摆脱了,但是不久他们也失去了新的土地所有权。完全的、自由的土地所有权,不仅意味着不折不扣和毫无限制地占有土地的可能性,而且也意味着把它出让的可能性。只要土地是氏族的财产,这种可能性就不存在。但是,当新的土地占有者彻底摆脱了氏族和部落的最高所有权这一桎梏的时候,他也就挣断了迄今把他同土地密不可分地连在一起的纽带。这意味着什么,和土地私有权同时被发明出来的货币,向他作了说明。土地现在可以成为出卖和抵押的商品了。土地所有权刚一确立,抵押就被发明出来了(见关于雅典的一章)。像淫游和卖淫紧紧跟着专偶制而来一样,如今抵押也紧紧跟着土地所有权而来了。你们曾希望有完全的、自由的、可以出售的土地所有权,那么好了,现在你们得到它了——这就是你所希望的,乔治·唐丹![1]

这样,随着贸易的扩大,随着货币和货币高利贷、土地所有权和抵押的产生,财富便迅速地积聚和集中到一个人数很少的阶级手中,与此同时,大众日益贫困化,贫民的人数也日益增长。新的财富贵族,只要从一开始就恰巧不是旧的部落显贵,便把部落显贵完全排挤到后面去了(在雅典,在罗马,以及在德意志人中间)。随着这种按照财富把自由民分成各个阶级的划分,奴隶的人数特别是在希腊便大大增加[2],奴隶的强制性劳动构成了整个社会的上层建筑所赖以建立的基础。

现在我们来看看,在这种社会变革中,氏族制度怎么样了。面对着没有它的参与而兴起的新因素,它显得软弱无力。氏族制度的前提,是一个氏族或部落的成员共同生活在纯粹由他们居住的同一地区中。这种情况早已不存在了。氏族和部落到处都杂居在一起,到处都有奴隶、被保护民和外地人在公民中间居住着。直到野蛮时代中级阶段末期才达到的定居状态,由于居住地受商业活动、职业变换和土地所有权转让的影响而变动不定,所以时常遭到破坏。氏族团体的成员再也不能集会来处理自己的共同事务了;只有不重要的事情,例如宗教节日,还勉强能够安排。除了氏族团体有责任并且能够予以保证的需要和利益以外,由于谋生条件的变革及其所引起的社会结构的变化,又产生了新的需要和利益,这些新的需要和利益不仅同旧的氏族制度格格不入,而且还千方百计在破坏它。由于分工而产生的手工业集团的利益,城市的对立于乡村的特

---

[1] 莫里哀《乔治·唐丹》第1幕第9场。——编者注
[2] 恩格斯在这里加了一个注:"雅典奴隶的人数见前第117页。在科林斯城全盛时代,奴隶的人数达46万人,在埃吉纳达47万人;在这两个地方奴隶的人数都等于自由民的10倍。"参看本卷第133页。——编者注

殊需要,都要求有新的机构;但是,每一个这种集团都是由属于极不相同的氏族、胞族和部落的人们组成的,甚至还包括外地人在内;因此,这种机构必须在氏族制度以外,与它并列地形成,从而又是与它对立的。——同时,在每个氏族团体中,也表现出利益的冲突,这种冲突由于富人和穷人、高利贷者和债务人结合于同一氏族和同一部落中而达到最尖锐的地步。——此外,又加上了大批新的、氏族公社以外的居民,他们在当地已经能够成为一种力量,像罗马的情况那样,同时他们人数太多,不可能被逐渐接纳到血缘亲属的血族和部落中来。氏族公社作为一种封闭的享有特权的团体与这一批居民相对立;原始的自然形成的民主制变成了可憎的贵族制。——最后,氏族制度是从那种没有任何内部对立的社会中生长出来的,而且只适合于这种社会。除了舆论以外,它没有任何强制手段。但是现在产生了这样一个社会,它由于自己的全部经济生活条件而必然分裂为自由民和奴隶,进行剥削的富人和被剥削的穷人,而这个社会不仅再也不能调和这种对立,反而必然使这些对立日益尖锐化。一个这样的社会,只能或者存在于这些阶级相互间连续不断的公开斗争中,或者存在于第三种力量的统治下,这第三种力量似乎站在相互斗争着的各阶级之上,压制它们的公开的冲突,顶多容许阶级斗争在经济领域内以所谓合法形式决出结果来。氏族制度已经过时了。它被分工及其后果即社会之分裂为阶级所炸毁。它被**国家**代替了。

———————

前面我们已经分别考察了国家在氏族制度的废墟上兴起的三种主要形式。雅典是最纯粹、最典型的形式;在这里,国家是直接地和主要地从氏族社会本身内部发展起来的阶级对立中产生的。在罗马,氏族社会变成了封闭的贵族制,它的四周则是人数众多的、站在这一贵族制之外的、没有权利只有义务的平民;平民的胜利炸毁了旧的血族制度,并在它的废墟上面建立了国家,而氏族贵族和平民不久便完全溶化在国家中了。最后,在战胜了罗马帝国的德意志人中间,国家是直接从征服广大外国领土中产生的,氏族制度不能提供任何手段来统治这样广阔的领土。但是,由于同这种征服相联系的,既不是跟旧有居民的严重斗争,也不是更加进步的分工;由于被征服者和征服者差不多处于同一经济发展阶段,从而社会的经济基础依然如故,所以,氏族制度能够以改变了的、地区的形式,即以马尔克制度的形式,继续存在几个世纪,甚至在以后的贵族血族和城市望族的血族中,甚至在农民的血族中,例如在迪特马申①,还以削弱了的形式复兴了一个时期。

可见,国家决不是从外部强加于社会的一种力量。国家也不像黑格尔所断言的是"伦理观念的现实","理性的形象和现实"。② 确切地说,国家是社会在一定发展阶段上的产物;国家是承认:这个社会陷入了不可解决的自我矛盾,分裂为不可调和的对立面而又无力摆脱这些对立面。而为了使这些对立面,这些经济利益互相冲突的阶级,不致在无谓的斗争中把自己和社会消灭,就需要有一种表面上凌驾于社会之上的力量,这种力量应当缓和冲突,把冲突保持在"秩序"的范围以内;这种从社会中产生但又自居于社会之上并且日益同社会相异化的力量,就是国家。

国家和旧的氏族组织不同的地方,第一点就是它**按地区**来划分它的国民。正如我们所看到的,由血缘关系形成和联结起来的旧的氏族公社已经很不够了,这多半是因为它们是以氏族成员被束缚在一定地区为前提的,而这种束缚早已不复存在。地区依然,但人们已经是流动的了。因此,按地区来划分就被作为出发点,并允许公民在他们居住的地方实现他们的公共权利和义务,不管他们属于哪一氏族或哪一部落。这种按照居住地组织国民的办法是一切国家共同的。因此,我们才觉得这种办法很自然;但是我们已经看到,当它在雅典和罗马能够代替按血族来组织的旧办法以前,曾经需要进行多么顽强而长久的斗争。

第二个不同点,是**公共权力**的设立,这种公共权力已经不再直接就是自己组织为武装力量的居民了。这个特殊的公共权力之所以需要,是因为自从社会分裂为阶级以后,居民的自动的武装组织已经成为不可能了。奴隶也包括在居民以内;9万雅典公民,对于365 000奴隶来说,只是一个特权阶级。雅典民主制的国民军,是一种贵族的、用来对付奴隶的公共权力,它控制奴隶使之服从;但是如前所述,为了也控制公民使之服从,宪兵队也成为必要了。这种公共权

---

① 恩格斯在这里加了一个注:"对于氏族的本质至少已有大致概念的第一个历史编纂学家是尼布尔,这应归功于他熟悉迪特马申(迪特马申是德国北部的一个地区,曾是自由民的一个要塞。自由民曾长期保留公社制度,反抗德国和丹麦封建主的征服。从12世纪中叶起迪特马申的居民逐渐取得独立。旧的地方贵族到13世纪事实上已经消失,在独立时期迪特马申仍由自治的农民公社组成,这些农民公社的基础在许多地方都是旧有的农民氏族。到14世纪,迪特马申的最高权力属于全体土地自由占有者大会,后来转归三个选举产生的委员会。1559年丹麦国王弗雷德里克二世、荷尔斯泰因公爵约翰和阿道夫的军队镇压了迪特马申居民的反抗,胜利者瓜分了这个地区。但是公社制度和部分自治在迪特马申一直保存到19世纪下半叶)的血族。但是他的错误也是直接由此而来的。"——编者注

② 黑格尔《法哲学原理》第257和360节。——编者注

力在每一个国家里都存在。构成这种权力的,不仅有武装的人,而且还有物质的附属物,如监狱和各种强制设施,这些东西都是以前的氏族社会所没有的。在阶级对立还没有发展起来的社会和偏远的地区,这种公共权力可能极其微小,几乎是若有若无的,像有时在美利坚合众国的某些地方所看到的那样。但是,随着国内阶级对立的尖锐化,随着彼此相邻的各国的扩大和它们人口的增加,公共权力就日益加强。就拿我们今天的欧洲来看吧,在这里,阶级斗争和争相霸占已经把公共权力提升到大有吞食整个社会甚至吞食国家之势的高度。

为了维持这种公共权力,就需要公民缴纳费用——**捐税**。捐税是以前的氏族社会完全没有的。但是现在我们却十分熟悉它了。随着文明时代的向前进展,甚至捐税也不够了;国家就发行票据,借债,即发行公债。关于这点,老欧洲也已经屡见不鲜了。

官吏既然掌握着公共权力和征税权,他们就作为社会机关而凌驾于社会之上。从前人们对于氏族制度的机关的那种自由的、自愿的尊敬,即使他们能够获得,也不能使他们满足了;他们作为同社会相异化的力量的代表,必须用特别的法律来取得尊敬,凭借这种法律,他们享有了特殊神圣和不可侵犯的地位。文明国家的一个最微不足道的警察,都拥有比氏族社会的全部机构加在一起还要大的"权威";但是文明时代最有势力的王公和最伟大的国家要人或统帅,也可能要羡慕最平凡的氏族酋长所享有的,不是用强迫手段获得的,无可争辩的尊敬。后者是站在社会之中,而前者却不得不企图成为一种处于社会之外和社会之上的东西。

由于国家是从控制阶级对立的需要中产生的,由于它同时又是在这些阶级的冲突中产生的,所以,它照例是最强大的、在经济上占统治地位的阶级的国家,这个阶级借助于国家而在政治上也成为占统治地位的阶级,因而获得了镇压和剥削被压迫阶级的新手段。因此,古希腊罗马时代的国家首先是奴隶主用来镇压奴隶的国家,封建国家是贵族用来镇压农奴和依附农的机关,现代的代议制的国家是资本剥削雇佣劳动的工具。但也例外地有这样的时期,那时互相斗争的各阶级达到了这样势均力敌的地步,以致国家权力作为表面上的调停人而暂时得到了对于两个阶级的某种独立性。17世纪和18世纪的专制君主制,就是这样,它使贵族和市民等级彼此保持平衡;法兰西第一帝国特别是第二帝国的波拿巴主义,也是这样,它唆使无产阶级去反对资产阶级,又唆使资产阶级来反对无产阶级。使统治者和被统治者都显得同样滑稽可笑的这方面的最新成就,就是俾斯麦国家的新的德意志帝国;在这里,资本家和工人彼此保持平

第一部分
第五篇 家庭、私有制和国家的起源(节选)

衡,并为了破落的普鲁士土容克的利益而遭受同等的欺骗。

此外,在历史上的大多数国家中,公民的权利是按照财产状况分级规定的,这直接地宣告国家是有产阶级用来防御无产阶级的组织。在按照财产状况划分阶级的雅典和罗马,就已经是这样。在中世纪的封建国家中,也是这样,在那里,政治上的权力地位是按照地产来排列的。现代的代议制的国家的选举资格,也是这样。但是,对财产差别的这种政治上的承认,决不是本质的东西。相反,它标志着国家发展的低级阶段。国家的最高形式,民主共和国,在我们现代的社会条件下正日益成为一种不可避免的必然性,它是无产阶级和资产阶级之间的最后决定性斗争只能在其中进行到底的国家形式——这种民主共和国已经不再正式讲什么财产差别了。在这种国家中,财富是间接地但也是更可靠地运用它的权力的。其形式一方面是直接收买官吏(美国是这方面的典型例子),另一方面是政府和交易所结成联盟,而公债越增长,股份公司越是不仅把运输业而且把生产本身集中在自己手中,越是把交易所变成自己的中心,这一联盟就越容易实现。除了美国以外,最新的法兰西共和国,也是这方面的一个显著例证,甚至一本正经的瑞士,在这方面也做出了自己的成绩。不过,为了使政府和交易所结成这种兄弟般的联盟,并不一定要有民主共和国,除英国以外,新的德意志帝国也证明了这一点,在德国,很难说普选制究竟是把谁抬得更高,是把俾斯麦还是把布莱希勒德。最后,有产阶级是直接通过普选制来统治的。只要被压迫阶级——在我们这里就是无产阶级——还没有成熟到能够自己解放自己,这个阶级的大多数人就仍将承认现存的社会秩序是唯一可行的秩序,而在政治上成为资本家阶级的尾巴,构成它的极左翼。但是,随着被压迫阶级成熟到能够自己解放自己,它就作为独立的党派结合起来,选举自己的代表,而不是选举资本家的代表了。因此,普选制是测量工人阶级成熟性的标尺。在现今的国家里,普选制不能而且永远不会提供更多的东西;不过,这也就足够了。在普选制的温度计标示出工人的沸点的那一天,他们以及资本家同样都知道该怎么办了。

所以,国家并不是从来就有的。曾经有过不需要国家,而且根本不知国家和国家权力为何物的社会。在经济发展到一定阶段而必然使社会分裂为阶级时,国家就由于这种分裂而成为必要了。现在我们正在以迅速的步伐走向这样的生产发展阶段,在这个阶段上,这些阶级的存在不仅不再必要,而且成了生产的真正障碍。阶级不可避免地要消失,正如它们从前不可避免地产生一样。随着阶级的消失,国家也不可避免地要消失。在生产者自由平等的联合体的基础上按新方式来组织生产的社会,将把全部国家机器放到它应该去的地方,即放到古物陈列馆去,同纺车和青铜斧陈列在一起。

———

所以,根据以上所述,文明时代是社会发展的这样一个阶段,在这个阶段上,分工,由分工而产生的个人之间的交换,以及把这两者结合起来的商品生产,得到了充分的发展,完全改变了先前的整个社会。

先前的一切社会发展阶段上的生产在本质上是共同的生产,同样,消费也是在较大或较小的共产制共同体内部直接分配产品。生产的这种共同性是在极狭小的范围内实现的,但是它随身带来的是生产者对自己的生产过程和产品的支配。他们知道,产品的结局将是怎样:他们把产品消费掉,产品不离开他们的手;只要生产在这个基础上进行,它就不可能越出生产者的支配范围,也不会产生鬼怪般的、对他们来说是异己的力量,像在文明时代经常地和不可避免地发生的那样。

但是,分工慢慢地侵入了这种生产过程。它破坏生产和占有的共同性,它使个人占有成为占优势的规则,从而产生了个人之间的交换——这是如何发生的,我们前面已经探讨过了。商品生产逐渐地成了占统治地位的形式。

随着商品生产,即不再是为了自己消费而是为了交换的生产的出现,产品必然易手。生产者在交换的时候交出自己的产品;他不再知道产品的结局将会怎样。当货币以及随货币而来的商人作为中间人插进生产者之间的时候,交换过程就变得更加错综复杂,产品的最终命运就变得更加不确定了。商人是很多的,他们谁都不知道谁在做什么。商品现在已经不仅是从一手转到另一手,而且是从一个市场转到另一个市场;生产者丧失了对自己生活领域内全部生产的支配权,这种支配权商人也没有得到。产品和生产都任凭偶然性来摆布了。

但是,偶然性只是相互依存性的一极,它的另一极叫作必然性。在似乎也是受偶然性支配的自然界中,我们早就证实,在每一个领域内,都有在这种偶然性中去实现自身的内在的必然性和规律性。而适用于自然界的,也适用于社会。一种社会活动,一系列社会过程,越是超出人们的自觉的控制,越是超出他们支配的范围,越是显得受纯粹的偶然性的摆布,它所固有的内在规律就越是以自然的必然性在这种偶然性中去实现自身。这些规律也支配着商品生产和商品交换的偶然性:它们作为异己的、起初甚至是未被认识的、其本性尚待努力研究和探索的力量,同各个生产者和交换的参加者相对立。商品生产的这些经济规律,随这个生产形式的发展阶段的不同而有所变化,但是总的说来,整个文明期都处在这些规律的支配之下。直到今天,产品仍然支配着生产者;直到今天,社会的全部生产仍然不是由共同制定的计划,而是由盲目的规律来调节,这些盲目的规律,以自发的威力,最后在周期性商业危机的风暴中显示着自己的作用。

上面我们已经看到,在相当早的生产发展阶段上,人的劳动力就能够提供大大超过维持生产者生存所需要的产品了,这个发展阶段,基本上就是产生分工和个人之间的交换的那个阶段。这时,用不了多久就又发现一个伟大的"真理":人也可以成为商品;如果把人变为奴隶,人力①也是可以交换和消费的。人们刚刚开始交换,他们本身也就被交换起来了。主动态变成了被动态,不管人们愿意不愿意。

随着在文明时代获得最充分发展的奴隶制的出现,就发生了社会分成剥削阶级和被剥削阶级的第一次大分裂。这种分裂继续存在于整个文明期。奴隶制是古希腊罗马时代世界所固有的第一个剥削形式;继之而来的是中世纪的农奴制和近代的雇佣劳动制。这就是文明时代的三大时期所特有的三大奴役形式;公开的而近来是隐蔽的奴隶制始终伴随着文明时代。

文明时代所由以开始的商品生产阶段,在经济上有下列特征:(1)出现了金属货币,从而出现了货币资本、利息和高利贷;(2)出现了作为生产者之间的中间阶级的商人;(3)出现了土地私有制和抵押;(4)出现了作为占统治地位的生产形式的奴隶劳动。与文明时代相适应并随之彻底确立了自己的统治地位的家庭形式是专偶制、男子对妇女的统治,以及作为社会经济单位的个体家庭。国家是文明社会的概括,它在一切典型的时期毫无例外地都是统治阶级的国家,并且在一切场合在本质上都是镇压被压迫被剥削阶级的机器。此外,文明时代还有如下的特征:一方面,是把城市和乡村的对立作为整个社会分工的基础固定下来;另一方面,是实行所有者甚至在死后也能够据以处理自己财产的遗嘱制度。这种同古代氏族制度直接冲突的制度,在雅典直到梭伦时代之前还没有过;在罗马,它很早就已经实行了,究竟在什么时候我们不知道②;在德

---

① 在1884年版中不是"人力",而是"人的劳动力"。——编者注

② 恩格斯在这里加了一个注:"拉萨尔的《既得权利体系》一书第二部(斐·拉萨尔《既得权利体系》第2部:《罗马和日耳曼继承权在历史—哲学发展中的实质》。该书第一版于1861年在莱比锡出版)的中心,主要是这样一个命题:罗马的遗嘱制同罗马本身一样古老,以致在罗马历史上,从来'没有过无遗嘱制的时代',遗嘱制确切些说是在罗马以前的时代从对死者的崇拜中产生的。拉萨尔作为一个虔诚的老年黑格尔派,不是从罗马人的社会关系中,而是从意志的'思辨概念'中引申出罗马的法的规定,从而得出了上述的完全非历史的论断。这在该书中是不足为奇的,因为该书根据同一个思辨概念得出结论,认为在罗马的继承制中财产的转移纯粹是次要的事情。拉萨尔不仅相信罗马法学家,特别是较早时期的罗马法学家的幻想,而且还比他们走得更远。"——编者注

意志人中间,这种制度是由教士引入的,为的是使诚实的德意志人能够毫无阻碍地将自己的遗产遗赠给教会。

文明时代以这种基本制度完成了古代氏族社会完全做不到的事情。但是,它是用激起人们的最卑劣的冲动和情欲,并且以损害人们的其他一切禀赋为代价而使之变本加厉的办法来完成这些事情的。鄙俗的贪欲是文明时代从它存在的第一日起直至今日的起推动作用的灵魂;财富,财富,第三还是财富——不是社会的财富,而是这个微不足道的单个的个人的财富,这就是文明时代唯一的、具有决定意义的目的。如果说在文明时代的怀抱中科学曾经日益发展,艺术高度繁荣的时期一再出现,那也不过是因为现代的一切积聚财富的成就不这样就不可能获得罢了。

由于文明时代的基础是一个阶级对另一个阶级的剥削,所以它的全部发展都是在经常的矛盾中进行的。生产的每一进步,同时也就是被压迫阶级即大多数人的生活状况的一个退步。对一些人是好事的,对另一些人必然是坏事,一个阶级的任何新的解放,必然是对另一个阶级的新的压迫。这一情况的最明显的例证就是机器的采用,其后果现在已是众所周知的了。如果说在野蛮人中间,像我们已经看到的那样,不大能够区别权利和义务,那么文明时代却使这两者之间的区别和对立连最愚蠢的人都能看得出来,因为它几乎把一切权利赋予一个阶级,另方面却几乎把一切义务推给另一个阶级。

但是,这并不是应该如此的。凡对统治阶级是好的,对整个社会也应该是好的,因为统治阶级把自己与整个社会等同起来了。所以文明时代越是向前进展,它就越是不得不给它所必然产生的坏事披上爱的外衣,不得不粉饰它们,或者否认它们——一句话,即实行流俗的伪善,这种伪善,无论在较早的那些社会形式下还是在文明时代初期阶段都是没有的,并且最后在下述说法中达到了极点:剥削阶级对被压迫阶级进行剥削,完全是为了被剥削阶级本身的利益;如果被剥削阶级不懂得这一点,甚至想要造反,那就是对行善的人即对剥削者的一种最卑劣的忘恩负义行为。①

---

① 恩格斯在这里加了一个注:"我最初打算引用散见于沙尔·傅立叶著作中的对文明时代的卓越的批判,同摩尔根和我自己对文明时代的批判并列。可惜我没有时间来做这个工作了。现在我只想说明,傅立叶已经把专偶制和土地所有制作为文明时代的主要特征,他把文明时代叫做富人对穷人的战争。同样,我们也发现他有一个深刻的观点,即认为在一切不完善的、分裂为对立面的社会中,个体家庭(les familles incohérentes)是一种经济单位。"——编者注

第一部分　第五篇　家庭、私有制和国家的起源(节选)

现在把摩尔根对文明时代的评断引在下面作一个结束：

"自从进入文明时代以来,财富的增长是如此巨大,它的形式是如此繁多,它的用途是如此广泛,为了所有者的利益而对它进行的管理又是如此巧妙,以致这种财富对人民说来已经**变成了一种无法控制的力量**。人类的智慧在自己的创造物面前感到迷惘而不知所措了。然而,总有一天,人类的理智一定会强健到能够支配财富,一定会规定国家对它所保护的财产的关系,以及所有者的权利的范围。社会的利益绝对地高于个人的利益,必须使这两者处于一种公正而和谐的关系之中。只要进步仍将是未来的规律,像它对于过去那样,那么单纯追求财富就不是人类的最终的命运了。自从文明时代开始以来所经过的时间,只是人类已经经历过的生存时间的一小部分,只是人类将要经历的生存时间的一小部分。社会的瓦解,即将成为以财富为唯一的最终目的的那个历程的终结,因为这一历程包含着自我消灭的因素。管理上的民主,社会中的博爱,权利的平等,教育的普及,将揭开社会的下一个更高的阶段,经验、理智和科学正在不断向这个阶段努力。**这将是古代氏族的自由、平等和博爱的复活,但却是在更高级形式上的复活**。"(摩尔根《古代社会》第 552 页)①

> **思考题**
>
> 1. 恩格斯对国家是如何定义的？
> 2. 恩格斯认为国家的最高形式是什么？为什么？
> 3. 恩格斯认为文明时代的基础是什么？为什么？
> 4. 是谁"把文明时代叫做富人对穷人的战争"？
> 5. 恩格斯和摩尔根认为在"社会的利益与个人的利益"上的正当关系是什么？为什么？

---

① 路·亨·摩尔根《古代社会》1877 年伦敦版。——编者注

第六篇　宁肯少些,但要好些*

列　宁

> **导　读**
>
> 　　列宁领导的"十月革命"改变了世界资本主义的历史流程,开辟了资本主义和社会主义非平衡发展的"一球两制"的历史新纪元。在新生的苏维埃国家如何避免官僚制国家的一些弊端,身患重病的列宁晚年进行了超乎寻常人的探索。这些探索被称为列宁的"政治遗嘱",主要包括:有关理论和政策方面的论文《日记摘录》《论合作社》《论我国革命》《我们怎样改组工农检查院》《宁肯少些,但要好些》和有关党领导方面的信件《给代表大会的信》《关于赋予国家计划委员会以立法职能》《关于民族或"自治化"问题》。《宁肯少些,但要好些》是列宁于1923年3月2日最后一次口授速记记录。从内容上看,《宁肯少些,但要好些》是《我们怎样改组工农检查院》的续篇,阐述的中心内容仍然是如何改革苏维埃国家机关的体制和工作作风、工作方法问题,着重阐明了强调国家机关改革的必要性和紧迫性以及原则和方法。他所提出的问题和阐明的观点,是留给各国共产党和全世界劳动人民的一份宝贵遗产。今天,重温列宁的这些思想,对于我们深化政治体制改革、行政体制改革仍有着重大的现实意义。

　　在改善我们国家机关的问题上,我认为工农检查院不应当追求数量和急于求成。直到现在,我们还很少考虑和关心我们国家机关的质量,所以,理所当然

---

* 《列宁全集》第43卷,人民出版社2017年版,第382—396页。

应该关心特别认真地提高它的质量,把具有真正现代素质的人才,即同西欧优秀人才相比并不逊色的人才集中到工农检查院里来。当然,对社会主义共和国说来,这个要求是太低了。但是在头五年里,我们脑子里充满了不相信和怀疑。例如,对那些过多地、过于轻率地侈谈什么"无产阶级"文化的人,我们就不禁要抱这种态度,因为在开始的时候,我们能够有真正的资产阶级文化也就够了,在开始的时候,我们能够抛掉资产阶级制度以前的糟糕之极的文化,即官僚或农奴制等等的文化也就不错了。在文化问题上,急躁冒进是最有害的。我们许多年轻的著作家和共产党员应该牢牢记住这一点。

因此,在国家机关问题上,根据过去的经验我们现在也应当得出这样的结论:最好慢一些。

我们国家机关的情况,即使不令人厌恶,至少也非常可悲,因此我们必须首先认真考虑怎样来克服它的缺点,同时要记住,这些缺点根源于过去,过去的东西虽已被打翻,但还没有被消灭,没有退到早已成为陈迹的旧文化的阶段去。我在这里提出的正是文化问题,因为在这种事情上,只有那些已经深入文化、深入日常生活和成为习惯的东西,才能算做已达到的成就。而在我们这里,可以说,对社会制度中的精华没有仔细考虑,没有充分理解,没有深切感受,只是匆忙地抓过来,没有经过检验,没有经过考验,没有为经验所证实,没有固定下来,如此等等。当然,在革命时代,在五年之内就使我们从沙皇制度转到苏维埃制度这样令人眩晕的发展速度之下,也不能不是这样。

应当及时醒悟过来。应当采取的解救办法是对任何冒进和说大话等等一概不相信。应当想一想怎样检查我们每小时都在宣布,每分钟都在实行,而后又每秒钟都在证明其不扎实、不可靠和未被理解的那些前进步骤。这里最有害的就是急躁。最有害的,就是自以为我们总还懂得一点什么,或者总还有不少人能用来建立真正新的机关,名副其实是社会主义的、苏维埃的机关,如此等等。

其实不然,在我们这里,这样的机关,甚至这样的机关人员,是少得可笑的,所以我们必须记住,为了建立这样的机关,不应该舍不得时间,而应该花上许多许多年的时间。

我们有哪些人可以用来建立这种机关呢?只有两种人。第一,是一心为社会主义奋斗的工人。这些人受的教育是不够的。他们倒是想给我们建立优秀的机关。但是他们不知道怎么做。他们无法办到。他们直到现在还没有具备建立这种机关所必需的文化修养。而做这件事情所必需的正是文化。在这里，蛮干或突击，机敏或毅力，以及人的任何优秀品质，都是无济于事的。第二，是有知识的、受过教育和训练的人，而我国比起其他各国来这种人少得可笑。

在这里也不要忘记，我们往往太喜欢用热心和急于求成等等来弥补（或者以为可以弥补）没有知识这种缺陷。

为了革新我们的国家机关，我们一定要给自己提出这样的任务：第一是学习，第二是学习，第三还是学习，然后是检查，使我们学到的东西真正深入血肉，真正地完全地成为生活的组成部分，而不是学而不用，或只会讲些时髦的词句（毋庸讳言，这种现象在我们这里是特别常见的）。总之，我们应该提出的不是西欧资产阶级所提出的要求，而是向一个以发展成社会主义国家为宗旨的国家应该提出的恰如其分的要求。

由此得出的结论是：我们应当把作为改善我们机关的工具的工农检查院改造成真正的模范机关。

要想使工农检查院达到应有的水平，就必须遵守"七次量，一次裁"的准则。

要做到这一点，我们必须非常慎重地、考虑周到地、熟悉情况地利用我们社会制度中真正的精华来建立新的人民委员部。

要做到这一点，就要求我们社会制度中所有的优秀分子，即第一，先进工人，第二，真正受过教育而且可以保证决不相信空话、决不说昧心话的分子，不怕承认任何困难，不怕为达到自己郑重提出的目的而进行任何斗争。

在改善我们的国家机关方面，我们已经瞎忙了五年，但只不过是瞎忙而已，五年来已经证明这是无用的，徒劳无益的，甚至是有害的。这种瞎忙使我们看来像是在工作，实际上却搅乱了我们的机关和我们的头脑。

这种状况终究应该改变了。

我们应该遵守一条准则：宁可数量少些，但要质量高些。我们应该遵守一条准则：与其匆忙从事而毫无希望得到优秀人才，倒不如再过两年甚至三年好些。

我知道，这条准则很难坚持，很难用于我们的实际生活。我知道，相反的准则会通过无数渠道在我们这里得到奉行。我知道，需要大力抵制，需要表现出无比坚韧的精神，这方面的工作至少在头几年内是极难收效的。然而我深信，我们只有通过这样的工作才能达到我们的目的，而只有达到这个目的，我们才能建立名副其实是苏维埃的、社会主义的共和国，以及其他等等。

第六篇　宁肯少些，但要好些

许多读者也许认为我在前一篇文章中举出来作例子的数字太小了。我相信，可以用很多计算来证明这些数字是很不够的。但我认为，我们应该把真正合乎标准的质量这一点看得比一切计算更重要。

我认为，对我们国家机关来说，正是现在终于到了我们应该十分认真地好好地对它进行一番工作的时候了，对于这种工作，急躁几乎是最有害的。所以我要竭力防止扩大这些数字。相反地，依我看，在这里对数字要掌握得特别紧。让我们直说吧，工农检查人民委员部现在没有丝毫威信。大家都知道，再没有比我们工农检查院这个机关办得更糟的机关了，在目前情况下，对这个人民委员部没有什么可要求的了。如果我们真正抱定目的要在几年后建成这样的机关：第一，它应当是模范的，第二，它应当得到大家绝对信任，第三，能向所有的人证明，我们所做的确实不愧为中央监察委员会这样一个高级机关所做的工作，那我们就必须牢记这一点。我认为，应该立即坚决冲破一般的职员编制标准。我们必须用完全特殊的办法，经过极严格的考核来挑选工农检查院的职员。一个人民委员部，如果工作马马虎虎，并且得不到任何信任，说话毫无威信，说实在的，那又何必设立它呢？我想，在进行我们现在所谈的改组工作时，我们的主要任务就是要避免这种现象。

我们吸收来当中央监察委员的工人，应当是无可指责的共产党员，我想，为了使他们学会工作方法和胜任工作任务，还应该对他们进行长期的培养。其次，在这项工作中，应有一定数目的秘书人员做助手，在任用他们以前，必须再三审查。最后，凡是我们决定要破例立刻委派为工农检查院职员的公职人员，应符合下列条件：

第一，他们必须有几名共产党员推荐；

第二，他们必须通过关于我们国家机关知识的考试；

第三，他们必须通过有关我们国家机关问题的基本理论、管理科学、办文制度等等基础知识的考试；

第四，他们必须同中央监察委员和本院秘书处配合工作，使我们能够信赖整个机关的全部工作。

我知道，要达到这些要求还要有许许多多先决条件，所以我很担心工农检查院的大多数"实际工作者"会说这些要求是无法执行的，或者轻蔑地加以嘲笑。但我要问一问工农检查院任何一个现任领导人或与之有关的人，他能不能真心地告诉我，像工农检查院这样的人民委员部在实践上有什么必要？我想，这个问题会帮助他们掌握分寸。要么不值得去做改组工农检查院这样一件没有希望的工作(这类改组我们已经进行过许多次),要么应当真正给自己确定一个任务,用缓慢、艰难和非常的办法,经过多次检查,来建立一个真正模范的、不只是由于官衔和职位才受到大家尊敬的机关。

如果没有耐心,如果不准备花几年工夫来做这件事,那最好是根本不做。

我认为,应该从我们在高级劳动研究所等等方面已经搞起来的那些机构中挑出少数几个来,检查它们是否完全认真地工作,只有它们的工作确实符合现代科学的水平,并能使我们得到现代科学提供的一切成果,才能继续工作。这样,指望在几年之内建成一个能胜任工作的机关,就不是空想了;所谓胜任,就是能得到工人阶级、俄国共产党以及我们共和国全体居民的信任,有步骤地、坚持不懈地为改善我们的国家机关而工作。

现在就可以开始进行这方面的准备工作。如果工农检查人民委员部同意这个改造计划,它现在就可以开始采取准备措施,以便有条不紊地工作到彻底完成,既不要急躁,也不要拒绝重做已经做过的事情。

在这里,任何不彻底的解决办法都是极其有害的。凡是根据其他任何考虑制定的工农检查院的编制,实质上都是根据旧官僚的考虑,根据旧的偏见,根据已经受到批判、引起大家讥笑等等的观点制定出来的。

实质上,这里的问题是这样的:

要么现在就表明,我们在国家建设方面真正学到了一些东西(五年里也该学到点东西了);要么承认,我们还没有成熟到这个程度,那就不必动手去做。

我想,就我们现有的人才而论,认为我们学到的东西已经足以有条不紊地重建一个人民委员部了,这并不是不谦逊。不错,这一个人民委员部应能确定我们整个国家机关的面貌。

现在就发征稿启事,争取写出两本或更多的关于组织一般劳动、特别是管理方面的劳动的教科书。我们现有的叶尔曼斯基的那本书可以作为基础,附带说一句,虽然他很明显地同情孟什维主义,不适于编写适合苏维埃政权的教科书。其次,不久以前出版的克尔任采夫的那本书也可以作为基础;最后,在现有的专题参考书中还有一些可能有用。

派几个有学问的切实可靠的人到德国或英国去搜集图书和研究这个问题。我提出英国,是考虑到派人去美国或加拿大可能做不到。

成立一个委员会来草拟工农检查院职员候选人和中央监察委员会委员候

选人的考试的初步纲要。

这些以及诸如此类的工作当然不会使人民委员为难,也不会使工农检查院部务委员会委员们或中央监察委员会主席团为难。

同时还要成立一个筹备委员会来物色中央监察委员会委员的候选人。我相信,现在在各部门有经验的工作人员中,在我们苏维埃学校的学员中,能担任这项职务的候选人是绰绰有余的。事先排除某一类人未必是正确的。最好是使这个机构有各种各样的人员,在这个机构里我们应当设法把多种素质和不同优点结合起来,因此,我们得下功夫拟好候选人名单。举例来说,如果新的人民委员部是由一个模子出来的人组成的,假定是由官吏型的人组成的,或者排除鼓动员型的人,或者排除善于交际或深入他们不太熟悉的群众中去的人等等,那就糟糕透了。

* * *

我想,如果把我的计划和学院式的机关比较一下,那我的意思就表达得更清楚了。中央监察委员会委员必须在自己主席团的领导下,经常检查政治局的一切文件。同时他们应当恰当地分配自己做检查工作的时间,以便对我们的机关(从最小的分支机关到最高的国家机关)的办文制度进行检查。最后,他们的工作范围包括研究理论,即研究如何组织他们将要去做的工作的理论,也包括在老同志或劳动组织高级研究所教师的指导下进行的实习。

但是我认为,他们决不能只限于做这类学院式的工作。除这些工作以外,他们还要学会做别的工作,这种工作,我可以不客气地说,虽然不是学会捉拿骗子,也是捉拿诸如此类的家伙,同时还要想出特别巧妙的办法来掩护自己的进攻、接近等等。

这样的建议在西欧国家机关中会引起空前的不满、道义上的愤慨等等,但我希望我们还没有官僚化到会采取这种态度的地步。在我们这里,新经济政策还没有被人尊重到如此地步,以至一想到可能捉人就恼怒起来。我们的苏维埃共和国建立还不很久,却已积了这样一堆形形色色的渣滓,未必会有人一想到要用某些巧计、有时要用寻根究源或迂回曲折的侦察方法来挖掘这些渣滓就恼怒起来,假如有,那也可以相信,我们大家都会痛快地嘲笑这种人的。

我们希望,我们新的工农检查院会丢掉法国人称之为 pruderie 的毛病,这种毛病我们可以把它叫做可笑的装腔作势或可笑的妄自尊大,它对我们的官僚,不论是苏维埃官僚还是党官僚最为合适。附带说一句,官僚不仅在苏维埃机关里有,而且在党的机关里也有。

我在上面说,我们必须学习,到高级劳动组织研究所等机构去学习,但这决不是说,我把这种"学习"理解为有点像学校式的学习,或者我的想法仅仅限于学校式的学习。我希望,没有一个真正的革命者会怀疑我,说我不承认这里所说的"学习"包含着某种半玩笑式的手法,某种巧计,某种花招或诸如此类的东西。我知道,在西欧庄重严肃的国家里,这种意见一定会使人大为震惊,任何一个体面的官员连讨论这个意见都不会容许。但是我希望,我们还没有官僚化到这种程度,在我们这里讨论这种意见只会使人感到愉快。

真的,为什么不把愉快和有益结合起来呢?为什么不能运用某种玩笑式的或半玩笑式的手法去暴露那些可笑的、有害的、半可笑半有害等等的现象呢?

我认为:如果我们的工农检查院把这些想法研究一下,那会获益匪浅;记载我们中央监察委员会或它在工农检查院工作的同事们取得过几次极其辉煌胜利的奇案录,将增添我们未来的"工农检查员"和"中央监察委员"的不少奇遇,在那些古板正经的教科书不易提及的地方所发生的奇遇。

* * *

怎么可以把党的机关和苏维埃机关结合起来呢?这里难道没有什么不可容许的东西吗?

这个问题倒不是我要提出的。我在上面说过官僚主义者不仅在我们苏维埃机关里有,而且在我们党的机关里也有,这个问题是代表我这句话所暗指的那些人提出的。

真的,为了工作的利益,为什么不把两种机关结合起来呢?在外交人民委员部这样的人民委员部里,这种结合带来了极大的好处,并且从一开始就是这么做的,这难道还有谁没有看到吗?为了挫败外国的计谋(姑且这样说吧),难道在政治局里没有从党的角度讨论过关于我们用什么"招数"来对付外国的"招数"这方面的许多大大小小的问题吗?难道苏维埃机关和党的机关这种灵活的结合,不是我们政策的巨大力量的泉源吗?我想,在我们对外政策方面证明正确和确立起来的东西,已经成为惯例而在这个部门已毫无疑问的东西,对于我们的一切国家机关至少是同样适用的(而我认为是更为适用的)。工农检查院本来就是为我们的一切国家机关而设的,它的活动应毫无例外地涉及所有一切国家机构:地方的、中央的、商业的、纯公务的、教育的、档案的、戏剧的等等——总之,各机关一无例外。

对于活动范围这样广,又需要活动方式非常灵活的机关,为什么不能容许它用特殊的形式把党的监察机关同苏维埃的监察机关合并起来呢?

我看不出这里有什么障碍。而且我认为,这种结合是顺利工作的唯一保证。我认为,只有在我们国家机关的那些落满灰尘的角落里才会有人怀疑这一点,而对这种怀疑只有付之一笑。

* * *

还有些人怀疑:把学习和业务结合起来是否合适?我觉得不但合适,而且应该。一般说来,虽然我们对西欧的国家制度采取了革命的态度,但还是沾染上了它的许多最有害和最可笑的偏见,在某种程度上是我们那些可爱的官僚有意使我们沾染上这类偏见的,他们有意一再在这类偏见的浑水中摸鱼;他们这种浑水摸鱼的勾当已经猖狂到如此地步,我们中间只有瞎子才看不见。

在社会关系、经济关系和政治关系的所有领域中,我们是"极端"革命的。但在尊敬上司,遵守办文的形式和礼节上,我们的"革命性"往往被最腐败的因循守旧的习气取而代之了。在这里常常可以看到一种极其有趣的现象:在社会生活中,最大的跃进和对极小的变革令人吃惊的畏怯两者兼而有之。

这也是不难理解的,因为迈出最勇敢的前进步伐的是早就成为理论研究对象的那个领域,是主要从理论上,甚至几乎完全从理论上耕耘过的那个领域。俄国人躲开令人厌恶的官僚制的现实,而在家里酝酿非常大胆的理论构想,因此这些非常大胆的理论构想在我们这里就具有非常大的片面性。在我们这里提出一般构想的理论勇气和在微不足道的办公制度改革上的惊人畏怯兼而有之。我们以举世无双的勇气进行了具有世界意义的极其伟大的土地革命,但在极其次要的办公制度改革上却又缺乏想象力,缺乏把在一般问题上收到"辉煌"效果的一般原理运用到这种改革上去的想象力或耐心。

因此,在我们现实生活中非凡的勇敢行动同对最微小变革的畏怯心理令人吃惊地同时并存。

我想,在任何真正伟大的革命中,也历来如此,因为真正伟大的革命是从旧事物同改造旧事物的意向和追求新事物(要新得连一丁点旧事物也没有)的抽象愿望这种矛盾中产生的。

这种革命来得愈猛,许多这样的矛盾就会存在愈久。

* * *

现在我们生活的一般特征是这样的：我们摧毁了资本主义工业，曾力求完全摧毁中世纪设施和地主的土地占有制，并在这个基础上培植出小农和极小农，他们由于相信无产阶级革命工作的成果而跟着它走。但是我们靠这种信任一直支持到社会主义革命在比较发达的国家里获得胜利，那是不容易的，因为小农和极小农，特别是在新经济政策的条件下，由于经济的必然性，还停留在极低的劳动生产率水平上。此外，国际环境也把俄国抛回到过去的水平，我国国民劳动生产率，整个说来，现在比战前低得多。西欧资本主义列强半自觉半自发地尽一切可能把我们抛回到过去的水平，利用俄国国内战争中的各种因素尽量破坏我国经济。当然正是这样结束帝国主义战争在它们看来是最有利的：即使我们推翻不了俄国的革命制度，至少也要使它难于向社会主义发展。——列强大致上就是这样考虑的，而且从它们的角度也不能不这样考虑。结果，它们的任务只完成了一半。它们并没有推翻革命所创立的新制度，但是它们也不让新制度能够立刻大步前进，以证实社会主义者的预言，使他们能够迅速地发展生产力和发挥所有能发展成为社会主义的潜力，并向所有的人直观地清楚地证明：社会主义蕴藏着巨大的力量，人类现在已经转入一个新的、有着光辉灿烂前途的发展阶段。

国际关系体系现在已成为这样：欧洲的一个国家受着各战胜国的奴役，这就是德国。其次，一些国家，而且是西方一些最老的国家，因获得胜利而能够利用胜利向本国被压迫阶级作一些不大的让步，这些让步毕竟在推迟这些国家的革命运动，造成某种类似"社会和平"的局面。

同时东方许多国家，如印度、中国等等，正是由于最近这次帝国主义战争的影响而完全被抛出了自己的常轨。这些国家的发展已完全按照整个欧洲的资本主义的方向进行。在这些国家里开始出现整个欧洲的那种动荡。现在全世界都已清楚，这些国家已经卷入不能不引起整个世界资本主义危机的发展进程。

因此，现在我们面临这样一个问题：在我国这种小农和极小农的生产条件下，在我国这种经济破坏的情况下，我们能不能支持到西欧资本主义国家发展到社会主义的那一天呢？不过，这些国家完成这一发展过程，不会像我们从前所期待的那样。它们完成这一发展过程，不会是经过社会主义在这些国家里平衡"成熟"，而将是经过一些国家对另一些国家进行剥削，经过对帝国主义战争中第一个战败国进行剥削,再加上对整个东方进行剥削的道路来完成的。另一方面,正是由于第一次帝国主义大战,东方已经最终加入了革命运动,最终卷入了全世界革命运动的总漩涡。

在这样的形势下,我国应该采取怎样的策略呢?显然应该采取这样的策略:为了保住我国的工人政权,为了保持工人政权在我国小农和极小农中间的威望和对他们的领导,我们必须极其谨慎小心。现在全世界正进入一种必然引起全世界社会主义革命的运动,这对我们是有利的。但是也有对我们不利的地方,这就是帝国主义者已把整个世界分裂为两个阵营,而且因德国这个真正先进的、文明的、资本主义发达的国家现在很难抬起头来而使这种分裂更加复杂化。所谓西方的一切资本主义列强都在啄食它,不让它抬起头来。而另一方面,拥有亿万过着极端贫困生活的被剥削劳动人民的整个东方已陷入这样的境地:其体力、物力根本不能同西欧任何一个小得多的国家的体力、物力和军事力量相比。

我们能不能避免同这些帝国主义国家在未来发生冲突呢?过去西方和东方反革命营垒中的矛盾,东方和西方剥削者营垒中的矛盾,日本和美国营垒中的矛盾,曾使西欧反革命势力发动的援助俄国反革命势力的进攻遭到失败,现在能不能指望西方日益强大的帝国主义国家同东方日益强大的帝国主义国家之间的内部矛盾和冲突像过去那样,再给我们一次延缓我们同帝国主义国家的冲突的机会呢?

我觉得,对这一问题应当这样来回答:这里问题的解决取决于许许多多的情况;整个说来,只有根据地球上绝大多数人口终于在资本主义本身的训练和培养下起来斗争了这一点,才能预见到斗争的结局。

斗争的结局归根到底取决于如下这一点:俄国、印度、中国等等构成世界人口的绝大多数。正是这个人口的大多数,最近几年来非常迅速地卷入了争取自身解放的斗争,所以在这个意义上说,世界斗争的最终解决将会如何,是不可能有丝毫怀疑的。在这个意义上说,社会主义的最终胜利是完全和绝对有保证的。

但是我们关心的并不是社会主义最终胜利的这种必然性。我们关心的是我们俄国共产党,我们俄国苏维埃政权为阻止西欧反革命国家扼杀我们所应采取的策略。为了保证我们能存在到反革命的帝国主义的西方同革命的和民族主义的东方,世界上最文明的国家同东方那样落后的但是占人口大多数的国家发生下一次军事冲突的时候,这个大多数必须能赶得上建立文明。我们的文明程度也还够不上直接向社会主义过渡,虽然我们已经具有这样做的政治前提。我们必须坚持这样的策略,或者说,为了自救必须采取下面的政策。

我们应当努力建成这样一个国家,在这个国家里工人能够保持他们对农民的领导,保持农民对他们的信任,并通过大力节约把自己社会关系中任何浪费现象的任何痕迹铲除干净。

我们应当使我们的国家机关厉行节约。我们应当把沙皇俄国及其资本主义官僚机关大量遗留在我们国家机关中的一切浪费现象的痕迹铲除干净。

这岂不是会成为农民局限性的天下吗?

不会的。只要我们能够保持工人阶级对农民的领导,我们就有可能在我国靠大力节约把任何一点积蓄都保存起来,以发展我们的大机器工业,发展电气化,发展泥炭水力开采业,完成沃尔霍夫水电站工程,如此等等。

我们的希望就在这里,而且仅仅在这里。只有这样,我们才能够——打个比喻说——从一匹马上跨到另一匹马上,就是说,从农民的、庄稼汉的、穷苦的马上,从指靠破产的农民国家实行节约的马上,跨到无产阶级所寻求的而且不能不寻求的马上,跨到大机器工业、电气化、沃尔霍夫水电站工程等等的马上。

在我的思想上,我就是这样把我们的工作、我们的政策、我们的策略、我们的战略等等的总计划同改组后的工农检查院的任务联系起来的。我们之所以应该对工农检查院特别关心、特别注意,把它的地位提得特别高,使它的领导具有中央委员会的权利等等,在我看来,理由就在这里。

这个理由是说,只有彻底清洗我们的机关,尽量削减机关非绝对必要的一切,我们才能够有十分把握地坚持下去。而且我们将能够不是在小农国家的水平上,不是在这种普遍的局限性的水平上坚持下去,而是在不断地前进、向着大机器工业前进的水平上坚持下去。

这就是我所向往的工农检查院的崇高任务。这就是我为了工农检查院而打算把一个最有威信的党的上层机关和一个"普通的"人民委员部合并起来的原因。

> **思考题**
>
> 1. 列宁为什么提出学习、学习、再学习的任务?
> 2. 改革国家机关应该遵循的规则是什么?
> 3. 如何把好国家机关工作人员的"入口"关?
> 4. 如何改革国家机关?
> 5. 如何学会同官僚主义作斗争?

第七篇　论十大关系[*]

毛泽东

> **导　读**
>
> 　　1956年年初,在生产资料私有制的社会主义改造不断取得胜利的形势下,中共中央开始把党和国家工作的着重点向社会主义建设方面转移。以苏联的经验教训为借鉴,总结自己的经验,探索一条适合中国情况的建设社会主义道路的任务,已经提到了中国共产党的面前。1956年4月25日,毛泽东在中央政治局扩大会议上作了《论十大关系》的报告,提出了调动一切积极因素为社会主义建设事业服务的基本方针,对适合中国情况的社会主义建设道路进行了初步的探索,明确了建设社会主义的根本思想是必须根据本国情况走自己的道路。这是我国社会主义建设中带有全局性的十个问题。《论十大关系》的发表,标志着毛泽东对中国特色社会主义建设道路的探索开始形成一个初步的然而又是比较系统的思路。毛泽东在总结中华人民共和国成立后的历史经验时,仍然把它看作一个转折。《论十大关系》提出的一些新思想、新方针,为党的八大的召开做了重要准备。党的十一届三中全会后,这些指导思想和方针在新的历史条件下得到进一步的运用和发展。1976年12月26日,经毛泽东生前亲自审定的《论十大关系》在《人民日报》公开发表,后收录于1986年出版的《毛泽东著作选读》。1999年6月,收入中央文献研究室编辑的《毛泽东文集》第七卷。

---

[*]《毛泽东文集》第七卷,人民出版社1999年版,第23—44页。

最近几个月，中央政治局听了中央工业、农业、运输业、商业、财政等三十四个部门的工作汇报，从中看到一些有关社会主义建设和社会主义改造的问题。综合起来，一共有十个问题，也就是十大关系。

提出这十个问题，都是围绕着一个基本方针，就是要把国内外一切积极因素调动起来，为社会主义事业服务。过去为了结束帝国主义、封建主义和官僚资本主义的统治，为了人民民主革命的胜利，我们就实行了调动一切积极因素的方针。现在为了进行社会主义革命，建设社会主义国家，同样也实行这个方针。但是，我们工作中间还有些问题需要谈一谈。特别值得注意的是，最近苏联方面暴露了他们在建设社会主义过程中的一些缺点和错误，他们走过的弯路，你还想走？过去我们就是鉴于他们的经验教训，少走了一些弯路，现在当然更要引以为戒。

什么是国内外的积极因素？在国内，工人和农民是基本力量。中间势力是可以争取的力量。反动势力虽是一种消极因素，但是我们仍然要作好工作，尽量争取化消极因素为积极因素。在国际上，一切可以团结的力量都要团结，不中立的可以争取为中立，反动的也可以分化和利用。总之，我们要调动一切直接的和间接的力量，为把我国建设成为一个强大的社会主义国家而奋斗。

下面我讲十个问题。

一、重工业和轻工业、农业的关系

重工业是我国建设的重点。必须优先发展生产资料的生产，这是已经定了的。但是决不可以因此忽视生活资料尤其是粮食的生产。如果没有足够的粮食和其他生活必需品，首先就不能养活工人，还谈什么发展重工业？所以，重工业和轻工业、农业的关系，必须处理好。

在处理重工业和轻工业、农业的关系上，我们没有犯原则性的错误。我们比苏联和一些东欧国家作得好些。像苏联的粮食产量长期达不到革命前最高水平的问题，像一些东欧国家由于轻重工业发展太不平衡而产生的严重问题，我们这里是不存在的。他们片面地注重重工业，忽视农业和轻工业，因而市场上的货物不够，货币不稳定。我们对于农业、轻工业是比较注重的。我们一直抓了农业，发展了农业，相当地保证了发展工业所需要的粮食和原料。我们的民生日用商品比较丰富，物价和货币是稳定的。

我们现在的问题，就是还要适当地调整重工业和农业、轻工业的投资比例，更多地发展农业、轻工业。这样，重工业是不是不为主了？它还是为主，还是投资的重点。但是，农业、轻工业投资的比例要加重一点。

加重的结果怎么样？加重的结果，一可以更好地供给人民生活的需要，二可以更快地增加资金的积累，因而可以更多更好地发展重工业。重工业也可以积累，但是，在我们现有的经济条件下，轻工业、农业积累得更多更快些。

这里就发生一个问题，你对发展重工业究竟是真想还是假想，想得厉害一点，还是差一点？你如果是假想，或者想得差一点，那就打击农业、轻工业，对它们少投点资。你如果是真想，或者想得厉害，那你就要注重农业、轻工业，使粮食和轻工业原料更多些，积累更多些，投到重工业方面的资金将来也会更多些。

我们现在发展重工业可以有两种办法，一种是少发展一些农业、轻工业，一种是多发展一些农业、轻工业。从长远观点来看，前一种办法会使重工业发展得少些和慢些，至少基础不那么稳固，几十年后算总账是划不来的。后一种办法会使重工业发展得多些和快些，而且由于保障了人民生活的需要，会使它发展的基础更加稳固。

二、沿海工业和内地工业的关系

我国的工业过去集中在沿海。所谓沿海，是指辽宁、河北、北京、天津、河南东部、山东、安徽、江苏、上海、浙江、福建、广东、广西。我国全部轻工业和重工业，都有约百分之七十在沿海，只有百分之三十在内地。这是历史上形成的一种不合理的状况。沿海的工业基地必须充分利用，但是，为了平衡工业发展的布局，内地工业必须大力发展。在这两者的关系问题上，我们也没有犯大的错误，只是最近几年，对于沿海工业有些估计不足，对它的发展不那么十分注重了。这要改变一下。

过去朝鲜还在打仗，国际形势还很紧张，不能不影响我们对沿海工业的看法。现在，新的侵华战争和新的世界大战，估计短时期内打不起来，可能有十年或者更长一点的和平时期。这样，如果还不充分利用沿海工业的设备能力和技术力量，那就不对了。不说十年，就算五年，我们也应当在沿海好好地办四年的工业，等第五年打起来再搬家。从现有材料看来，轻工业工厂的建设和积累一般都很快，全部投产以后，四年之内，除了收回本厂的投资以外，还可以赚回三个厂,两个厂,一个厂,至少半个厂。这样好的事情为什么不做?认为原子弹已经在我们头上,几秒钟就要掉下来,这种形势估计是不合乎事实的,由此而对沿海工业采取消极态度是不对的。

这不是说新的工厂都建在沿海。新的工业大部分应当摆在内地,使工业布局逐步平衡,并且利于备战,这是毫无疑义的。但是沿海也可以建立一些新的厂矿,有些也可以是大型的。至于沿海原有的轻重工业的扩建和改建,过去已经作了一些,以后还要大大发展。

好好地利用和发展沿海的工业老底子,可以使我们更有力量来发展和支持内地工业。如果采取消极态度,就会妨碍内地工业的迅速发展。所以这也是一个对于发展内地工业是真想还是假想的问题。如果是真想,不是假想,就必须更多地利用和发展沿海工业,特别是轻工业。

三、经济建设和国防建设的关系

国防不可不有。现在,我们有了一定的国防力量。经过抗美援朝和几年的整训,我们的军队加强了,比第二次世界大战前的苏联红军要更强些,装备也有所改进。我们的国防工业正在建立。自从盘古开天辟地以来,我们不晓得造飞机,造汽车,现在开始能造了。

我们现在还没有原子弹。但是,过去我们也没有飞机和大炮,我们是用小米加步枪打败了日本帝国主义和蒋介石的。我们现在已经比过去强,以后还要比现在强,不但要有更多的飞机和大炮,而且还要有原子弹。在今天的世界上,我们要不受人家欺负,就不能没有这个东西。怎么办呢?可靠的办法就是把军政费用降到一个适当的比例,增加经济建设费用。只有经济建设发展得更快了,国防建设才能够有更大的进步。

一九五〇年,我们在党的七届三中全会上,已经提出精简国家机构、减少军政费用的问题,认为这是争取我国财政经济情况根本好转的三个条件之一。第一个五年计划期间,军政费用占国家预算全部支出的百分之三十。这个比重太大了。第二个五年计划期间,要使它降到百分之二十左右,以便抽出更多的资金,多开些工厂,多造些机器。经过一段时间,我们就不但会有很多的飞机和大炮,而且还可能有自己的原子弹。

这里也发生这么一个问题,你对原子弹是真正想要、十分想要,还是只有几分想,没有十分想呢？你是真正想要、十分想要,你就降低军政费用的比重,多搞经济建设。你不是真正想要、十分想要,你就还是按老章程办事。这是战略方针的问题,希望军委讨论一下。

现在我们把兵统统裁掉好不好？那不好。因为还有敌人,我们还受敌人欺负和包围嘛！我们一定要加强国防,因此,一定要首先加强经济建设。

四、国家、生产单位和生产者个人的关系

国家和工厂、合作社的关系,工厂、合作社和生产者个人的关系,这两种关系都要处理好。为此,就不能只顾一头,必须兼顾国家、集体和个人三个方面,也就是我们过去常说的"军民兼顾"、"公私兼顾"。鉴于苏联和我们自己的经验,今后务必更好地解决这个问题。

拿工人讲,工人的劳动生产率提高了,他们的劳动条件和集体福利就需要逐步有所改进。我们历来提倡艰苦奋斗,反对把个人物质利益看得高于一切,同时我们也历来提倡关心群众生活,反对不关心群众痛痒的官僚主义。随着整个国民经济的发展,工资也需要适当调整。关于工资,最近决定增加一些,主要加在下面,加在工人方面,以便缩小上下两方面的距离。我们的工资一般还不高,但是因为就业的人多了,因为物价低和稳,加上其他种种条件,工人的生活比过去还是有了很大改善。在无产阶级政权下面,工人的政治觉悟和劳动积极性一直很高。去年年底中央号召反右倾保守,工人群众热烈拥护,奋战三个月,破例地超额完成了今年第一季度的计划。我们需要大力发扬他们这种艰苦奋斗的精神,也需要更多地注意解决他们在劳动和生活中的迫切问题。

这里还要谈一下工厂在统一领导下的独立性问题。把什么东西统统都集中在中央或省市,不给工厂一点权力,一点机动的余地,一点利益,恐怕不妥。中央、省市和工厂的权益究竟应当各有多大才适当,我们经验不多,还要研究。从原则上说,统一性和独立性是对立的统一,要有统一性,也要有独立性。比如我们现在开会是统一性,散会以后有人散步,有人读书,有人吃饭,就是独立性。如果我们不给每个人散会后的独立性,一直把会无休止地开下去,不是所有的人都要死光吗？个人是这样,工厂和其他生产单位也是这样。各个生产单位都要有一个与统一性相联系的独立性,才会发展得更加活泼。

再讲农民。我们同农民的关系历来都是好的,但是在粮食问题上曾经犯过

一个错误。一九五四年我国部分地区因水灾减产，我们却多购了七十亿斤粮食。这样一减一多，闹得去年春季许多地方几乎人人谈粮食，户户谈统销。农民有意见，党内外也有许多意见。尽管不少人是故意夸大，乘机攻击，但是不能说我们没有缺点。调查不够，摸不清底，多购了七十亿斤，这就是缺点。我们发现了缺点，一九五五年就少购了七十亿斤，又搞了一个"三定"，就是定产定购定销，加上丰收，一少一增，使农民手里多了二百多亿斤粮食。这样，过去有意见的农民也说"共产党真是好"了。这个教训，全党必须记住。

苏联的办法把农民挖得很苦。他们采取所谓义务交售制等项办法，把农民生产的东西拿走太多，给的代价又极低。他们这样来积累资金，使农民的生产积极性受到极大的损害。你要母鸡多生蛋，又不给它米吃，又要马儿跑得好，又要马儿不吃草。世界上哪有这样的道理！

我们对农民的政策不是苏联的那种政策，而是兼顾国家和农民的利益。我们的农业税历来比较轻。工农业品的交换，我们是采取缩小剪刀差，等价交换或者近乎等价交换的政策。我们统购农产品是按照正常的价格，农民并不吃亏，而且收购的价格还逐步有所增长。我们在向农民供应工业品方面，采取薄利多销、稳定物价或适当降价的政策，在向缺粮区农民供应粮食方面，一般略有补贴。但是就是这样，如果粗心大意，也还是会犯这种或那种错误。鉴于苏联在这个问题上犯了严重错误，我们必须更多地注意处理好国家同农民的关系。

合作社同农民的关系也要处理好。在合作社的收入中，国家拿多少，合作社拿多少，农民拿多少，以及怎样拿法，都要规定得适当。合作社所拿的部分，都是直接为农民服务的。生产费不必说，管理费也是必要的，公积金是为了扩大再生产，公益金是为了农民的福利。但是，这几项各占多少，应当同农民研究出一个合理的比例。生产费管理费都要力求节约。公积金公益金也要有个控制，不能希望一年把好事都做完。

除了遇到特大自然灾害以外，我们必须在增加农业生产的基础上，争取百分之九十的社员每年的收入比前一年有所增加，百分之十的社员的收入能够不增不减，如有减少，也要及早想办法加以解决。

总之，国家和工厂，国家和工人，工厂和工人，国家和合作社，国家和农民，合作社和农民，都必须兼顾，不能只顾一头。无论只顾哪一头，都是不利于社会主义，不利于无产阶级专政的。这是一个关系到六亿人民的大问题，必须在全党和全国人民中间反复进行教育。

五、中央和地方的关系

中央和地方的关系也是一个矛盾。解决这个矛盾，目前要注意的是，应当在巩固中央统一领导的前提下，扩大一点地方的权力，给地方更多的独立性，让地方办更多的事情。这对我们建设强大的社会主义国家比较有利。我们的国家这样大，人口这样多，情况这样复杂，有中央和地方两个积极性，比只有一个积极性好得多。我们不能像苏联那样，把什么都集中到中央，把地方卡得死死的，一点机动权也没有。

中央要发展工业，地方也要发展工业。就是中央直属的工业，也还是要靠地方协助。至于农业和商业，更需要依靠地方。总之，要发展社会主义建设，就必须发挥地方的积极性。中央要巩固，就要注意地方的利益。

现在几十只手插到地方，使地方的事情不好办。立了一个部就要革命，要革命就要下命令。各部不好向省委、省人民委员会下命令，就同省、市的厅局联成一线，天天给厅局下命令。这些命令虽然党中央不知道，国务院不知道，但都说是中央来的，给地方压力很大。表报之多，闹得泛滥成灾。这种情况，必须纠正。

我们要提倡同地方商量办事的作风。党中央办事，总是同地方商量，不同地方商量从来不冒下命令。在这方面，希望中央各部好好注意，凡是同地方有关的事情，都要先同地方商量，商量好了再下命令。

中央的部门可以分成两类。有一类，它们的领导可以一直管到企业，它们设在地方的管理机构和企业由地方进行监督；有一类，它们的任务是提出指导方针，制定工作规划，事情要靠地方办，要由地方去处理。

处理好中央和地方的关系，这对于我们这样的大国大党是一个十分重要的问题。这个问题，有些资本主义国家也是很注意的。它们的制度和我们的制度根本不同，但是它们发展的经验，还是值得我们研究。拿我们自己的经验说，我们建国初期实行的那种大区制度，当时有必要，但是也有缺点，后来的高饶反党联盟，就多少利用了这个缺点。以后决定取消大区，各省直属中央，这是正确的。但是由此走到取消地方的必要的独立性，结果也不那么好。我们的宪法规定，立法权集中在中央。但是在不违背中央方针的条件下，按照情况和工作需要，地方可以搞章程、条例、办法，宪法并没有约束。我们要统一，也要特殊。为了建设一个强大的社会主义国家,必须有中央的强有力的统一领导,必须有全国的统一计划和统一纪律,破坏这种必要的统一,是不允许的。同时,又必须充分发挥地方的积极性,各地都要有适合当地情况的特殊。这种特殊不是高岗的那种特殊,而是为了整体利益,为了加强全国统一所必要的特殊。

还有一个地方和地方的关系问题,这里说的主要是地方的上下级关系问题。省市对中央部门有意见,地、县、区、乡对省市就没有意见吗?中央要注意发挥省市的积极性,省市也要注意发挥地、县、区、乡的积极性,都不能够框得太死。当然,也要告诉下面的同志哪些事必须统一,不能乱来。总之,可以和应当统一的,必须统一,不可以和不应当统一的,不能强求统一。正当的独立性,正当的权利,省、市、地、县、区、乡都应当有,都应当争。这种从全国整体利益出发的争权,不是从本位利益出发的争权,不能叫做地方主义,不能叫做闹独立性。

省市和省市之间的关系,也是一种地方和地方的关系,也要处理得好。我们历来的原则,就是提倡顾全大局,互助互让。

在解决中央和地方、地方和地方的关系问题上,我们的经验还不多,还不成熟,希望你们好好研究讨论,并且每过一个时期就要总结经验,发扬成绩,克服缺点。

六、汉族和少数民族的关系

对于汉族和少数民族的关系,我们的政策是比较稳当的,是比较得到少数民族赞成的。我们着重反对大汉族主义。地方民族主义也要反对,但是那一般地不是重点。

我国少数民族人数少,占的地方大。论人口,汉族占百分之九十四,是压倒优势。如果汉人搞大汉族主义,歧视少数民族,那就很不好。而土地谁多呢?土地是少数民族多,占百分之五十到六十。我们说中国地大物博,人口众多,实际上是汉族"人口众多",少数民族"地大物博",至少地下资源很可能是少数民族"物博"。

各个少数民族对中国的历史都作过贡献。汉族人口多,也是长时期内许多民族混血形成的。历史上的反动统治者,主要是汉族的反动统治者,曾经在我们各民族中间制造种种隔阂,欺负少数民族。这种情况所造成的影响,就在劳动人民中间也不容易很快消除。所以我们无论对干部和人民群众,都要广泛地持久地进行无产阶级的民族政策教育,并且要对汉族和少数民族的关系经常注意检查。早两年已经作过一次检查,现在应当再来一次。如果关系不正常,就必须认真处理,不要只口里讲。

在少数民族地区,经济管理体制和财政体制,究竟怎样才适合,要好好研究一下。

我们要诚心诚意地积极帮助少数民族发展经济建设和文化建设。在苏联,俄罗斯民族同少数民族的关系很不正常,我们应当接受这个教训。天上的空气,地上的森林,地下的宝藏,都是建设社会主义所需要的重要因素,而一切物质因素只有通过人的因素,才能加以开发利用。我们必须搞好汉族和少数民族的关系,巩固各民族的团结,来共同努力于建设伟大的社会主义祖国。

七、党和非党的关系

究竟是一个党好,还是几个党好?现在看来,恐怕是几个党好。不但过去如此,而且将来也可以如此,就是长期共存,互相监督。

在我们国内,在抗日反蒋斗争中形成的以民族资产阶级及其知识分子为主的许多民主党派,现在还继续存在。在这一点上,我们和苏联不同。我们有意识地留下民主党派,让他们有发表意见的机会,对他们采取又团结又斗争的方针。一切善意地向我们提意见的民主人士,我们都要团结。像卫立煌、翁文灏这样的有爱国心的国民党军政人员,我们应当继续调动他们的积极性。就是那些骂我们的,像龙云、梁漱溟、彭一湖之类,我们也要养起来,让他们骂,骂得无理,我们反驳,骂得有理,我们接受。这对党,对人民,对社会主义比较有利。

中国现在既然还有阶级和阶级斗争,就不会没有各种形式的反对派。所有民主党派和无党派民主人士虽然都表示接受中国共产党的领导,但是他们中的许多人,实际上就是程度不同的反对派。在"把革命进行到底"、抗美援朝、土地改革等等问题上,他们都是又反对又不反对。对于镇压反革命,他们一直到现在还有意见。他们说《共同纲领》好得不得了,不想搞社会主义类型的宪法,但是宪法起草出来了,他们又全都举手赞成。事物常常走到自己的反面,民主党派对许多问题的态度也是这样。他们是反对派,又不是反对派,常常由反对走到不反对。

共产党和民主党派都是历史上发生的。凡是历史上发生的东西,都要在历史上消灭。因此,共产党总有一天要消灭,民主党派也总有一天要消灭。消灭就是那么不舒服?我看很舒服。共产党,无产阶级专政,哪一天不要了,我看实在好。我们的任务就是要促使它们消灭得早一点。这个道理,过去我们已经说过多次了。

但是,无产阶级政党和无产阶级专政,现在非有不可,而且非继续加强不可。否则,不能镇压反革命,不能抵抗帝国主义,不能建设社会主义,建设起来也不能巩固。列宁关于无产阶级政党和无产阶级专政的理论,决没有像有些人说的那样"已经过时"。无产阶级专政不能没有很大的强制性。但是,必须反对官僚主义,反对机构庞大。在一不死人二不废事的条件下,我建议党政机构进行大精简,砍掉它三分之二。

话说回来,党政机构要精简,不是说不要民主党派。希望你们抓一下统一战线工作,使他们和我们的关系得到改善,尽可能把他们的积极性调动起来为社会主义服务。

八、革命和反革命的关系

反革命是什么因素?是消极因素,破坏因素,是积极因素的反对力量。反革命可不可以转变?当然,有些死心塌地的反革命不会转变。但是,在我国的条件下,他们中间的大多数将来会有不同程度的转变。由于我们采取了正确的政策,现在就有不少反革命被改造成不反革命了,有些人还做了一些有益的事。

有几点应当肯定:

第一点,应当肯定,一九五一年和一九五二年那一次镇压反革命是必须的。有这么一种意见,认为那一次镇压反革命也可以不搞。这种意见是错误的。

对待反革命分子的办法是:杀、关、管、放。杀,大家都知道是什么一回事。关,就是关起来劳动改造。管,就是放在社会上由群众监督改造。放,就是可捉可不捉的一般不捉,或者捉起来以后表现好的,把他放掉。按照不同情况,给反革命分子不同的处理,是必要的。

现在只说杀。那一次镇压反革命杀了一批人,那是些什么人呢?是老百姓非常仇恨的、血债累累的反革命分子。六亿人民的大革命,不杀掉那些"东霸天"、"西霸天",人民是不能起来的。如果没有那次镇压,今天我们采取宽大政策,老百姓就不可能赞成。现在有人听到说斯大林杀错了一些人,就说我们杀的那批反革命也杀错了,这是不对的。肯定过去根本上杀得对,在目前有实际意义。

第二点,应当肯定,还有反革命,但是已经大为减少。在胡风①问题出来以后,清查反革命是必要的。有些没有清查出来的,还要继续清查。要肯定现在还有少数反革命分子,他们还在进行各种反革命破坏活动,比如把牛弄死,把粮食烧掉,破坏工厂,盗窃情报,贴反动标语,等等。所以,说反革命已经肃清了,可以高枕无忧了,是不对的。只要中国和世界上还有阶级斗争,就永远不可以放松警惕。但是,说现在还有很多反革命,也是不对的。

第三点,今后社会上的镇反,要少捉少杀。社会上的反革命因为是老百姓的直接冤头,老百姓恨透了,所以少数人还是要杀。他们中的多数,要交给农业合作社去管制生产,劳动改造。但是,我们还不能宣布一个不杀,不能废除死刑。

第四点,机关、学校、部队里面清查反革命,要坚持在延安开始的一条,就是一个不杀,大部不捉。真凭实据的反革命,由机关清查,但是公安局不捉,检察机关不起诉,法院也不审判。一百个反革命里面,九十几个这样处理。这就是所谓大部不捉。至于杀呢,就是一个不杀。

什么样的人不杀呢?胡风、潘汉年、饶漱石②这样的人不杀,连被俘的战犯

---

① 胡风(一九○二——一九八五),湖北蕲春人,文艺理论家和诗人。曾任中国左翼作家联盟宣传部部长、行政书记,中国作家协会理事,中国文联全国委员会委员等职。一九五五年在所谓"胡风反革命集团"一案中被错定为反革命分子,一九六五年被判刑。一九八○年九月,经过法律程序并由中共中央发出通知,为"胡风反革命集团"和胡风本人平反。一九八一年后,任政协全国委员会常务委员、中国作家协会顾问等职。

② 潘汉年(一九○六——一九七七),江苏宜兴人。一九二五年加入中国共产党。一九三六和一九三七年,曾任中国共产党同国民党谈判的代表。抗日战争和解放战争时期,在上海等地领导对敌隐蔽斗争和开展统一战线工作。一九四九年夏至一九五五年春,先后任中共中央华东局和上海市委的社会部部长、统战部部长,上海市委第三书记、副市长等职。一九五五年因所谓"内奸"问题被关押审查,一九六三年被错定为"内奸分子",并被判刑。一九八二年八月,经过法律程序并由中共中央发出通知,对潘汉年被错定为内奸平反昭雪。

饶漱石,一九二五年加入中国共产党。抗日战争和解放战争时期,曾任新四军政治部主任和华东军区政治委员。上海解放后,任中共中央华东局第一书记和上海市委第一书记。在这期间,他直接领导潘汉年等在反特方面的工作。由于潘汉年被错定为"内奸分子",饶漱石主持反特工作中的一些活动被错定为内奸活动,因而被认为犯有反革命罪,并被判刑。

宣统皇帝、康泽①这样的人也不杀。不杀他们,不是没有可杀之罪,而是杀了不利。这样的人杀了一个,第二个第三个就要来比,许多人头就要落地。这是第一条。第二条,可以杀错人。一颗脑袋落地,历史证明是接不起来的,也不像韭菜那样,割了一次还可以长起来,割错了,想改正错误也没有办法。第三条,消灭证据。镇压反革命要有证据。这个反革命常常就是那个反革命的活证据,有官司可以请教他。你把他消灭了,可能就再找不到证据了。这就只有利于反革命,而不利于革命。第四条,杀了他们,一不能增加生产,二不能提高科学水平,三不能帮助除四害,四不能强大国防,五不能收复台湾。杀了他们,你得一个杀俘虏的名声,杀俘虏历来是名声不好的。还有一条,机关里的反革命跟社会上的反革命不同。社会上的反革命爬在人民的头上,而机关里的反革命跟人民隔得远些,他们有普遍的冤头,但是直接的冤头不多。这些人一个不杀有什么害处呢?能劳动改造的去劳动改造,不能劳动改造的就养一批。反革命是废物,是害虫,可是抓到手以后,却可以让他们给人民办点事情。

但是,要不要立条法律,讲机关里的反革命一个不杀呢?这是我们的内部政策,不用宣布,实际上尽量做到就是了。假使有人丢个炸弹,把这个屋子里的人都炸死了,或者一半,或者三分之一,你说杀不杀?那就一定要杀。

机关肃反实行一个不杀的方针,不妨碍我们对反革命分子采取严肃态度。但是,可以保证不犯无法挽回的错误,犯了错误也有改正的机会,可以稳定很多人,可以避免党内同志之间互不信任。不杀头,就要给饭吃。对一切反革命分子,都应当给以生活出路,使他们有自新的机会。这样做,对人民事业,对国际影响,都有好处。

镇压反革命还要作艰苦的工作,大家不能松懈。今后,除社会上的反革命还要继续镇压以外,必须把混在机关、学校、部队中的一切反革命分子继续清查出来。一定要分清敌我。如果让敌人混进我们的队伍,甚至混进我们的领导机关,那会对社会主义事业和无产阶级专政造成多么严重的危险,这是大家都清楚的。

---

① 宣统皇帝,即爱新觉罗·溥仪(一九〇六——一九六七),北京人,清朝末代皇帝。一九一二年中华民国建立后被迫退位。一九三二年在日本帝国主义策划下出任伪满洲国"执政",一九三四年改称"满洲帝国皇帝"。一九四五年日本投降后被苏军俘虏,一九五〇年八月被移交给中华人民共和国政府。一九五九年十二月被特赦释放。一九六四年后任政协全国委员会委员。

康泽(一九〇四——一九六七),四川安岳人,原国民党特务头子。一九四七年任国民党军第十五绥靖区司令官。一九四八年七月在襄樊战役中被中国人民解放军俘虏。一九六三年四月被特赦释放,后任政协全国委员会文史资料研究委员会专员。

九、是 非 关 系

　　党内党外都要分清是非。如何对待犯了错误的人,这是一个重要的问题。正确的态度应当是,对于犯错误的同志,采取"惩前毖后,治病救人"的方针,帮助他们改正错误,允许他们继续革命。过去,在以王明为首的教条主义者当权的时候,我们党在这个问题上犯了错误,学了斯大林作风中不好的一面。他们在社会上不要中间势力,在党内不允许人家改正错误,不准革命。

　　《阿Q正传》是一篇好小说,我劝看过的同志再看一遍,没看过的同志好好地看看。鲁迅在这篇小说里面,主要是写一个落后的不觉悟的农民。他专门写了"不准革命"一章,说假洋鬼子不准阿Q革命。其实,阿Q当时的所谓革命,不过是想跟别人一样拿点东西而已。可是,这样的革命假洋鬼子也还是不准。我看在这点上,有些人很有点像假洋鬼子。他们不准犯错误的人革命,不分犯错误和反革命的界限,甚至把一些犯错误的人杀掉了。我们要记住这个教训。无论在社会上不准人家革命,还是在党内不准犯错误的同志改正错误,都是不好的。

　　对于犯了错误的同志,有人说要看他们改不改。我说单是看还不行,还要帮助他们改。这就是说,一要看,二要帮。人是要帮助的,没有犯错误的人要帮助,犯了错误的人更要帮助。人大概是没有不犯错误的,多多少少要犯错误,犯了错误就要帮助。只看,是消极的,要设立各种条件帮助他改。是非一定要搞清楚,因为党内的原则争论,是社会上阶级斗争在党内的反映,是不允许含糊的。按照情况,对于犯错误的同志采取恰如其分的合乎实际的批评,甚至必要的斗争,这是正常的,是为了帮助他们改正错误。对犯错误的同志不给帮助,反而幸灾乐祸,这就是宗派主义。

　　对于革命来说,总是多一点人好。犯错误的人,除了极少数坚持错误、屡教不改的以外,大多数是可以改正的。正如得过伤寒病的可以免疫一样,犯过错误的人,只要善于从错误中取得教训,也可以少犯错误。倒是没有犯过错误的人容易犯错误,因为他容易把尾巴翘得高。我们要注意,对犯错误的人整得过分,常常整到自己身上。高岗本来是想搬石头打人的,结果却打倒了自己。好意对待犯错误的人,可以得人心,可以团结人。对待犯错误的同志,究竟是采取帮助态度还是采取敌视态度,这是区别一个人是好心还是坏心的一个标准。

"惩前毖后，治病救人"的方针，是团结全党的方针，我们必须坚持这个方针。

十、中国和外国的关系

我们提出向外国学习的口号，我想是提得对的。现在有些国家的领导人就不愿意提，甚至不敢提这个口号。这是要有一点勇气的，就是要把戏台上的那个架子放下来。

应当承认，每个民族都有它的长处，不然它为什么能存在？为什么能发展？同时，每个民族也都有它的短处。有人以为社会主义就了不起，一点缺点也没有了。哪有这个事？应当承认，总是有优点和缺点这两点。我们党的支部书记，部队的连排长，都晓得在小本本上写着，今天总结经验有两点，一是优点，一是缺点。他们都晓得有两点，为什么我们只提一点？一万年都有两点。将来有将来的两点，现在有现在的两点，各人有各人的两点。总之，是两点而不是一点。说只有一点，叫知其一不知其二。

我们的方针是，一切民族、一切国家的长处都要学，政治、经济、科学、技术、文学、艺术的一切真正好的东西都要学。但是，必须有分析有批判地学，不能盲目地学，不能一切照抄，机械搬用。他们的短处、缺点，当然不要学。

对于苏联和其他社会主义国家的经验，也应当采取这样的态度。过去我们一些人不清楚，人家的短处也去学。当着学到以为了不起的时候，人家那里已经不要了，结果栽了个斤斗，像孙悟空一样，翻过来了。比如，过去有人因为苏联是设电影部、文化局，我们是设文化部、电影局，就说我们犯了原则错误。他们没有料到，苏联不久也改设文化部，和我们一样。有些人对任何事物都不加分析，完全以"风"为准。今天刮北风，他是北风派，明天刮西风，他是西风派，后来又刮北风，他又是北风派。自己毫无主见，往往由一个极端走到另一个极端。

苏联过去把斯大林捧得一万丈高的人，现在一下子把他贬到地下九千丈。我们国内也有人跟着转。中央认为斯大林是三分错误，七分成绩，总起来还是一个伟大的马克思主义者，按照这个分寸，写了《关于无产阶级专政的历史经验》。三七开的评价比较合适。斯大林对中国作了一些错事。第二次国内革命战争后期的王明"左"倾冒险主义，抗日战争初期的王明右倾机会主义，都是从斯大林那里来的。解放战争时期，先是不准革命，说是如果打内战，中华民族有毁灭的危险。仗打起来，对我们半信半疑。仗打胜了，又怀疑我们是铁托式的胜利，一九四九、一九五〇两年对我们的压力很大。可是，我们还认为他是三分错误，七分成绩。这是公正的。

社会科学，马克思列宁主义，斯大林讲得对的那些方面，我们一定要继续努力学习。我们要学的是属于普遍真理的东西，并且学习一定要与中国实际相结合。如果每句话，包括马克思的话，都要照搬，那就不得了。我们的理论，是马克思列宁主义的普遍真理同中国革命的具体实践相结合。党内一些人有一个时期搞过教条主义，那时我们批评了这个东西。但是现在也还是有。学术界也好，经济界也好，都还有教条主义。

自然科学方面，我们比较落后，特别要努力向外国学习。但是也要有批判地学，不可盲目地学。在技术方面，我看大部分先要照办，因为那些我们现在还没有，还不懂，学了比较有利。但是，已经清楚的那一部分，就不要事事照办了。

外国资产阶级的一切腐败制度和思想作风，我们要坚决抵制和批判。但是，这并不妨碍我们去学习资本主义国家的先进的科学技术和企业管理方法中合乎科学的方面。工业发达国家的企业，用人少，效率高，会做生意，这些都应当有原则地好好学过来，以利于改进我们的工作。现在，学英文的也不研究英文了，学术论文也不译成英文、法文、德文、日文同人家交换了。这也是一种迷信。对外国的科学、技术和文化，不加分析地一概排斥，和前面所说的对外国东西不加分析地一概照搬，都不是马克思主义的态度，都对我们的事业不利。

我认为，中国有两条缺点，同时又是两条优点。

第一，我国过去是殖民地、半殖民地，不是帝国主义，历来受人欺负。工农业不发达，科学技术水平低，除了地大物博，人口众多，历史悠久，以及在文学上有部《红楼梦》等等以外，很多地方不如人家，骄傲不起来。但是，有些人做奴隶做久了，感觉事事不如人，在外国人面前伸不直腰，像《法门寺》里的贾桂一样，人家让他坐，他说站惯了，不想坐。在这方面要鼓点劲，要把民族自信心提高起来，把抗美援朝中提倡的"藐视美帝国主义"的精神发展起来。

第二，我们的革命是后进的。虽然辛亥革命打倒皇帝比俄国早，但是那时没有共产党，那次革命也失败了。人民革命的胜利是在一九四九年，比苏联的十月革命晚了三十几年。在这点上，也轮不到我们来骄傲。苏联和我们不同，

一、沙皇俄国是帝国主义,二、后来又有了一个十月革命。所以许多苏联人很骄傲,尾巴翘得很高。

我们这两条缺点,也是优点。我曾经说过,我们一为"穷",二为"白"。"穷",就是没有多少工业,农业也不发达。"白",就是一张白纸,文化水平、科学水平都不高。从发展的观点看,这并不坏。穷就要革命,富的革命就困难。科学技术水平高的国家,就骄傲得很。我们是一张白纸,正好写字。

因此,这两条对我们都有好处。将来我们国家富强了,我们一定还要坚持革命立场,还要谦虚谨慎,还要向人家学习,不要把尾巴翘起来。不但在第一个五年计划期间要向人家学习,就是在几十个五年计划之后,还应当向人家学习。一万年都要学习嘛!这有什么不好呢?

一共讲了十点。这十种关系,都是矛盾。世界是由矛盾组成的。没有矛盾就没有世界。我们的任务,是要正确处理这些矛盾。这些矛盾在实践中是否能完全处理好,也要准备两种可能性,而且在处理这些矛盾的过程中,一定还会遇到新的矛盾,新的问题。但是,像我们常说的那样,道路总是曲折的,前途总是光明的。我们一定要努力把党内党外、国内国外的一切积极的因素,直接的、间接的积极因素,全部调动起来,把我国建设成为一个强大的社会主义国家。

> **思考题**
> 1. 如何调动一切积极因素建设强大的社会主义国家?
> 2. 如何处理好国家与个人的关系?
> 3. 如何处理好中央政府与地方政府的关系?
> 4. 如何学习资本主义国家先进的科学技术和科学管理方法?
> 5. 如何学习毛泽东坚持在理论与实际结合的基础上防范各种教条主义?

第八篇　党和国家领导制度的改革[*]

邓小平

> **导　读**
>
> 　　1978年,中国共产党十一届三中全会开启了中国改革开放的历史进程。1980年8月18日,中共中央政治局扩大会议在北京召开。在会上,邓小平作了题为《党和国家领导制度的改革》的讲话。在此次讲话的五个部分中,邓小平总结了社会主义国家政权建设的历史经验,深刻揭示和分析了现行政治体制存在的一些弊端及其产生的原因,系统精辟地论述了政治体制改革的目的、意义、主要内容和必须遵循的主要原则,形成了较为完整的政治体制改革的基本思想。8月31日,政治局讨论通过了邓小平的讲话。这篇讲话实际上成为中国政治体制改革及行政体制改革,特别是党和国家领导制度改革的纲领性文献。

同志们:

　　这次扩大会议,主要是讨论党和国家领导制度的改革以及一些有关问题。

一

　　国务院领导成员的变动,将是五届人大三次会议的主要议题之一。这次变动,包括华国锋同志不兼任总理,由赵紫阳同志接替;李先念、陈云、徐向前、王

---

[*] 《邓小平文选》第2卷,人民出版社1994年版,第320—343页。

震同志和我不兼任副总理,由精力较强的同志担任;王任重同志因任党内重要职务,也不再兼任副总理。陈永贵同志请求解除他的副总理职务,中央决定同意。人大常委会副委员长和政协副主席的人选,经过与有关各方协商,也准备建议做一些变动。以上这些变动,是中央政治局常委反复研究过的。这次作为中央的正式建议,提交人大会议和政协会议讨论、决定。

关于国务院负责人人选的调整,中央做这样的考虑,原因是什么呢?

一是权力不宜过分集中。权力过分集中,妨碍社会主义民主制度和党的民主集中制的实行,妨碍社会主义建设的发展,妨碍集体智慧的发挥,容易造成个人专断,破坏集体领导,也是在新的条件下产生官僚主义的一个重要原因。

二是兼职、副职不宜过多。一个人的知识、经验、精力有限,左右上下兼职过多,工作难以深入,特别是妨碍选拔更多更适当的同志来担任领导工作。副职过多,效率难以提高,容易助长官僚主义和形式主义。

三是着手解决党政不分、以党代政的问题。中央一部分主要领导同志不兼任政府职务,可以集中精力管党,管路线、方针、政策。这样做,有利于加强和改善中央的统一领导,有利于建立各级政府自上而下的强有力的工作系统,管好政府职权范围的工作。

四是从长远着想,解决好交接班的问题。老同志是党和国家的宝贵财富,责任重大,而他们现在第一位的任务,是帮助党组织正确地选择接班人。这是一个庄严的职责。让比较年轻的同志走上第一线,老同志当好他们的参谋,支持他们的工作,这是保持党和政府正确领导的连续性、稳定性的重大战略措施。

中央的这些考虑,是为了对党和国家的领导制度进行必要的改革。五中全会决定成立书记处,中央已经迈出第一步。书记处成立以来,工作很有成效。这次国务院领导成员的变动,是改善政府领导制度的第一步。为了适应社会主义现代化建设的需要,为了适应党和国家政治生活民主化的需要,为了兴利除弊,党和国家的领导制度以及其他制度,需要改革的很多。我们要不断总结历史经验,深入调查研究,集中正确意见,从中央到地方,积极地、有步骤地继续进行改革。

二

改革党和国家领导制度及其他制度,是为了充分发挥社会主义制度的优越性,加速现代化建设事业的发展。

我们要充分发挥社会主义制度的优越性,当前和今后一个时期,主要应当努力实现以下三个方面的要求:(一)经济上,迅速发展社会生产力,逐步改善人民的物质文化生活;(二)政治上,充分发扬人民民主,保证全体人民真正享有通过各种有效形式管理国家、特别是管理基层地方政权和各项企业事业的权力,享有各项公民权利,健全革命法制,正确处理人民内部矛盾,打击一切敌对力量和犯罪活动,调动人民群众的积极性,巩固和发展安定团结、生动活泼的政治局面;(三)为了实现以上两方面的要求,组织上,迫切需要大量培养、发现、提拔、使用坚持四项基本原则的、比较年轻的、有专业知识的社会主义现代化建设人才。

我们进行社会主义现代化建设,是要在经济上赶上发达的资本主义国家,在政治上创造比资本主义国家的民主更高更切实的民主,并且造就比这些国家更多更优秀的人才。达到上述三个要求,时间有的可以短些,有的要长些,但是作为一个社会主义大国,我们能够也必须达到。所以,党和国家的各种制度究竟好不好,完善不完善,必须用是否有利于实现这三条来检验。

这里着重讲一下从组织上发挥社会主义的优越性,自觉地更新各级党政领导机关,逐步实现领导人员年轻化、专业化的问题。

多年来,我们没有在坚持四项基本原则的前提下,大胆提拔和放手使用比较年轻的有专业知识又有实际经验的人才。在"文化大革命"期间,我们的大批干部遭到林彪、"四人帮"的迫害,干部工作遭到严重破坏。这就造成了现在各级领导人员普遍老化的状况。人才问题,主要是个组织路线问题。很多新的人才需要培养,但是目前的主要任务,是善于发现、提拔以至大胆破格提拔中青年优秀干部。这是国家现代化建设事业客观存在的迫切需要,并不是一些老同志心血来潮提出的问题。

有些同志担心,在提拔中青年干部的时候,也许会把一些帮派分子甚至打砸抢分子选上来。这种担心有一定道理。因为至今还有一些地区、一些部门的领导班子没有整顿好,一些帮派分子可能利用提拔中青年干部的名义,把他们的党羽提拔上来。我在今年一月十六日的讲话中说过,对"四人帮"的组织上、思想上的残余不可低估。我们在这点上一定要头脑清醒。跟随林彪、江青一伙造反起家的人,帮派思想严重的人,打砸抢分子,绝对不能提上来,一个也不能提上来,已经在领导岗位上的,必须坚决撤下去。如果不提高警惕,让他们占据领导岗位,重新耍两面派,扎根串连,隐蔽下来,即使是少数人,也可能给我们带来无法预料的祸害。

有些同志说,干部还是一个台阶、一个台阶地上好。一九七五年,针对"文化大革命"期间的错误做法,我说过这个话。用坐火箭、坐直升飞机的办法提拔干部,我们再也不能这么干了。干部要顺着台阶上,一般的意义是说,干部要有深入群众、熟悉专业、积累经验和经受考验锻炼的过程。但是我们不能老守着关于台阶的旧观念。干部的提升,不能只限于现行党政干部中区、县、地、省一类台阶,各行各业应当有不同的台阶,不同的职务和职称。随着建设事业的发展,还要制定各个行业提升干部和使用人才的新要求、新方法。将来很多职务、职称,只要考试合格,就应当录用或者授予。打破那些关于台阶的过时的观念,创造一些适合新形势新任务的台阶,这才能大胆破格提拔。而且不管新式老式的台阶,总不能老是停留在嘴巴上说。一定要真正把优秀的中青年干部提拔上来,快点提拔上来。提拔干部不能太急,但是太慢了也要误现代化建设的大事。现在就已经误了不少啊!特别优秀的,要给他们搭个比较轻便的梯子,使他们越级上来。这次我们提出减少兼职过多、权力过分集中的现象,目的之一,也是为了给中青年同志腾出台阶。台阶挤得满满的,他们怎么上来?台阶有了空位又不给他们,他们怎么上来?

有些同志担心,年轻人经验不够,不能胜任。我看,这种担心是不必要的。经验够不够,只是比较而言。老实说,老干部对于现代化建设中的新问题,不是也没有什么经验,也要犯一些错误吗?一般说来,年轻人经验少一些,这是事实。但是,同志们回想一下,我们中间许多人当大干部、做大事,开始的时候还不是二三十岁?应该承认,现在一些中青年同志的知识,比我们那个时候并不少。经过的斗争考验少一点,领导经验少一点,这是客观条件造成的。不在其位,不谋其政嘛。放在那个位置上,他们就会逐步得到提高。解放后大专、中专毕业的学生七八百万,其中大多数出身于工农家庭,经过了十年以上的锻炼。没有受过大专、中专教育的中青年干部有实践经验,缺点是文化知识水平低一点,只要有计划地训练和培养,很多人一定可以成为又红又专的干部。此外还有一大批刻苦自学的中青年优秀人才。上山下乡的青年中,也有不少深入群众、用功学习、很有才干的人。实际上,现在大批中青年干部已经成为各条战线上的骨干,同那些高高在上、不深入下层的干部来比,他们更了解群众,更了解实际。很多工作主要是依靠他们,只是因为没有提拔,他们没有决定问题的权力，遇事只好不住地请示报告。这就成为我们的官僚主义现象的一大来源。总之，我们绝不要低估这一大批中青年干部。很多中青年干部政治本质很好，不是帮派分子，思想路子对，又有一定的专业知识，为什么不去选拔和破格使用？有些企业和单位，群众自己选举出的干部，一些毛遂自荐、自告奋勇担任负责工作的干部，很快就作出了成绩，比单是从上面指定的干部合适得多。这样的事实，难道还不能使我们猛省吗？好的中青年干部到处都有。"文化大革命"中长期对林彪、江青一伙的做法不满，进行积极或消极抵制，政治表现好，又肯干，有专业知识的中青年干部，各行各业、各地区、各单位都有，问题是我们没有发现和提拔他们。就是一度受过林彪、江青一伙的欺骗，犯过一些错误，后来确已觉悟转变而又确有真才实学的人，我们也不能抛开不用。不少同志只是看到周围熟悉的一点人，总在原来的一些人中打圈子，不会深入到群众中去选拔人才，这也是一种官僚主义。

我们一定要吸取"文化大革命"的教训，同时也一定要清醒地看到我们国家面临着现代化建设巨大任务的形势和现有大批干部不能适应现代化建设需要的实际，要坚决克服那种不从长远看问题的短视观点。我们有正确的思想路线、政治路线和组织路线，只要大胆而谨慎地工作，只要经过周密的调查研究，广泛听取群众意见，就完全有把握把大批优秀的中青年干部提拔起来，保证我们的事业后继有人，后来居上。

陈云同志提出，我们选干部，要注意德才兼备。所谓德，最主要的，就是坚持社会主义道路和党的领导。在这个前提下，干部队伍要年轻化、知识化、专业化，并且要把对于这种干部的提拔使用制度化。这些意见讲得好。许多同志除了不注意干部队伍的年轻化外，对干部队伍的知识化、专业化也很不重视。这也是过去在知识分子问题上长期存在的"左"倾思想的一种恶果。

目前的问题是，现行的组织制度和为数不少的干部的思想方法，不利于选拔和使用四个现代化所急需的人才。希望各级党委和组织部门在这个问题上来个大转变，坚决解放思想，克服重重障碍，打破老框框，勇于改革不合时宜的组织制度、人事制度，大力培养、发现和破格使用优秀人才，坚决同一切压制和摧残人才的现象作斗争。经过十多年的考验，中青年同志的政治面貌，领导和群众基本上都是清楚的。老同志还在，采取从上看和从下看互相结合的办法，是应当可以选好选准的。这项工作，当然要有步骤地进行，但是太慢了不行。错过时机，老同志都不在了，再来解决这个问题，就晚了，要比现在难得多，对于我们这些老同志来说,就是犯了历史性的大错误。

三

党和国家现行的一些具体制度中,还存在不少的弊端,妨碍甚至严重妨碍社会主义优越性的发挥。如不认真改革,就很难适应现代化建设的迫切需要,我们就要严重地脱离广大群众。

从党和国家的领导制度、干部制度方面来说,主要的弊端就是官僚主义现象,权力过分集中的现象,家长制现象,干部领导职务终身制现象和形形色色的特权现象。

官僚主义现象是我们党和国家政治生活中广泛存在的一个大问题。它的主要表现和危害是:高高在上,滥用权力,脱离实际,脱离群众,好摆门面,好说空话,思想僵化,墨守陈规,机构臃肿,人浮于事,办事拖拉,不讲效率,不负责任,不守信用,公文旅行,互相推诿,以至官气十足,动辄训人,打击报复,压制民主,欺上瞒下,专横跋扈,徇私行贿,贪赃枉法,等等。这无论在我们的内部事务中,或是在国际交往中,都已达到令人无法容忍的地步。

官僚主义是一种长期存在的、复杂的历史现象。我们现在的官僚主义现象,除了同历史上的官僚主义有共同点以外,还有自己的特点,既不同于旧中国的官僚主义,也不同于资本主义国家中的官僚主义。它同我们长期认为社会主义制度和计划管理制度必须对经济、政治、文化、社会都实行中央高度集权的管理体制有密切关系。我们的各级领导机关,都管了很多不该管、管不好、管不了的事,这些事只要有一定的规章,放在下面,放在企业、事业、社会单位,让他们真正按民主集中制自行处理,本来可以很好办,但是统统拿到党政领导机关、拿到中央部门来,就很难办。谁也没有这样的神通,能够办这么繁重而生疏的事情。这可以说是目前我们所特有的官僚主义的一个总病根。官僚主义的另一病根是,我们的党政机构以及各种企业、事业领导机构中,长期缺少严格的从上而下的行政法规和个人负责制,缺少对于每个机关乃至每个人的职责权限的严格明确的规定,以至事无大小,往往无章可循,绝大多数人往往不能独立负责地处理他所应当处理的问题,只好成天忙于请示报告,批转文件。有些本位主义严重的人,甚至遇到责任互相推诿,遇到权利互相争夺,扯不完的皮。还有,干部缺少正常的录用、奖惩、退休、退职、淘汰办法,反正工作好坏都是铁饭碗,能进不能出，能上不能下。这些情况，必然造成机构臃肿，层次多，副职多，闲职多，而机构臃肿又必然促成官僚主义的发展。因此，必须从根本上改变这些制度。当然，官僚主义还有思想作风问题的一面，但是制度问题不解决，思想作风问题也解决不了。所以，过去我们虽也多次反对官僚主义，但是收效甚微。解决以上所说的制度问题，要进行大量的工作，包括进行教育和思想斗争，但是非做不可，否则，我们的经济事业和各项工作都不可能有效地前进。

权力过分集中的现象，就是在加强党的一元化领导的口号下，不适当地、不加分析地把一切权力集中于党委，党委的权力又往往集中于几个书记，特别是集中于第一书记，什么事都要第一书记挂帅、拍板。党的一元化领导，往往因此而变成了个人领导。全国各级都不同程度地存在这个问题。权力过分集中于个人或少数人手里，多数办事的人无权决定，少数有权的人负担过重，必然造成官僚主义，必然要犯各种错误，必然要损害各级党和政府的民主生活、集体领导、民主集中制、个人分工负责制等等。这种现象，同我国历史上封建专制主义的影响有关，也同共产国际时期实行的各国党的工作中领导者个人高度集权的传统有关。我们历史上多次过分强调党的集中统一，过分强调反对分散主义、闹独立性，很少强调必要的分权和自主权，很少反对个人过分集权。过去在中央和地方之间，分过几次权，但每次都没有涉及到党同政府、经济组织、群众团体等等之间如何划分职权范围的问题。我不是说不要强调党的集中统一，不是说任何情况下强调集中统一都不对，也不是说不要反对分散主义、闹独立性，问题都在于"过分"，而且对什么是分散主义、闹独立性也没有搞得很清楚。党成为全国的执政党，特别是生产资料私有制的社会主义改造基本完成以后，党的中心任务已经不同于过去，社会主义建设的任务极为繁重复杂，权力过分集中，越来越不能适应社会主义事业的发展。对这个问题长期没有足够的认识，成为发生"文化大革命"的一个重要原因，使我们付出了沉重的代价。现在再也不能不解决了。

革命队伍内的家长制作风，除了使个人高度集权以外，还使个人凌驾于组织之上，组织成为个人的工具。家长制是历史非常悠久的一种陈旧社会现象，它的影响在党的历史上产生过很大危害。陈独秀、王明、张国焘等人都是搞家长制的。从遵义会议到社会主义改造时期，党中央和毛泽东同志一直比较注意实行集体领导，实行民主集中制，党内民主生活比较正常。可惜，这些好的传统没有坚持下来，也没有形成严格的完善的制度。例如，党内讨论重大问题，不少时候发扬民主、充分酝酿不够，由个人或少数人匆忙做出决定，很少按照少数服从多数的原则实行投票表决，这表明民主集中制还没有成为严格的制度。从一九五八年批评反冒进、一九五九年"反右倾"以来，党和国家的民主生活逐渐不正常，一言堂、个人决定重大问题、个人崇拜、个人凌驾于组织之上一类家长制现象，不断滋长。林彪鼓吹"顶峰"论，说毛主席的话是最高指示，这种说法在全党全军全国广为流传。粉碎"四人帮"后，还把个人崇拜的一套搬了一段时间。对其他领导人的纪念，有时也带有个人崇拜的成分。最近，中央发出了关于坚持"少宣传个人"的几个问题的指示，指出这些不适当的纪念方法不但造成铺张浪费，脱离群众，而且本身就带有个人创造历史的色彩，不利于在党内外进行马克思主义教育，不利于扫除封建思想和资产阶级思想的影响。这个指示还为纠正这一类缺点，作出了若干规定。这是一个很重要的文件。还要说到，一九五八年以后，到处给毛泽东同志和其他中央同志盖房子，"四人帮"垮台后，还搞中南海地面工程，都造成很坏的影响，很大的浪费。此外，至今还有一些高级干部，所到之处，或则迎送吃喝，或则封锁交通，或则大肆宣扬，很不妥当。以上种种严重脱离群众的事情，从中央到各级不许再做了。

不少地方和单位，都有家长式的人物，他们的权力不受限制，别人都要唯命是从，甚至形成对他们的人身依附关系。我们的组织原则中有一条，就是下级服从上级，说的是对于上级的决定、指示，下级必须执行，但是不能因此否定党内同志之间的平等关系。不论是担负领导工作的党员，或者是普通党员，都应以平等态度互相对待，都平等地享有一切应当享有的权利，履行一切应当履行的义务。上级对下级不能颐指气使，尤其不能让下级办违反党章国法的事情；下级也不应当对上级阿谀奉承，无原则地服从，"尽忠"。不应当把上下级之间的关系搞成毛泽东同志多次批评过的猫鼠关系，搞成旧社会那种君臣父子关系或帮派关系。一些同志犯严重错误，同这种家长制作风有关，就是林彪、江青这两个反革命集团所以能够形成，也同残存在党内的这种家长制作风分不开。总之，不彻底消灭这种家长制作风，就根本谈不上什么党内民主，什么社会主义民主。

干部领导职务终身制现象的形成，同封建主义的影响有一定关系，同我们党一直没有妥善的退休解职办法也有关系。革命战争时期大家年纪都还轻，五十年代正值年富力强，不存在退休问题，但是后来没有及时解决，是一个失策。应当承认，在当时的具体历史条件下，这个问题也无法解决或无法完全解决。

五中全会讨论的党章草案，提出废除干部领导职务终身制，现在看来，还需要进一步修改、补充。关键是要健全干部的选举、招考、任免、考核、弹劾、轮换制度，对各级各类领导干部（包括选举产生、委任和聘用的）职务的任期，以及离休、退休，要按照不同情况，作出适当的、明确的规定。任何领导干部的任职都不能是无限期的。

"文化大革命"中，林彪、"四人帮"大搞特权，给群众造成很大灾难。当前，也还有一些干部，不把自己看作是人民的公仆，而把自己看作是人民的主人，搞特权，特殊化，引起群众的强烈不满，损害党的威信，如不坚决改正，势必使我们的干部队伍发生腐化。我们今天所反对的特权，就是政治上经济上在法律和制度之外的权利。搞特权，这是封建主义残余影响尚未肃清的表现。旧中国留给我们的，封建专制传统比较多，民主法制传统很少。解放以后，我们也没有自觉地、系统地建立保障人民民主权利的各项制度，法制很不完备，也很不受重视，特权现象有时受到限制、批评和打击，有时又重新滋长。克服特权现象，要解决思想问题，也要解决制度问题。公民在法律和制度面前人人平等，党员在党章和党纪面前人人平等。人人有依法规定的平等权利和义务，谁也不能占便宜，谁也不能犯法。不管谁犯了法，都要由公安机关依法侦查，司法机关依法办理，任何人都不许干扰法律的实施，任何犯了法的人都不能逍遥法外。谁也不能违反党章党纪，不管谁违反，都要受到纪律处分，也不许任何人干扰党纪的执行，不许任何违反党纪的人逍遥于纪律制裁之外。只有真正坚决地做到了这些，才能彻底解决搞特权和违法乱纪的问题。要有群众监督制度，让群众和党员监督干部，特别是领导干部。凡是搞特权、特殊化，经过批评教育而又不改的，人民就有权依法进行检举、控告、弹劾、撤换、罢免，要求他们在经济上退赔，并使他们受到法律、纪律处分。对各级干部的职权范围和政治、生活待遇，要制定各种条例，最重要的是要有专门的机构进行铁面无私的监督检查。

我们过去发生的各种错误，固然与某些领导人的思想、作风有关，但是组织制度、工作制度方面的问题更重要。这些方面的制度好可以使坏人无法任意横行，制度不好可以使好人无法充分做好事，甚至会走向反面。即使像毛泽东同志这样伟大的人物，也受到一些不好的制度的严重影响，以至对党对国家对他个人都造成了很大的不幸。我们今天再不健全社会主义制度，人们就会说，为什么资本主义制度所能解决的一些问题，社会主义制度反而不能解决呢？这种比较方法虽然不全面，但是我们不能因此而不加以重视。斯大林严重破坏社会主义法制，毛泽东同志就说过，这样的事件在英、法、美这样的西方国家不可能发生。他虽然认识到这一点，但是由于没有在实际上解决领导制度问题以及其他一些原因，仍然导致了"文化大革命"的十年浩劫。这个教训是极其深刻的。不是说个人没有责任，而是说领导制度、组织制度问题更带有根本性、全局性、稳定性和长期性。这种制度问题，关系到党和国家是否改变颜色，必须引起全党的高度重视。

如果不坚决改革现行制度中的弊端，过去出现过的一些严重问题今后就有可能重新出现。只有对这些弊端进行有计划、有步骤而又坚决彻底的改革，人民才会信任我们的领导，才会信任党和社会主义，我们的事业才有无限的希望。

我们在讲到党和国家领导制度方面的弊端的时候，不能不涉及到毛泽东同志晚年所犯的错误。正在起草的关于建国以来党的若干历史问题的决议，将对毛泽东思想进行系统的阐述，也将对毛泽东同志的功过进行比较全面的评价，其中包括批评他在"文化大革命"中的错误。我们共产党人是彻底的唯物主义者，只能实事求是地肯定应当肯定的东西，否定应当否定的东西。毛泽东同志在他的一生中，为我们的党、国家和人民建立了不朽的功勋。他的功绩是第一位的，他的错误是第二位的。因为他的功绩而讳言他的错误，这不是唯物主义的态度。因为他的错误而否定他的功绩，同样不是唯物主义的态度。"文化大革命"所以错误和失败，正因为它完全违反了毛泽东思想的科学原理。经过长期实践检验证明是正确的毛泽东思想的科学原理，不但在历史上曾经引导我们取得胜利，而且在今后长期的斗争中，仍将是我们的指导思想。对于党的这样一个重大原则表示任何怀疑和动摇，都是不正确的，都是同中国人民的根本利益相违背的。

四

现在说一下肃清封建主义和资产阶级思想影响的问题。

上面讲到的种种弊端，多少都带有封建主义色彩。封建主义的残余影响当然不止这些。还有，如社会关系中残存的宗法观念、等级观念；上下级关系和干群关系中在身份上的某些不平等现象；公民权利义务观念薄弱；经济领域中的某些"官工"、"官商"、"官农"式的体制和作风；片面强调经济工作中的地区、部门的行政划分和管辖，以至画地为牢，以邻为壑，有时两个社会主义企业、社会主义地区办起交涉来会发生完全不应有的困难;文化领域中的专制主义作风;不承认科学和教育对于社会主义的极大重要性,不承认没有科学和教育就不可能建设社会主义;对外关系中的闭关锁国、夜郎自大;等等。拿宗法观念来说,"文化大革命"中,一人当官,鸡犬升天,一人倒霉,株连九族,这类情况曾发展到很严重的程度。甚至现在,任人唯亲、任人唯派的恶劣作风,在有些地区、有些部门、有些单位,还没有得到纠正。一些干部利用职权,非法安排家属亲友进城、就业、提干等现象还很不少。可见宗法观念的余毒决不能轻视。要彻底解决上述这些问题,还需要我们付出很大的努力。

我们进行了二十八年的新民主主义革命,推翻封建主义的反动统治和封建土地所有制,是成功的,彻底的。但是,肃清思想政治方面的封建主义残余影响这个任务,因为我们对它的重要性估计不足,以后很快转入社会主义革命,所以没有能够完成。现在应该明确提出继续肃清思想政治方面的封建主义残余影响的任务,并在制度上做一系列切实的改革,否则国家和人民还要遭受损失。

对待这一任务,要有实事求是的科学态度。要运用马克思列宁主义、毛泽东思想,对于封建主义遗毒的表现,进行具体的准确的如实的分析。首先,要划清社会主义同封建主义的界限,决不允许借反封建主义之名来反社会主义,也决不允许用"四人帮"所宣扬的那套假社会主义来搞封建主义。其次,也要划清文化遗产中民主性精华同封建性糟粕的界限。还要划清封建主义遗毒同我们工作中由于缺乏经验而产生的某些不科学的办法、不健全的制度的界限。不要又是一阵风,不加分析地把什么都说成是封建主义。

肃清封建主义残余影响,对广大干部和群众说来,是一种自我教育和自我改造,是为了从封建主义遗毒中摆脱出来,解放思想,提高觉悟,适应现代化建设的需要,努力为人民作贡献,为社会作贡献,为人类作贡献。肃清封建主义残余影响,重点是切实改革并完善党和国家的制度,从制度上保证党和国家政治生活的民主化、经济管理的民主化、整个社会生活的民主化,促进现代化建设事业的顺利发展。这需要认真调查研究,比较各国的经验,集思广益,提出切实可行的方案和措施。不能认为只要破字当头,立就在其中了。必须明确,不要搞什么反封建主义的政治运动和宣传运动,不要对什么人搞过去那种政治批判,更不能把斗争矛头对着干部和群众。历史经验证明,用大搞群众运动的办法,而不是用透彻说理、从容讨论的办法,去解决群众性的思想教育问题,而不是用扎扎实实、稳步前进的办法,去解决现行制度的改革和新制度的建立问题,从来都是不成功的。因为在社会主义社会中解决群众思想问题和具体的组织制度、工作制度问题，同革命时期对反革命分子的打击和对反动制度的破坏，本来是原则上根本不同的两回事。

在思想政治方面肃清封建主义残余影响的同时，决不能丝毫放松和忽视对资产阶级思想和小资产阶级思想的批判，对极端个人主义和无政府主义的批判。是封建主义残余比较严重，还是资产阶级影响比较严重，在不同的地区和部门，在不同问题上，在不同年龄、经历和教养的人身上，情况可以很不同，千万不可一概而论。此外，我国经历百余年的半封建、半殖民地社会，封建主义思想有时也同资本主义思想、殖民地奴化思想互相渗透结合在一起。由于近年国际交往增多，受到外国资产阶级腐朽思想作风、生活方式影响而产生的崇洋媚外的现象，现在已经出现，今后还会增多。这是必须认真解决的一个重大问题。

中国在经济上文化上落后，并不是一切都落后。一些外国在技术上管理上先进，并不是一切都先进。我们的党和人民浴血奋斗多年，建立了社会主义制度。尽管这个制度还不完善，又遭受了破坏，但是无论如何，社会主义制度总比弱肉强食、损人利己的资本主义制度好得多。我们的制度将一天天完善起来，它将吸收我们可以从世界各国吸收的进步因素，成为世界上最好的制度。这是资本主义所绝对不可能做到的。由于我们在社会主义革命和社会主义建设的历史上犯过错误，就对社会主义丧失信心，认为社会主义不如资本主义，这种思想是完全错误的；由于要肃清封建主义残余影响，就认为可以去宣扬资本主义的思想，也是完全错误的。我们一定要彻底批判这些错误思想，绝对不能让它们流行。我们提倡按劳分配，承认物质利益，是要为全体人民的物质利益奋斗。每个人都应该有他一定的物质利益，但是这决不是提倡各人抛开国家、集体和别人，专门为自己的物质利益奋斗，决不是提倡各人都向"钱"看。要是那样，社会主义和资本主义还有什么区别？我们从来主张，在社会主义社会中，国家、集体和个人的利益在根本上是一致的，如果有矛盾，个人的利益要服从国家和集体的利益。为了国家和集体的利益，为了人民大众的利益，一切有革命觉悟的先进分子必要时都应当牺牲自己的利益。我们要向全体人民、全体青少年努力宣传这种高尚的道德。

现在有些青年，有些干部子女，甚至有些干部本人，为了出国，为了搞钱，违法乱纪，走私受贿，投机倒把，不惜丧失人格，丧失国格，丧失民族自尊心，这是非常可耻的。近一两年内，通过不同渠道运进了一些黄色、下流、淫秽、丑恶的照片、影片、书刊等,败坏我们社会的风气,腐蚀我们的一些青年和干部。如果听任这种瘟疫传布,将诱使许多意志不坚定的人道德败坏,精神堕落。各级组织都要严肃地注意这个问题,采取坚决有效的措施,予以查禁、销毁,坚决不允许继续流入。在国内经济工作中,歪曲现行经济政策,利用经济管理工作中的漏洞而进行各种违法活动的个人、小集团甚至企业、单位,也有所增加。对于这种反社会主义的违法活动和犯罪分子,也必须严重警惕,坚决斗争。

总之,必须把肃清封建主义残余影响的工作,同对于资产阶级损人利己、唯利是图思想和其他腐化思想的批判结合起来。

对于资本主义、资产阶级思想,当然也要采取科学的态度。前些时候有的地方为了进行革命思想的教育,重提"兴无灭资"的口号。有关文件我是看过的,当时没有感觉到有什么问题。现在看来,这个老口号不够全面,也不很准确。有些同志因为没有充分地调查和分析,把我们现行的一些有利于发展生产、发展社会主义事业的改革,也当作资本主义去批判,这就不对了。什么是资产阶级思想中需要坚决批判和防止蔓延的东西,什么是经济生活中需要坚决克服和抵制的资本主义倾向,如何正确地进行批判,还有必要继续进行研究并作出妥善的规定,以防重犯过去的错误。

五

对党和国家领导制度的改革,中央经过多次酝酿,有一些已经在五中全会以后开始实施,有一些即将在五届人大三次会议上提出,其他也将在条件成熟时陆续采取具体步骤。除了前面已经说过的以外,现在正在考虑逐步进行的还有如下重大改革:

第一,中央将向五届人大三次会议提出修改宪法的建议。要使我们的宪法更加完备、周密、准确,能够切实保证人民真正享有管理国家各级组织和各项企业事业的权力,享有充分的公民权利,要使各少数民族聚居的地方真正实行民族区域自治,要改善人民代表大会制度,等等。关于不允许权力过分集中的原则,也将在宪法上表现出来。

第二,中央已经设立了纪律检查委员会,正在考虑再设立一个顾问委员会(名称还可以再考虑),连同中央委员会,都由党的全国代表大会选举产生,并明确规定各自的任务和权限。这样,就可以让一大批原来在中央和国务院工作的老同志,充分利用他们的经验,发挥他们的指导、监督和顾问的作用。同时,也便于使中央和国务院的日常工作班子更加精干,逐步实现年轻化。

第三,真正建立从国务院到地方各级政府从上到下的强有力的工作系统。今后凡属政府职权范围内的工作,都由国务院和地方各级政府讨论、决定和发布文件,不再由党中央和地方各级党委发指示、作决定。政府工作当然是在党的政治领导下进行的,政府工作加强了,党的领导也加强了。

第四,有准备有步骤地改变党委领导下的厂长负责制、经理负责制,经过试点,逐步推广,分别实行工厂管理委员会、公司董事会、经济联合体的联合委员会领导和监督下的厂长负责制、经理负责制。还有党委领导下的校长、院长、所长负责制等等,也考虑有准备有步骤地加以改革。过去的工厂管理制度,经过长期的实践证明,既不利于工厂管理的现代化,不利于工业管理体制的现代化,也不利于工厂里党的工作的健全。实行这些改革,是为了使党委摆脱日常事务,集中力量做好思想政治工作和组织监督工作。这不是削弱党的领导,而是更好地改善党的领导,加强党的领导。这些单位的行政负责人要努力学习各种有关管理和技术专业,再不能长期泡在各种会议里,老是当外行,那样我们就永远实现不了现代化。这些同志大多数是党员,管理制度改变了,他们除了要受上级行政部门的行政领导以外,还要受上级党组织的政治领导和同级党组织的监督。同级党组织的任务也没有减轻,而是真正加强了党的工作。工厂、公司、院、校、所的各级党组织,要管好所有的党员,做好群众工作,使党员在各自的岗位上发挥先锋模范作用,使党的组织真正成为各个企业事业的骨干,真正成为教育和监督所有党员的组织,保证党的政治路线的执行和各项工作任务的完成。考虑到这个改革对全国广大的基层组织影响很大,现在还要广泛征求意见,到时机成熟时再作决定。

第五,各企业事业单位普遍成立职工代表大会或职工代表会议。这是早已决定了的,现在的问题是推广和完善化。职工代表大会或职工代表会议有权对本单位的重大问题进行讨论,作出决定,有权向上级建议罢免本单位的不称职的行政领导人员,并且逐步实行选举适当范围的领导人。

第六,各级党委要真正实行集体领导和个人分工负责相结合的制度。要明确哪些问题应当由集体讨论,哪些问题应当由个人负责。重大问题一定要由集体讨论和决定。决定时,要严格实行少数服从多数,一人一票,每个书记只有一票的权利,不能由第一书记说了算。集体决定了的事情,就要分头去办,各负其责,决不能互相推诿。失职者要追究责任。集体领导也要有个头,各级党委的第一书记,对日常工作要负起第一位的责任。在党委的其他成员中,都要强调个人分工负责。要提倡领导干部勇于负责,这同改变个人专断制度是两回事,不能混淆。

上述六条,都请同志们进行认真的讨论和研究,充分发表意见,包括发表不同的意见。有些问题,中央在原则上决定以后,还要经过试点,取得经验,集中集体智慧,成熟一个,解决一个,由中央分别作出正式决定,并制定周密的、切实可行的、能够在较长时期发挥作用的制度和条例,有步骤地实施。在中央制定并正式公布新的制度和条例以前,有关各方面的工作,仍照现行制度办事。

改革党和国家的领导制度,不是要削弱党的领导,涣散党的纪律,而正是为了坚持和加强党的领导,坚持和加强党的纪律。在中国这样的大国,要把几亿人口的思想和力量统一起来建设社会主义,没有一个由具有高度觉悟性、纪律性和自我牺牲精神的党员组成的能够真正代表和团结人民群众的党,没有这样一个党的统一领导,是不可能设想的,那就只会四分五裂,一事无成。这是全国各族人民在长期的奋斗实践中深刻认识到的真理。我们人民的团结,社会的安定,民主的发展,国家的统一,都要靠党的领导。坚持四项基本原则的核心,就是坚持党的领导。问题是党要善于领导;要不断地改善领导,才能加强领导。

社会主义现代化建设的极其艰巨复杂的任务摆在我们的面前。很多旧问题需要继续解决,新问题更是层出不穷。党只有紧紧地依靠群众,密切地联系群众,随时听取群众的呼声,了解群众的情绪,代表群众的利益,才能形成强大的力量,顺利地完成自己的各项任务。现在群众中需要解决的思想问题很多,党内需要解决的思想问题也很多。我们一定要把思想政治工作放在非常重要的地位,切实认真做好,不能放松。这项工作,各级党委要做,各级领导干部要做,每个党员都要做。要做得有针对性、细致深入和为群众所乐于接受。最重要的条件,就是凡是需要动员群众做的,每个党员,特别是担负领导职务的党员,必须首先从自己做起。因此,为了做好思想政治工作,也要求改善党的领导,改善党的领导制度。

同志们!改革并完善党和国家各方面的制度,是一项艰巨的长期的任务,改革并完善党和国家的领导制度,是实现这个任务的关键。对此,我们必须有足够的认识。毛泽东同志和其他已经去世的老一辈革命家,没有能够完成这个任务。这个担子已经落在我们的肩上。全党同志,特别是老同志,要为此付出自己的全部精力。党的三中全会以来,我们已经做了很多工作,解决了很多问题,取得了很多成绩。我们已经有了一个很好的前进阵地。现在提出改革并完善党和国家领导制度的任务,以适应现代化建设的需要,时机和条件都已成熟。这个任务,我们这一代人也许不能全部完成,但是,至少我们有责任为它的完成奠定巩固的基础,确立正确的方向。我相信,这一点是一定可以做到的。

> **思考题**
> 1. 为什么要进行党和国家领导制度的改革？
> 2. 党和国家领导制度改革的主要目的是什么？
> 3. 改革前的党和国家领导制度主要存在哪些方面的弊端？
> 4. 如何清除党和国家领导制度中的封建主义残余和资产阶级思想影响？
> 5. 党和国家领导制度改革的主要内容有哪些？

第二部分

西方经典文献

从学科分类看，行政学是从2000多年前古老的政治学分出来的。从时空演化来看，行政学是于19世纪末20世纪初，从西欧的德国、法国等传播到大洋彼岸的美国，然后"出口转内销"回到西欧，再迅速扩及世界各国或地区，从而形成一个相对完整的理论体系，成为一门独立的学科的。现代行政学产生于美国之后，经历了一百多年的发展历程（一般分为古典时期的19世纪末—20世纪30年代，新古典时期的20世纪30—60、70年代，以及当代20世纪80年代以后），涌现出了众多的公共行政学和管理学理论家及一大批行政学著作。面对灿若星辰的西方行政学家及其研究成果，我们该怎么选读他（她）们的著作？限于篇幅，我们只能基于行政学发展的线索及其学科侧重点，选出十八篇供读者精读。

公共行政学和管理学理论家及其理论或思想等列举如下：威尔逊的行政学理论、古德诺的政治与行政二分法、泰勒的科学管理理论、韦伯的官僚制组织理论、法约尔的管理组织思想、怀特的系统化行政学理论、古立克的行政学组织理论、马斯洛的需求层次理论、厄威克的系统化行政管理原则、福莱特的动态行政管理理论、梅奥的人际关系理论、巴纳德的系统组织理论、西蒙的行政决策理论、林德布洛姆的渐进决策理论、威尔达夫斯基的机构与行政预算理论、帕金森的帕金森定律、麦格雷戈的人事管理理论、沃尔多的折中的行政观、卡斯特的系统权变行政组织理论、里格斯的行政生态理论、黑迪的比较行政学理论、彼得的彼得原理、德罗尔的政策科学理论、弗雷德里克森的新公共行政学理论、德鲁克的目标管理理论、奎德的政策分析理论、布坎南的公共选择与政府理论、凯登的行政理论、法默尔的后现代公共行政理论、霍哲的政府公共部门绩效管理理论、奥斯本的企业家政府理论、登哈特的新公共服务理论、罗森布鲁姆的多元公共行政观、库珀的行政伦理理论等。

第一篇　行政学研究*

伍德罗·威尔逊

> **导读**
>
> 伍德罗·威尔逊(Woodrow Wilson，1856—1924)是美国历史上杰出的政治家，"进步主义时代"的领导人之一，他因应中国的"学而优则仕"的逻辑，于1913—1921年担任美国第28任总统[2018年美国政治学会(APSA)在政治学学者中的民调显示，威尔逊在最受欢迎的美国总统排行榜中名列第11位]。威尔逊是教育家，曾于1902—1910年出任美国"常春藤"名校之一的普林斯顿大学校长。威尔逊也是美国著名的政治学家、行政学家、历史学家，他曾在普林斯顿大学担任法学和政治经济学教授，主要从事政治学、政府和法律方面的教学和研究工作，出版《国会政体》(Congressional Government，1885)、《国家》(The State，1889)以及《美国宪制政府》(Constitutional Government in the United States，1908)等重要学术著作。1887年，威尔逊发表《行政学研究》(The Study of Administration)，该文被誉为现代行政学的开山之作。他在文中阐述了建立行政学的必要性，行政学研究的基本概念、研究实质、研究目标、研究方法，以及革新文官制度、公共舆论监督等思想理论。

我认为任何一门实用科学，在没有必要了解它时，不会有人去研究它。因

---

* Woddrow Wilson，The Study of Administration，*Political Science Quarterly*，Vol. 2，No. 2，1887，pp. 197-222. 中文译本摘自彭和平、竹立家等编译：《国外公共行政理论精选》，中共中央党校出版社1997年版，第1—27页。摘录时对个别地方作了修改。

此,如果我们需要以某种事实来论证这种情况的话,著名的行政学实用科学正在进入我国高等学校课程的事实本身,则证明我们国家需要更多地了解行政学。然而,在此无须说明,我们并非要调查高校教学计划来证明这一事实。目前人们称为文官制度改革的运动在实现了它的第一个目标之后,不仅在人事方面,而且在政府机构的组织和方法方面都必须为继续扩大改革努力,这是我们大家几乎都承认的事实,因为政府机构的组织和方法同其人事问题一样需要进行改进,这一点已经十分明显。行政学研究的目标在于了解:首先,政府能够适当地和成功地进行什么工作。其次,政府怎样才能以尽可能高的效率及在费用或能源方面用尽可能少的成本完成这些适当的工作。在这两个问题上,我们显然更需要得到启示,只有认真进行研究才能提供这种启示。

但是,我们在进入这种研究之前,需要做到下列几点:

1. 考虑其他人在此领域中所做过的研究。即是说,考虑这种研究的历史。
2. 确定这种研究的课题是什么。
3. 断定发展这种研究所需要的最佳方法以及我们用来进行这种研究所需要的最清楚的政治概念。

如果不了解这些问题,不解决这些问题,我们就好像是离开了图表或指南针而去出发远航。

一

行政科学是已在两千两百年前开始出现的政治科学研究的最新成果。它是19世纪,几乎就是我们这一代的产物。

它为什么姗姗来迟?它为什么直到我们这个忙的几乎注意不到它的世纪才出现?行政机关是政府最明显的部分,它是行动中的政府;它是政府的执行者,是政府的操作者,是政府的最显露的方面,当然,它的历程也和政府一样悠久。它是行动中的政府,人们很自然地希望看到政治学的论著者在思想史的很早时期即已引起对行动中的政府的注意,并激发他们进行仔细的研究。

但是,事与愿违。直到19世纪已经度过了它的最初的青春时期,并且已经开始长出独具特色的系统知识之花的时候,才有人将行政机关作为政府科学的一个分支系统地进行论述。直到今天,我们所拜读的所有的政治学论著者都仅仅围绕下列问题进行思考、争辩和论证:政府"构成方式";国家性质,主权的本质和地位,人民的权力和君主的特权;属于政府核心内容的最深的含义及根据人性和人的目的摆在政府目标之前的更高目标。下列范围广泛的理论领域是存在激烈论战的中心地区:君主制对民主制进行攻击,寡头政治力图建立特权的堡垒,专制制度寻求使其所有竞争者投降的要求得以实现的机会。在这些理论原则的激烈斗争中,行政机关不能中断其自身的思考。经常出现的问题是:由谁制定法律以及制定什么法律?另一个问题是:如何有启发性地、公平地、迅速而又没有摩擦地实施法律?这一问题被看做是"实际工作中的细节问题",在专家学者们就理论原则取得一致意见后由办事人员进行处理。

政治哲学采取这种方向,当时不是一种意外现象,不是出于政治哲学家的偶然性偏爱或反常行为。正如黑格尔所说的,任何时代的哲学"都只不过是用抽象思维所表现的那个时代的精神"。而政治哲学也和其他任何种类的哲学一样,只不过是举起了反映当代事务的一面镜子。在很早的时代,麻烦的事情几乎都出在政府结构方面,因此,结构问题就成为吸引人们思考的焦点。当时,在行政管理方面很少或完全没有遇到麻烦问题,至少没有引起行政官员注意的问题。那时候政府的职能很简单,因为生活本身就很简单。政府靠行政命令行事,驱使着人们,从来没有想到过要征询人们的意见。那时候没有使财政人员感到麻烦的公共收入和公债的复杂制度,因此也并不存在感到此种麻烦的财政人员。所有掌握权力的人员都不会对怎样运用权力长期茫然不解。唯一重大的问题是:谁将掌握权力?全体居民只不过是处于管辖之下的人群;财产的种类很少,当时农庄很多,但却没有股票和债券;牲口远比既得利益集团的数目多。

我曾经说过,这一切都是"早期时代"的真实情况。在相对较晚的时期,这些情况也基本上是真实的。人们无须追溯到上一个世纪去探寻目前贸易上的复杂性和使人困惑的商业投机行为是怎样产生的,也无须这样做来了解国家公债是怎样奇异地诞生的。毫无疑问,仁慈的贝斯女王①曾经认为16世纪的垄断资本极为难驾驭,要想不烫伤她的手指是不可能的。但是在19世纪庞大的垄断资本面前,已不再有人记得这些话了。当布莱克斯通②哀叹地说,公司企业既无躯体可让你敲打,又无灵魂可供你谴责时,他早在整整一个世纪之前就

---

① 这是对伊丽莎白女王的爱称。——译者注
② 即威廉·布莱克斯通爵士(Sir William Blackstone,1723—1780),英国著名法学家和政治活动家。——译者注

预见到了这种令人遗憾现象的准确时间。经常扰乱工业社会的老板和工人之间的长期冲突,在黑死病和劳工法出现之前就已开始存在了。但是在我们的这个时代到来之前,它们从来没有像今天这样显示不祥之兆。简言之,如果在以往许多世纪中可以看到政府活动方面的困难在不断聚集起来,那么在我们所处的世纪则可以看到这些困难正在累积到顶点。

这就是当前必须认真和系统地调整行政工作使之适合于仔细试验过的政策标准的原因。我们现在所以正产生一种前所未有的行政科学,原因也在这里。关于宪政原则的重要论战甚至到现在还远没有得出结论,但是在实用性方面它们已不再比行政管理问题更突出。执行一部宪法变得比制定一部宪法更要困难得多。

下面是巴奇霍特先生对于行政管理中新旧方式之间的差别所做的生动而独辟蹊径的描述:"从前,当一个专制君主想统治一个边远省份时,他便派出一名骑着高头大马的总督,其他人则骑在矮小的马匹上;如果这位总督不派某些人回来汇报他正在做些什么,君主便很少听到这位总督的信息,不可能采取重大的监督措施,信息的来源是普通的谣传和临时性的报告。如果可以肯定这个省份管理得不好,将前一任总督召回,另派一位总督接替他的职位。在文明国家,程序则与此不同:人们在想要进行统治的省份中建立一个机构,要求该机构书写和抄录文件,每天向圣彼得堡的首脑机关递交八份报告。如果在首都没有人进行汇总工作,对省里人的工作进行'检查',看他是否做得正确,在省里也不可能有人做汇总工作。这种做法的后果是加给各种首脑机构大量的阅读资料和繁重的工作。只有具备最大的先天能力,经过最有效的训练,具有最坚决、最有持久性的勤奋精神的人才有可能完成这些工作。"[①]

没有任何一种政府职责现在没有变得复杂起来,它们当初曾经是很简单的,政府曾经只有少数支配者,而现在却有大批的支配者。大多数人以前仅仅听命于政府,现在他们却指导着政府。在有些国家,政府曾经对朝廷唯命是从,而现在却必须遵从全民的意见。

并且全民的意见正在稳步地扩展成为一种关于国家职责的新观念。与此同时,政府的职能变得更加复杂和更加困难,在数量上也同样大大增加。行政管理部门将手伸向每一处地方以执行新的任务。例如,政府在邮政事务方面的

---

① Essay on Sir William Pitt.

效用、廉价服务和成就，使政府较早地实现了对电报系统的控制。或者说，在收购或建造电报和火车路线方面，即使我们的政府并不遵循欧洲各国政府走过的道路，但却没有任何人会怀疑我们的政府必须采取某种方式，使自己能够支配各种有支配力的公司。除旧有的国家铁路委员会之外，政府又新设立了全国铁路特派员，这意味着行政管理职能的一种非常重要而巧妙的扩充。不管州政府或联邦政府决定对各大公司有什么样的权力，都必须小心谨慎和承担责任，这样做会需要许多智慧、知识和经验。为了很好完成这些事情必须对其认真研究。而这一切，正如我所说过的那样，还仅仅是那正向政府机构敞开着的许多大门中的一小部分。关于国家以及随之而来的关于国家职责的观念正在发生引人注目的变化，而"关于国家的观念正是行政管理的灵魂"。当你了解国家每天应该做的新事情之后，紧接着就应该了解国家应该如何去做这些事情。

这就是为什么应该有一门行政科学的原因，它将力求使政府不走弯路，使政府专心处理公务减少闲杂事务，加强和纯洁政府的组织机构，为政府的尽职尽责带来美誉。这就是为什么会有这样一门科学的原因之一。

但是这门科学是在什么地方成长起来的呢？肯定不是在海洋的这一边。在我们的行政实践中不可能发现很多公平的科学方法。市政府中的污浊气氛、州行政当局的幕后交易，以及在华盛顿政府机构中屡见不鲜的杂乱无章、人浮于事和贪污腐化，都使我们决不相信到目前为止，关于建立良好行政管理的任何明确观念已在美国广泛流行。没有，美国的学者们迄今为止并没有在这门科学的发展中发挥很重要的作用。行政学的博士都产生在欧洲。这门科学并不是我们的创造，它是一门外来的科学，很少使用英国式或美国式的语言规则。它所使用的仅仅是外国腔调。它表述的只是与我们的思想迥然不同的观念。它的目标、事例和条件，几乎都是以外国民族的历史、外国制度的惯例和外国革命的教训为根据的。它是由法国和德国的教授们发展起来的，因此，其各个组成部分是与一个组织严密的国家的需要相适应的，并且是为了适应高度集权的政府形式而建立起来的。因此，为了与我们的目的相符，对它必须进行调整，使之适合于权力高度分散的政府形式建立起来。如果我们要应用这种科学，我们必须使之美国化，不只是从形式上或仅仅从语言上美国化，而是必须在思想、原则和目标方面从根本上加以美国化。它必须从内心深处认识我们的制度，必须把官僚主义的疾病从血管中加以排除，必须多多吸入美国的自由空气。这一显然如此容易使一切政府都能得到好处的科学，为什么首先是在欧洲受到重视呢？在欧洲跟在英国和美国不同,其政府长期以来属于垄断性质;而在美国,其政府长期以来只是享有一种公共性质的授权。如果有人想要找到一种解释,他毫无疑问将会发现其原因是双重的:首先,在欧洲,正因为政府不依赖国民的同意,它所要做的更多的工作是统治;其次,想使政府保持垄断地位的愿望,使那些垄断者对于发现尽可能不激怒民众的统治方法深感兴趣。此外,这些垄断者人数甚少,便于迅速采取各种手段。

对于这种情况稍做较深入的观察将会是很有教益的。当然,在提到欧洲政府时,我并没有把英国包括在内。英国并没有拒绝随着时代潮流进行改革。英国只不过是通过程度缓慢的宪政改革,缓和了从一个贵族享有特权的政体演化成具有民主权力的体制这种转变的严厉程度。这种改革并没有阻碍革命,而是把它限制在采取和平途径的范围之内。然而大陆各国长期以来拼命反抗一切改革,他们希望通过缓和专制政府的粗暴程度改变革命的方向。他们希望通过这种做法来完善他们的国家机器,从而消灭一切令人讨厌的摩擦;通过这种做法,以及对被统治者利益的关心,来使政府的措施变得温和,从而使一切起阻碍作用的仇恨得到和解;他们还殷勤而及时通过这种做法来向一切经营事业的阶层提供帮助,从而使国家本身变成一切勤劳人民所不可缺少的东西。最后,他们还给予人民以宪法和公民权利。但是,即使在这些措施之后,他们还是得到许可,以变成家长的身份继续行使其专制权力。他们使自己变得极有效率,从而变得不可缺少;工作极其稳妥,从而不引人注意;极端开明,从而不会受到轻率的质询;极端仁慈,从而不会引起怀疑;极端强大,从而难以对付。所有这一切都需要进行研究,而他们已对此作了认真的研究。

当时,在大洋的这边,我们在政府工作方面却没有碰到重大的困难。作为一个新的国家,并且在其中每一个人都有住房并可找到有报酬的工作,加之政府奉行自由主义原则和在实际的政治活动中运用不受限制的技能。因而长期以来,在行政计划和行政手段方面,我们并没有感到需要给以特别注意。我们自然而然地很少注意欧洲出版界送到我们图书馆中的许多书籍的用处和意义,这些书籍对于处理政府事务的方式和手段进行了深入的研究和艰苦的考察。我们的政府如同一个身强力壮的小伙子一样,其机能已经得到发展,身材已经长大,但在动作方面却变得笨拙了。其精力和年龄的增长,都已和其所具有的生活技能不相适应。它得到了力量,但却不具备相应的行为。因此,跟欧洲诸国相比,虽然我们在机构发展的顺利和健康状况方面的优越性是很大的,但我

第二部分
第一篇 行政学研究

们现在却面临着需要进行更加仔细的行政调整和需要具有更加丰富的行政知识的时刻。跟大洋彼岸的诸国相比较，我们正处于一种特别不利的地位。我将努力解释清楚这方面的理由。

通过对当代世界上一些主要国家的制度史的分析判断，可以说在现存最充分发展的政治体制中，政府经历过三个发展时期，其他所有政治体制也是如此。这三个时期中的第一个是绝对统治者时期，是行政系统与绝对统治相适应的时期；第二个时期是制定宪法废除绝对统治者并用人民的控制取而代之的时期。在这一时期中，由于对这些高级目标的关切，因而对行政管理有所忽视；第三个时期是拥有最高权力的人民在使他们掌握权力的新宪法的保障下，着手发展行政管理工作的时期。

有一些现在在行政实践方面成为表率的政府，在现代政治的曙光照临之时，它们的统治者依然享有绝对权力却同时又很开明。在那里除了瞎子之外，所有人都很清楚地知道，正当说来统治者只不过是被统治者的仆人。在这样的政府当中，行政管理是按照为促进公共福利的目的而组织起来的，并且具有仅仅完成单一意志所规定的任务才可能具有的那种简便和效率。

举例来说，普鲁士就属于这种情况。在那里，行政管理已得到最深入的研究，并且几乎达到了最完善的程度。腓特烈大帝的统治虽然是严厉而武断的，但他仍然真诚地宣称仅仅把自己看成是国家的主要仆人，把他的巨大机构看成是一个公共信托机关。正是他本人，在他父亲所奠定的基础之上，开始建立普鲁士的公共办事机构，并且使之成为极其认真为公众服务的机构。他那同样专断的继承人——威廉·腓特烈三世，在斯坦因①的鼓励下，设计了许多内容更广泛的组织特征，把这一工作更往前推进了一步，奠定了今天普鲁士行政管理工作的坚实基础和具体形式。几乎所有令人赞叹的管理体制都是在国王的首创之下发展起来的。

现代的法国行政管理及其均匀划分行政区域和秩序井然地将办公机关分成等级，如果不是在计划上至少是在实践上来自同样的起因。法国的大革命时期——制宪会议时期——是宪法的"撰写"时期，还不能说成是宪法的"制定"时期。大革命预示着一个发展宪法时期的到来——法国进入了我上面所说的三

---

① 即海因里希·费里德里希·卡尔·冯·斯坦因帝国男爵（Heinrich Friedrich Karl Reichsfreiherr vom und zum Sten，1757—1831），普鲁士政治家、行政法学家，倡导自由主义改革，曾出版名著《行政学》。——译者注

个时期的第二个时期——但革命本身却并没有创立这样一个时期。大革命中断和动摇了专制主义，但并没有把它摧毁。继法国君主之后，拿破仑行使着这些君主所曾经拥有的不受限制的权力。

因此，由拿破仑所重新建立的法国行政管理，是我所要列举的第二个例子。这种管理在宪政时代的曙光到来之前，通过极权统治者的个人意志使行政机制达到完善。从来不曾有过一种共同的和大众化的意志能够作出像拿破仑下令所作出的那种安排。这些安排做得是如此简明，它们打破了地区偏见；如此合乎逻辑，在其影响方面符合大众的选择。这些安排是可以由制宪会议颁布的，但是只有通过一个专制君主的无限权力才能够确立起来。共和八年[①]的行政制度是严厉无情的，然而又是彻底和完备的。并且从很大程度上说，这是已经被推翻了的专制主义的一种复归。

另一方面，有一些国家在它们的行政管理受到自由理论的影响之前，就已经跨入了制定宪法和进行民众改革的时期。在这些国家中，行政管理的改进处于迟滞和半途而废的状态。一旦当某个国家开始从事制定宪法的事业之时，它将会发现要停止这一工作，并为公众建立一个能干而又经济的行政管理机关是极端困难的。这种对宪法进行修修补补的工作，看来似乎是永无止境的。所制定的常规性宪法很难在持续十年的时间内不作修改和补充，因此详细论证行政管理的时刻一直姗姗来迟。

当然，说到这里，我们的例证便是英国和我们自己的国家。在安茹王朝时代，当宪法生活还没有因《大宪章》而生根发芽的时候，由于亨利二世精明、勤奋和进取，并具有不折不挠的精神和愿望，开始自觉而有力地展开了法制和行政改革。在英国也跟在其他国家一样，国王的首创性似乎注定要按照自己的意志来铸就政府发展方向。但是，轻举妄动而又犹疑不定的理查德[②]以及软弱而卑鄙的约翰[③]却并不像他们的先人那样是实现这种计划的人物。在他们在位的年代里，行政管理的发展被有关宪法的斗争所取代了，在任何一位具备实践天才或者开明胸怀的英国君王替国家的行政机关设计出精确而持久的模式之前，"议会"已经扮演了国王的角色。

---

① 共和八年即1801年9月至1802年9月。共和历是法国大革命时采用的历法，使用于1793—1806年，以1792年9月22日为共和元年元旦，一年十二个月各有专名。——译者注
② 即"狮心王"理查一世（1157—1199）。——译者注
③ 即"无地王"约翰（1199—1216）。——译者注

因此，英国民族长期而成功地研究了抑制行政权力的艺术，因而却经常忽视了改善行政方法的艺术。他们在更多的程度上是训练自己去控制而不是加强政府。他们较关心的是使政府变得公正、温和而不是使它变得简捷、有秩序和高效率。英国和美国的政治史不是一部发展行政管理的历史，而是一部关心立法工作的历史——不是改进政府组织，而是制定法律和政治评论的历史。因此，我们正处在这样一个时期，即对于我们这个长时期背着制定宪法的种种习惯的包袱的政府来说，它的健康迫切需要有关行政管理的研究和创造来加以保护。从建立基本原则的角度来说，制定宪法的时期实际上已经结束，但是我们却无法摆脱它的影响。当我们应该进行创造的时候，我们却继续进行政治评论。我们已经到达了我前述的三个时期中的第三个时期——即这样一个时期：人民经过前一时期与专制权力的斗争，为自己赢得了宪法，他们必须发展行政管理以与这种宪法相适应。可是，我们对于这种新时期的工作却毫无准备。

尽管从政治自由的角度，特别是从政治实践的艺术和才干的角度说，我们拥有巨大的优势。然而却有那样多的国家在行政组织和行政艺术方面都走在我们前面。当我们对于这种事实感到极度惊讶时，上述情况为这种惊讶提供了唯一的解释。例如，为什么我们才刚刚开始纯洁我们那足足腐败了50年的行政机构？如果认为是奴隶制度使我们迷失了方向，那就只不过是重复我所曾经说过的老话——我们制度中的缺陷耽误了自己。

当然，一切通情达理的选择都将会是支持英国和美国的政治道路，而不是支持任何欧洲国家的道路，我们决不会为了学会普鲁士的行政管理技巧，而愿意具有普鲁士的经历。而且普鲁士特殊的行政管理制度将会把我们彻底闷死。与其变得缺乏独立精神和循规蹈矩，不如毫无训练和自由自在要好得多。虽则如此，但却无法否认还有更好的情况，那就是既具有自由精神而同时又具有非常熟练的实践能力。就是这种理由更为充足的选择，强迫我们去探寻有哪些因素可能会阻碍和耽误我们引进这种非常值得羡慕的行政管理科学。

那么，究竟有些什么因素正起着阻碍作用呢？

重要的是人民主权。对于民主国家来说，组织行政管理要比君主国家困难得多。正是我们以往最心爱的政治成功的完美性本身困扰着我们。我们把公众舆论捧上了帝王的宝座，而在公共舆论的统治下面，我们如果要想使主权者在执行任务的熟练技巧方面或者在使政府职能达到完美的平衡状态方面，接受任何速成的训练，那是不可能的。也正是我们充分地实现了人民的统治这一事实本身,使得"组织"这种人民统治的工作变得更加困难了。总而言之,为了取得任何进展,我们必须对于叫做公共舆论的由民众组成的君主进行训练和劝说——这跟影响叫做国王的单一君主比较起来,是一桩可行性极小的工作。一个单一的统治者有可能采纳某一个简单的决策并且立即加以执行。他只可能有一种意见,并且他将使这种单一的意见包含在单一的命令之中。可是另一种统治者即全体人民却可能具有一大堆不同的意见。他们不能简单地在任何事情上取得一致。进步必须通过妥协,通过把不同的意见调和起来,通过一系列反复修改的计划和非常直截了当的原则的抑制作用才能够取得。这就需要有贯穿了许多年中的持久不断的决心,需要有体现在一整套修正方案中的断断续续的命令。

在政府工作方面如同在道德领域一样,最最困难的事情莫过于取得进步了。在过去,这种现象的原因在于,作为统治者的单一的个人通常都是自私、无知而又胆怯的,或者是愚蠢的——尽管偶尔也有个别聪明人。而在今天,原因则在于,统治者是许多人,是人民,并没有我们可以与之说话的单一的耳朵,他们是自私、无知、胆怯、固执或者是愚蠢的,并且这是一种由数以千计的人群所构成的自私、无知、固执和胆怯——尽管其中有数以百计的人是聪明的。在以往,改革者的有利条件是统治的思想有一个确定的发生地,即它存在于一个人的头脑之中,因而这种思想是可以弄清楚的。虽然这也是改革者的不利条件,这个头脑并不勤于学习或者仅仅学习了很少的东西,或者这个头脑处于某个人的影响之下,而这个影响者只是让它学习一些错误的东西。而今天,情况与此相反,改革者却被下述事实弄得处于迷惘之中,那就是统治者的思想并没有确定的发生地,而只不过是存在于千百万个投票人的大多数头脑之中;改革者还被下述事实所困扰着,即这种统治者的思想也同样是被"宠物"所影响的,这种宠物并不是人,仍然只不过是事先就抱有的意见,也就是种种偏见,但它却并不因此就失去这个词旧有的真正含义。偏见是不可以靠理性思考的,因为它们不是理性的产物。

在任何地方,当尊重舆论被当作政府的最高原则时,其实际改革必然是缓慢的,并且一切改革都必然是充满妥协的。因为在任何地方,只要存在着公共舆论,它就必然起统治作用。这是当前半个世界所承认的公理,甚至在俄国这个公理现在也将会被人们所信奉。任何人如果想要在一个现代立宪制的政府中实行某种改革,他就必须首先教育他的公民同胞,使之感到需要有"某种"改革。在这之后,他必须说服他们愿意进行他所主张的那种改革。他必须首先使得公共舆论愿意听取意见,紧接着就务必做到使舆论愿意听取正确的意见。他必须鼓动舆论,使之起而寻求某种意见。然后经过安排,把正确的意见摆在舆论前进的道路上。

第一步与第二步相比较几乎是同样困难。对于舆论来说,掌握它的人总是占绝对优势的,而要改变舆论则几乎是不可能的。各种制度在第一代人看来,只不过是似乎可以实现某种原则的权宜之计。下一代则把它尊崇为有最大可能实现这一原则的近似办法。而再下一代则把它崇拜为这一原则本身。几乎并不需要三代人就酿成了这种神化现象;做孙子的常把他祖父犹疑不定的试验看成是大自然固有结构的一个不可分割的部分。

即使我们对于全部政治历史有清楚的洞察力,并且能够从那些经过完善训练的人士头脑中产生出一些有关政府的稳定、无误、温和的明智准则,在这些准则当中一切合理的政治学说都将得到最后的解决,"国家是否将按照这些准则行事?"这就是问题之所在。人们的大多数是极端缺乏哲学头脑的。而今天,人们的大多数却拥有投票权。一个真理在被那些每天在一大清早就跑去上班的人们认识之前,必须首先表现得不只是清楚而且还要平易。并且在这同一批人下定决心照此行事之前,必须表明如果不照此行事就将产生巨大而且有切肤之痛的不便之处。

还有哪一个地方,其缺乏哲学头脑的人群的大多数在其构成上比美国还要五花八门呢?为了弄清楚这种国家公众的思想情况,不仅要了解作为旧日主要民族的美国人的思想,并且还要了解爱尔兰人、德国人和黑人的思想。为了替一种新学说找到立足之地,必须去影响各种各样的思想。这些思想由各个种族的模式所铸成,来自产生于各种环境中的偏见,被许许多多各种不同的民族的历史所扭曲,几乎受到地球上每一个温暖或寒冷、开放或封锁地区的影响。

对于行政学研究的历史以及特殊困难的条件就谈论这么多。当我们已经进入这一领域时,我们必须在这样的困难条件下展开研究工作。现在的问题是,这种研究的题材是什么,以及这一研究所特有的目的又是什么呢?

二

行政管理的领域是一种事务性的领域,它与政治领域的那种混乱和冲突相距甚远。在大多数问题上,它甚至与宪法研究方面那种争议甚多的场面也迥然不同。行政管理作为政治生活的一个组成部分,仅在这一点上与企业办公室所采用的工作方法是社会生活的一部分以及机器是制造品的一部分是一样的。但是行政管理却同时又大大高出于纯粹技术细节的那种单调内容之上,其事实根据就在于通过它的较高原则,它与政治智慧所派生的经久不衰的原理以及政治进步所具有的永恒真理是直接相关联的。

行政管理研究的目的就在于把行政方法从经验性实验的混乱和浪费中拯救出来,并使它们深深植根于稳定的原则之上。

正是根据这种理由,我们必须把现阶段的文官制度改革看作只不过是为达到更完善的行政改革的一部序曲。现在我们正在改进任命方法,我们必须继续更适当地调整行政职能,并且规定一些有关行政组织与行政活动的更好办法。因此,文官制度改革只不过是为我们所要进行的工作做一种思想准备。它将通过树立公共机关受到公众信任的神圣尊严,使官场生活中的道德气氛得到澄清。它还通过使机关变得公正不阿的办法,开辟一条机关事务有条有理的道路。通过端正机关工作的动机,文官制度改革有可能使机关改进其工作方法。

请允许我对我已说过的行政管理的范围略加扩充。需要注意的最重要的一点是这样一条真理,它有幸已经被我们的文官制度改革家作了如此广泛的坚决宣传。这条真理是行政管理置身于"政治"所特有的范围之外。行政管理的问题并不是政治问题,虽然行政管理的任务是由政治加以确定的,但政治却无须自找麻烦地去操纵行政管理机构。

这是高层权力的区别界限,著名的德国学者们坚持这一观点并认为是理所当然的事情。例如布隆赤里[①]就叮嘱我们要把行政管理与政治和法律同样地区别开来。他说,政治是"在重大而且带普遍性的事项"方面的国家活动,而"在另一方面","行政管理"则是"国家在个别和细微事项方面的活动。因此,政治是政治家的特殊活动范围,而行政管理则是技术性职员的事情"。"政策如果没有行政管理的帮助就将一事无成",但行政管理并不因此就是政治。然而我们在采取这一立场时并不需要求助于德国人的权威,很幸运的是行政和政治的这种区别现在已是极为明显,并不需要作进一步的讨论。

---

① 布隆赤里(Johann Kaspar Bluntschli, 1806—1881),德国政治学家,主张政治与行政二分法的早期代表人物之一。

第二部分
第一篇　行政学研究

还有另外一种区别必须把它写进我们的结论里去,这虽然只不过是政治与行政之间区别的另一个侧面,但却是很不容易发觉的。我指的是"宪法问题"和行政管理问题之间的区别,也就是那种必须适合宪法原则所作的政府调整和那种仅仅为了灵活适应上的方便,对于可以改变的目标所作的政府调整这两者之间的区别。

在任何一个进行实际工作的各种各样的政府部门之中,要想弄清楚究竟什么事情是行政管理,而又不卷入为数众多的易于混淆的细节和细微的易于迷惑的界限之中,并不是容易的事情。没有一条用以区别行政和非行政职能的界限可以从政府的这个部门划到那个部门,而不用像翻山越岭那样,要跨过其高度使人昏眩的分界群峰和穿过由法律规章所组成的稠密丛林,并且随时随地碰到的都是一些"如果"和"但是","既然"与"无论如何"之类的词语,直到这些界限在不习惯于这一类调查方法,并且不熟悉使用进行逻辑识别的经纬仪的人们的眼里变得完全辨别不清时为止。一大堆行政管理工作都是"无声无息地"在世界大部分地区进行着,而这些行政管理工作现在是一会儿被政治"管理"、一会儿被宪法原则弄得混乱不堪。

这种容易产生混乱的状态,也许可以说明尼布尔①的这样一种说法。他说:"自由绝对是更多地取决于行政管理而不是取决于宪法"。乍看起来这种说法似乎基本上是正确的。显然在有关自由的具体实施方面,其方便条件的确更多的是取决于行政安排而不是宪法保障,虽然只有宪法保障才能维护自由的存在。但是(再仔细思考一下)即使只分析到这里,难道这种情况就是真实的么?自由并不存在于简易的职能行动之中,正如同智慧并不存在于安适与活力之中一样,而安适和活力是与一个强壮的人的四肢活动相联系的。存在于人的心目中或宪法中起支配作用的各种原则,才是自由或者奴役状态的最活跃的原动力。因为依赖和屈服并没有戴着锁链,它们都是从慈父般体贴入微的政府每一个改善工作条件的计划中体现出来的,因而它们并不因此就会转变为自由。自由并不能在远离宪法原则的情况下生存下来,而且任何一种行政管理,不管它的方法是多么完善和自由,只要它是以不自由的统治原则为基础的,那它就不可能给予人们以一种比赝品式的自由更多的东西。

---

① 此处指巴特霍尔德·格奥尔格·尼布尔(Barthold Georg Niebuhr,1776—1831),德国历史学家。

对于宪法和行政职能二者在管辖范围之间的差别有了清楚的认识之后,理应不会再留下产生误解的余地,并且有可能提出某些基本上可以确定的标准来,而上述清楚的认识是能够建立在这种标准之上的。公共行政就是公法的明细而系统的执行活动。一般法律的每一次具体实施都是一种行政行为。例如,有关捐税的征收和增加,罪犯的处以绞刑,邮件的运输和投递,陆海军的征募和装备等等,显然都属于行政行为。然而指导这些应予进行的工作的一般性法律,却显然是在行政管理之外和行政管理之上的。有关政府活动的大规模计划并不属于行政管理范围。因此,宪法所要认真过问的只是政府用以控制一般性法律的那些手段,我们的联邦宪法遵循这一原则。其表现方式是对于即使是最高层次的纯粹执行机关也不置一词,而是对联邦总统作出规定。因为他是要参与行使政府的立法和决策的,只是对最高司法部门的那些法官作出规定,因为他们的职责在解释和保卫宪法原则,而不涉及那些仅仅陈述这些原则的人们。

这并不完全是"意志"与相应"行动"之间的区别,因为行政官员在为了完成其任务而选择手段时,应该有而且也的确有他自己的意志,他不是而且也不应该是一种纯粹被动的工具。这是一般决策和特殊手段之间的区别。

的确,在下述这个问题上行政研究侵犯了宪法的领域——或者至少是侵犯了那种似乎属于宪法的领域。从哲学的角度看,行政学的研究与适当分配宪法权力的研究密切相关。为了获得办事效率,必须找到一种极为简便的安排。通过这种安排,可以使官员准确无误地承担责任。必须找到不给权力带来损害的最佳分权方式,找到不会导致责任模糊的最佳责任分担方式。而这种分权问题,当其被引入政府的高层和根本职能这一范围时,就显然是一个重要的宪法问题了。如果行政学之研究能够找到作为这种分权办法之基础的最佳准则,那么它就等于为宪法研究作出了不可估量的贡献。我坚信在这个问题上面,孟德斯鸠的意见并不是最后的结论。

跟在其他制度之下相比较,也许在民主制度下面,找出分权的最佳准则显得尤为重要。因为在民主制度之下,官员们为许多主人服务;而在其他制度下面,他们仅仅为少数人服务。一切统治者对其臣仆都是怀疑的,而作为主权者的全体人民也完全符合这一规律,决不例外。但是人民的怀疑怎样才能通过具有"知识"而得以减少呢?如果这种怀疑仅仅由于提高明智的警惕性就能够加以澄清,那它将是完全有益的;如果这种警惕性能够通过对责任进行准确无误的分配而有所加强,那它也将完全是善良的。无论是在私人或公众的头脑中,怀疑这种思想本身绝对不会是健康的东西。在人生一切关系当中,"信赖就是力量",并且正如同宪法改革者的任务在于创造信赖的条件一样,行政管理组织者的任务也在于使行政管理与职责分明这一条件相适应,因为职责分明能够保证人们产生信赖感。

那么,请允许我说,巨大的权力和不受限制的自由处置权限在我看来似乎是承担责任的不可缺少的条件。在碰到优良或恶劣的行政管理的时候,必须能够较容易地对公众的注意力加以诱导,使之对于一个人究竟应该是加以颂扬或谴责作出判断。只要权力并不是不负责任的,那它就决没有危险性。如果权力被加以分解,使得许多人各享有一分,那它就会变得模糊不清。而如果权力是模糊不清的,那它就被弄成是不负责了。但是,如果权力是集中在各部门的首脑和部门所属各机关的首脑身上,那它就很容易受到监督和接受质询。如果一个人为了保持其职务,必须取得公开而且真正的成功。并且如果与此同时、他感觉到自己已被授予以任意处置的巨大自由权力时,那么他的权力越大,他就越不可能滥用此种权力,他就会更加受到鼓舞,更加头脑清醒和更加被这种权力所激励。而他的权力越小,他就越会感到他的职位无疑是既模糊又不引人注意的,他就越容易堕落到不负责任的状态之中去。

就在这一点上,我们便很显然地进入到了一个问题更为重大的领域之中,这问题便是公共舆论与行政管理之间的正常关系。

官员们值得信任的品德应该向什么人披露呢?并且这种品德又应该从什么人那里获得报偿呢?官员们关心公众究竟是不是为了取得他所应得的颂扬和加速晋升呢?或者仅仅是为了做给他机关里的上级看的呢?人民是否应该动员起来解决行政纪律问题,正如同他们已经动员起来解决宪法原则问题一样呢?这类问题显然毫无疑问是立足于本文全部研究内容中最基本的问题之上的。这个基本问题就是:在行政管理活动当中,群众舆论将起什么作用?

准确的答案似乎是:公共舆论将起权威性评判家的作用。

但是,舆论权威所赖以形成并显示出来的"手段"是什么呢?在组织行政管理工作方面,我们美国所特有的困难并不在于失去自由的危险,而是在于不能够或不愿意把自由的要素和它的偶然因素分别开来。我们的成就已经被我们那种令人烦恼的错误弄成值得怀疑的东西了,这错误就是试图通过投票做过多的事情。自治并不意味着对每桩事情都要插上一手,正如同操持家务并不意味着一定要用自己的双手去做饭一样。在管理炉灶与炉火方面,应授予炊事员很

119

大的自由处置的权力。

在一些国家,对于舆论所应有的特权还应进行教育,舆论还没有习惯于按照自己的方式办事。在我们这个国家,关于公共舆论的范围这一问题是更有可能得到解决的。在我们这里,公共舆论已经广泛觉醒并且特别注意无论如何都要按自己的方式行事。当你看到一位德国的政治科学教授为了向他的同胞进言:"请你设法对国家大事发表一点意见",因而写下整整一本书的时候,你会觉得这是十分动人的事情。而对于如此谦逊的公众,我们至少可以预见到,他们在认识到自己受到强制,"无"权考虑和讲话的事情上一定会是很温顺和听话的。这种公众可能是反应迟钝的,但却决不会是爱管闲事的。他在试图教导他人之前必然会先同意接受他的教导,他所受的政治教育必然走在他的政治行动之前。而在努力指导我们本国的公众舆论时,我们所要对付的是这样一位学生,他习惯于认为自己早已受到过十分充足的训练。

问题在于应该使公众舆论具有效力,而我们又免遭它的好管闲事之苦。当公众评论直接关注政府的日常琐事和政府对日常工作方法的选择时,它当然会像是一个笨拙讨厌的家伙,像是一个乡下人在操纵一部难以驾驶的机器。但是无论是在政治还是在行政方面,当对制定基本政策的更为巨大的力量进行监督时,公众的批评则是完全安全而且有益的,是完全不可缺少的。应该让行政学研究去发现一些最佳方法,这些方法能够给予公众评论这种控制监督的权力,同时使之与一切其他的干扰活动分离。

但是,在行政学研究已经告诉人民应该期望与要求什么样的行政管理,以及怎样实现他们的要求时,它的全部任务是否就已经完成了呢?难道不应该前进一步为公共服务机关培训后备人员吗?

当前在我们这个国家,有一普及政治教育的值得赞叹的运动正在进行之中。在缺乏一个师资配备良好的政治科学讲座的条件下,没有一所有威望的大学可以兴办下去。这样一种时刻即将到来,即通过这种方式进行的教育只能够达到某种深度。它将会使对政府的明智的批评大量增加,但决不会培育出一大批能干的行政管理人员;它将为发展对政府的一般原则的准确理解做好准备,但是它却不一定会对管理政府的技能有所促进。这是一种有可能培养出立法人员但却不能培养出行政官员的教育。如果我们要想改进这种作为政府推动力量的公众舆论,我们就必须准备一批更好的官员以充当政府的"工具"。如果我们要添置新的锅炉并且加大推动我们政府机器的炉火,我们就必须使旧的轮子、接头、阀门和皮带等，在新力量的推动下尽可能不发出嘎吱嘈杂的声音。无论哪里要补充动力或需要进行调整，我们就必须安上新的运转部件。为了建立民主制度必须对文职机关的人员进行竞争性考试，这些人员已为接受技术知识方面的各种形式的考试做了充分的准备。一支在技术上受过训练的文官队伍不久即将成为不可缺少的因素。

我认为一支经过特殊训练的文官队伍，在接受任命、进入完善的组织机构、摆在适当的级别上和接受特有的纪律之后，在许多深谋远虑的人看来，似乎包含了一些综合起来足以形成一个讨厌的官僚阶层的因素——形成一个独特的、准结社性的团体。他们的感情与那种进步而且具有自由思想的人民相去甚远，他们心胸狭窄，充满着乖僻的文牍主义式的卑劣行径。可以肯定，这样一个阶层在美国必然会是百分之百令人讨厌的和有害的。任何旨在培育这样一个阶层的措施，对我们说来都将是反动而且愚蠢的措施。

但是，如果害怕产生出一个像我在这里研究结果指出的那样的跋扈而且反对自由的官僚阶层，那就等于完全忽视了我所希望坚持的原则。这种原则是：美国行政管理必须在一切方面都对公众舆论有敏锐的反应。在任何情况下，我们都必须有一支受过充分训练的、以良好行为进行服务的官员，这显然是一种工作上的需要。但是当你探讨过究竟什么是良好的行为时，那种担心这样一个阶层将会具有某种反美因素的疑虑便会烟消云散。因为很显然这一问题的答案是显而易见的，良好行为就是对其为之服务的政府的政策具有坚定而强烈的忠诚。那种政策在各方面都决没有官僚作风的污点，它决不是出自常任文官的创造，而是那种直接而且必然要对公共舆论负责的政治家的杰作。只有当一个国家的全部行政机关人民、人民领袖以及其普通工作人员的共同政治生活隔离的时候，官僚制组织才可能生存①。官僚制组织的动机、目标、政策和标准必然是官僚性的。我们规定所有的部长都必须是真正为民众服务的，因而对于在真正为民众服务的部长领导下履行任务的官员们，要想指出他们无耻的独断专横的任何实例，看来是很困难的。而另一方面，要举出其他的正面例子则将是很容易的。例如在普鲁士斯坦因的影响下，一个具有真正公共精神的政治家，其领导方式可以把自负而且敷衍塞责的机关变成公共政府的具有公正精神的

---

① 这里所说的"官僚制组织"一词采用的是德国社会学家马克斯·韦伯的专门术语"Bureaucracy"。——译者注

工具。

我们的理想模式是通过某种方式建立一个有文化教养和自立精神的文官制度,它完全能够有理智有力量地展开活动,同时与公众的思想保持着非常紧密的联系。这种方式就是选举和经常性的公开协商,它可以彻底排除武断和阶级态度。

三

当对行政学研究的题材和目标作了某种程度的考察以后,那么关于最适合于这种研究的方法以及对于它最有用的观点是什么,我们将得出怎样的结论呢?

政府与我们是如此接近,是我们每天都习惯于与之打交道的这样一个庞然大物,因此我们就难以看出有对它进行任何哲学上研究的必要。或者如果展开了这种研究的话,也难以看出这种研究的准确目的。我们用脚走路的时间已经过于长久,现在再研究走路的技巧是为时已晚。我们是一个讲求实际的民族,生来就是如此灵巧,经过若干世纪的实验性的训练,我们是如此擅长于自我管理,以致我们几乎不再有能力去发现我们可能正在采用的某一特定制度的缺陷。其原因正是因为我们太容易学会使用任何一种制度了。我们并不研究治国的艺术,我们却治理着国家。但是仅仅依靠没有经过训练的办事天才,是不能把我们从行政管理方面可悲的严重失误中拯救出来的。虽然我们是有着悠久传统和经过了反复选择的民主主义者,我们却依然是相当不成熟的民主主义者。民主虽然有着古老的历史,但是要把它在现代观念和条件之上组建起来,还依然是一件未竟事业。民主国家要准备肩负起行政管理方面的无数重担,这是工业和贸易时代的需要,正在非常迅速地积累起来。如果不对政府进行比较研究,我们就不能使自己从下面这种误解中解放出来,即认为民主国家其行政管理跟非民主国家的相比较,是建立在一个根本不同的基础之上的。

在经过这样一番比较研究之后,我们便可以充分地给予民主这样一种荣誉,即对于影响公共福利的一切重大问题,它是用辩论的方式最后加以决定的,它是在大多数人意志的基础之上建立其政策框架的。但是对于一切政府,我们却只可能找到一种进行良好行政管理的规则。在与行政管理职能有关的各个方面,一切政府都具有很强的结构方面的相似性。不仅如此,如果各种政府想成为同样有用和有效率的政府,他们就"必须"在结构上有高度相似之处。不管在动机、服务、能力方面的差距是如何巨大,一个自由人和奴隶一样,具有同样的生理器官,同样的活动要素。君主国家和民主国家,尽管其他方面彼此有根本上的差别,然而实际上却都有许多相同的工作需要加以照管。

当前,我们完全可以适当地强调一切政府之间的这种实际上存在的相似性,因为在像我们这样的国家里,现在正处于这样的时代:滥用权力现象很容易被一种勇敢、机警、喜欢打听而又善于侦察的公共舆论和一种坚定的大众化的自主性给予揭露和加以制止,这种公共舆论和自主性是前所未有的。我们在认识这一点上显得很迟钝,而要认识这一点是很容易的。不妨设想一下在美国建立一种个人独裁政府的情景,这就如同设想要建立一种全国性的对宙斯的崇拜一样。我们的想象力是太现代化了,我们适宜于崇拜丰功伟绩。

除了适当强调之外,我们还有必要认识到所有相类似的政府,它们在行政管理方面的合法目标也是相同的。这是为了使人们不至于在下述的观点面前吃惊:以为我们是在从外国的行政管理制度当中寻求教训和启发。这是为了使人们免除这样一种忧虑,即我们有可能会盲目地引进某些与我们的原则不相符合的东西。那种对把外国制度移植到我们国家的意图进行指责的人肯定是盲目地步入歧途,这是不可能的,外国制度完全没有在这里生长的可能。但是,如果有某种符合我们要求,可以加以利用的外国的发明创造,我们为什么不加以利用呢?我们以一种外来的方式应用它们是不会有危险的。我们引进了大米,但我们却不用筷子吃饭。我们的全部政治词汇都是从英国引进的,但我们却从其中淘汰了"国王"和"贵族"。除开建立在个人基础之上的联邦政府的活动以及联邦最高法院的某些职能之外,我们究竟做过一些什么样的组织工作呢?

只要我们能够从根本原则上认识其在环境条件方面的全部根本差别,我们就能够完全和有益地引进他们的行政科学。我们仅仅需要用我们的宪法把它加以过滤,只需要把它放在批判的文火烘烤,并把其中的外国气体蒸馏掉。

我知道,在某些忠心耿耿的爱国主义者头脑中存在着一种深深的恐惧,认为研究欧洲制度可能会使人认为某些外国方法比某些美国方法要优越一些。这种恐惧是不难理解的,但是这种看法不会得到任何一个阶层的同意。

尤其有必要强调的是应该因此排除一切成见,这些成见反对在行政研究中向除了本国之外的一切地方去寻求启示,因为在整个政治学的领域里,我们在使用历史比较法时,似乎没有任何领域要比行政学这一领域更为安全的了。也许形式愈新颖,我们就研究得愈出色。我们将会以更快的速度了解我们自己方法中的特点。如果采取拿我们自己跟自己比较的方式,我们就将永远无法了解我们自己的缺点和优点。我们对于自己制度的表现和程序是太习惯了,因而不能够发现它的真正意义。也许甚至英国的制度也与我们自己的太相像了,因而不能用来作为最有用的例证。总的说来,最好是选择与我们自己完全不同的环境气氛,极其认真地考察例如法国和德国的那些制度。通过这种"媒介物"去观察我们自己的制度,我们就将会像那些在观察我们时不带成见的外国人所能看到的那样去观察我们自己。如果我们只是知道我们自己,那么我们就是一无所知。

　　应该指出的是,正是上述已划分清楚了的行政和政治的区别界限,使得在行政学领域中使用比较方法是可靠的。当我们研究法国和德国的行政制度时,由于我们明知自己并不是在探求"政治"准则,因而当法国或德国人向我们解释其行政实践时,我们不需要注意他们就宪法和政治原因方面所做的撒胡椒面式的解释。如果我看到一个杀气腾腾的人在敏捷地磨着一把刀子,我可以借用他磨刀的方法,而用不着借用他可能用刀子犯谋杀罪的动机。同样,如果我见到一个彻底的君主主义者很好地管理着某一个公共机关,我可以学习他的办事方法,而无须改变我作为共和主义者的特点。他可以为他的国王效劳,而我却将继续为民众服务。但是我却希望能像他为其统治者服务那样为我的统治者服务。只要在思想上保持这种区别界限——也就是说,只要把研究行政学作为使我们的政治易于付诸实践的一种手段,作为使针对所有人的民主政治在行政管理方面实施到每一个人的一种手段——那么我们就会立足于完全安全的基础之上,并且我们就能够学习外国制度必然教给我们的东西而不犯错误。这样,我们便为比较研究方法设计出来了一个可进行调节的砝码。这样,我们便可以对外国政府进行解剖学的观察,而不用害怕会把它们的任何疾病传染到我们的血管中来,可以详细解剖外国制度而不用害怕血液中毒。

　　我们自己的政策应该成为一切理论的试金石。作为美国行政科学之基础的原则,应该是在实质上有包含民主政策的原则。并且,为了适合美国人的习惯,一切普遍性理论作为理论来说,应该不仅是在公开的认证中,并且在我们的思想上,都有节制地限制在特定背景的范围内——以免那些仅仅按图书馆标准来说可以称得上是满意的意见,将会被教条式地加以运用,仿佛它们按实际政治的标准来说也一定同样是令人满意的。首先需要进行的是试验性的实践而不是教条式的设计。那些不仅被其他国家的肯定性经验所认可,并且也与美国习惯相契合的种种安排,必须毫不犹豫地优先从理论上进行完善。简而言之,稳重而且实际的法国才应该放在首位,而把闭门造车式的理论摆在次要的地位。世界性的"做什么"永远应该由美国式的"如何做"所支配。

我们的职责在于,给"联邦"组织、给系统之中的系统,提供尽可能最好的生活;使得集镇、城市、郡县、各州以及联邦政府的日子都过得同样充实,同样在健康方面有保证,使上述每一方都毫无疑问地能够保持自己主人翁的地位,而又使得一切单位都既彼此独立又互相合作,把独立和互相帮助结合起来,这是一个足以使最优秀的人物都向往的伟大而又重要的任务。

地方自治与联邦自治之间的这种交叉关系是一个崭新的概念。这与德意志的帝国联邦结构并不相同。那里的地方政府还不是充分的地方"自治"政府。在那里每一个地方,官僚都很忙碌。他们的效率来自"团体精神",来自想表现对于上级权力的阿谀奉承的服务,或者从最好的角度说,来自易受感动的良心的土壤。他肯效力,但不是为民众,而是为一个不负责任的部长。我们面前的问题是,要使政府官员经常感兴趣的是尽他的才智作最大的努力,用他的良心作最大的服务,不仅为他的上级而且为他的社会尽力。我们的政府及其各级政府怎样才能通过给予政府官员大量生活费用补助,来使这种服务引起他最普遍的兴趣?怎样才能通过发展他的前程,使这种服务成为他最珍视的兴趣?怎样才能通过提高他的营养和培养他的性格,使这种服务成为他最崇高的兴趣呢?并且,我们怎样才能够使得地方单位以及全国都同样达到这种程度呢?

如果我们解决了这个问题,我们就将再度掌握世界的航向。现在有一种倾向——难道不存在这样一种倾向吗?——一种现在还很模糊但是已经在稳步地增加影响,并且显然预定是要取得支配地位的倾向。这倾向首先是出现在像大不列颠帝国这类由许多部分所组成的联邦,而最后则是出现在一些大国本身。将会出现一些具有在可以允许的限度内实行分权的广泛联盟来取代集权化。这是一种走向美国式类型的倾向——一种为了追求共同目标而建立政府与政府之间联系的趋势,这种联系是建立在诚信的平等和光荣的隶属基础之上的。到处都有类似的公民自由的原则在促进类似的政府手段的发展。如果对政府管理方式和手段的比较研究将会使我们提出一些建议,使得上述各种政府在行政管理方面实际上把公开性和活力结合在一起,并且准备接受一切严肃的得到广泛支持的公众批评,那么这种比较研究就将使自己有资格进入政治研究的最高级和最有成果的重大分支学科的行列之中。我满怀信心地希望这种研究将会从这样的建议中成长起来。

> **思考题**
>
> 1. 威尔逊是如何界定行政学学科属性的？
> 2. 如何理解"行政机关是行动中的政府"？
> 3. "行政管理的灵魂"是什么？为什么？
> 4. 为什么行政学能"为政府的尽职尽责带来美誉"？
> 5. 威尔逊是怎样提出和论述"行政学美国化"的？对于我们有哪些有益的启示？
> 6. 联系实际，谈谈你对威尔逊的"世界性的'做什么'永远应该由美国式的'如何做'所支配"这一世界立场观点的理解。

第二篇　政治与行政[*]

弗兰克·J.古德诺

> **导　读**
>
> 弗兰克·J.古德诺（Frank J. Goodnow，1859—1939）是现代行政学初创时期著名行政学家、政治学家、法学家和教育学家。他在1913年应袁世凯之邀请到北京担任北洋政府的法律顾问，并在《亚细亚日报》上发表《共和与君主论》，主张当时的中国实行君主制，从而为袁世凯复辟帝制提供理论支撑。他曾任美国政治学会第一任会长、约翰斯·霍普金斯大学校长（1914—1929），著有《比较行政法》《政治与行政》《社会改革的宪法》等重要学术著作。其中，《政治与行政》扬弃了政治学上的立法、行政、司法的三分法，进一步阐释了政治与行政二分法及政治对行政的适度控制，或可通俗解释为"行政要讲政治"；行政的适度集权化，即自20世纪中叶以来，西方各主要资本主义国家政体发展的一个共同趋势就是行政集权，行政的集权化使得议会权力相对削弱；开拓了美国政党制度"法外调节"政治与行政的独特道路，也开创了近代政党"政治领导"的先河，从而奠定了它在西方行政学研究领域的经典名著之基础。

---

[*] Frank J. Goodnow, *Politics and Administration: A Study in Government*, Macmillan, 1900, pp.17-26. 中文译本摘自〔美〕弗兰克·古德诺：《政治与行政：一个对政府的研究》，王元译，复旦大学出版社2011年版，第6—27页。摘录时对标题序号及个别地方作了修改。

一、国家的主要功能

在纯粹的君主政体中,表达国家意志所必需的活动,自然远不如在民治的或民主的政府中那么复杂。但在这两种政体中,它们的性质基本上是相同的。这种性质上的相同,甚至在更大的程度上对国家意志的执行而言也是事实。政府的形式对这些情况几乎毫无影响。只有一点例外,就是政府的民治程度越低,国家意志的执行功能与表达功能之间的区别也就越小。因为所有的君主制政府都倾向于把政府的各种权力集中在同一个权力机关中。同时,即使在君主制政府中,分工的需要又促使我们不可避免地对这两种功能作出区分。

进一步说,这两种功能之间的区分也是由心理上的原因而必然形成的。就个人来说,他自然自己表述和执行自己的意志,这就要求他必须在执行意志之前就表述意志。就政治行为来说,不仅要求统治者的意志在能够被执行之前就表述或表达出来,还要求把这种意志的执行在很大程度上委托给一个不同于国家意志表达机关的机关。政治情况的极端复杂性,使得人们不可能在实践中把这两种功能的行使在同等的程度上委托给同一个政府机关。

因此,实际上在各种类型的政府里,这两种功能不仅都被分开了,而且每个政府都建立了一些或多或少有些区别的机关。一方面,所有这些机关不可能把自己完全限于行使其中的某一种功能;另一方面,它们又都在很大程度上或主要地以行使这种或那种功能为特征。人类一般就是用这种方法来解决政府的问题的。进一步说,采取这种方法也是由于心理上的需要以及经济上的便利。

孟德斯鸠著名的分权理论正是建立在这种对政府功能的基本区分之上的。在《论法的精神》(De l'Esprit des lois)(第 11 章,第 6 节)中,他对政府的三种权力进行了划分,把它们分别叫做立法、行政和司法。这种把政府的功能分为三种而非两种的分法,可能是由于孟德斯鸠的理论在很大程度上是对英国的制度进行研究的结果。在他著书立说的时期,英国大概是当时文明世界中唯一一个在政府中把执行机构与司法机构严格分开的国家。应该记住,这一点是由 1701 年通过的《王位继承法》(Act of Settlement)确立的,该法禁止国王在没有得到议会同意下罢免法官。在这种司法独立的情况下,孟德斯鸠只能得出这种承认司法权与行政权分立和互相独立的结论,这是合情合理的。

然而,如果孟德斯鸠做进一步研究的话,他本应发现,政府的这第三种功能即司法功能的存在,不能仅凭法官是独立的这一事实作出断言。对高级法院法官们的权力,尤其是对治安官或兼理一般司法事务的地方官的权力的研究最终会向我们表明,英国人的政治观念与政府三权的存在并不一致。议会制定法律,这是事实。但是,法院通过运用对具体案件的判决权也制定法律。法律又是由同时行使审判职权的机构执行的。

最后,孟德斯鸠关于政府存在着三种权力的理论,也没有被他自己国家的现代政治哲学所接受。正如法国伟大的行政法著述家狄克洛克(M. Ducrocq)所说:"只能想象有两种权力:一种制定法律,一种执行法律。因此,除了这两种权力以外,没有第三种权力存在的余地。"①

不过,孟德斯鸠的理论不只包括承认政府功能权力的分立,还包括承认政府机构的分立;这些分立的政府机构中的每一个都被授予一种政府权力。在《论法的精神》问世以后,孟德斯鸠的这部分理论,对政府组织的建立产生了巨大的影响。

就这一点来说,这一理论获得的赞同远远超出了它的作者认为适当的范围;现已证明,它的极端形式对任何具体的政治组织都是行不通的。美国的经验无可争议地表明了这一点②。

在我们制订一些早期的宪法③,包括全国的宪法的时候,分权的原则及其推论,即政府机构的分立,在我国是被普遍接受的。因此,分权原则和它的推论就成了这些制度的基础。美国最高法院的米勒(Miller)法官说④:"可以认为,这是美国成文宪法法律制度的一项首要功绩。无论是州政府还是全国政府,所有委托给它们的权力都被分成行政、立法和司法三大部分;与政府的每个分立部分相适应的功能,将由独立的公职人员机构承担;要完善这一体制,就要求把分开和区分这些部门的分界线明确地划定。同时,要使这一体制能顺利地发挥作用,还必须禁止拥有其中任何一个分支部门权力的人,侵越被认为是属于其

---

① 孟德斯鸠本人似乎也倾向于同意这种观点。如 M. 狄克洛克所指出的,孟德斯鸠在谈及有关执行权力时,把它表述为:"公法中有关事和人的执行权力";而把司法权力表述为:"私法中有关事和人的执行权力"。见狄克洛克:《行政法》第 1 卷,1881 年第 6 版,第 29 页。(引号中原文为法文)——原注

② "人民诉西蒙案",176 Ill. 165,载《美国国家公报》(*United States Reports*)第 68 卷,第 175 页。——原注

③ 主要指州宪法。——译者注

④ "吉尔伯恩诉汤普森案"(Kilbourn v. Thompson),载《美国国家公报》第 103 卷,第 168 页。——原注

他分支部门的权力。每一个分支部门,按照产生它的法律,都要只限于行使属于它自己的,而非属于其他部门的权力。"

然而,这种分权和政府机构分立的原则,已被证明作为一种法律原则是不可行的。法院已经作出了许多违反这一原则的判决。所有违反这一原则的判决都趋向于承认其中一个判决中所说的,"在各政府机构领地的交界地区都存在着'公地'",每个政府机构都必须容忍其他机构占用公地①。因此,尽管有宪法条文、司法判决和对一般问题的宣言,但是必须看到,政府机构分立的原则,只以一种被弱化了的形式存在于我国的符合宪法的法律之中。

然而,使违反政府机构分立理论的现象经常出现的原因,并不仅仅在于法院的判决,也在于宪法本身。对美国和欧洲的宪法来说都是如此。任何建立在政府功能划分一般理论基础上的政治组织,都不把表达国家意志的功能,交付给它为之制定规则的任何唯一机关去行使。

因此,以执行国家意志为主要功能的政府机关,经常地,事实上是通常地,又被赋予表达国家意志的具体细节的职责,尽管这些国家意志的具体细节在表达时,必须合乎由主要职责在于表达国家意志的机构所制定的一般原则。这就是说,被称为执行机构的机构,几乎在任何情况下都拥有大量的法令制定权或立法权。

另一方面,以表达国家意志为主要职责的机关,即立法机关,通常又有权用某种方式控制以执行国家意志为主要职责的机关对国家意志的执行。也就是说,尽管人们能够区分开政府的两种主要功能,但却无法严格地规定这些功能委托给哪些政府机关去行使。

把每一种功能分派给一个分立的机构去行使是不可能的。这不仅因为政府权力的行使无法明确地分配,而且还因为随着政府体制的发展,政府的这两种主要功能趋向于分化成一些次要的和从属的功能。每种次要的功能的行使,都是委托给那些在某种程度上独立的和自治的政府机关的。这些机关在政府体制中有各自的名称和职责。

例如,不同问题上的国家意志可以由不同的国家机关来表达,就是美国政治体制的显著特征。在这种体制中,制宪的权力机构即人民,表达的是有关政府组织的形式和个人的基本权利方面的国家意志;而另一个政府机关,即立法

---

① "布朗诉特纳案"(Brown v. Turner),北卡罗来纳州第70卷,第93页(70 N.C. 93)。——原注

第二部分
第二篇 政治与行政

机关,则表达在大部分情况下尚不曾由宪法表达过的国家意志。此外,作为宪法条款的规定和立法机关授权的结果,行政首长或下级执行机关可以通过颁布法令,来表达那些不便由立法机关表达的具体的国家意志。

国家意志的执行同样如此。如果分析一个具体的政府组织,就可以看到有三种执行国家意志的机构。首先,便是那些处理在私人或公共机构未能尊重他人权利而引起纷争的具体案件中实施法律的机构,这就是所说的司法机构。其次,是那些对国家意志的执行进行总的监督管理的机构,一般被归为执行(高级行政)机构。最后,是那些管理政府的科学活动、技术活动以及可以说是商业活动的机构,这种机构遍及各国,这些活动也已变得十分突出,这就是所谓的行政(管理)机构。

随着政府变得越来越复杂,从事国家意志执行的这三种机构日趋分化。首先,分化最厉害的是司法机构。司法机构的分化不仅在时间上最早,而且也最为明显。的确,正如前面所指出的,在某些情况下,它与其他执行机构分得非常清楚,以致许多学者都把司法机构的活动当作政府的一种分立的权力或功能划分出来。

应该说,上述篇幅已足以说明,存在着两种性质截然不同的政府功能,而且,这两种功能的分化又导致了法定的正式政府体制规定的政府机关的分化,尽管这种分化并不彻底。为了方便起见,政府的这两种功能可以分别称作"政治"与"行政"。政治与政策或国家意志的表达相关;行政则与这些政策的执行相关。

当然,"政治"一词在这里的含义,不是大多数政治著述家所认为的那种含义。但是可以认为,这里所说的"政治"的意思,是大多数人在平时赋予"政治"一词的意思。例如《世纪辞典》(*The Century Dictionary*)对"政治"所下的定义就是:"从狭义和较常用的意义上说,政治是通过公民中的政党组织指导或影响政府政策的行为或职业——因此,它不仅包括政府的伦理道德方面的内容,而且,只要公职的占有可能取决于个人的政治态度或政治贡献,它就经常不顾伦理道德的原则而特别包括那些左右公共舆论来吸引和引导选民,以及获取和分配公职任职权的艺术。"

对于"行政"一词,可能不那么需要进行解释,因为从科学的角度说,它尚不曾获得"政治"那样十分确切的含义。布劳克(Block)在其《法国行政辞典》(*Dictionnaire de l'administration française*)中把"行政"定义为:"公共服务的总体,从事于政府意志的执行和普遍利益规则的实施。"《世纪辞典》有关"行政"的说法是:"行政人员的责任或职责,特别是政府的执行功能,包括政府的总体的和局部的所有权力和职责的行使,它既不是立法的,也不是司法的。"

我们可以看到,这些定义都着重于说明:政治与指导和影响政府的政策相关,而行政则与这些政策的执行相关。这就是这里所要分开的两种功能。"政治"和"行政"正是我们为表达这两种功能而选用的两个词。

遗憾的是,在这个意义上使用"行政"一词会引起人们的某种误解。因为这个词在冠以定冠词时,也用于指一套政府机构。带定冠词的"行政"常常指最重要的执行或行政机构。因此,当"行政"用来表示功能时,容易助长人们的这种观念,即政府的这种功能仅存在于一般认为的执行或行政机构的工作中,而这些机构反过来又容易被当作是仅限于是行使行政功能的。但是,人们所认为的这种情况在任何政治体制中都很少有,特别是在美国的政府体制中就不是这样。美国的行政机构就经常通过行使其否决权,而对政治功能的行使发生重要的影响。

更进一步说,在美国,"行政"与"行政的"作为表示政府功能的词汇常常被法院以一种颇不严谨的方式来使用。如前所述,在我们的政府体制确立时,我们就试图把分权原则融汇进去。这样一来,原来某种模糊不清的政治学理论,就变成了严格的法律文件;原来颇有吸引力的政治理论,由于它的模糊不清的形式,立刻就成了一套不可行的和不能适用的法律准则。

为了避免这种由于试图把它合乎逻辑地运用于我们政治体制所造成的不便,美国的法官们已经习惯于把"行政的"看作是任何在他们眼中不唯一地和不绝对地是立法的、执行的或司法的权力,并允许这种权力可以由任何机构来行使①。

尽管从法官的习惯来说,这样选用"行政"一词未免有些不适宜,但这却说明了人们已不止一次地意识到的这个事实:尽管政府的这两种功能的分化非常明显,把这两种功能委派给两个分立的机构行使是不可能的。

最后,被委托完成执行国家意志的大部分工作的机关,由于在不同的国家所占据的地位不同,也在不同的国家中造成了通常被称作"行政"的这个概念的

---

① 邦迪(Bondy):《政府权力的分立》(*Separation of Governmental Powers*),"哥伦比亚学院历史、经济与公法研究论丛"(Columbia College Series in History, Economics and Public Law)第5卷,第202页及以下各页。——原注

不同。因为行政曾经被想象为执行性的功能,既执行机关的功能。不过,近来有关行政的著述家已经认识到,从理论探讨和实践便利的角度说,行政不应再只被当作执行机构(政府中的这个机构是由成文法所规定的执行性机构)的一种功能。相反,人们已经看到,行政是执行国家意志的功能。在某些方面,它在范围上可能比由成文法规定的执行性机构的功能要大一些,在另一些方面则可能要小一些。

因此,在所有的政府体制中都存在着两种主要的或基本的政府功能,即国家意志的表达功能和国家意志的执行功能。在所有的国家中也都存在着分立的机关,每个分立的机关都用它们的大部分时间行使着两种功能中的一种。这两种功能分别就是:政治与行政。

二、政治功能

前面说过,政治的功能在于对国家意志的表达。但是,这种功能的行使可能不只委托给政府中的某一个或某一套机构。

另一方面,任何一个机构或一套机构也可能不只限于行使这一种功能。因此,分权原则的极端形式不能作为任何具体政治组织的基础。因为这一原则要求存在分立的政府机构,每个机构只限于行使一种被分开了的政府功能。然而,实际政治的需要却要求国家意志的表达与执行之间协调一致。

法律与执行法律之间缺乏协调就会导致政治的瘫痪。一种行为准则,即一种国家意志的表达,如果得不到执行,实际上就什么也不是,只是一纸空文。另一方面,执行一种并非国家意志所表达的行为准则,倒真是执行机构在行使表达国家意志的权力。

为了在国家意志的表达与执行之间求得这种协调,就必须或者牺牲国家意志的表达机构的独立性,或者牺牲国家意志执行机构的独立性。要么执行机构必须服从表达机构,要么表达机构必须经常受执行机构的控制。只有这样,在政府中才能实现协调;只有这样,真正的国家意志的表达才能成为被普遍遵守的实际的行为规范。

最后,民治的政府要求执行机构必须服从表达机构,因为后者理所当然地比执行机构更能够代表人民。

换句话说,实际政治的需要,使政治功能与行政功能分离的想法不可能实现。如果从迄今人们认为的广义上去使用"政治"和"行政"这两个词的话,政治必须对行政有一定的控制。在我们考察任何国家的政治发展时,都可以发现政府的这两种基本功能之间必然存在着某种这样的关系。

如果为了防止政治在具体细节问题上影响行政,而试图在政府中把分别主要承担这两种功能的机构在法律上分开,政治对行政的必要控制就要在法律之外进行。这就是美国政治体制中的情况。

美国政治体制在很大程度上是建立在政府权力分立的基本原则上的。由于按宪法制定的法律授予了执行和行政官员独立的地位,所以要在法定的正式政府体制中发挥政治对行政的必要控制就不可能了。因此,这种控制就在政党体制中得到了发展。美国的政党,正像他们热衷于按照必须以表达国家意志为准则,选举具有明显的政治色彩的团体那样去进行行政和执行官员的选举。政党体制由此保证了政治功能与行政功能之间的协调。而这种协调是政府成功地开展工作所必需的[①]。

另一方面,如果在政府体制中没有试图规定政治与行政的划分,如果政府制度没有靠采用一部成文宪法而具有比较坚实而固定的形式,对行政功能的控制与监督,就会由行使政治功能的政府机构所承担。

因此,在英国,在人民通过对议会的控制达到了他们对国家意志表达的控制后,他们就立刻着手使议会——他们的代表,对被委以国家意志执行权的政府机构有一种控制权。他们成功地做到了这一点,结果就产生了现在的内阁对议会负责的体制。

因此,政治的功能首先与国家意志的表达有关,其次与国家意志的执行有关。

就政治与国家意志的表达有关而言,其所涉及的具体问题十分广泛。例如,政治的功能关系到决定由谁来最根本地,由谁其次地和由谁代理地表达国家意志的问题。也就是说,它必须解决主权问题和政府问题。它必须在一个代议政治体制中规定谁是选民,他们应如何投票、向谁投票,以及政府体制中应该由什么机构制定法律。

进一步说,考虑这些问题所涉及的东西,要多于考虑法定的正式政府组织

---

① 福特(H. J. Ford)先生在他那本题为《美国政治兴盛史》(*The Rise and Growth of American Politics*)的极有价值和极富趣味的书中,第一次让人们注意到政党在美国政府体制中承担了这种极为重要的责任这一事实。——原注

第二部分
第二篇 政治与行政

问题,它还牵涉到政党组织问题。由于政党的活动,选民的选择范围才局限于少数候选人,政治行为原则才得以确定。因为,为此目标而形成的组织与法定的正式的政府组织负担同样多的表达人民的意志的工作。一个民治的、代议制的政府形式加上一个由少数寡头或专制党魁控制的独裁的政党组织是不会造成一个真正民治的政治体制的,也就是说,它是不会允许民众或国家的意志按照其本身的意愿表达的。这就像在一个不那么民治化的政府形式加上一个不那么专制独裁的政党组织形式的情况下一样。

因此,要明智地研究政治功能的问题,就必须考察政党体制。因为在这里,政党体制已变得非常重要,足以对政府体制施加影响[①]。

有时,政党成了法定的正式政府体制的一部分,并得到了法律的承认,它就变得更加重要了。美国在这一点上提供了一个很好的例证。在我们早期的政治史上,法律几乎完全没有涉及选举方法问题,并且根本没有与政党的组织和行为有关的规定。然而政党在革命前的某些殖民地就已经发展起来。在当时的一个殖民地,即纽约,政党之间的斗争已开始表现出某种尖锐性,从那时起,这种尖锐的斗争一直成为这个州的政治特点[②]。

激烈的党派斗争导致了在这个州的第一部宪法中附加了一项有关无记名投票,即秘密投票的条款。无记名投票从那以后就成了我们选举制度中的一个基本部分。随着选民人数和需要选举的官员人数的增加,仅规定无记名投票已不够了。一项又一项调整无记名投票的形式和程序的法律被制定出来。法院十分严格地执行了这些法律。因此,凡是不符合法律的无记名投票,即会导致选民意愿泄露的不合法的选举,都被视为非法的和无效的。这种立法的全部目的就在于通过保证一种秘密的投票,防止政党组织利用那些被认为是非法的说服手段来使选民支持某些特定的候选人。

不过,在这种立法完备之前,有人发现在一些政党活动最为活跃的州里,党派竞争导致了有人试图进行所谓的"重复投票",即一个选民对同一候选人投一次以上的票;和所谓的"移民选举",即不符合选举资格的人被聚到由党的领导人控制的选区中参加选举,以及把假票投入票箱和在计票上弄虚作假等现象。

[①] 洛厄尔(Lowell)先生最精彩的新作《大陆欧洲的政府与政党》(Government and Parties in Continental Europe)是说明政党研究对政府研究的价值的光辉典范。——原注

[②] 吉特曼(Gitterman):《纽约的任命委员会》(Council of Appointment in New York),载《政治学研究季刊》(Political Science Quarterly)1892年第7卷,第80页。——原注

为了防止这些卑劣的做法,实行了选民登记制度,并在选举法中加上了旨在保证诚实计票的条款。

最后,因为选票的印制和分发不是由政府进行的,普选制度压在政党身上的负担总的说来就显得太重了。任何没有强大财政力量的组织实际上是不可能去做选举前所必需的提名候选人并使候选人参加竞选的工作的[①]。因此就制定了选票的印制和分发由国家官员进行并由国家经费负担的法规。总的说来,这些与首先在澳大利亚采取的那些方法是一致的。

我们知道澳大利亚式投票制度主要是通过英国的《1872年选举投票法》闻名于世的,该法就吸收了这种制度。不过,这一制度是为另一种政治体制而建立的,这种政治体制不需要美国政治体制所造就的那种政党。英国的选民人数明显地少于美国。在英国每次选举中要选的官员的人数也少得无法和美国相比。正因为如此,人们才立即提出了改造澳大利亚制度以适应美国情况的要求。

改造英国投票法律的要求,最主要的一点在于选举资格的证明,即必须保证能够识别选票是否合法。英国选举法规定,候选人在被一小部分选民正式提名以后,必须把他们的名字印在官方的正式选票上。该法还进一步规定,根据英国惯例,如果只有一个这样的正式提名,这样提名出来的候选人,应该由负责选举报告的官员不经投票手续就宣布其当选。最后,每个候选人都必须支付由于在选票上印刷他的名字所需的开支。

英国的这种投票制度中有几件事实必须注意。第一件就是政党本身没有得到法律的任何承认,因为需要政党去做的工作很少,所以无须这种承认。在一般情况下,每次选举只选一个职位。投票并非在所有情况下都有必要。这项规定使得各政党不必在每次选举中都提出一名候选人。因此各政党没有必要经常不适当地维持一个常设组织。更进一步,这种常设组织在很长一个时期内都没有像在我国这么必要,因为需要它左右的选民人数较少。最后,每个把名字印在官方正式选票上的候选人必须支付印刷费用的规定,有助于防止政党在它们的候选人没有什么可能当选的情况下乱提候选人。

所以,从理论上说,英国的《选举投票法》除非经过重大的修改,并不适用于美国,因为美国的政治情况与之不大相同。对《选举投票法》最起码的修改,大

---

① 伊文斯(Ivins):《选举中的金钱》(*Money in Elections*)。——原注

致可归结为国家在法律上承认政党是提名机构。

在法律上实现对各政党的承认,采用了两种方式中的一种,通常是两种都采用了。首先,要求正式的政党提名要有政党代表大会的证书。另外,在很多情况下,还要求各党候选人的名字都印在选票的一个栏目里,在栏目的上方,或印有该党的名称,或印有一个由该党正式选择的,能有效地向文盲选民表示该候选人属于该党的标识。最后,在以澳大利亚制度原则为基础的新法律里,政党被一般地定义为一个在上一次选举中投了一定比例选票的政治组织。

在所有实行这一制度的州里,人们注意到,政党作为一种政治机构获得了某种法律上的承认。大多数州都采用了按政党分栏列出候选人的选票。有人坚持认为,采用这种选票是由于政党领袖希望给政党以外的政治活动制造困难,或至少使从事这种活动的人失去信心。不过应该记住,正是由于美国的政府体制,才使得从事这种活动即使不是不可能,也是相当困难。美国的选举制度对选民提出了这些要求,为了满足这些要求,选民必然不得不依靠政党。不可能指望选民在没有政党帮助的情况下,也能从众多的候选人(这些候选人都是为了那许许多多将由选举补缺的官职而提名的)中挑选出他们所希望向他投票的那些个别的人。

在选民人数众多而文化程度又较低的人口密集地区,如果一次选举中所要选出的官员人数很多,自然,一般的选民不得不严重依赖政党在选举前工作。在邻里观念不强的选区,无法指望选民对候选人的个人优点和缺点了解得很多。

另外很重要的一点是,如果希望政府内协调,那么在一定行政区域内,某个大的政党的所有候选人都应该当选。在党内必须在很大程度上排除掉个别候选人,个人的责任必须由政党来担负。

然而,为了不使投票人只随着被正式承认的政党而活动,并且为了使新政党可以因需要而产生,于是制定了有关提名证书的法规。但是,用提名证书的方式进行提名要求在场的人数非常之多,以致给这一方法的采用造成了极大的困难。由于同样的原因,进行独立提名所需要的人数被有意弄得很大,对此就采用了按政党分栏列出候选人的选票,因为这样对防止轻率的提名是必要的。这种选票的印制费用由公费支付,不像在英国那样由候选人支付。

对我们的选举和投票的法律发展的简单概括说明,研究政党制度,对政治功能的研究者来说常常是必要的。同时也说明,在美国,政党已逐渐为法律所承认。因此，政党在我们法定的正式政府组织中已取得了它的地位。

但是，政治功能不仅与决定谁将表达国家意志有关，它还与决定采取何种方式表达这种意志有关。因此情况可能是这样的：在一个特定的国家，规定采取特定的方式表达有关特定事务的国家意志。情况经常是这样，表达有关政府形式的国家意志所采取的方式，与表达有关政府例行公事的日常事务的国家意志所采取的方式迥然不同。有关政府形式的国家意志的表达方式，通常具有一种特征，它要求那些被委托正式表达国家意志的人或机构，在行动上要更为审慎。同样，在有关国家中个人基本权利问题的表达上常常也要求如此。所以，我们在美国的制宪方式和立法方式上就看到了不同点。因为前者需要的是一种特殊的政府机关即制宪会议的活动，和作为整体的人民的活动。而后者，只要立法机关的活动就够了。

那些大部分是作为执行国家意志而行动的机关，在具体问题上有权裁决立法机关是否遵守了宪法条款，这些机关因行使这种权力而成为维护宪法的机关，因而也就是政治性机关。美国的法院有权裁决立法机关通过的法律是否符合宪法。因此，法院协助表达国家意志。从而，按照前几段文字中"政治"一词的含义，法院属于行使政治功能的机关。

前面说过，政治功能一方面主要与国家意志的表达有关，其次又与国家意志的执行有关。因为在国家意志的表达和执行之间，即在法律的制定和贯彻之间，必须存在协调。前面还说过，在一个民治的政府里，表达国家意志或制定法律的机关，必须对执行这种国家意志或法律的机关进行某种控制。最后还指出，这种必要的控制既可能存在于法定的正式政府体制之内，也可能存在于这种体制之外，而存在于政党之内。

无论这种控制存在于政府体制之内还是之外，它的存在都是由于事实的需要，如果没有这种控制，有条理、有进取的政府是不可能存在的。因此，应该使这种控制扩展到国家意志的表达和执行之间产生上述非常需要的协调为止。但是，如果控制扩展得超出了这一限制，它就会立刻失去其存在的理由。例如，这种控制可能被利用来使某一特殊的政党组织永久存在，而不是用来作为一种手段，帮助把一种表达了的国家意志变成一种真正的行为准则。如果这样利用这一控制，它就会变成一种实际上阻碍人民自发地表达自己的意志手段。这样运用政治对行政的必要控制，给保证国家意志的表达问题带来了一种人为的、不自然的成分。这就可能使国家意志形式上的表达与国家意志的真正内容相违背。

因此,把这一必要的控制扩展得太厉害,反而会损害建立这一控制的目的。不仅如此,下面还将指出,过分扩展这一控制,还会妨碍有效地行使行政功能。因为在实施这种过分扩展的控制情况下,行政功能的行使就不会致力于执行一种已经表达出来的国家意志,而是为了一个政党或社会阶层的利益,致力于左右国家意志的表达了。

因此,一方面为了保证国家意志的执行,政治必须对行政进行控制;另一方面,为了保证政府的民治性和行政的高效率,又不能允许这种控制超出其所要实现的合理目的。

然而,在国家中拥有表达国家意志权力的机关,总是趋向于利用它对国家意志执行的控制权力,来不正当地影响国家意志的表达。这样做有时候是出于最纯正和最爱国的动机,但更多的时候却是出于邪恶的和利己的动机。无论是哪种情况,其结果都会是一样的。法律的执行不再是公正无私的,其仅仅是或在很大程度上是为了直接或间接地影响未来国家意志的表达,而这常常又是为了社会中某些阶层的利益。

这种不公正的和带有偏见的法律执行产生的邪恶,使最进步的政治共同体也感到,必须花很大力气去保证一些被委托执行法律的机构的独立性。例如,英国就已经这样做了。很早以前,英国就把她的政府体制建立在这个原则之上,除非得到了某些制定行为规范机构以外的机构赞同,任何行为规范,即任何国家意志的表达都不得贯彻。不能把宣称这一原则是英国政府体制的基础,理解为是指贯彻法律的体制任何时候都不可更改。它的含义只在于贯彻或执行国家意志的机构是独立于表达这一意志的机构的,这一体制实际上规定了在国家意志的表达成为一种实际的行为规范之前必须得到执行机构的赞同。

可以认为这一原则对英国公法的各个分支都有影响。这在司法审判中当然更为突出,因为司法审判最需要公正无私,即在法庭上不考虑个别权利要求者的利益,同样尽可能不考虑某个特定的判决对国家意志的未来表达产生的影响。

英国最初的司法体制给了法院极大的独立性。的确,由于最初英国法院的民治性,它们不仅执行法律,而且制定法律。然而,由于王权的增长,法官都由国王任命了。法官们力图把法律问题的决定权,即国家意志表达的权力抓在自己手中。他们还尽力使陪审团,这个法院中保留下来的平民成分,降低到根据法官制定的法律,针对法院发现的事实运用法律的地位,即执行国家意志的地位。但是,尽管法官们进行了这种努力,陪审团还是能够把宣判他们面前犯人无罪的权力保留在自己手中。他们宣判无罪的判决是不受任何法院或无论什么机构的意见的影响的①。

抛开陪审制度不谈,在英国,法院从未能在法律上独立于议会这个基本上是表达国家意志的机关,但是如果这个机关为了以某种方式影响自己未来的行为,而对法院的行为进行控制,公共舆论却不承认任何这类控制是正当的。因此,法院在法律是不是独立的而在政治上是独立的。

但是在美国,除了对法官的弹劾管辖这一方面以外②,我们已经使法官在法律上独立于立法机关了。任何要剥夺法官对立法机关背后的团体即政党的独立性的企图,都将受到普遍的指责。

因此可以说,讲英语的人已经得出了结论:明显地允许政治团体对司法进行控制是很危险的。因此,被委托执行这方面国家意志的机构,应该具有极大的独立性,为了保持这种独立性,甚至冒险使表达出来的国家意志丧失它作为实际的行为规范的资格也在所不惜。

在英国,在国家意志成为实际的行为规范之前,必须得到某些独立于表达国家意志机构之机构的同意。这种规则,既在司法中被运用,也在政府行政中被运用,在地方政府体制中运用得尤为显著。而正是由于英国采用了这种地方

---

① 见著名的"利尔伯恩中校案"(case of Lieutenant-Colonel Lilburne)。利尔伯恩被议会放逐,由于他又回到英国,所以被交付审判。陪审团宣判其无罪,理由是议会放逐他的行为是非法的。陪审团据此宣判,尽管法官的指示相反,但这是根据事实和法律判决的。(12 Harggrave's State Trials,79,80)

又见"潘和米德审判案"(6 Howell's State Trials,992)。此案中下议院的一个委员会报告说,民事高等法院院长因为陪审团的成员没有按照他的命令对一个犯人进行定罪,而罚了他们的款。这种处罚是对"陪审者生命和自由权利的侵犯。这样,也就运用了独断专横的和非法的权力,这是对英国人民的生命和自由的严重危害,会导致专制的政府"。

再见"布谢尔案"(Bushel's case,Vaughan,135-158)。此案中一名因拒绝顺从法官的意志而被收审的陪审员,根据《人身自由保障法》(Habeas Corpus Act,又译为《人身保护法》)获得释放。这种规则在美国也是一样的。见沃顿(Wharton),《南方法律评论》第 5 期,第 355 页(5 Southen Law Review,355),引自《美国公报》第 33 期,第 791 页(33 Amer. Rep. 791);"凯恩诉共和国案"(Kane v. Commonwealth,89 Pa. St. 522;33 Amer. Rep. 787)。此案中民事法院院长沙册伍德(Sharswood)说:"有人坚决主张,尽管陪审团有此权力,但他们却没有权利作出与法院根据法律作出的指示相反的判决。换句话说,这种主张是破坏他们的职责和违背他们的誓言。权力和权利的区别无论其伦理上的价值可能如何,在法律上是很模糊的和非实质性的。有合法权力的人就有合法权利。"

又见霍尔(Hall)法官的意见。在"佛蒙特州诉克劳蒂奥案"(State v. Croteau,23 Vermont, 14;54 Amer. Dec. 90)中,他说:"陪审团既有权决定事实问题,也有权决定法律问题。在宣判'无罪'问题上,它不为自己的决定向任何法庭负责法律上的责任。在我看来,这种权力与权利是相等的。"——原注

② 根据美国宪法和法律,议会有权依法律程序对法官进行弹劾并将其免职。——译者注

政府体制，所以她一直受到人们的称赞。

英国的地方政府体制，以被委托贯彻法律的地方行政机构具有很大的独立性为特征。正是由于这一体制，斯图亚特王朝才没能建立起它们为之长期拼死奋斗的专制政府体制。

这种地方政府体制也被引进了美国，像司法独立原则的情况那样，在美国，这种地方政府体制在法律上比在其发源地得到了更大的发展。然而由于采取了英国的地方政府体制和这种分权原则，美国的行政体制一方面在法律上被置于一个对被法定地委托表达国家意志的机关，即立法机关十分独立的地位，另一方面，在事实上，它又受到了政党的控制。这一结果使美国的行政实际上受到了过多的政治控制，而这种控制使行政效率下降。另外，它还导致了行政体制被利用来影响国家意志的表达，有时就造成国家意志形式上的表达与真正的国家意志不一致。政治机关对行政机关的控制超越上述适当限度的情况就必然出现了。

上述意思不应理解为，行政体制应该像法院那样完全从政治控制中脱离出来。这种要求完全不能接受。因为执行表达国家意志的法律，在很大程度上有赖于行政机构活跃的首创精神。由于它们的这种创议性，应当把它们始终置于政治的控制之下。法院不是这种情况，法院的任务只是将法律适用于个别人。

不过，政治对所谓的政府行政的控制不应超过必需的限度却是真理。因为如果超越了，国家意志执行中的普遍的行政效率以及人民表达国家意志的能力都将不可避免地大大降低。

政治对政府行政不适当的扩张可以防止，过去，这一点的确已经通过承认行政机构像司法机构一样具有一定的独立性而实现了，也可以通过培养一种健全的公共舆论来保证这一点。如上所述，在英国和美国，这都是对司法机构的一大保护。更具体地说，这是可以用来保护司法机构或行政机构不受政党这类团体实施的政治影响的唯一办法。在法定的正式政府体制中，这类团体并不占据一个得到了详细说明的地位，但是在政府外的政治体制中，它所占据的地位却非常重要。

由此，对政治功能的分析引导我们得出如下结论，政治功能与国家意志的表达和执行都有关系——与前者的关系是根本的，与后者的关系是第二位的。这种政治功能进而包括制宪、立法、政府官员选举，以及对国家意志执行功能的控制。政治功能是如此复杂的功能，以至其是不能由任何一个或任何一套特定政府机构行使的。

一方面,大致上我们可以说,就宪法的制定的修正而言,这种政治功能是由制宪会议行使的。但是我们必须记住,解释宪法的机构也是行使政治功能的。在美国的政府体制中,这个机构一般就是司法机构。

此外,我们可以说,就立法而言,这种政治功能是由立法机构行使的。但是我们必须记住,执行机构,而且很多情况下地方性机构也有权颁布法令。这种颁布法令权的行使导致政令的出现,它与法律很难区分开。另外,法院通过运用其司法判决权也常常制定法律。

最后,我们必须记住制宪会议的活动,和在较次要程度上的法院的活动、立法机构的活动,以及行政(执行)机构和地方机构的活动,它们都可能而且经常受到一个政府外团体即政党的控制。因此,政党的组织和行为对于政治功能的行使,即使没有决定性的作用,也有重大的影响作用。

> **思考题**
> 1. 试比较孟德斯鸠、洛克、古德诺的"分权"思想。
> 2. 古德诺是如何阐述国家功能与政府功能相互关系思想的?
> 3. 简述古德诺关于政治对行政适度控制的思想。
> 4. 简述古德诺关于行政适度集权的思想。
> 5. 简述古德诺关于国家、政府、政党相互关系的思想及其对我们的有益启示。

第三篇　科学管理原理*

弗雷德里克·W. 泰勒

> **导　读**
>
> 弗雷德里克·W. 泰勒（Frederick W. Taylor，1856—1915，又译为"弗雷德里克·W. 泰罗"），出生于美国费城，他是从数十年的工厂企业工作中成长起来的管理学家，科学管理理论的创始人，被誉为美国"科学管理之父"。他的管理经验丰富，论著颇丰，在理论层面上，1911年他出版了《科学管理原理》一书，正是这本书奠定了他"科学管理之父"的地位。泰勒所倡导的科学管理制度被称为"泰勒制"或"泰罗制"。对此，列宁曾经评价道："资本主义在这方面的最新成就泰罗制，同资本主义其他一切进步的东西一样，既是资产阶级剥削的最巧妙的残酷手段，又包含一系列的最丰富的科学成就，它分析劳动中的机械动作，省去多余的笨拙的动作，制定最适当的工作方法，实行最完善的计算和监督方法等等。苏维埃共和国无论如何都要采用这方面一切有价值的科学技术成果。社会主义能否实现，就取决于我们把苏维埃政权和苏维埃管理组织同资本主义最新的进步的东西结合得好坏。应该在俄国组织对泰罗制的研究和传授，有系统地试行这种制度并使之适用。"① 泰勒通过大量的调查研究论证了科学管理的合理性、可行性及其基本的原则，如效率、科学管理、管理职能专业化、劳资双方合作的"革命精神"等。泰勒所确立的"管

---

* Frederick W. Taylor, *The Principles of Scientific Management*, Routledge/ Thoemmes Press, 2011. 中文译本摘自〔美〕弗雷德里克·泰勒：《科学管理原理》，马风才译，机械工业出版社2013年版，第23—31,105—109页。摘录时对个别地方作了修改。

① 《列宁选集》第3卷，人民出版社2012年版，第491—492页。

> 理主义"在相当程度上具有普遍性,表现在他所创立、传播的不仅仅局限于企业管理的理念,泰勒的科学管理思想对公共行政管理的贡献也是巨大的。虽然泰勒的科学管理也有一定的局限性,但是科学管理原理本身既反映了时代的一种要求,也不断地引导后来者以科学的思维、科学的手段、科学的方法从事企业管理、公共事业管理。

我发现,对那些开始关注科学管理的人们,必须搞清楚三个关键问题。

第一,科学管理与通常管理的区别在哪里?

第二,为什么科学管理会比其他类型的管理带来更好的结果?

第三,把合适的人选派到领导岗位难道不是最重要的吗?如果你已经物色到合适的人选,你敢授权他去选择管理制度吗?

以下篇幅的主要目的之一,就是对上述问题给予满意的答复。

通常管理的最佳模式

在开始论述科学管理(也称"任务管理")之前,有必要先简述通常使用的最好的管理制度,我认为这种模式是公认的。通常管理的最佳模式和科学管理之间的显著差异彰明较著。

在一家有500—1000名工人的工业企业里,多数情况下至少有二三十种不同的职业,从事每种职业的工人通过口头传授获得知识。长年累月,经过从原始状态到目前细分化的专业的演变,形成了这些职业。原始状态下,远古的祖先都是从为数众多的入门职业做起的;如今,每个工人从事相对专门的工作。

一代人比一代人有更高的才智,在各自工作中想出了多快好省的方法。因此,广义上说,目前所采用的方法是各行各业的最佳结晶。而这是遵照"适者生存"法则从最原始状态逐步演化而来的。尽管如此,只有那些对这些行业相当熟悉的人才会认识这样的事实:对某一具体工作,不会只存在一种行之有效的方法。相反,可能会有50—100种不同的方法。只要稍加思索就会明白这一道理,因为我们所采用的方法是通过口头传授得到的,或者,多数情况下,是通过不自觉的亲身观察得到的。事实上,这些方法均没有经过系统的分析和整理。

每一代,甚至每十年的智慧和经验毫无疑问地会把好的方法传递下去。这种单凭经验的方法或传统的知识,可以说是每个业主的主要财富。可是,管理者明确认识到,在通常管理的最佳模式下,其所管辖的二三十种行业的500—1000名工人掌握了大量的传统知识;而管理者却未能占有这些财富的大部分。当然,管理者包括领班和监工,其本身就是所在行业一流的工人。可是,这些领班和监工比谁都明白,他们的知识和技能,比起他们属下的所有工人的知识和技能的总和来,要差得很远。因此,最有经验的管理者总是让工人思考如何用多快好省的方法去完成各自的任务。他们认识到其职责就是如何促使每个工人充分发挥其"积极性",以便为其雇主创造最大的收益。具体地说,就是要促使每个工人竭尽全力,以最良好的愿望,最大限度地应用其掌握的传统知识、技能和才智。简言之,摆在管理者面前的问题就是如何最大限度地发挥每个工人的"积极性"。本书从最广泛的意义上来使用"积极性"这一术语,包含了从工人那里挖掘到的一切优良品质。

另一方面,无论从哪一方面讲,明智的管理者都不会奢望能完全调动其工人的积极性,除非他给予工人的比通常情况下工人能得到的更多。本书的读者众多,只有那些已经从事管理或具体工作的读者才能认识到,普通工人远没有把其积极性发挥出来,与其雇主的期望相差甚远。可以十分有把握地说,20个企业中有19个企业的工人认为,竭尽全力违背了其自身利益,所以,他们就不会尽其所能努力工作,以便更好地完成更多的工作任务;相反,他们会有意地尽量放慢速度,同时,还设法让他们的主管相信,他们干得非常快。[①]

因此,本书再次强调,为了让工人充分发挥其"积极性",管理者必须给予工人以一般企业所没有的"特殊激励"。这种"特殊激励"可以有若干种形式,例如,快速的提升和晋级,提高薪酬(其表现形式可以是计件工资的提高,也可以是超产奖和红利),工作环境和条件的改善,等等。更为重要的是,这种"特殊激励"应该与管理者对工人的亲切关怀和友好结合在一起实施,而只有管理者真心实意地关心工人的福利才能取得效果。管理者只有给予工人以特别的诱导或激励,才可指望大体上调动工人的"积极性"。在通常的管理制度下,对工人施以"特殊激励"的必要性早已被公认,以至于非常关心这一问题的多数人认

[①] 我曾在另一篇著作《工厂管理》中阐述了造成这一不幸的事实的原因,并曾在美国机械工程师协会上宣读过相关文章。——原注

为,整个管理体制要解决的就是实行现代工资方案,其中,包括计件工、奖金计划或红利等。可是,科学管理认为,采用特殊的工资制度只是整个管理体系的一个部分。广义上讲,通常所采用的最佳管理模式可以定义为:使工人充分发挥其"积极性",作为回报,可从其雇主那里得到"特殊激励"的一种管理体制。与科学管理(也称任务管理)不同,这种管理是"积极性加激励"的管理,本书将对其与科学管理进行比较。

"积极性加激励"的管理被认为代表了通常所用的最佳管理制度。我认为,绝不可能说服一般管理者相信,在各个行业,还有比这更有效的管理制度。因此,我所面临的艰巨任务是,用一种有充分说服力的方法,来佐证还有另外一种管理制度,比"积极性加激励"的管理不仅好,而且好得多。一般管理者对"积极性加激励"管理制度的偏爱根深蒂固,以至于仅从理论上说明其优点,不足以让他们相信还有比这更好的管理制度。因此,下文将例证科学管理制度远比其他管理制度优越,为此,将列举一系列来自两种管理制度下的实例。一些基本原则,或思想,将被认为是通过实例说明的科学管理制度的实质。科学管理的一般原理与通常的或"单凭经验"的管理之间的区别,从其性质上看显得简单明了,因此,有必要在例证之前加以说明。

在过时的管理制度下,要取得什么成就几乎完全依赖于工人"积极性"的充分调动,但是,实际中基本上是不可实现的。与此不同,科学管理制度能够在更大的范围以绝对的一致性来充分调动工人的"积极性",即竭尽全力,以最良好的愿望,最大限度地发挥其聪明才智。在科学管理制度下,除了工人方面的这种改进外,管理者则要承担过去想都不敢想的新的职责。例如,管理者要负责把工人已有的传统知识汇集起来,加以分类、制表,并编制成规章制度和操作规程,以有助于工人的日常工作。除了发展这门科学外,管理者要承担另外三种职责,这是领导者自身要承担的新的、繁重的任务。

这些新的任务归纳为以下四个方面:

第一,提出工人操作的每一动作的科学方法,以代替过去单凭经验从事的方法。

第二,科学地挑选工人,并进行培训和教育,使之成长成才,而不是像过去那样由工人选择各自的工作,并各尽其能地进行自我培训。

第三,与工人密切合作,以确保所有工作都按照所制定的科学原则行事。

第四,管理者与工人的工作和职责几乎是均分的。管理者应该承担起那些自身比工人更胜任的工作,而在过去,管理者把几乎所有的工作和大部分职责都推给了工人。

也正是工人"积极性"的组合,加上管理者所承担的新工作,才使科学管理比过去的管理制度更加有效。

上述前三个方面存在于多种情况中,在"积极性加激励"的管理制度下,只显现其雏形,涉及一小部分内容,显得不太重要;在科学管理下,却是整个管理制度的本质所在。

对第四个方面,即"管理者与工人之间的职责几乎是均分的",需要进一步的解释。"积极性加激励"的管理要求每个工人承担几乎全面的职责,包括总体计划、具体工作,直到工作任务完成。此外,他还必须从事实际的体力劳动。从发展这门科学的角度来说,则包括建立规章制度和操作规程,以取代单凭工人判断的做法。这些规章制度和操作规程只有经过系统的记录、编制索引等工作以后,才能得到有效利用。为科学数据的实际应用,需要配备一个办公室,用以保存账簿、工作记录等案卷①,此外,还需要为计划员配备一张办公桌。在过去的管理制度下,所有计划都是由工人根据个人经验进行的,而在新的管理制度下,将由管理者按照科学规律去从事这部分工作。因为,即使工人能够胜任合理数据的整理与使用,也不可能要求他既在机器上从事操作又在办公桌上拟订计划。非常清楚,多数情况下,由一种人预先制定计划,而由别的一些人去实施这些计划是必要的。

在计划室工作的人的专业就是在科学管理下预先制订计划。他总能找到多快好省的工作方法,实现途径包括:工作细分,在每个技工开始作业之前,先由另外一些工人完成各种准备活动。所有这些都包含着我们所说的"管理者与工人之间的职责几乎是均分的"。

归纳起来,在"积极性加激励"管理制度下,实际上全部问题由"工人决定",而在科学管理制度下,一半的问题由"管理者决定"。

也许,现代科学管理下,最突出的独一无二的是任务观念。每个工人的工作至少要在一天前由管理者通过计划形式完全确定下来。在大多数情况下,每个工人会收到书面的作业指南,其中,详细说明了要完成的任务及作业方法。按照这种方式,预先安排好的工作就构成了一项任务。如上所述,这项任务不

---

① 例如,在科学管理下,一个机器加工车间所包括的数据记录就有数千页之多。——原注

是由工人单独完成,多数情况是通过工人和管理者共同努力完成的。每项任务详细说明了要做什么、如何做以及何时完成。无论何时,只要工人在规定的时间内圆满地完成了任务,那么就能得到正常工资30%—100%的额外报酬。这些任务定额是经过精心计算的,需要工人高质量细致地完成。同时,必须明确,绝不要求以损害工人身体健康的速度来完成这些任务。每项任务都是这样拟订的:胜任这一工作的工人能够常年以这种速度操作,并感到身心愉快,变得富有而不感到劳累。在很大程度上,科学管理就是要预先制定任务计划并实施这些计划。

我充分注意到,也许本书的多数读者认为:区别于原来管理制度的新的管理制度的四个方面,看来只是在唱高调。我重申,不会仅仅通过宣告新的管理制度的存在而让读者相信其价值,而是期望通过一系列实例证明这四个方面所表现出来的巨大力量和效果,以此使人信服。读者首先看到的是,科学管理原理完全适用于从最基本的到最复杂的各种各样的工作;其次,一旦得到应用,比起"积极性加激励"管理制度来,它所带来的成效要大得多。

....

应该记住,在形式上,对外科大夫的培训几乎和在科学管理下教育和培训工人一样。在外科大夫开始工作的早期,都由更有经验的人对其进行最严格的监督,并在工作的每一个细节教会他如何才能做得最出色。他们给他提供最好的工具。其中,每一件都是经过特殊研究而制成的。要求他坚持以最好的方法去使用所制作的每一件工具。所有这些教育绝不会使他的眼界更狭窄。正相反,他很快就掌握了他的前辈所拥有的最先进知识。之后,便提供给他标准的工具和方法。这些代表了当今世界上最先进的知识。此后,他就能运用自己的独创和智慧为世界知识宝库增添新的财产,而不是去重复地制造一些陈旧的东西。同样,在现代科学管理制度下,与众多老师协作的工人得到了发展机会。这比起全部问题都由工人自己解决,而得不到任何帮助的工作方式来,效果至少一样好;而在一般情况下,效果会更好。

设想一下,工人不需经过这种教育,也不需要形成于各自工作的规律的帮助,就可发展成为最优秀的工人。如果这是事实的话,那么随之而来的道理是,现在大学里就数学、物理、化学、拉丁文、希腊文等方面求教于老师的年轻人,就可以不需要帮助,通过自学就能把这些知识学得更好。两种情况的唯一区别在于,学生必须到他们老师那里去,而由于在科学管理下技工工作的特殊性质,老师必须到工人中间去。通过势必发展的科学的帮助和老师的教导，其必然结果是，每个智力一定的工人，比起他以前所从事的工作来，会干得更好些，更有兴趣。最后，会更有前途，收益也更大。也许，那些先前除了铲运、运送垃圾或把物料从工厂的一个地方搬运到另一个地方外什么也干不了的工人，经过指导，在许多情况下，可以从事较初级的机加工作业了。随之而来的变化是舒适的劳动环境、更有趣的工作、更高的工资。低级别技工或助手，以前也许只能操作一台钻床，而这时就可以让他们去从事更复杂、技术含量更高的车工和刨工作业了。至于非常熟练和更聪明的技工就成为职能领班和老师。就这样，工人得到了逐步的发展和提升。

比起过去的管理方式，在科学管理制度下，在发挥聪明才智设想出新的更好的工作方法以及改进工具方面，工人似乎缺乏积极性。事实是，在科学管理下，工人在日常操作时，不允许其随便使用自认为合适的工具和办法。但是，工人提出改进建议时，不管是方法，还是工具，都应当给予其各种形式的鼓励。对工人的建议，管理者应对其进行详细分析，如有必要还要进行一系列的实验，以准确地比较判断新建议和原来方法的优越之处。一旦发现新方法比老方法明显优越时，就把它作为全行业的标准。对提出建议的工人，应给予足够的荣誉。因其发挥了聪明才智，还应发给他一笔现金作为奖励。这样，在科学管理制度下，工人的积极性比起原来的个别管理方式来，会得到更好的发挥。

科学管理发展的历史发展到现在，已向我们发出警告：一定不要误解这一机制的实质和基本原理。同样的管理机制，在一种情况下会产生灾难性的后果，而在另一种情况下，又可带来最大的收益。同样的管理机制，当服务于科学管理原理的基本原理时，会带来最佳结果，但如果掺入了应用它的人的错误思想时，就会导致失败和灾难。数百人就误解了这一管理制度的本质。甘特、巴思先生等人和我曾就科学管理问题向美国机械工程师协会提交过论文。在这些论文中，曾以相当的篇幅阐述了所运用的机制。这种机制的要素可列举如下：

- 时间分析，以及正确完成分析所使用的工具和方法。
- 比原来的单个领班更为优越的职能或专业领班制。
- 某一行业中所使用的一切工具以及工人工作的每一动作的标准化。
- 合乎需要的计划室或部门。
- 管理的"例外原则"。
- 计算尺或类似的用以节约时间的工具的应用。

- 为工人制作的指示卡。
- 管理者的任务观念,如工人出色完成任务就发给他一大笔奖金。
- "差别工资制"。
- 为工业产品的分类和制造过程所使用的工具所建立的档案。
- 日常工作制度。
- 现代成本管理制度,等等。

以上这些,仅仅是这种管理机制的要素或具体要求。科学管理就其实质而言,包含有一定的管理思想。如前所述,即管理的四大基本原理。①

当然,如果在应用这个机制的诸如时间研究、职能领班等要素时,没有真正体现管理思想,那么,在许多情况下,其后果是灾难性的。不幸的是,即使是非常赞成科学管理原理的人,如果不听取那些对改革有多年经验的人的警告,就匆忙地把过去的管理方法改为新的管理方法,那么,就会遇到一连串的麻烦,有时甚至可能会发生罢工,最后以失败告终。

> **思考题**
>
> 1. 简述科学管理运动与西方行政学形成的关系。
> 2. 什么是科学管理?科学管理原理有哪些?
> 3. "积极性加激励"管理制度与科学管理制的主要区别是什么?为什么?
> 4. 科学管理的中心问题是什么?为什么?
> 5. 科学管理原理对公共行政管理有哪些有益的启示?

---

① 第一,形成一门真正的科学;
第二,科学地选择工人;
第三,对工人进行教育和培养;
第四,管理者与工人之间亲密友好地合作。

第四篇 官 僚 制[*]

马克斯·韦伯

> **导 读**
>
> 在当代社会科学领域,马克斯·韦伯(Max Weber,1864—1920)被誉为现代最具影响力和生命力的思想家、西方现代社会学三大"奠基人"之一。马克斯·韦伯出生于德国埃尔福特的一个富裕家庭,受到德国一些重要思想家的学术熏陶,对文学、历史、哲学、经济等诸多领域产生浓厚的兴趣,为其从事广博的学术研究奠定了良好的知识基础。他一生致力于社会、经济和政治问题研究,其主要著作有:《经济与社会》《新教伦理与资本主义精神》《社会和经济组织理论》《社会学论文集》等。他的研究见解独特,创建了许多著名的理论,涉及社会学、经济学、政治学、管理学、历史学及宗教学诸多领域,对后世做出了重要贡献,影响巨大。其中,对于西方行政学的发展产生重要影响的就是他提出的官僚制理论,由此他被誉为"组织理论之父"。

---

* H. H. Gerth and C. W. Mills (eds.), *From Max Weber: Essays in Sociology*, Oxford University Press, 1946. 中文译本摘自彭和平、竹立家等编译:《国外公共行政理论精选》,中共中央党校出版社1997年版,第33—42页。摘录时对个别地方作了修改。

一、官僚制①的特征

现代官场以下列特写方式发挥作用：

Ⅰ. 在其固定的和官方的权限范围方面具有理论原则，这种理论原则一般是以法规形式来加以规定的，也就是说是由法律或行政法规来规定的。

1. 按照官僚制进行管理的政府机构，为达其目的所需要采取的正常活动，都是作为官方任务以固定的方式加以分派的。

2. 为执行这些任务所需要的发号施令的权力，是以一种稳定性的方式进行分配的，并且是被关于物质的、神权的以及其他方面强制手段的法规严格限制的。这些手段可以由行政官员自主安排。

3. 为了正常而持续地履行这些职责，以及为了实现相应的权利，人们作出了一些方式方法上的规定，只有那些具有符合一般规定的在职资格的人员才能被雇用为官员。

在公共而且合法的政府当中，这三种因素便构成"官僚制的权力"。在私人经济领域，它们则构成官僚制的"管理"。从这种意义上去理解，官僚制仅仅是在现代国家中的政治和宗教团体中才得到了充分的发展。而在私人经济中，则仅仅是出现在最先进的资本主义机构之中。常设而且公开的机关所拥有的、具有法定管辖范围的权力，并不是古已有之的统治方式，而宁可说成只是一种例外情况。即使是一些大型的政治结构，例如在古代东方、在日耳曼和蒙古这种侵略性的帝国，或者许多封建性结构的国家中，情况也是如此。在所有这些情况下，统治者是通过个人亲信、身边僚属或朝廷臣仆来行使其最重要的统治手段的。这些臣仆所接受的委托和权力并没有明确的规定，并且在各种场合这些关系都只是暂时建立起来的。

Ⅱ. 机关等级制与各种按等级赋予权力的原则，意味着一种牢固而有秩序的上下级制度，在这种制度中存在着一种上级机关对下级机关的监督关系。这

---

① "官僚制"一词，韦伯用的德语原词为"Burokrate"，本书选自英文版，英语为"Bureaucracy"，指像政府机关那样层次分明、制度严格、权责明确的组织模式，此词本身原来并无贬义。在我国1949年之前就译为"官僚制""官僚政治"等，而"官"与"僚"在汉语中原来也没有贬义，可是1949年之后"官僚"一词往往含有贬义，与外语原意相左。为了符合韦伯原意，不少人曾把此词改译为"行政制""行政组织体系""科层制""集权制"，但同原意不完全吻合，而且容易使人误解为是个新词，因此，这里仍沿用"官僚制"老译法不变。——译者注

样一种制度给管理的人们提供一种可能性,即按照明确规定的方式将下级机关的决策提交其上级权力机关审核。在官僚制模式得到充分发展的场合,机关等级制是按个人独裁的方式组织起来的。在所有官僚制的结构中都存在着按等级赋予机关权力的原则。在国家和教会机构以及在大的政党组织和私人企业中都是如此,不管这种权力是叫作"私人的"或者"公共的",对官僚制的特性并不发生影响。

在充分贯彻按管辖范围划分"权限"这一原则的时候,等级性的隶属关系——至少在公共机关内——并不意味着"上级"权力机关只是受权接管"下级"机关的事务。事实上这种隶属关系的对立面是统治关系。当一个机关一旦建立起来并且完成了它的任务之后,它便倾向于继续维持其生存并继续由另一个负责人所掌握。

Ⅲ. 现代机关的管理工作是以书面文件(档案)为基础的。这些文件以它们原始的或草稿的形式保存下来,因此便须设立一批各种各样低级的官员和文书人员。在某一个"公共"机关中大批现任官员以及其各自的物质工具设备和文书档案便组成一个"机构"。在私人企业中,这种"机构"通常叫作"办公室"。

从原则上讲,设立公职人员的现代组织是要把办公机关与官员的私人住所分开的。并且一般说来,官僚制把官场活动看作是某种与私人生活领域有明显区别的事情,公共费用和设备与官员个人的私产是毫不相干的。这种情况在任何场合都是长期发展所形成的结果。现在,这种情况无论在公共以及在私营企业中都普遍存在。在私营企业中,这一原则甚至扩大到了居领导地位的企业家身上。从原则上讲,是把行政机关与家庭分开,业务工作与私人往来分开,而公共财物也是与私人资产分开。现代模式的公务管理进行得愈是彻底,这种分离就愈与上述情况相符。这种分离过程,早在中世纪便已开始出现了。

现代企业家的特色是他以本企业的"第一号官员"自居,这和一个非常现代化的官僚制国家的统治者把自己说成是国家的"第一号公仆"同出一辙。那种认为国家机关的活动与私人经济办公室的管理工作本质上有内在差别的观点,只是一种欧洲大陆的看法,并且从对比的角度看,与美国方式完全不相适应。

Ⅳ. 办公室管理,至少全部专门化了的办公室管理——而这种管理工作显然都是现代化的——通常都假定是经过了彻底而且熟练的培训的。这种情况在私营企业的现代化行政领导和雇员身上表现得日益明显,与在国家官员身上所表现出来的完全相同。

Ⅴ. 当公共机关得到了充分发展的时候,公务活动要求官员有充分的工作能力,而对于他必须有严格规定的在办公室工作的时间这一事实是不予考虑的。在通常情况下,无论在公共机关还是在私人机关中,这都是一种长期发展所形成的结果。从前,在任何情况下,对国家正规事务的处理情况则刚好与此相反:机关事务是作为次要工作加以执行的。

Ⅵ. 办公室管理要遵循一般规律,这些规律的稳定性是时多时少,时深时浅,并且这些规律是可以学会的。有关这些规律的知识表现为官员们所掌握的一种专门的技术性学问,这种知识包括法学以及行政或企业管理知识在内。

把现代办公室管理工作纳入到种种规律中去的做法是深深植根于其本身的特性之中。例如现代公共行政学的理论认为,用命令方式来处理某种事务的权力——这种权力曾经依法授予各个公共行政当局——并不是让行政机关靠对每一种具体情况都发号施令的方式处理事情,而仅仅是使得它们可以抽象地处理事情。这与凭个人特权或者恩宠以处理各种亲故关系的办法形成决然相反的对照。这种处理办法在世袭制度中是占绝对统治地位的,至少在这种亲故关系还没有被某种神圣传统所明确规定时是如此。

二、官员的职位

所有上述这一切特征都是在以下几个方面对于官员的内部职位和外部职位起决定作用:

Ⅰ. 担任公职成为一种"职业"。首先这表现在需要经过培训方面,而培训课程是有明确规定的,这种培训要求官员在长期的工作中具有完备的能力;其次还表现在要经过一般性的和专门性的考试方面,这种考试是任职的先决条件。此外,官员的职位具有一种责任的性质,这就按照以下所述的方式决定了官员与各方面关系的内部结构。从法律和实际情况上说,不能够像在中世纪乃至直到近代初期所常有的那种情况一样,把担任公职当作是索取金钱或报酬的来源。也不能像在自由订立劳务契约时的那种情况一样,把担任公职当作是一种用劳务去换取等价物的普通交换行为。进入某种办公机构,包括私人经济领域的办公机构在内,就被认为是接受了一种要忠实进行管理的特殊义务,并以此作为对获得了安定生计的报答。作为一种纯正的模式,一个公职人员所具有的新式的忠诚,其特性中起决定性作用的地方是:这种忠诚并不与封建或世袭的权力关系中臣仆或门徒所具有的忠诚相同,它并不与一个"具体的人"建立关系。新式的忠诚只对不因人而异的职能性的目标效忠。当然,在这种职能性目标的背后,"文化价值观念"是经常起作用的。这些目标就成为那种世俗的和超现实的人格化了的主人的替身。有一些观念诸如"国家""教会""群众""政党"或者"企业"等都被看作仿佛是在一个共同体中已经被大家认识了的东西,它们替这种主人提供了思想上的光环。

政治官员——至少在充分发达了的现代国家里——并不被人们看成是某个统治者个人的仆人。在今天,主教、牧师、传道士等在事实上已经不再像基督教初期时代那样,被看作是拥有纯粹个人魅力的人物了。他们所体现出的超现实的和神圣的价值,已经分散到每一个似乎无愧于这种价值并且正在追求这种价值的人们身上去了。在从前,这些领袖们是按照其主人的个人命令进行活动的。从原则上讲,他们仅仅对其主人个人负责。而现在,尽管旧的理论还部分地残存着,这些宗教领袖们已经变成了为一种职能性目标服务的办事人员。这种职能性目标在当前的"教会"中已经就成了例行常规的事情,并且回过头来已经被戴上了思想上的光环。

Ⅱ. 官员的个人职位是通过以下方式定型的:

1. 不管是在私人办事机构或在公共机关中工作,与被管理的人们相比较,现代官员总是为一种"明显的社会尊重"而奋斗着,并且还经常享有这种"社会尊重"。现代官员的社会职位是由有关等级制度的传统规定来加以保证的。而对于政治性官员来说,则是由刑法典中反对"侮辱官员"和反对"蔑视"国家与教会当局的特别规定加以保证的。

在具有古老文化传统的国家中,由于下述一些条件起主导作用,官员们的实际社会职位通常是非常之高的。这些条件是:强烈要求由训练有素的专家从事行政管理工作;有巨大而且稳定的社会差别,在那里由于社会权力的分配情况,官员们主要来自在社会和经济方面享有特权的阶层;或者在那里,必不可少的昂贵培训费用和有关社会身份的习俗,都与官员身份结合在一起。握有受过教育的文凭——这个问题将在其他地方加以讨论——经常是跟担任职务的资格联系在一起的。理所当然的,这种文凭或者专利证书提高了官员社会职位中的"身份因素"。此外,这种身份因素在个别情况下是明确而且不可动摇地为大家所承认的。例如,在法律中规定对于一个寻求官员职业的等待录用人员是接受还是拒绝,取决于官员集团中的成员是否同意接纳(加以"选择")。在德国军队的军官集团中就存在这种情况。这种对促进行会式官场封锁的类似现象,在以往世袭制度的官场中,特别是在教会所供养的官场中可以找到典型的实例。

在现代的官僚们当中,想要以改头换面的形式重复此种现象的想法是决不罕见的。例如在俄国革命时期,在挑选十分无产阶级化而且熟练的官员(第三因素)的过程中,这种现象就曾经起过作用。

在对于由专家进行行政管理的要求并不强烈以及社会身份习俗的支配力量很弱的地方,人们对于官员们的社会尊重通常是特别低的。在美国情况尤其如此。而在新开拓的殖民地区,由于在那里谋取利益的领域很广阔,以及在社会分化上有巨大的不稳定性,这种情况是很常见的。

2. 纯粹的官僚制型的官员是由其上级权力当局任命的。一个由被管理者选举出来的官员,并不是真正的官僚制型的人物。当然,形式上存在的某种选举制度,它本身并不意味着在这种选举的背后没有隐藏着任命关系——特别是在政府中,由政党领袖所作的任命。究竟是不是属于这种情况,并不取决于法律规章,而是取决于政党机制进行活动的方式。各个政党在一旦牢固地组织起来之后,便可以把一种形式上的自由选举,变为对政党领袖所指定的候选人简单的鼓掌通过。可是,在通常情况下,一种形式上自由的选举,已经变成了按照明确规则进行的、为两个特定候选人之一争取选票的战斗。

在任何情况下,从被管理者当中进行选举以选定官员的办法,是会对严格的等级制隶属关系发生影响的。从原则上讲,一个用此种方式选出的官员对于其直属上级官员具有一种相对的自主地位。当选的官员并不是从"上面"而是从"下面"得到他的职位的,或者至少并不是从法定等级制中的上级权力当局那里得来,而是从大权在握的政党人物("党魁们")那儿得来的,这些党魁们并且还决定着他未来的生涯,当选官员的前程并不是,或者至少一开始并不是由他的行政首长所决定的。从技术观点来说,那种不是由选举产生,而是由首长任命的官员,通常工作起来是更加扎实的。因为在其他条件相同的情况下,很有可能资格因素以及纯粹从行使职能的观点所作的考虑,都将会对他的被选拔以及对他的前程起决定作用。作为外行,被管理者只能根据经验去了解一个候选人对于其所竞选职务胜任合格的程度,而这又只有他服务之后才能够做到。此外在任何一种通常选举选拔官员的方式当中,各个政党很自然地并不把专业方面的考虑当作起决定作用的重要因素,而是把追随者对党魁所提供的报效摆在首位。这对于各种通过选举办法以录用官员的方式都是适用的。对于在形式上是自由选举的官员,当其由党魁确定候选人名单时也是适用的。对于其本人是由选举产生的首脑在进行自由任命时也是适用的,可是这种用人上的对比关系也是相对的。在一个国家,当由合法君主及其下属任命官吏时,也将产生实质上相类似的条件,只有一点不同,即下属人员的影响在此时是比较难以控制的。

当一个地方已经把由受过训练的专业人员进行管理的要求放在议事日程之上,而政党的追随者们必须清楚地认识到一种在文化水平上很发达、受过教育而又自由波动的"公共舆论"的时候,使用不合格的官员,将在下一次选举中给执政党带来失败。当官员是由政党领袖任命的时候,这种情况很自然地似乎更有可能发生。在美国,已经产生了由受过训练的人员负责行政管理的要求。但是在一些大城市,那里移民的选票甚为"集中",因而很自然便不存在有教养的公共舆论。因此,对于行政首脑以及他的下属官员采用民众选举的方式,常常会给官员的专家资格以及官僚机制的准确运转带来危害,它同样也将削弱官员对等级制度的依附性。这一切至少与那种难于监督的大的行政单位的情况是相符合的。在美国,由总统任命的联邦法官,跟由选举产生的法官相比,在资格与正直方面都具有优越性,这是众所周知的。尽管这两种类型的法官在最初被挑选出来时,都是由有关政党的意见决定的。革新家们所追求的美国大都市行政管理的巨大变革,从根本上说是这样进行的,即选出一名市长,由他指挥自己任命的官员所组成的机构进行工作。此种改革就这样便以一种"专制者"的方式诞生了。从技术的角度着眼,作为一种权力的组织形式,这种从民主制度当中产生的"专制主义",其效力通常取决于"专制者"作为(军队或全体市民)群众自由选择的受托人的地位,他是不被传统所束缚的。这位"专制者"就这样变成了一群高度合格的军官和文职官员的没有限制的主人。而这些军官和官员则是他自由地亲自挑选出来的。他既不重视传统习惯,也没有任何其他的顾虑。然而,这种由"天才人物所进行的统治",是与由普遍选举产生全体官员这一形式上的"民主"原则相违背的。

3. 通常官员的职位是终身性质的,至少在公共官僚制中是如此。并且对于一切与此相类似的机构来说,也在日益产生这种情况。作为一种实际存在的通例,"终身任期"已经成为一种先决条件,即使是那些存在着可以发出解雇通知或实行定期重新任命办法的地方也是如此。跟在私营企业中的工人相比较,官员们通常都是有固定任期的。可是法律上或事实上的终身任期,并没有像以往许多权力机构中的情况那样,被承认是官员占据办公室的权力。在那些针对专断性开除或调动工作的做法采取法律保障的地方,这些保障手段仅仅是用于对按照严格客观方式履行特殊公务职责的人,使之免于遭受任何个人顾虑的影响。在德国,全体司法官员都属于这种情况,并且正日益推广到全体行政官员当中去。

因此,在官僚制内部,由任期加以合法保障的"独立性"手段,对于其职位因任期而得到保证的官员来说,并不能经常算作是改善其身份的一种原动力。实际上经常出现的却是与此相反的情况,特别在那些古老的文化和高度分化了的社会群体中是如此。在这种社会群体当中,在独裁统治的主人手下,其隶属关系愈严格,对于维持其官员们传统封建庄园式的生活方式就给予更多的保障。正是由于缺乏有关任期的种种法律保障,对于官员的传统性尊重却可以按照中世纪的方式增长起来。在中世纪,对于官职的崇高地位的尊重,是以牺牲对自由民的尊重为代价而生长起来的,并且这正如同国王的法官的地位超过人民法官的地位一样。在德国,军官或者行政官员可以随时被免职,至少跟"独立法官"相比,是远远易于实行这种免职的。而法官,即使是极其粗暴地违反了"行为高尚准则"或者违反沙龙中的社会习惯传统,他也从来不需用丢掉职位来弥补损失。正是由于这样一种原因,即使其他情况完全相同,在领主阶层的眼里,法官跟军官及行政官员相比,在社会交往方面,总被认为是比较不符合条件的。后者对于领主的更大的依赖,就是他们遵守社会传统的最大保证。当然,一般的官员都为争取制订一种文官法而奋斗,这种法律将从物质上给予他们老年时期以保障,并且为使其免于被专横地免职而提供不断增加的保障。可是这种奋斗是其极限的。一种"获得职位的权利"得到高度发展后,从技术效率的角度来说,将会很自然地使得对他们的安置变得更加困难,因为这样一种发展将会减少渴望求得职位的候补者获得职业的机会。这就有助于造成这样一种事实,即从整体上说来官员们并不感觉到他们是依附于那些上层人物的。然而这种对上级缺乏依赖的感觉,最初主要是来自一种倾向,即主要依靠自己的同僚而不是去依靠社会上比自己低下和被管理的阶层。当前在巴德尼亚教会内部的保守运动,就是由于对教会和国家那种预料中的分离威胁所造成的。"不要从教区的主人变成教区的仆人",这一运动已经表明显然是由这样一种愿望决定的。

4. 官员接受一种通常是有定额的"薪金",以作为他"金钱上的"正规报酬,以及接受由退休金所提供的老年时期的保障。这种薪金的衡量方法和按照完成的工作付给的工资不一样,它是按照官员的"身份"决定的,即是说,是按照官员的职责种类(按照"等级")决定的。此外还有可能按照服务期限的长短来决定。官员在收入方面的比较可靠的保障,以及他们因受到社会尊敬所得到精神上的报偿,使得官职成为一种人们所追逐的职业,特别是那些不再有机会获取殖民利益的国家中是如此。在有殖民利益的国家里,这种处境可能使官员们得到的工资较低。

5. 官员是被安置在公共机关的等级制度系统之中从事"终身职业"的。他从比较低级、比较不重要的并且报酬较少的职位开始,向着较高的职位升迁。一般的官员很自然地希望有一种固定而机械的晋升规定,如果不是在职位方面,至少在工资等级方面是如此。他们希望这些条件是按"资历"长短确定下来的,或者是在不断上升的专业考试制度下所获得的等级来确定的。在有些地方,这种考试对于官员具有一种"永世难忘"的性质,并且对于他的职业前途具有终身性的影响。在这种情况之外,他们还有一种愿望,想要对获得职位的权利作出资格限制,在同一身份集团之间形成封锁和在经济上求得保障趋势也在不断增强。所有这一切都有利于形成一种倾向,即把职位看作是那些因持有受过教育的文凭而取得了资格的人们的一种"封建特权"。然而却也存在着另一种需要,即对于一般的身体和智力条件加以考虑,而不顾及学校文凭通常所具有的次要的性质。这种需要导致了以下的情况:最高级的政治职位,特别是"部长"职位,主要是在不考虑这类文凭的情况下加以任命的。

> **思考题**
> 1. 韦伯认为什么是官僚制?
> 2. 韦伯认为"理想的官僚制"有哪些基本特征?
> 3. 韦伯认为官僚制的优点和缺点有哪些?
> 4. 试评韦伯的官僚制组织理论。

第五篇　公共行政学研究导论[*]

伦纳德·D. 怀特

> **导　读**
>
> 伦纳德·D. 怀特(Leonard D. White,1891—1958)是美国早期杰出的行政学家,尤其擅长人事行政问题的研究。曾任芝加哥大学教授和美国文官委员会主席。1926年,怀特出版了一部公共行政学教科书《公共行政学研究导论》,该书与伍德罗·威尔逊的《行政学研究》和弗兰克·J.古德诺的《政治与行政》一起,使公共行政学成为一个独立的学科领域。除管理学外,怀特还认为政治科学也是公共行政的基础,为此出版了《联邦主义者》(1948)、《杰斐逊的信徒》(1951)、《杰克逊的信徒》(1954)和《共和党时代》(1958)等。他第一次运用理论研究方法对行政学问题进行系统研究,首次将行政学思想系统化、理论化,使之成为比较完整的学科体系,把人们的注意力从特定的机构转移到了公共行政本身。怀特对行政学理论的系统化努力主要体现在《公共行政学研究导论》一书中。他在书中概述了行政学的研究对象和范围、行政环境、行政组织、行政协调、行政伦理、行政法规、行政监督及人事行政等思想。

---

[*] Leonard D. White, *Introduction to the Study of Public Administration*, The Macmillan Company, 1926. 中文译本摘自彭和平、竹立家等编译:《国外公共行政理论精选》,中共中央党校出版社1997年版,第43—53页。摘录时对个别地方作了修改。

第二部分

第五篇　公共行政学研究导论

前　　言

说也奇怪,评论家们过去对美国政治制度评论时,除根据法学家的观点外,从未对国家用行政体系做过系统的分析。直到最近一些年里,众多的教科书还都顽固地无视这一广阔的研究领域,而这一领域中却包括了大量的、极为重要的、涉及各方面利益的政府问题。时至今日,尽管许多教科书中仍然只是用无足轻重的章节论及这方面的问题,但肯定的是:没有人再认为行政仅仅是"一般办事员根据学者们商定的原则就能处理的琐碎事务而已"。

实际上,最近二十年来,已有了一些关于政府事务方面的大部头著作问世。本书的目的,是打算概括出在美国经历和观察到的突出的实际情况,并对它们加以分析与批判性研究。诚然,要在本书有限的篇幅中达到这一目的,并非是一项容易的任务。任务本身就意味着,随时有可能或者成为罗列琐事,或者成为未经证实的概括的牺牲品。就像经过从未航行过的水域,任何导向性的失误都会极大地增加探索的危险性。

本书至少基于以下四种假设:第一,行政是一个单独的过程,无论是从哪一级行政的角度来观察,其基本特性是大致相同的。因此,无须对市行政、州行政、联邦行政本身分别加以研究。第二,行政研究应当建立在管理的基础上,而不应当建立在法律的基础上。因此,研究的材料应更多地来自美国管理协会,而不是各级法院的判决。第三,目前,行政大体上还只是一门艺术,但其转变为一门科学的趋势日益具有重要意义。第四,行政已经成为,而且将继续是现代政府的中心问题。

第一章　行政与现代国家

> 管理已逐渐成为一种专门的事务。管理任务的困难、责任及其复杂性不断增加,迄今已涉及所有的科学领域,从化学和机械学一直到心理和医学。因此,管理领域召集了大批富有经验和才智、具有专业资格和组织领导能力的男男女女为其服务,并雇用律师和医生、会计师和艺术家也来为其服务。而管理本身,即指导各方面专家的工作,就成为一种最高的专业,具有使标准、资格、训练及技术不断进步的种种意义。
>
> ——奥利弗·谢尔登《管理哲学》

1. 公共行政的范围和性质

无论是在市政府、州政府，或是联邦政府行政过程都具有一种基本的一致性，所以无须对此问题作"层次"上的分类。如果用市行政、州行政或联邦行政等名词来表示某种区分的话，那么这种区分实际上并不存在。各种基本问题，诸如人的创造才能的发展、个人的胜任和廉洁的保证、职责、协调、财政监督、领导能力、士气等等，在各级政府中都是一样存在的。而且，行政方面的大部分问题本身，就足以打破地方政府与州政府间的政治界限。比如，卫生行政、医生许可证的发放、贸易的控制、荒地的垦殖，就与市、县或州政府都有关系。从行政的技术方面看，市政府、州政府、联邦政府在各自范围中，也没有表现出任何明显的差别。所以，我们从一开始就确认行政是一个单独的过程，即不是把行政想象为市行政、州行政或联邦行政，而是把行政当作各级政府的一种共同的过程，这一点非常重要。

公共行政是在完成国家的各个目标过程中对人与物的管理。这一定义强调的是行政的管理方面。而对行政的法律与形式方面极轻视。该定义将政府政务行为与其他任何社会组织，如商业、慈善、宗教或教育等组织的事务行为与其他任何社会组织，如商业、慈善、宗教或教育等组织的事务行为联系在一起，认为都应以优良的管理作为它们成功的要素。它所未解决的问题是，行政本身参与制定国家目标达到了什么程度，同时它避免有关行政活动的准确性质的任何争论。

公共行政的目的，就是在官员和雇员的处置下，对各种资源加以最有效能的利用。各种资源中，不仅包括拨款及公共建筑、机械设备、高速公路、运河等物质资源，而且包括成百上千为国家工作的男女人力资源。良好的行政千方百计追求的是：消除浪费、保护材料和能源，迅速而圆满地完成公众的目标，既要节约又要保证工人们的福利。

政府行政的实际运行通过对某个政府部门一天工作过程的叙述，或许能更真实地加以说明。因此，就以一个大城市的卫生部门为例：工作开始于早上九时，大部分雇员此时应上班就坐在各自的办公桌前。当他们进入办公厅时，应先在签到本上签名，或者把名片投进考勤钟内。然后，他们要把外衣脱掉，放在衣柜中，随即与相邻的同事寒暄一下，就坐下来开始其一天的工作。接着，连续不断的事务性工作就来了：市民实地调查员、特派员等打来的电话；关于各种大小题材宣传橱窗的布置;有关邻近城市传染病蔓延的电报;科室内部的会议;科室之间的会议;前后奔忙的传达员;从卫生分检所来的警察带来了标本等待分析;一些焦急的市民,则在等待昨天送检标本的结果;承办丧事的代表,对医院藏尸室的情形提出抗议;某市议员来为其支持者寻求职位;一群妓女在候诊室等待检验;某售货员对实验室供给品合同的制定表示反对;少数闲逛的人在走廊里时集时散、互相耳语。这一切在不常见的人看来,简直是混乱到了极点。然而,如果进一步仔细观察一下,上述第一印象就会消失:各种工作均分门别类,由经过各种专门训练的男女工作人员处理;各种质问或抱怨,工作人员都按标准的方式对待;填写的表格要送到指定的地方作最后的处理;某些事务由秘书清理,某些事务则由主管部门领导办理,这是按照某种挑选程序区分的。凡日常事务性工作均由下级服务人员处理,而重要的事情则交由高级官员引起重视。这样看来,这个卫生部门的各种复杂事务,都是在一种有次序的状态下进行的:一些人用整天工作时间制定表格,其他一些人则负责处理来往信件,还有一些人则用电话答复各方面的抱怨并指导调查员;一些人则分别听记信件内容、分析病菌、调查通风设备、发出许可证、制晒蓝图等;而在该部门最上面的卫生局长,则要保持该局与市议会、市长、政党组织、财政委员会、公众,以及全国各卫生部门官员之间必要的联络,同时也要确实保证本部门各方面工作的正常运行。

上述这一切,是与古埃及的抄写员不厌其烦地将账目记在草莎纸卷上的情况大相径庭的,但行政的自然历史就是古今行政方式延续不断发展的历史。当然,专业化的过程肯定已经造成了行政方法上的巨大变化,但行政对国家军事、财政、"王室"所负有的基本责任义务,则与古代行政目标没有太大的变化。现代行政官员与古代抄写员的区别,在于现代行政官员所赖以工作的是神奇的物质设备和本专业的科学知识。

由此看来,公共行政,就是公共事务的执行;行政活动的目的,则是使公共计划得以最迅速、最经济、最圆满地完成。这些显然并非国家组织的唯一目的。人权的保障,公民能力和公民责任感的发展,对公众舆论的正确理解,秩序的维持,国家最低限度福利的提供等,也都是国家要经常考虑解决的问题。行政部门必须与政府的其他部门相联系,也必须借助大量的私人努力。使私人的努力有益于公共事业,这方面美国比其他任何国家更重视,我们在下一章中将讨论这方面的问题。在这里,我们愿意首先区分行政与行政法这两个有紧密联系的领域之间的界限。

有人认为,"行政法是公法的一部分,用以规定行政的组织、确定行政官员的权限,并指出当个人受到侵害时的补救方法"。这一定义正确地指出了:行政法主要属于法律的范畴,其主要目的是对个人权利的保护。而公共行政的目的,则是对公共事务进行有效能的管理。

行政与行政法的目的不仅是不同的,而且有时也可能是相互冲突的。行政固然须受行政法条文的约束,也须受宪法规定的约束,但是在限定的范围内,行政是可以追求最有效地实现公共目标的。这方面的情况,弗朗德教授曾给予简要的阐述:

> 一些对公共行政感兴趣的人,目前主要关心的是效能问题,这是容易理解的。但是,在政府迅速扩展其支配所有重要利益的情况下,我们一致坚持的是行政组织自治的原理,而行政组织并不能产生最高级的专门知识和技术。
>
> 而且,增加行政权力也需要增加防止滥用权力的保障措施。只要官员犯错误、偏私、贪功的可能性存在一日,保障个人权利作为一个目标,就与某些政策的实行同样重要。

研究政府的学者非常熟悉将政治活动分为立法、行政及司法的传统观点,这对理解行政工作包括所有三种形式的活动来说是重要的,尽管严格意义上的分析理论看起来是把行政限制在"执行"事务的范围之内。克劳里在指出行政委员会所行使的权力一部分为立法性质、一部分为行政性质、一部分为司法性质之后,曾经断言"这是为达到某种实际的社会目的,而合并政府各项分立活动的一种简单的方法",并进一步对这种权力的合并给予了合理的辩护。事实上,行政已经越来越多进入了立法与司法的原有范围,由此产生的许多重要问题,将成为我们后面各章所要讨论的内容。

研究公共事务的学者,实际上都逐渐把行政视为现代政府的中心问题。在过去政务简单的年代里,立法机构曾一度处理重要问题,这些问题的性质一般都不是很复杂的。主要包括对政治伦理方面的一些重要问题作出判断,如取消财产资格的限制授予公民权、公共土地的处置、英国圣公会国教性质的废除或某个专制州的解放,等等。而今天集中于立法机构的问题,通常或完全是属于技术性问题,这些问题一般人只有借助于专家的服务才能处理。地方政府的控制,公用事业的规定,禁酒条例的执行,给予海军的拨款,卫生部门的组织,全国农业研究机构的维持,所有这一切事务,只有依靠熟悉每项工作实施步骤的人才能制定出相应的法规。所以,我们在行政部门中就会发现:某个官员对控制水生传染病的知识无所不知,另一个官员对小麦锈枯病的各种问题则有问必答,而另一个官员则绝不会因处理国家公园的服务工作而陷于"困境"。这样一些人员,在立法者面对铺天盖地的议案手足无措时不仅是有用的,简直就是不可缺少的。也可以说,他们就是政府。人们完全可以设想到,传统上以立法为政府三权中的核心看法,在不久的将来必将被一种更现实的分析所取代,这种分析将建立政府作为行政的任务,政府是在与立法与司法划定的范围内运行的。

2. 行政的由来

美国的行政制度自然是来源于英国,美国的地方政府即效仿的是17世纪英国的模式。地方分析、自治、"乡绅"占有支配地位,这些被证明很适合于新大陆的经济与社会条件。时至今日,美国行政结构的主要轮廓仍可反映出受英国渊源的影响,以致在美国各州中都没有欧洲大陆国家式的总督或省长。

但是,在现代的社会和经济环境中,以及需要国家干预日益增加的情况下,行政的运行必然会强化这样的问题:现代工业化的、实行干预的国家,是否有可能在一种依靠大量自发的、非专业人员努力的基础上(这是美国行政传统的特点)运行。目前行政官员必须掌握的问题,其范围如此广泛、性质如此技术化,以及求得解决看起来如此之难,于是国家若要支撑下去,就非得采取某些官僚式行政的要素。对民主政体的国家来说,现在难道不迫切需要得到文官制度的好处吗?文官制度具有长期任职、职务培训、公务员享有专门的权利、要求对国家利益的忠诚等优点。没有人会认为,这种建议是在拥护专制制度而反对民主制度。民主政体能够从高度组织化的行政体系中,借用那些适合其基本政治制度的因素,从而更有效地实现其纲领和目标。

事实上,现代国家的行政作用也深受时代的、一般政治与文化环境的影响。放任主义的社会理论家主张:国家的活动应该限制在对外防御和治安的狭小范围之内。官僚作风被认为是不可避免的罪恶,而官僚政治则被视为是自古以来的危险。这种主张已造成了行政的范围大受限制,行政的实施则软弱无力。当时欧洲大陆那些不负责任的政府,大多数都蔑视人民的意愿,而政府本身也常常毫无社会改革的计划,这反而成为放任主义社会理论家的论据。

此后,工业革命及其带来众多的社会、经济和政治方面的影响,对新的社会哲学与新的公共行政概念的出现具有重要意义。放任主义已同时为社会哲学家和政治家们所抛弃。伴随着 20 世纪到来的,是集团活动的新纪元。遍及全国及国际的工业发展,铁路、汽车及飞机运输的增进,现代邮政系统、印刷业、电报、电话、无线电、广播电台等传送工具的使用,人群流动性与思想变动性的骤然加剧,工业化国家的都市化,社会阶级和经济利益集团的聚集等等,不仅增加了行政活动的范围和程度,而且增添了各种新的问题,并扩大了旧有的问题的严重性与困难性。

简言之,工业革命已不可避免地使整个社会在一定程度上加强合作,在这种情况下,放任主义已变为不可能了。同时,新的环境又逐渐在人们的头脑中建立起了国家任务的新观念,即国家应按照现代生活的条件来定其功能。这些新观念中有:承认国家作为社会合作的最大机构,而且也是制定社会规则的机构,因此,国家就成为使社会改良计划实现的一个重要手段。一位英国学者写道,"文官权力的日益增长,是由于国家已经放弃了过去所担负的任务,即像拉萨尔所说的,作为守夜人,作为一个严格的公正人的任务。而今天国家活动所依据的理论,是社会与个人的利益,可以通过社会理性和活动的进程来发现,并经过法律的条文来贯彻"。

国家积极扩大计划,不意味着国家的强制性与管理性活动的相应减少。为分配社会剩余而发生的阶级斗争,已经使国家为支持经济上的弱者(儿童、妇女、劳工阶级),在制定最低工资水平、限制劳动时间、规定工作卫生条件等方面进行了干预;又因各种"改革者"团体的坚决要求,已经带来了种种规章、禁令的制定(香烟、麻醉品、酒精的销售及电影的审查);更为保证自治政府办事程序尽可能公正的需要,对选举及政党活动又加以规定,并对贪污行为制定了更严格的限制条例。

所以,现代国家的任务正向各个方面扩展,由于国家每项新计划都要反映在行政活动的增加上,从而使行政的范围也在向各方面扩展。

由于上述这些原因,近二十年来人们对政府事务方面关心的增长是毫不奇怪的。最引人注目的事例,是百年来美国全国党争所形成的唯一的行政形式,即政党分赃制。威尔逊在一篇著名论文中,曾论述了美国对良好行政的重要性认识不足的情况。这篇论文刊载于《政治学季刊》上,文章指出:

到目前为止,本世纪的青春期已过,系统知识的鲜花还刚开放,尚无人将行政作为政治学的一个分支加以系统阐述。时至今日,我们所读到的政治学著作,作者在其中所阐述的、争辩的、坚持的东西,仅仅是关于政府的宪法、国家的性质、主权的本质与其所在、大众的权利与君主的特权……他们争论的中心涉及多方面的理论,在争论中,专制政体要与民主政体一决雌雄,寡头政体要为其本身的特权建立巩固的大本营,暴政则寻求机会完成其使对手屈服的主张。至于其他问题,如法律如何公开、公平、迅速及无阻力地被执行等,反而被视为是一般办事员根据学者们商定的原则就能处理的琐碎事务而已。

不幸的是,这位未来的普林斯顿大学校长和美国总统,也终究未能使自己的研究超过上述范围。

20世纪人们对行政感兴趣,则是由于各种原因造成的。在各种原因中,政府急速增长的费用,"公务支出方面的空前泛滥"是最重要的原因之一。据报告,美国通过市、县、州、联邦所获取的总收入,从1912年的2131402000美元增至1922年的6346332000美元,增长率为198%;人均纳税额从1912年的21.96美元增至1922年的58.37美元;联邦政府净支出总额在1920年的会计年度中,已达到了顶点,计为5687712849美元,此后又逐步递减,年平均约为3000000000美元。然而,自大战以来,各州政府的支出则显出一种急剧增加的趋势。1913年,人均纳税额只有3.95美元,至1922年,则达到11.82美元;每一市民因市政府支出的增加而负担的税务,从1912年的17.34美元增至1922年的33.15美元。米歇尔博士和他的助手们,曾概算过国家的收入情况,从1913年至1919年,收入从3.33亿美元增至66亿美元,接近于200%的增长率。这就表明,比起战前来,近年来国家的收入并没有由于政府的支出造成负担,但反对高额税收的呼声实际上也未减少。对政府大量支出的广泛宣传、税收的重负及全国行政的经济方面引人注目的努力,都在强调政府应有较高的效率。总之,要求对公共资源的使用更有效的压力从未间断过,只要现存的高税额继续保持一天,就必须研究每项收入用于支出时能保证取得最大成果的方法。

世界大战已使民主政府与专制政府在行政方法上形成鲜明的对比,并引起了对由来已久的"混事"主义的深刻批评。当大战初起之时,战争被宣传为民主政体与专制政体之间的战争,但在后来,人们又一致同意民主政体也不得不采用专制政体的行政方法来达到其目的。然而就交战国各方采用的控制粮食供应的各种行政方法来看，已可说明民主的国家与专制的国家处理这种特殊问题的方法是不同的。

其次，贸易与工业方面的国际竞争，又不断地对政府的效率提出了更高的要求。美国商会对提高行政效率一事一直抱有积极的态度，"因为作为商人，他们深信效率与节约的原则，并希望看到这一原则应用于市、州、联邦政府；他们深信一个有效率与节约的政府，对商业的繁荣与成功来说也是最基本的需要；而且作为一个良好的公民，他们也期望能有一种正直的、可靠的、明智的行政"。1912年，在商会第一次年会上，就曾对改革联邦政府预算的问题进行过讨论，并付决投票，几乎一致同意为此作出的一个明确的建议。几年来，商会一直在敦促国会关注此事。

商会还曾极力推动联邦政府批准对职业学校的津贴、建立公共工程部、完善基本的行政组织系统、改进人事管理的方法，以及建立一个常设的邮政管理规划部门。纽约的商会还积极地参与了对州行政、联邦行政进行改革的计划工作。促使领事及外交人员机构得到改组的罗杰斯法，就是由商业利益团体推动达成的。国务卿胡佛最近揭露的关于橡胶、咖啡、龙舌兰及其他商品的垄断权被外国政府控制的情况，清楚地显示了国际商业竞争已达到了一个新的阶段，这对美国行政组织的一些问题或许能产生重要的影响。这件事的实质在于，美国的商业已达到了仅靠保护关税制度下的国内市场就难以继续获得的地步。美国的商业现在成为世界市场上的一个竞争者，所面临的问题是必须通过对资源更有效地利用和良好的管理来降低产品的成本，才能保持其利润。这就使商业、企业被迫考虑大幅度减少支出费用，及充分利用设备。在这方面，商业、企业已率先于政府行动起来了。

一些强有力的社会团体坚持认为，他们提出的立法方案的实现，必能对改进行政方法产生不断的激励作用。宪法第十八次修正案的强制执行，就是这种观点的明显例证。但赞成强制执行立法的辩护者，却不能坚决要求根据功绩选任禁酒官员。沃尔斯塔德法在执行上的松懈及软弱无力，很快使反酒联盟提出了应很好地执行禁酒法律的要求。问题也就从政策方面转到了行政方面。这说明了兴趣上的一种普遍转移，是由于一旦某一政策得到立法的批准，主要问题必然变为行政上的问题。同样，关心限制劳动时间、最低工资、税率改革及其他问题的各机构，也变成了改良行政方法的强有力的拥护者。

科学管理运动在促进改良处理公共事务方法上,已作出了非常重要的贡献。从弗雷德里克·泰勒倡导这一开创性工作开始,这一运动已引起了各方面的关注和兴趣,并终于建立了完整的社会改良哲学的原则,即基于对生产过程进行科学控制的原则。

由科学管理在一些工业企业中所造成的巨大进步,已提出了一个问题:在政府中是否可以同样实行这种改进方法?对这个问题无论有什么样的解答,无疑的是:科学管理的成就,已引起了对许多公共机关所习惯的旧法的大量不满。

人们应越来越清楚地认识到,除非美国行政能够摆脱陈规陋习(这一点美国已忽视了一个世纪),否则美国生命力的希望将永远不能实现。

> **思考题**
> 1. 怀特认为他写作《公共行政学研究导论》的目的是什么?
> 2. 怀特认为不同行政层级的基本特征是什么?为什么?
> 3. 怀特认为行政研究应建立在什么基础上?为什么?
> 4. 怀特认为行政的发展趋势是什么?
> 5. 怀特认为现代政府的中心问题是什么?

第六篇　组织理论札记[*]

卢瑟·古立克

> **导　读**
>
> 　　卢瑟·古立克(Luther Gulick,1892—1993,又译为"卢瑟·古利克"),美国杰出的行政理论家和实践家,曾任美国哥伦比亚大学市政学和公共行政学教授、公共行政研究所所长,并担任罗斯福总统行政管理委员会委员,推动美国联邦政府行政部门进行全面改革。1937年,古立克和林德尔·厄威克(Lyndall Urwick)合编了对于西方行政学的发展具有重要影响的《行政管理科学论文集》(*Papers on the Science of Administration*)。在该书的第一篇文章《组织理论札记》(Notes on the Theory of Organization)中,古立克创造了一个词"POSDCORB",用来概括行政管理的七大基本职能,"POSDCORB"为各项职能的英文单词首字母:计划(Planning)、组织(Organizing)、人事(Staffing)、指挥(Directing)、协调(Coordinating)、报告(Reporting)和预算(Budgeting)。古立克为西方行政发展中关于政府在社会中的作用、行政在政府中的角色、科学与行政、行政组织理论、从行政理论原则到行政的实际应用等方面做出了重要的理论贡献。

　　每一个大型的或复杂的企业都要求有许多人推动它运转。无论在哪一个

---

[*] Luther Gulick, Notes on the Theory of Organization, in Luther Gulick and Lyndall Urwick (eds.), *Papers on the Science of Administration*, Institute of Public Administration, 1937, pp.3-13. 中文译本摘自彭和平、竹立家等编译:《国外公共行政理论精选》,中共中央党校出版社1997年版,第61—76页。摘录时对标题序号及个别地方作了修改。

有许多人在一起工作的地方,当在这些人中存在分工时,有足够的把握取得最好的结果。因此,组织理论必须探讨协调的结构问题,企业中进行分工的单位都要加强协调工作。在决定某个活动如何组织起来时,不可能不同时考虑有关的工作是如何进行分工的。分工是组织的基础,的确,分工也是组织的原因。

一、工 作 分 工

在开始论述时,考虑一下分工的原因和结果是十分必要的。它也完全适合我们评论下列要素的目的。

1. 为什么进行分工

因为人们在特性、能力和技能方面存在着差异,实行专业化在灵巧性方面加大了这种差异。因为同一个人不能在同一个时间内留在两个地方,因为知识和技能的范围非常广泛,一个人毕生所能了解到的不过是它的一小部分。换句话说,这是一个与人的特性、时间和空间有关的问题。

在一家鞋厂中,有一千名工人,可能会分配每一个人完全由自己来制作一双鞋。每一名工人自己剪皮革,钻鞋眼,缝鞋面,钉鞋底,穿鞋带,并把每双鞋放在鞋盒里。每一名工人完成这些工作可能要用两天时间,这样,一千名工人一天制作五百双鞋。我们可以在运用完全相同的手工方法时,在同样这一千个工人中进行分工,这是一种完全不同的方式。我们将分配一组工人剪皮革,一组工人钻鞋眼,一组工人缝鞋面,一组工人将鞋缝合,一组工人钉鞋底,还有一组工人穿鞋带并将每一双鞋放到鞋盒中。根据常识和经验,我们认识到,后一种过程使我们有两大收获:第一,它可以更好地利用不同工人的不同技能和能力,促进发展专业化;第二,它可以节省时间。当一名工人放下刀子拿打孔器,放下打孔器拿针,放下针拿鞋砧,放下鞋砧拿锥子,同时从桌子移至工作台,从工作台移至铁砧,又从铁砧移至凳子,时间就这样消失了。这种做法没有给工人增加任何压力,但是,结果是他们每一天多做出一倍的鞋。因为穿鞋带和装鞋盒的工作可以分配给不熟练的和低工资的工人去干。在经济方面也可提高。而且,在剪皮革的工作中,由于淘汰了不熟练的工人,将他们都分配去干别的工作,可以减少损失。每一名工人不用多做什么努力,在同样的时间内利用同样的方法就可以剪出一打鞋面。所有这些进步都是在没有引进节省劳力的新机器的情况下实现的。

引进机器可以加强分工。像一台锯床、一台打字机或者一种传送装置都要求提高专业化,足以把工人划分成能否有效使用某种工具的两类人。以工作中使用的工具和机器作为基础的分工,无疑在一定程度上取决于工人的能力,但是,主要是取决于通过不断的操作发展起来并得到巩固的技能。

专业技能的发展并不仅仅与机器和工具相联系,它们很自然地是从木材、棉花、油漆、水泥等所处理的原材料演进而来的。它们几乎同样是在某些活动中出现的,这些活动放在一系列复杂的和相互关联的概念、原则和技术的中心位置上。特别是在工程、医学、化学等以运用科学知识为基础的职业中,人们最清楚地认识到这些问题。在法律、政府、教学、会计、航海、航空和其他领域中,也都同样存在着这种情况。

尽管分工越来越细包含着一种逻辑性的因素,但是它的性质从根本上来说是注重实效的。因此,它们随着科学的发展、新机器的发明、技术进步和社会制度的变革,经历了一个逐渐演化的过程。但是,最近的分析表明,它们似乎是以个人差异为基础的。当然,我们并不能就此得出结论认为,"人的特性"——无论是什么样的特性——明显的稳定性可能会限制专业化的发展。实际情况完全相反。当每一个知识领域和工作领域进一步发展时,有关的原则、做法和技能结成了一种越来越庞大、越来越复杂的关系。个人越来越不能够胜任,也不能够永远保持熟悉和熟练掌握整个领域的知识和工作。因此,由于个人在维持原状而知识和技能在进一步发展,将出现分工越来越细的专业化。在社会文明的进程中,分工和整合工作是人类本身赖以取得发展的基础。

2. 分工的限制

分工有三个明显的限制,超过这些限制分工就不能有利地进行。首先是实际工作中的限制,是由与人员和工作时间有关的工作量产生的。如果越来越细的分工结果出现了一种一个人用不了一天就可干完的工作,这种分工则毫无益处。这种情况太明显了,不需要进行论证。只有在有空间干扰的地方存在例外情况,在这种情况下,干不满一天工作的人员必须用剩余的时间干其他的工作。实际上,这样做是在采用一种新的工作组合。

第二种限制是由某一时刻和某一地点的技术和习惯造成的。在某些地区,把承办丧事与保管和清扫教堂的事情分割开是毫无益处的,因为按照习惯,教堂司事是承办丧事的人；在房屋建筑中，对电工和管工的某些工作再作进一步的分工，以及再用更有效的方式将它们重新组合起来都是非常困难的，因为这涉及行业工会管辖的冲突问题；在没有发展成本核算技术的领域中，成立一个成本核算处显然是不切实际的。

第二种限制显然是有弹性的，发明和教育可以改变这种限制。如果实际情况并非如此，我们将会遇到一种静止的分工。但是，有一点需要注意的是，分工方面明显的变化有两种危险，它对供应工人的劳动市场有很大的限制，并且会大大减少从事某种专业训练的人的就业机会。

第三种限制在于，越来越细的分工不能超出身体分工的范围变成器官的分工。如果奶牛的前半身整天在草地上吃草，而它的后半身整天在牛棚里挤奶，虽然看起来这似乎很有效，但是，这种器官的分工肯定要失败。同样，把类似舔一下信封这样单一的动作或姿势分解开，或者将一系列密切联系和缠绕着在一起的活动割裂开，都是毫无益处的。

可以说，在这方面有一种循环论证的成分，用确定某一活动是不是可分的试验来确定这一活动是不是有机的——而前者也正是我们想要确定的。这种指责是真实的，试验必须是注重实效的。分工有效吗？某些事情是受到严重破坏和严重损失吗？它是在受到损害吗？

3. 整体和部分

整体等于部分之和是一条公理。但是，在划分任何"整体"时，有一种情况是肯定的，对每一个部分，包括不可见的要素和关系，都要进行说明。被汪达尔人打碎的维纳斯神像的大理石碎块不等同于雕像，虽然每一条大理石纹理都还保留着；一只乌鸦并不等同于它所有的羽毛、骨骼、肌肉和血液；一台打字机也不等同于它所有的钢架、玻璃、油漆和橡胶。同样，当把要完成的一件工作细细地分解为一些明显的组成部分时，可能会出现核心设计、操作关系、严谨的思想一起失去的危险。

我们可以举个简单的例子更清楚地说明这一点。一个人可以自己盖一座房子。他能够挖地基，锯横梁和木板，做窗户框和门，铺地板，搭房顶，抹墙，安装供暖和供水设备，拉电线，贴壁纸和粉刷房屋。但是，如果他这样做了，大多数工作将是由工作不熟练的人完成的，会糟蹋许多材料并需要他们用好几个月的时间。另一方面，整个盖房子工作可以在一组人中进行分工。一个人挖地基,建烟囱和抹墙;一个人安装窗户框,锯木料和木板,搭屋顶,完成所有木工活;一个人完成所有管工任务;一个人完成负责贴壁纸和粉刷;另一个人负责拉电线。但是,在采用这种方法时,如果没有某一个人——一名建筑师——制定一个建房计划,使每一个技术熟练的工人明白在什么时候干什么事情,将不能盖成一座房子。

当一个人按照自己的计划自己动手盖房子时,他决定先做什么,然后再做什么,即是说,他"在协调工作"。当许多人每人干一部分工作如一起盖房子时,一定不能把协调忘在一边。

在各种专业人员的"分工"中,同样不能忽视要有一名专家进行计划和协调,否则,就会浪费时间。工人们在工作中各行其是,原料在需要的时候不在现场,各种事情完成的顺序出了差错,甚至在门窗安装的位置方面出现意见分歧。工作分工划分得越细,出现混乱的危险性就越大,对工作进行全面监督和协调的需要也就越大,这是不证自明的。协调不是靠偶然因素取得进展的事情,协调必须靠理智的、有生气的、持久的和有组织的努力才能实现。

二、工作协调

如果越来越细的分工是必然要发生的,协调则变成一定要进行的事情。但是,协调并非只是一种方式,经验表明,协调可以通过两种主要方式来实现。这两种方式是:

(1)通过组织进行协调。即通过人员的配置使越来越细的工作分工相互联系在一起,这些人被安排在一种权力结构中,通过上级由高到低、层层传遍整个企业的命令对工作进行协调。

(2)通过思想的支配进行协调。即在结成一个团体一起工作的人的思想和意志中,确立得到深刻理解的单一目标。使每一个工人自愿地在技能和热情方面,让自己的任务适合于整体需要。

实际上,这两种协调原则并不是互相排除的,如果不广泛利用这两种原则,任何一个企业都不会有效运转。

规模和时间是限制进行协调的重要因素。在一个小型项目中,这一问题并不困难。权力结构简单,主要目标对每一个工人都有实际意义。在一个复杂的大型企业中,组织变得错综复杂,权力线缠结不清,存在着一种工人将主要目标抛在脑后的危险,这样他们将竭尽全力一心追求个人的前途和利益。

在协调过程中,相互关联的时间因素和习惯因素是异常重要的。人是一种习惯性的动物。当一个企业从小规模的初建阶段逐步发展壮大时,它的全体人员会一步一步地受到"训练"。当困难一出现时,新的方法会被作为一种习惯性的事情坚持下去。在掌握了使某种困难不再出现的知识时,困难就会被消除,甚至可以像部队中的训练那样让工作人员掌握日常程序。但是,当必须马上建立或突然改建一座新的大型企业时,就会真正出现工作协调方面的困难。因此,当时间充足时,习惯因素是工作协调的重要基础,而当时间不充足时,即在改变规章时,习惯则成为一个严重障碍。因此,在小型企业和大型企业中,在简单情境和复杂情境中,在稳定发展的组织和在新的或发生变化的组织中,对工作协调问题的研究应有不同的侧重点。

1. 通过组织进行协调

组织作为一种协调方式要求建立一种权力系统,依靠这种系统通过许多专业人员的联合一致的努力,将主要目标或目的转变为现实,每一名专业人员都在某一时刻和某一地点从事各自领域的工作。

根据人事工作的长期经验可以清楚地看出,这样一种权力结构不仅要求有许多在选定的时间内分散在许多地方进行工作的人员,而且要求有一种单一指挥的行政权力。这样,组织的问题就变成了在处于中心地位的行政官员和工作分工的最基层人员之间,建立一种有效的沟通网和控制网。

我们可以用下列概括进一步规定这个问题:

① 第一步:确定所要完成的工作,例如尽可能用最低成本向某一地区的所有居民和工厂供应净化水。

② 第二步:指定一名主任检查这一目标实现情况。

③ 第三步:确定必须进行分工后的个体化和专业化的工作单位的性质和数目。如上所述,这种分工在一定程度上取决于工作规模(最后的分工一般不能少于要求全日制工人完成的工作量)和某一时期的技术进步和社会发展状况。

④ 第四步:建立和完善主任与工作分工的最基层人员之间的权力结构。

正是这四个步骤是组织理论主要关心的问题。正是由于这种组织职能(④)使主任(②)能够协调并加强所有经过一再分工的工作(③),从而能够有效地实现主要目标(①)。

2. 控制幅度

在这个问题上,我们开始遇到人的特性本身不可逾越的限制,正如人的手只能按住数目有限的钢琴琴键一样,人的思想和意志也只能数目有限地影响受到直接管理的人。格莱丘纳斯对这一问题进行了精辟的论述,他的论文已收编在这本论文集中。控制的限度在一定程度上说是知识限度的问题,但是,它更是一种时间限度和精神限度的问题。因此,任何企业的总经理只能亲自指挥少数人,他必须依靠这些人去指挥其他人,然后又依靠其他人去指挥另外一些人,直到指挥到组织中的最后一个人。

所有人类组织都有控制幅度的限制,这种受到限制的条件在不同的工作类型和不同规模的组织中有明显的不同。在工作具有常规性、重复性、可测性和同质性的地方,一个人或许可以指挥几十名工人。当所有工人都集中在一个房间里工作时,情况更是如此。但是,在工作具有多样性和非定量性的地方,特别是当工人分散工作时,一个人只能监督少数人。这种多样性、分散性和不可测性当然在每一个组织上层是最明显的。我们可以断定,在处于总经理直接指挥下的组织上层部分,控制幅度产生的限制是最明显的。

但是,当我们试图确定一个企业领导人能够有效地监督多少直接下属时,我们进入了一个还没有进行充分的科学研究得出最后答案的经验性的领域。伊恩·汉密尔顿说:"越是接近于整个组织的最高首脑,我们的工作就更多地面向三人组成的群体;越是靠近整个组织的底部(前线的步兵),我们的工作则更多面向六人组成的群体"。

1918年的英国政府机构委员会得出一个结论说:"内阁人数不应太多——十人比较好,最多十二人"。

亨利·法约尔说:"(在法国)一名部长有二十名助手,而在这方面行政管理理论认为:一名担任大企业首脑的经理不应超过五至六人"。

格雷厄·沃拉斯表示他的意见说,内阁人数的增加"不应超过十或十二人,这种规模组织座谈讨论效果最好"。

利昂·布卢姆建议法国总理的技术顾问团效仿英国战争顾问团,后者是由五名成员组成的。

我们不难理解为什么在对基本原则意见一致的权威中会存在说法上的差

异。部分原因在于他们研究的行政官员在个人能力和工作习惯方面存在差异,部分原因在于他们论述的工作的不可比性。一般认为,人们对三种因素注意得不够,首先是职能多样化的因素;其次是时间因素;最后是空间因素。公共工程的领导人能够有效管理的直接下属的人数比陆军五星上将要多。因为公共工程部门总的来说是工程技术领域,而在陆军中则有许多不同的组成部分,例如通信、化学、航空、军械、摩托化服务、工程技术、物资供应和交通运输等等,每一个领域都有特殊的技术。如上所述,时间因素也有很重要的影响。在一个稳定的组织中,总经理能够直接管理的直接下属的人数,比一个新的或不断变化的组织要多。同样,空间对控制幅度也有影响。在一个固定于同一个建筑物内的组织中,可以通过较多的直接下属进行监督,而如果同样的组织分散在几个城市内,进行监督的直接下属则较少。当一个组织分散时,不仅要求有更多的监督,因此有更多的监督人员,而且要求较少的人同总经理保持联系,因为总经理在充分了解分布广泛的组织的详细情节以便进行明察秋毫的工作方面遇到的困难越来越大。如果没有充分地认识到这些变量的重要性,就会降低权威们所做出的一个人只能监督三个、五个、八个或十二个直接下属的科学论证的有效性。

但是,这些考虑并没有解决这一问题,它们只是说明还需要做进一步的研究。但是,如果不做进一步的研究,我们也可以在几个问题上做出推断:组织的主要负责人只能管理少量的直接下属;这个数目不仅取决于工作性质,而且也取决于负责人的性质;在实现同样程度的协调方面,在大型的、多样化的和分散的组织中,直接下属的数目要少于同质性的和统一性的组织。

3. 一个首长

从最遥远的年代开始,人们就已经认识到:多重指挥只能造成混乱。"一人不事二主",这句话是作为一条神学的论据提出来的,因为它已被人们承认是日常生活中人际关系的准则。在行政管理领域中,这就是人们熟知的"统一指挥"原则。这条原则可以表述如下:听命于几名上级的工作人员可能是思想混乱的、低效的和不负责任的;听命于一名上级的工作人员可能是有条理的、有效率的和负责任的。因此,统一指挥的是那些受到指挥的人,而不是那些发布命令进行指挥的人。

在工作协调和组织的过程中,这一原则的重要性绝对不能被抛之脑后,在构成一种协调结构方面,人们常常试图给一个正在工作的人设置两名以上的工长,这名工作者的关系则不止一种。甚至像泰勒这样伟大的管理哲学家,也陷入到这种错误中。他设置了各自处理机械、原料、速度等问题的互无联系的工长,他们都有直接向工人个人下达命令的权力。僵化地坚持统一指挥的原则可能有它的不合理之处,但是,与违反这一原则而肯定会出现的混乱、低效和不负责任相比,这些都是不重要的。

4. 技术效率

保证技术效率的问题有许多方面,这些方面大部分与我们的论述无直接关系。泰勒、丹尼森和金博尔等权威对它们进行了广泛的探讨,法约尔、厄威克、穆尼和赖利也深入研究了它们对组织的影响。但是,在研究组织理论方面,有一个效率方面的概念与我们的研究有密切关系,这就是同质原则。

权威们在许多领域中已经观察到,一个共同工作的群体的效率与他们正在完成的工作的同质性、他们正在利用的程序的同质性以及激励着他们的目的的同质性有直接关系。这个群体必须从上到下进行统一,他们必须一起工作。

我们由此得出两点结论:(1)如果集中在一个单一的单位中进行分工的组织结构,在工作、技术和目的方面是不同质的,将会遇到出现摩擦和效率低下的危险;(2)一个以一定程度的专业化为基础的单位不能由一个门外汉进行技术指导。

在政府范围内,人们不难发现许多非同质的行政管理组合的结果不能令人满意的例证。农业发展和教育不能让防治病虫害的同一种人来进行管理,这是人们普遍承认的事情。因为前者可以依靠农民的友好合作和信任取得成功,而后者则会招致怨恨和猜疑。同样,像药品管理等工作是为保护消费者利益建立起来的,在生产商的利益占支配地位的部门中,找不到开展这类工作的适当场所。在较大的城市和各个州,人们已经发现,医院在卫生部门的直接管理下效果不好,它们作为一种独立的部门或者至少是作为一种有广泛自主权的机构建立起来时才能得到很好的管理。还有一个例证也得到人们的普遍承认,虽然公共福利部门和公共卫生部门二者合署办公在具体条件下可以成功地运行,但是公共福利部门和警察部门则要求分开。没有一个人会认为供水管理工作和公共教育工作,或者税收工作和公共娱乐活动应该合在一起。人们在这些例子中都可以发现,其中有某些因素,或者是所要完成的工作,或者是所使用的技术,或者是所要实现的目标不是同质的。

任命不称职的外行和政治人物从事技术工作,或者让他们对高度专业化的工作进行技术指导,这是在美国很常见的做法。我们从中可以看到将不相容的职能结合在一起的另一种例证。正如弗兰克·J.古德诺博士三十年前指出的那样,我们在此遇到两种异质的职能:"政治"和"行政"。如果将它们在行政管理结构中组合在一起,肯定会造成效率低下的状态。

5. 专家的特性

在这个问题方面,有必要说一些需要注意的事情。运用同质原则存在一些容易犯的错误。每一个受过高级训练的专业技术人员,特别是在知识广博的职业中,都有一种强烈的无所不知的感觉,并且都有一种独立完成社会工作的强烈愿望。当政府雇用他们时,他们准确地了解人们在哪些方面对其本身的工作有更高的需要,他们知道如何提供这种服务,他们存在一种完全不顾其他需要的倾向。从根本上说,他们的特殊技术不就是他们的生路吗?在他们眼中,对他们的任何约束都是"限制自由",任何批评都是出于"无知和嫉妒"。他们所要求增加的每一项预算都是"为了公共利益",而用于其他地方的每一项预算都是"纯粹的浪费"。他们的努力和方法是"公共教育"和"公民组织",而其他人做出的同样的努力则是"宣传"和"政治"。

这种专家还有另外一种特性,他们往往想在其并不专长的领域中表现出知识和权威。特别是教育工作者、律师、牧师、海军将领、医生、科学家、工程师、会计师、商人和银行家,他们都有同样的特点——在具有某一领域中的技术能力或在某一领域中"获得成功"时,他们逐渐认为这种能力是一种可以超越本领域范围之外的普遍品质,是他们自己的天赋,他们可以毫不困难地进入其他领域。他们忘记了在某一王国中具有权威性的官服并不能使其享有其他王国的主权;在其他王国,它只不过是一种化装舞会上的服装而已。

这种专家知道自己的"本事"。社会需要他们,当人们的技术知识变得越来越广泛时,社会就越离不开他们。但是,历史向我们表明,在判断自己的长期需要方面,老百姓是比任何权威的崇拜者们更好的法官。国王和统治阶级、牧师和预言家、士兵和律师,在统治人类而不是提供服务时,他们最终所做的事情只是控制人类福利事业的发展而不是去促进它。正像有人所说的那样,专家的真正位置"是在鞋底,而不是在鞋面"。民主的基本效力取决于这种原理,因为民主是一种政体形式,在这种形式中,老百姓是最后决定什么对其有利的法官。

效率是对人们有利的事情之一,因为它可以使生活更富有、更安全。效率越来越要求通过使用专业人员来实现。这些专业人员没有权利要求不受监督控制,而且必须置于监督控制之下。但是,在建立这种控制的过程中,不考虑效率条件的政府不能指望会得到效率。

三、组 织 模 式

1. 组织中的工作是自上而下还是自下而上

在组织问题的讨论方面,下面的问题是一个产生较大混乱的问题。有些机构的工作和思想主要是自上而下的,而有些机构的工作和思想则主要是自下而上的。这种情况完全是很自然的,因为有些机构感兴趣的主要是行政官员和中央管理的问题,而其他的机构感兴趣的主要是个人的服务和活动。那些自上而下工作的机构要把组织看作是在一名最高负责人领导下逐级分工的系统,而那些自下而上工作的机构则把组织看作是把个人的工作单元结合为一个集合体的系统,这个集合体依次隶属于最高负责人。可以说,在这两种方法中,哪一种都可以使我们对整个问题进行考虑,以致用哪种观点来看待组织没有很重要的意义。当然,下列做法造成了实际中的重要差别:那些自上而下工作的机构,必须防止出现为了实现高层管理部门的模式化的结构,而牺牲个人热情服务的效率的危险;而那些自下而上工作的机构,必须防止出现为了发展有效的个人服务,而挫伤了他们协调工作的愿望的危险。

在任何实际情况中,必须从上下两个方面研究组织问题,在对现行机构进行改组的问题上尤其如此。它难道不像理论上所说的合理过程那样有实际的必要性吗?在这种情况下,人们将从自上而下和自下而上两个方面制定组织或改组计划,并把这两个方面在中心处结合起来。在制定主要是在最高管理者指挥下逐级分工的计划时,必须运用控制幅度限制的原则;在制定主要是将专业职能结合为集合体的计划时,必须运用同质原则。在自上而下逐级分工的过程中,有某些职能很难适合自下而上结合为集合体的要求。所有这类职能的企事业单位都必须采用附加的分工和附加的集合体,而且每深入一步都必须逐渐缩小严格坚持这两种相互冲突的原则的程度,直到形成了二者的结合点为止。

纽约市的改组计划提供了这个问题方面的令人感兴趣的例证。1934年的宪章委员会研究了纽约市的问题,并决定将其部门和分开的活动从60左右减少到一个控制数内。在同各个政府部门的官员举行一系列会议之后,委员会确信,没有合并为"部门"活动的市政府部门的数目不能低于25个,这些部门如再进一步合并,则不能共同完成工作或产生实际的冲突。但是,这一数目对于受到市长有效监督来说仍然太多,作者本人提出了一个解决方案。这就是在宪章规定中,将市长的行政工作进一步分工,任命三至四个副市长,市长可以将其进行广泛监督和协调的任务分一部分给他们。按照这种计划,这些副市长向市长汇报所有新的和重要的事情以供决策。通过经常保持密切关系,在所有问题方面他们都了解市长的思路。他们能够使市长减少大量的琐细事务,但在任何方面都不把个人的色彩注入到政策的制定过程中。按照这样一项计划,分配给一名副市长的任务可能是对警察、公园、医院和造船厂等多种多样的机构进行一般性的指导,与将这些活动统一由市长本人指挥的情况来比,这样做更不会违反同质原则。在民主地进行管理的政府条件下,这样做更有十分必要的重要性,这样做并不违反所规定的同质原则。这些副市长始终置身于各种服务机构的技术范围之外,致力于范围广泛的行政管理和协调工作,正像市长本身所要做的那些工作一样。这些副市长被认为是市长职位的一部分,而不是服务机构的一部分。即他们并非相当于一种自下而上建立起来的结构的最高点,确切地说相当于一种自上而下扩展的结构的基础,这种结构的目的是使市长和服务机构之间的有效的接触点增加四倍。

2. 系统组织最高管理者的工作

　　上述建议的结果是要让行政职能系统化和制度化,使它更适合于复杂的情境。实际上,这并不是一种新的思想。例如,我们不会想到让最高管理者自己写函件,我们给他配备一名私人秘书,这个秘书在他的办公室中帮助他完成部分工作。他并不隶属于其他部门,他是最高管理者本身工作的一种分工。正是按照这种方式,虽然程度有所不同,可以将最高管理者的工作的其他方面都组织起来。

　　但是,在这样做之前,我们有必要弄清这种工作本身的状况。这就向我们直接提出了一个问题:"什么是最高管理者的工作?他做些什么?"

　　答案是POSDCORB。

当然，POSDCORB 是一种组合词，目的在于唤起人们对最高管理者的各种职能性的工作因素的注意，因为"行政"和"管理"已经失去了所有具体的内容。POSDCORB 是由下列活动的首字母组成的并象征着这些活动：

计划（Planning）：为了实现企事业单位所设定的目标，制定出需要完成的事情的纲要及完成这些事情的方法。

组织（Organizing）：为了实现明确规定的目标建立起正式的权力机构，通过这种结构安排，规定和协调各种逐级分工的工作。

人事（Staffing）：雇用和训练工作人员以及保持有利的工作条件等整个人事工作方面的职能。

指挥（Directing）：指下列连续性的工作，作出决策并以各种特殊的和一般的命令和指示使之具体化，发挥企事业单位领导者的作用。

协调（Coordinating）：使工作的各个部分相互联系起来的所有重要的职责。

报告（Reporting）：使最高管理者对之负责的那些人不断了解所正在进行的工作，也包括通过记录、调查和检查使最高管理者及其下属不断了解有关情况。

预算（Budgeting）：包括所有以财务计划、会计和控制形式出现的预算。

亨利·法约尔在《工业管理和一般管理》一书中对管理职能进行了精心分析，对最高管理者工作的这种说明正是根据法约尔的分析修改而成的。我认为，熟悉行政管理工作的人将会发现，这种分析是一种有效的和有益的模式，它将符合任何最高管理者的活动和职责。

如果承认这七种因素是最高管理者的主要职责，那么可以说，可以分别将它们系统地做进一步的分工。这种分工的需要完全取决于企事业单位的规模和复杂性。在最大的单位中，特别是在最高管理者实际上不能完成繁重工作的地方，可以设想组织一个或几个低一级的 POSDCORB 部分。

思考题

1. 什么是行政工作中的分工与协调？它们之间的正当关系如何处理？
2. 如何理解和运用行政管理中的"统一指挥"原则？
3. 如何理解行政技术效率与同质原则的关系？
4. 试比较行政协调两种方式的不同功能。
5. 最高管理者的主要职责有哪些？

第七篇　人的激励理论*

亚伯拉罕·马斯洛

> **导　读**
>
> 　　以心理学为核心是20世纪管理学发展的趋势之一。1943年,美国社会心理学家、人格理论家、人本主义心理学的主要发起者和理论家亚伯拉罕·马斯洛(A. M. Maslow, 1908—1970)发表了《人的激励理论》一文,其基本内容是将人的需求从低到高依次分为生理需求、安全需求、社交需求、尊重需求和自我实现需求五种需求。马斯洛认为,人类具有一些先天需求,人的需求越是低级的就越基本,越与动物相似,越是高级的就越为人类所特有。同时,这些需求都是按照先后顺序出现的,当一个人满足了较低的需求之后,才能出现较高级的需求,即存在需求层次。当然,各种基本需要的出现一般是按照生理需求、安全需求、社交需求、尊重需求和自我实现需求的顺序,但并不一定全部都是按照这个顺序出现。马斯洛的需求层次理论在现代行为科学中占有重要地位,是管理心理学五大理论支柱之一。马斯洛的需求层次理论的基础是他的人本主义心理学,人的内在力量不同于动物的本能,人要求内在价值和内在潜能的实现乃是人的本性,人的行为是受意识支配的,人的行为是有目的性和创造性的。

---

* A. H. Maslow, A Theory of Human Motivation, *Psychological Review*, Vol. 50, No. 4, 1943, pp. 370-396. 中文译本摘自彭和平、竹立家等编译:《国外公共行政理论精选》,中共中央党校出版社1997年版,第105—128页。摘录时对标题序号及个别地方作了修改。

一、导　　言

我在上一篇论文中提出了各种命题,[①]任何一种人的激励理论都应该把它们包括进去,这些命题要求进一步明确。关于这些命题的推论可以简要概括如下:

1. 机体的一体化整体是激励理论的基石之一。

2. 不能把饥饿驱力(或任何其他生理驱力)作为明确的激励理论的要点或模式;任何以躯体为基础的和有定域的驱力经证明在人的激励理论中是独特的而不是典型的。

3. 这样一种理论将强调和集中注意的是最终的或基本的目标而不是部分的或表面的目标,是目的而不是实现这些目的的手段。这样就意味着把重点更多地放在无意识的动机而不是有意识的动机方面。

4. 通常有各种实际的文化道路通向同一个目标,因此,有意识的、具体的、地方文化的欲望不像更为基本的、无意识的目标那样是激励理论的基础。

5. 任何受到激励的行为,或是预备的行为或是完成的行为,都可以被理解为是一条通道,许多基本的需要可以通过这条通道同时表现出来或得到满足。

6. 所有机体的状态都可以被看作是受到激励的状态和正处于激励过程的状态。

7. 人的需要本身按照强烈程度梯状排列。即是说,一种需要的出现通常取决于优先满足另一个更为强烈的需要。人是一种不断产生需求的动物。我们不能把需要或驱力看作似乎是孤立的或分离的,每一种驱力都和是否满足另一种驱力的状态有关。

8. 驱力一览表将使我们无处探寻各种理论上或实践中的原因,而且对激励的任何分类必然要考虑已被分类的专一性或普遍化的动机的层级问题。

9. 对激励的分类必须以目标而不是以促动性的驱力或受到激励的行为为基础。

10. 激励理论应以人为中心而不是以动物为中心。

---

① A. H. Maslow, Preface to Motivation Theory, *Psychosomatic Medicine*, Vol. 5, No. 1, 1943, pp. 85-92.

11. 我们必须考虑机体发生反应的情境或现场，但是，仅仅局限于现场本身还不能用来广泛地解释行为。而且现场本身必须从生物体方面来解释。现场理论不能取代激励理论。

12. 我们不仅要考虑机体的整体性，而且要考虑机体做出孤立的、特殊的、部分的或局部的反应的可能性。

现在必须在这些方面再补充另一种肯定意见。

13. 激励理论和行为理论不是同义的。激励只是行为的决定因素之一。行为几乎总是受到激励的，但是与此同时，它也几乎总是由生物的、文化的、情境的因素决定的。

本文试图系统阐明一个积极的激励理论，它将满足理论上的要求，同时又符合已知的、临床的、观察的以及试验的事实。但是，它最直接地来自于临床经验。我认为，这个理论符合詹姆士和杜威的机能主义者的传统，并且与韦特海默、戈尔德斯坦和格式塔心理学的整体论及弗洛伊德、阿德勒的精神动力学相融合。这种融合或综合可以武断地称为"一般动力"理论。

接受或者批评激励理论的这些方面远比完善它们容易得多，这主要是因为严重缺乏该领域的有用数据。我认为，造成这种事实的主要原因在于缺少一种有效的激励理论。

我们必须把现有的理论，看作是有利于进一步研究的建设性计划或框架。我们与其坚持或注意已有的事实或已提出的证明，不如根据本文提出的问题，坚持或注意到目前为止已经完成的研究和可能提出的研究。

二、基本的需要

"生理"需要。通常作为激励理论出发点的需要是所谓的生理驱力。最近的两项研究，使我们有必要修正我们对这些需要的习惯性看法。首先是体内平衡概念的发展，其次是食欲（对食物的优先选择），相当有效地指明了体内实际的需要或者匮乏。

体内平衡指的是身体维持血流的经常的正常状态的一种自动的努力。坎农描述了这一过程。其内容有：(1) 血液的水含量，(2) 盐含量，(3) 糖含量，(4) 蛋白质含量，(5) 脂肪含量，(6) 钙含量，(7) 氧含量，(8) 恒定的氢离子标准（酸碱平衡），(9) 血液的常温。很明显，这份名单还可以扩大包括其他无机物,以及荷尔蒙、维生素等等。

杨在最近的一篇文章中,对口味与身体需要之间的关系作了如下概括:如果身体缺乏某种化学物质,人就会趋向于适于发展需要那种食物成分的专门口味或选择性的食欲。因此,似乎不可能也不必为基本的生理需要造表。因为,只要人愿意,它们的数字可任意增大或缩小,完全取决于描述的专门性程度。我们不能将所有生理需要都确定为是体内平衡的。现在尚未证实性欲、困倦、纯粹的敏捷以及动物身上的母性行为是否是体内平衡的。而且这种表内不会包括各种感觉上的快意(如味觉、嗅觉、搔痒、抚摸等),这些快意很可能是生理上的,并可能成为受到激励的行为的目标。我们也不知如何解释这一事实:有机体在趋向于呆滞、懒惰和懈怠的同时,还有活动刺激和兴奋的需要。

我在上一篇论文中已指出[1],这些生理驱力或需要应看成是独特的而不是典型的,因为它们是可孤立的,在身体上是可定域的。这就是说,它们既彼此相对孤立,又相对独立于其他层次的动机,也相对独立于作为一个整体的动机。其次,在许多情况下都可能为这种驱力找到一个部位的潜藏的基础。这不如料想的那样普遍准确(疲劳、困倦、母性反应等就是例外),但对于饥饿、性欲以及渴望的情况却是确切的。

应当再次指出的是,任何生理需要以及与其有关的完成的行为,也是所有各种需要的通道。即是说,一个认为自己饿了的人,也许实际上更多的是正在寻求安慰或依赖,而不是蛋白质或维生素。反之,有可能通过其他活动,如喝水、抽烟等来部分地满足饥饿感。也就是说,这些生理需要是相对独立的,但并非彻底独立。

毋庸置疑,这些生理需要在所有需要中是最优先的。具体说,这意味着,在某种极端的情况下,即当一个人失去了生活中的一切时,生理需要成为他的主要动机。一个同时缺乏食物、安全、爱和尊重的人,对于食物的需要可能最为强烈。

如果所有需要都没有得到满足,并且机体因此而受生理需要的支配,其他需要则可能会全然消失,或者隐蔽起来。这时就可以公正地说,整个有机体的特点就是饥饿,因为意识几乎完全被饥饿优先支配。此时,全部能力都投入到

---

[1] A. H. Maslow, Preface to Motivation Theory, *Psychosomatic Medicine*, Vol. 5, No. 1, 1943, pp. 85-92.

第二部分
第七篇 人的激励理论

满足饥饿的服务中去。这些能力的组织,几乎完全为满足饥饿这一目的所决定。感受器、效应器、智力、记忆、习惯,这一切现在可能仅仅是满足饥饿的工具。对于达到这一目的没有用处的能力,则处于休眠状态或者隐蔽起来。在这种极端的情况下,写诗的冲动,买汽车的欲望,对美国历史的兴趣,对一双新鞋的需求等等,都被忘记,或者重要性退居第二位。对于一个其饥饿已经达到危险程度的人来说,除了食物,其他们任何兴趣都不存在。他梦里是食物,记忆里是食物,想的是食物,感情的对象是食物,看见的只是食物,渴望的只是食物。在有条有理地进食、饮水,或性行为的过程中,通常与生理驱力融合得更为微妙的决定因素,现在可能完全被吞没了,以至于我们在此时(但仅仅是在此时),可以用解除痛苦这一绝对目的来谈论纯粹的饥饿驱力和行为。

当人的机体被某种需要支配时,它的另一个独具的特性是对未来趋势的整体看法也会变化。对于一个长期处在极度饥饿状态的人来说,乌托邦仅仅是一个食物充足的地方。他往往会这样想,只要在有生之年食物有保证,他就会感到绝对幸福并且不再有任何其他奢望。生活本身的意义就是吃,其他任何东西都是不重要的。自由、爱、公众感情、尊重、哲学,都被当作无用的东西弃置一边,因为它们不能填饱肚子。可以说,这种人仅仅是为面包而活着。

不能否认这类情况的真实性,但可以否认它们的"普遍性"。紧急情况在正常运行的和平社会里几乎可以肯定是罕见的。这个明显的道理会被忘记主要应归咎于两个原因:其一,老鼠除生理性的激励外,很少有其他什么激励。既然在这些动物身上作了这么多有关激励的研究,那么就很容易将老鼠的情况转用于人。其二,人们总是认识不到文化本身也是一种适应性工具,它的主要功能之一,就是使生理上的紧急情况发生得越来越少。在大多数已知的社会里,经常处于紧急状态中的极度饥饿是罕见的,而不是普遍的。至少这在美国是事实。当一个普通的美国公民说"我饿了",他是在感受食欲而不是饥饿。他仅仅是在偶然的机会和一生中的某些时刻,才会感到纯属生与死的饥饿。

显然,使机体长期极度饥饿和干渴,很容易模糊"较高的"激励,并对人的能力和本性产生片面的看法。如若有人试图使紧急情形典型化,根据人在极度的生理匮乏时期的行为来测量人的全部目标和欲望,那么他一定会对许多事实视而不见。"人只靠面包活着"并不是谬论——但这只有在没有面包时才是事实。那么当面包充足,并且长期以来都能填饱肚子时,欲望又会发生什么情况呢?

这时,其他("更高级的")的需要会立即出现,这些需要而不是生理上的饥饿开始控制机体。当这些需要满足后,又有新的(乃是"更高一级的")需要出现了,依此类推。这就是我们所说的人类基本需要组成一个有相对优势的层次。

这句话的一个重要含义是:在激励理论中,满足成为与匮乏同样重要的概念。因为它将机体从相对来说更是生理性的需要的控制下解脱出来,从而允许更具有社会性的目标出现。生理需要以及它们的局部目的在长期得到满足时,就不再作为行为的活跃的决定因素和组织者而存在了。它们只是以潜在的方式存在,即如果遭受挫折,它们会再次出现并控制机体。然而已被满足了的要求就不再是一种要求了,机体仅仅受到尚未得到满足的需要的支配,并在这种支配下组织它的行为。如果饥饿得到满足,它在人目前的原动力中就变得无足轻得了。

这种说法可以用一个后面要更详细讨论的假设来证明,即正是那些某种需要一直得到满足的人,最能忍受将来这种需要的匮乏。然而,过去一直被剥夺了这种需要的人,对一旦满足这种需要的反应,将与上述那些人不同。

安全需要。如果生理需要相对充分地得到了满足,接着就会出现一整套新的需要,我们可以把它们大致归为安全需要。上面谈到的生理需要的所有特点同样适合这些欲望,不过程度稍弱。它们同样可能完全控制机体,可能成为行为的唯一的组织者,调动机体的全部能力来为其服务。因此我们可以将整个机体描述为一个寻求安全的机制。我们还可以说感受器、效应器、智力以及其他能力则主要是寻求安全的工具,正如在饥饿者那里表现的一样。这个压倒一切的目标不仅对于目前的世界观和人生观,而且对于他未来的人生观,都是强有力的决定因素。在他看来,现实的一切都不如安全重要(甚至有时包括生理需要,它们由于被满足现在不受重视了)。如果这种需要极为强烈,长期存在,那么,处于这种状态中的人可以被描述为仅仅为了安全而活着。

虽然我们在本文中的兴趣主要是成年人的安全需要,但是我们可以通过观察幼儿和儿童,来更有效地获得对这种需要的理解。因为,在他们身上,这些安全需要简单明显得多。幼儿对于威胁或者危险的反应更为明显,原因之一在于,他们根本不抑制这种反应。而我们社会中的成年人却学会不惜代价压抑它。因此,当成年人真正感觉到安全受到威胁时,我们可能在表面上看不出这一点。假如幼儿受到干扰或者突然跌倒,或者由于高声喧闹、闪电及其他异常的感官刺激受惊,或者受到粗暴的对待,或者在母亲怀中失去支持,或者感到失去依靠,等等,他们会全力以赴地作出反应,仿佛遭遇了危险。①

我们在幼儿身上还能看到他们对各式各样的身体不适的更直接的反应。有时,这些不适似乎立即具有本质上的威胁,使幼儿感觉不安全。例如,呕吐、腹痛或者其他剧烈的疼痛,会使孩子用不同方式看待整个世界。可以假设,这类痛苦的时刻在孩子看来,整个世界突然从阳光灿烂变得暗无天日,仿佛变成一个任何事情都可能发生的地方。在这里,一切过去曾是稳定的东西现在变得不稳定了。这样一个因为吃不好食物致病的孩子有一二天会感到害怕,夜里做噩梦,并且还有一种他病前从未出现过的情况,要求保护和一再的保证。

儿童的安全需要还表现在他喜欢一种安稳的程序或节奏。他似乎需要一个可以预见的有秩序的世界。例如,父母方面的非正义、不公正或相互矛盾,似乎使孩子感到焦虑和不安全。这种态度与其说是来源于不公正本身,或者由不公正造成的某些痛苦,不如说这样的待遇是世界变得不可靠、不安全、不可预见的凶兆。在一种至少有一种刻板性的骨架轮廓的系统里面,儿童似乎能更健壮地成长。在这种系统里,不仅对于现在,而且对于将来,都有某种程序和常规,都有某些可以依赖的东西。也许可以这样更精确地来表达这一意思:儿童需要一种有组织、有结构的世界,而不是无组织、无结构的世界。

父母在正常家庭结构中的核心作用是无可争辩的。家庭内部的争吵,动手殴打,分居,离婚或死亡往往是特别可怕的。同样,父母对孩子大发脾气,吓唬说要惩罚他,对他进行谩骂,粗声粗气地对他讲话,猛力推他,虐待他,或者对他实行体罚,这一切有时竟会使孩子惊慌失措,惊恐万分。因此,我们可以假设,这里面所包含的决不仅仅是皮肉之苦。的确,在某些孩子身上,这种恐惧同时也是害怕失去父爱或者母爱的表现。然而,它也可以发生在被完全抛弃的孩子身上,这样的孩子依附于仇视他们的父母,似乎不是出于对爱的希望,而纯粹是为了求得安全和保护。

当一个普通的孩子面临新的、陌生的、奇特的、无法控制的刺激或者情境时,常常会引起威胁或者恐惧的反应。例如从父母身边走失,甚至在短时期内父母分离,面对着陌生的面孔,新的情境或者新的任务,看到奇特、不熟悉或者面对应付不了的物体、疾病、死亡等等。特别是在这种情况下,孩子会发疯似地

---

① 随着孩子的成长,知识的完备、对周围环境的熟悉以及运动神经的发展,使这些"危险"变得越来越不可怕,并且越来越容易控制。可以说,在人的一生中,教育的一个最重要的目的,就是通过知识来使危险的事物化险为夷。比如,我不害怕打雷,因为我知道打雷的原因。

依附于父母,这雄辩地证明了父母作为保护人的作用(且不说他们作为食物提供者和爱的提供者的作用)。

从这些观察以及其他类似的观察中,我们可以归纳出一点:我们社会中的普通儿童一般更喜欢一个安全、有序、可以预见、有组织的世界。这个世界中,出人意料、无法应付、混乱不堪的事情,或者其他有危险的事情是不会发生的;而且在这个世界里,无论遇到了什么情况,也会有强大的父母保护和掩护他免遭危害。

在儿童身上可以很容易地观察到这些反应,这从某个方面来说,证明了我们社会中的儿童不安全的感觉极强(或者换句话说,他们的抚养条件很差)。生活在一个没有威胁、洋溢着爱的家庭中的儿童,通常不会有我们描述过的那种反应。在这类孩子身上,大部分威胁反应往往起因于连成年人也觉得有危险的事物或情况。

在我们的文化中,健康或者幸运的成年人在安全需要方面享有很大程度的满足。和平、运转稳定的"健全的"社会,通常都会使自己的成员感到非常安全,决不会受到野兽、严寒酷暑、强奸、谋杀、动乱、暴政等的威胁。因此,从一种非常现实的意义上看,不会再有什么安全需要能成为他的有效的激励因素。正如一位吃饱了的人不再感到饥饿,一个安全的人不再感到危险。如果我们想直接、清楚地观察到这些需要,我们就必须把目光转向神经质的或者接近神经质的人,转向在经济上和社会上的竞争失败的人。在这两个极端之间,我们只能在下列现象中观察到安全需要的表现,例如一般都愿意找有保障的、可以终身任职的工作,渴望有个银行户头和各种类型的保险(医药、牙科、失业、残疾、老年保险等)。

在世界上寻求安全和稳定的努力还有一些范围更广的方面,这些方面见于一种极为常见的偏爱。人们往往偏爱熟悉的事物,而不是不熟悉的事物;或者是偏爱已知的事物,而不是未知的事物。那种想用某一宗教或者世界观,把宇宙和宇宙中的人组成某种令人满意的和谐和有意义的整体的倾向,多少也是受到寻求安全的激励。在这里,我们同样也可以认为,一般科学或者哲学在一定程度上说是由安全需要所促成的(我们在后面将会看到科学、哲学或者宗教方面的努力,同时还有别的激励因素)。

否则,只有在真正的危机状态中,才能将安全需要看作是调动有机体潜能的活跃和支配因素。这些危机状态包括:战争、疾病、自然灾害、犯罪浪潮、社会解体、精神变态、脑损伤、权威的崩溃、长期恶劣的情境等。

在我们的社会里，一些患神经病的成年人在对于安全的渴望上，有很多方面都与感到不安全的儿童一样，只是这种现象在成年人身上表现得特殊罢了。他们的反应往往是由不可知的、心理上的威胁所引起的，这些威胁存在于一个被认为是敌对的、势不可挡的、充满着威胁的世界之中。这种人的一举一动都表现得好像每时每刻都会有大难临头，也就是说，他随时都好像是在对危急情况作出反应。他的安全需要往往有着独特的表达方式，往往会寻求一位保护人，或者一位可以依赖的更强大的人，或许是一位希特勒式的"元首"。

我们可以极为有用地将神经病患者描述为一种成年后仍保留着童年时对待世界的态度的人，在某些方面略有不同。也就是说，一个患神经病的成年人，可以说一举一动都"仿佛"是真的害怕要被打屁股，或者惹母亲不高兴，或者被父母抛弃，或者被夺走食物。仿佛他的孩子气的惧怕心理和对一个危险世界的恐惧反应已经转入了地下，丝毫没有受到长大成人和接受教育过程的触动，现在又随时可以被一些会让儿童感到担惊受怕、威胁重重的刺激因素诱导出来①。

在不由自主、如痴如醉型的这样一种类型的神经病中，对安全的寻求表现得最为明晰可辨。这类神经病的患者发疯似地想要使世界秩序化、稳定化，以便确保绝不会出现无法控制、无法预料或者并不熟悉的情况。他们用各种各样的礼节仪式、规则程式将自己围护起来。这样，不管发生什么样的偶然事变都能应付得了，并且也可以使新的偶然事变不再发生。他们同戈尔德斯坦描述过的脑损伤病例非常相似，这类病人总是想尽各种办法来保持自己的心理平衡。例如回避所有奇特、陌生的事物，将他们有限的世界整理得一板一眼、井井有条，使这个世界里的任何事情都是可以依赖的。他们试图将世界安排得使任何出人意料的事情（危险）都不可能发生。如果竟然发生了什么出人意料的事情，而且又不是他们自己的过错所致，那他们就会有一种惊慌失措的反应，似乎这个出人意料的事变造成了非常严重的威胁。我们在健康人身上所看到的强烈的偏爱，例如对熟悉的事情的偏爱，到了不正常的人身上，就成了一种生死攸关的需要。

---

① 并非所有的神经病患者都有不安全感。神经病也可能出现在一个通常感到安全的人身上，它之所以出现是因为他的感情需要和尊敬需要受到了挫折。

爱的需要。 假如生理需要和安全需要都很好地得到了满足,爱、情感和归属的需要就会产生,并且以新的中心重复着已描述过的循环。现在,个人空前强烈地感到缺乏朋友和心爱的人、妻子或孩子。也就是说,他一般渴望同人们有一种充满深情的关系,渴望在他的团体和家庭中有一个位置,胜过希望获得世界上的任何其他东西。他甚至可以忘掉,当他感到饥饿的时候对爱做出的嘲笑。

在我们的社会中,从适应不良和更严格的病理学的案例来看,这些需要的挫折是最普遍的基本的核心。爱和情感,以及它们在性方面的表现,一般看来是有矛盾心理的,习惯上包括有许多限制和禁忌。实际上,所有精神病理学家都强调,爱的需要的挫折是适应不良的基本原因。因此,在临床研究方面,有许多关于爱的研究。除了生理需要外,我们对于它的了解也许比对其他需要的了解更多。

我们必须强调的是爱和性并不是同义的,性可以作为一种纯粹的生理需要来研究。一般的性行为是由多方面决定的,也就是说不仅由性的需要,也由其他需要决定,其中主要是爱和感情的需要。爱的需要既包括给予别人的爱,也包括接受别人的爱,这是一个不应忽视的事实。

自尊需要。 社会上所有的人(除了少数病态的人之外),都有一种得到来自他人的、稳定的、有坚实基础的、(通常)较高的评价的需要或欲望,有一种对于自尊自重和来自他人的尊重的需要或欲望。我们所说的有坚实基础的自我尊重,是指这种尊重完全以他人对实际能力和成就的评价为基础,并且来自于他人。这种需要可以分为两类:第一,对力量、成就、面对世界时的自信、独立和自由的欲望。① 第二,对于名誉或威信(来自他人对自己的尊敬或尊重)、公认、注意、重要性、赞赏的欲望。这些需要相对来说被阿德勒及其拥护者们所强调,而被弗洛伊德和精神分析学家们所忽视。然而,目前,它们的突出的重要性受到了越来越广泛的注意。

自尊需要的满足使人感到自信,感到自己在这个世界上有价值、有力量、有

---

① 我们还不知道这一特殊的愿望是否带有普遍性。关键的问题在于,特别是对于今天来说,那些命中注定要被奴役与统治的人,会感到不满并萌发反抗意识吗?根据众所周知的临床数据我们可以认为,一个已知真正自由为何物的人(这种自由不是以放弃安全感为代价得来的,而是建立在充分的安全感之上的)是决不会自愿或轻易地允许他的自由被夺走的,但我们并不十分确切地知道,对于那些生而为奴的人,情况是否也相同。今后十年内发生的事情将会给我们提供答案。参见 E. 弗洛姆在《逃避自由》一书中对这一问题的论述。

能力、有用处和必不可少。然而这些需要一旦受到挫折,就会产生自卑、弱小以及无能的感觉。这些感觉又会使人丧失基本的信心,使人要求补偿或者产生神经病倾向。从对严重的创伤性的神经病的研究中,我们很容易明白基本自信的必要性,并且理解到,没有这种自信人们会感到何等无依无靠。

自我实现的需要。即使所有这些需要都得到了满足,我们可以经常(假如并非总是)预料新的不满足和不安又将迅速地发展起来,除非个人正在干着他所适合的事情。一位作曲家必须作曲,一位画家必须绘画,一位诗人必须写诗,否则他始终都无法快乐。一个人可以成为什么样的人,就必定会成为什么样的人。我们可以把这一需要称为自我实现。

"自我实现"这一术语是戈尔德斯坦首创的,本文在一种更加特殊和有限的意义上予以采用。它指的是自我完成的欲望,也就是一种使自己的潜力得以实现的趋势。这种可以说成是一个人期望自己越来越成为还其本色的人,成为他所能够成为的一切。

满足这一需要所采取的具体方式是因人而异的。有的人可能想成为一位理想的母亲,有的人可能想在体育上大显身手,还有的人可能想表现在绘画或创造发明上。虽然具有创造能力的人将采取发明创造的方式,但它不一定是一种创造性的冲动。

自我实现需要的明显的出现,通常要依赖于前面所说的生理、安全、爱和自尊需要的满足。我们将把这些需要得到满足的人叫作基本满足的人。正是从这些人身上,我们有希望看到最充分(和最旺盛)的创造力。在我们的社会中,除了对基本满足的人有所了解之外,我们对自我实现需要在实验上和临床上都还了解不多。这是一个有待进一步研究的引起争论的问题。

基本需要满足先决条件。有一些条件是基本需要满足的直接前提,对于它们的威胁似乎就是对基本需要本身的威胁。像言论自由、在无损于他人的前提下的行动自由、表达自由、调查研究和寻求信息的自由、防卫自由,以及集体中的正义、公平、诚实、秩序等等,这些条件都是基本需要满足的先决条件的例证。这些自由遭到挫折会使人们作出遇到威胁或者紧急情况的反应。这些条件本身不是目的,但它们几乎又是目的,因为它们与基本需要的关系太密切,而基本需要显然本身就是唯一的目的。这些条件受到保护是因为没有它们,基本需要的满足就完全不可能,或者至少会受到严重的威胁。

如果我们没有忘记认知能力(感性的、理性的和学习的)是一套适应性工具,它们除了其他功能之外,还有满足我们的基本需要的作用。很明显,它们所遭遇的任何威胁、任何剥夺或阻碍,都会对其自由使用的权利的行为,以至于对基本需要本身构成间接的威胁。这样一种说法部分地解决了这样一些普遍的问题:好奇心,对于知识、真理和智慧的追求,以及解释宇宙之谜的一成不变的冲突。

因此,我们必须提出另一个假设,并且采用一种与基本需要有关的疏密程度的说法。因为我们已经指出,由于任何有意识的欲望(部分目标)都与基本需要有着或疏或密的关系,它们本身的重要性也就有大有小。这个论点对于各种举止行为也同样成立。如果一个行动直接有助于基本需要的满足,它在心理上就是重要的;倘若对此间接有益或者贡献较小,那么根据动力心理学观点来看,这个行动则不那么重要。这同样适应于各种防御或者应付机制。其中一些与保护或者达到基本需要有直接关系,另一些则只有微弱的和疏远的联系。的确,如果我们愿意,可以说防御机制有更根本和不太根本之分,并且可以断言,危及更根本的防御比起危及不太根本的防御来说具有更大的威胁性(切记这些都只在于它们与基本需要的关系)。

认识和理解的欲望。 到目前为止,我们只是附带地提过认识的需要。获取知识和使宇宙系统化,在某种程度上说,是在世界上获得基本安全的方法,或者对于智者来说,是自我实现的表达方式。另外,探究和表达自由也被作为满足基本需要的先决条件来详细论述。尽管这些论述有它们的作用,但它们并没有构成对于好奇、学习、推究哲理、实验等的激励作用等问题的明确答案。

这一问题是特别困难的,因为我们对事实了解得很少。好奇心、探索、得到事实的欲望、认识的欲望,这些肯定可以很容易地观察到。人们常常费很大代价追求个人安全的事实,是我们前面论述过的部分特性的重要证明。而且,我认为,虽然已有充分的临床证据可以假设认识的欲望是智力正常的人的强有力的驱力,但是,我们还没有适用于智力不正常的人的数据。认识的欲望可能基本上是较高智力的功能。怀着进一步推动讨论和研究的希望,我们暂时先对人的基本欲望作出假设,这是一种认识的欲望,注意现实的欲望,搜集事实的欲望,满足好奇心的欲望,或者像韦特海默所说的,是了解而不是一无所知的欲望。

但是,这种假设并不全面,甚至在我们认识了之后,我们仍受到激励,一方面要使认识越来越细致入微,另一方面又朝着某种宇宙哲学、宇宙神学等的方向使认识越来越广阔博大。我们获得的事实如果是孤立的或者原子式的,它们终究要被理论化，不是被组织就是被分析，或者是两者俱全。这个过程被一些人称为对"意义"的探求。那么我们再来假设一些欲望：理解的欲望，系统化的欲望，组织的欲望，分析的欲望，寻找关系和意义的欲望。

一旦允许讨论这些欲望，我们会发现它们也组成了一个小小的层次系列，其中认识的欲望优先于理解的欲望。我们曾描述过的按需要优势排列的层次系统所具有的一切特性，似乎也适用于这个小系统。

我们必须提防那种将这些欲望与前面论及的基本需要分离的极易发生的倾向，即在认知需要和意动需要之间采取绝对的两分法。认识和理解的欲望本身就是意动的，即它们具有争取的特点，并且和我们已经论述过的"基本需要"一样，也属于人格需要。

三、基本需要的更深层的特点

基本需要层次的固定程度。 到目前为止，我们把这个层次系统说成仿佛是一个等级固定的系统，然而实际上它并不完全像我们表达的那样刻板。的确，我们研究的大多数人的这些基本需要，似乎都是按照已经说明过的等级排列的。但是也有一些例外。

1. 例如，在有些人身上，自尊似乎就比爱更重要。层次序列中的这种最普通的等级颠倒，通常起因于这样一种概念的发展。最有可能获得爱的人是一个坚强的或强有力的人，他们令人尊敬或者敬畏，充满自信或者敢作敢为。因此，缺乏爱并且寻求爱的人可能竭力表现得具有进攻性和自信心。然而实质上，他们寻求高度的自尊以及自尊在行为上的表现方式，与其说是为了自尊本身，不如说是将它作为达到一种目的的手段。他们的自我表现是为了爱，而不是自尊本身。

2. 另有一些显然是天生具有创造性的人，他们的创造驱力似乎比其他任何一种反向的决定因素都重要。他们的创造性的出现不是作为由于基本需要的满足释放出的自我实现，尽管缺乏基本满足，他们仍要创造。

3. 有一些人的志向水平可能永远处于压低或者压抑状态，也就是说，不占优势的目标可能失去，并且可能永远消失。结果，这个在一种很低的生活水平上度日（如长期失业）的人，可能在余生中继续仅仅满足于获取足够的食物。

4. 所谓心理变态人格是永久丧失爱的需要的另一个例证。根据掌握的最好材料来看，这些人从生命的头几个月开始就缺少爱，因而几乎永远丧失了给予和接受情感的愿望和能力（就像动物出生后并未立即练习而丧失了吸吮或者啄食的反应能力一样）。

5. 需要层次发生颠倒的另一个原因是，当一种需要长期得到满足时，其价值就可能被低估。从未体验过长期饥饿的人很容易低估它的效应，将食物看成无足轻重的东西。如果他们为某种高级需要所控制，这个高级需要的重要性似乎压倒一切。他们有可能，实际上也确实会为了这个高级需要而使自己陷入不能满足某种更基本的需要的困境。我们可以预料，在这种更基本的需要长期缺乏之后，会出现重新估价这两种需要的倾向。这样，优势需要将会在曾经将它轻易放弃的人的意识中占据优势地位。例如，一个为保其自尊而宁愿失去工作的人，在经历了六个月左右的饥饿后，可能愿意重新去工作，甚至不惜以牺牲自己的尊严为代价。

6. 对于需要层次表面上颠倒的另一个不完整解释是，我们一直是从有意识地感到需要或欲望，而不是从行为的角度来讨论层次优势的。观看行为本身可能给我们带来错误的印象。我们的观点是，当一个人同时缺乏两种需要时，他会想要其中更基本的一个，这并不意味着他一定按照自己的欲望行事。让我们再次强调，除了需要和欲望，还有许多决定行为的因素。

7. 也许比这些例外都重要的是那些涉及理想、高尚的社会准则、高尚的价值观等的例外。具有这类价值观的人会成为殉道者，他们为追求某个理想或价值可以放弃一切。至少在某种程度上我们可根据一个基本概念（或者假设）来理解这些人，这个概念可以称为"由于早期的满足而增强的挫折容忍力"。在生活中基本需要一直得到满足，特别是在早年得到满足的人，似乎发展了一种经受这些需要在目前或将来遭到挫折的罕有力量，这完全是由于他们具有作为基本满足的结果的坚固健康的性格结构。他们是"坚强的"人，能够经受非议或反对，能够抗拒公众舆论的潮流，能够为坚持真理而付出个人的巨大代价。正是那些给予了爱并且获得了充分的爱，与多人有着深厚友谊的人能够在仇恨、孤立、迫害中岿然不动。

以上所述抽掉了这样一个事实：所有关于挫折容忍力的全面讨论中还包括一定数量的习惯问题。例如，那些习惯于长期忍受某种程度的饥饿的人，也许因而能够在一定程度上忍受食物的剥夺。我们面临两种趋势，一方面是习惯，另一方面是过去的满足所产生的现在的挫折容忍力。在这两种趋势之间必须做出什么样的平衡，仍然有待于进一步的研究。同时我们可以假设两种趋势都在起作用,二者并行不悖,因为它们并不互相冲突。说到增强的挫折容忍力这种现象,最重要的满足似乎很有可能是在生命的头两年中提供的。这就是说,在生命的早年就被培养成坚强、有信心的人,往往在后来的任何威胁面前仍旧保持这样。

相对满足的程度。到此为止,我们理论性讨论可能造成一种印象,这五个层次的需要有点像一个梯子,相互间或者全有关系,或者全无关系。我们的说明如下:"如果一个需要得到满足,另一个需要就会出现。"这个说法可能会造成这样的虚假印象:一个需要必须百分之百地得到满足,下面的需要才会出现。事实上,对于我们社会中的大多数正常人来说,其全部基本需要都部分地得到了满足,同时又都在某种程度上未得到满足。要想更加真实地描述这个层次序列,就应该在这个优势层次序列中逐级减小满足的百分比。例如,为了说明情况,我可以任意假定一些数字,或许一般公民大概满足了85％的生理需要,70％的安全需要,10％的自我实现需要。

至于说到一个新的需要在优势需要满足后出现这一观念,这种出现并不是一种突然的、跳跃的现象,而是缓慢地从无逐渐到有。比如,如果优势需要A仅满足了10％,那么需要B可能还杳无踪影。然而,当需要A得到25％的满足时,需要B可能显露出5％,当需要A满足了75％时,需要B也许显露出90％等等。

需要的无意识特征。这些需要不一定是有意识的,也不一定是无意识的。然而从整体来看,在一般人身上,它们经常是无意识的而不是有意识的。在这一点上,没有必要查找一大堆证据来表明无意识激励的绝对重要性。我们此刻可以设想,单纯以先后次序为根据,可以推测无意识激励总的来说比有意识激励重要得多。我们称之为基本需要的东西,通常大部分是无意识的,虽然对于富有经验的人来说,借助于恰当的方法,它们可能变为有意识的。

需要的文化特殊性和普遍性。基本需要的分类还试图考虑在不同文化中特殊愿望的表面差异后面还有相对统一性。当然,任何具体文化中的某个人的有意识的激励内容,通常会与另一个社会中某个人的有意识的激励内容极为不同。然而,人类学家的共同经验是,人们之间甚至不同社会的人们之间的相近程度,远比我们首次与他们接触时产生的印象要大得多,并且随着我们对他们的了解的加深,我们似乎会发现越来越多的共同点。于是我们认识到,最惊人的差异不过是表面的,不是根本的。例如,发型和衣服款式的差异,对食物喜爱的差异等等。我们对基本需要的分类,在某种程度上就是试图解释文化与文化之间的表面的多样性后面的这种统一性。但是我们无意强调这种统一性对于所有文化来说都是绝对的。我们的观点仅仅是,它比表面的意识欲望相对更加重要,更普遍,更根本,并且更加接近人类共同的特性。基本需要与表面的欲望或行为相比更加为人类所共有。

行为的多种激励。 这些需要绝不能被理解为某种行为的"唯一的"或者"单一的"决定因素。在任何看来是由生理需要激励的行为中,如饮食、性爱等,都可能找到这种例证。很久以来,临床心理学家发现,任何行为都可能是多种决定因素流动的渠道。或者换句话说,大多数行为都是由多种因素激励的。在激励的决定因素的范围内,任何行为都往往由几个或者全部基本需要同时决定,而非其中的一个决定。后者往往是一种较少的例外。吃东西可能部分是为了填饱肚子,部分是为了舒服和改善其他需要。一个人进行性行为,可能不仅出于性欲发泄的目的,而且还要确立自己男性的自信;或者是为了一次征服,获得强者的感觉;或者是为了赢得更基本的感情。作为说明,我想指出,(如果不是在实践上,也至少是在理论上)对某人的一个单一的行为尽可能进行分析,从中可发现生理需要、安全需要、爱的需要、尊重需要和自我实现需要的表现。这一点与特质心理学中更幼稚的一派形成鲜明对比。后者用一种品质或者一个动机来解释一种行为,即一个进攻性行为的根源仅仅是一种进攻性的特质。

行为的多种决定因素。 并非所有行为都由基本需要决定。我们甚至可以说并非所有行为都是有动机的。除了动机以外,行为还有许多决定因素。例如,有一类重要的决定因素是所谓"现场的"决定因素。至少在理论上,行为完全可以由现场决定,甚至由具体的、孤立的外界刺激决定,如联想,一些条件反射。如果给予"桌子"一词作为刺激,我立即感觉到记忆中桌子的形象,这种反应当然与我的基本需要毫无关系。

其次,我们可以再次提请注意有关与"基本需要接近的程度"或者"激励程度"的概念。一些行为受到很强的激励,另一些行为则只受到很弱的激励,还有一些行为则根本没有受到激励(但是所有行为都有其决定因素)。

另一个要点是,表现性行为与对应性行为(机能性的努力、目的性的追求)之间具有根本的区别。表现性行为并不试图做什么,它只是人格的反映。蠢人行为愚笨,并不是他想要或者试图这样做,不是受到激励这样做,而完全是由于他就是这样的人。同样,我说话时用男低音而不是用男高音也是一个道理。一个健康孩子的漫不经心的动作,一个愉快的人独自一人时脸上露出的笑容,健康者走路时脚步的轻快和他站立时挺直的姿态,这些都是属于表现性的、非机能性的行为的另一些例子。另外,一个人言谈举止的风格,无论是否受到激励,几乎总是表现性的。

那么,是否所有行为都表现或者反映了性格结构呢?答案是"否"。机械的、习惯的、自动的或者传统的行为可能是表现性的,也可能不是表现性的。大多数受"刺激约束"的行为同样属于这种情况。

最后有必要强调,行为的表现性和行为的目的性不是两个相互排斥的范畴,一般的行为通常是两者兼而有之。

作为激励理论主要原则的目标。我们可以观察到,我们进行分类的基本原则既不是鼓励也不是受到激励的行为,而是行为的功能、结果、目的或目标。多种多样的人已经充分证明了这一点。这是一种最适合于成为任何激励理论核心内容的观点。

以动物为中心与以人为中心。这个理论是以人类,而不是以任何低级的并且可能是更简单的动物为出发点的。在动物身上所获得的很大一部分发现,被证明只适于动物而不适于人。研究人的动机要先从研究动物开始是毫无道理的。对于隐藏在这种"貌似简单"、普遍的谬误后面的逻辑,或更确切地说,对逻辑的背离,哲学家、逻辑学家以及科学家在各自的多种领域内都已给予了足够的揭露。就像研究地质学、心理学或者生理学不必先研究数学一样,研究人也不必先研究动物。

我们也反对古老的素朴行为论,这种理论认为,用动物的标准评价人,总是有某种必要的原因,至少是更"科学的"。这种信念的结果之一,是将目的和目标的整体观念排除于动机心理学之外,仅仅在于人们不能请小白鼠回答它的目的。托尔曼已经在动物研究中证明,这种结论是不必要的。

激励和心理发病理论。如上所述,日常生活中有意识的激励内容,因其或多或少与基本目标相关,有着各自不同的重要性。一种对冰淇淋的欲望可能实际上是一种对爱的欲望的间接的表达,如果真是如此,这种对冰淇淋的欲望就成了极为重要的动机。但如果冰激凌只被当作爽口之物,或它仅仅引起偶然的食欲,这种欲望则相对来说就不重要了。日常的有意识的欲望应该被看作是征兆,是"更基本的需要的表面指示物"。假如我们只承认这些表面的欲望的表面的价值,我们就会发现自己处于一种完全的混乱状态。这种状态永远不可能解除,因为我们忙于认真处理的是征兆而不是潜伏在征兆后面的东西。

挫伤不重要的欲望不会导致心理病理后果,但挫伤根本上重要的需要却肯定会导致这种后果。因此,任何一种心理发病理论都必须以一种合理的激励理论为基础。冲突或者挫折不一定会致病,只有当它们威胁或者挫伤基本需要或者与基本需要紧密相关的局部需要时,才会致病。

已经满足的需要的作用。上面已经多次指出,我们的需要通常是在占优势的需要得到满足后才会出现,满足因而在激励理论中具有重要作用。不仅如此,需要一旦满足,就不再起积极的决定作用或者组织作用。

这种说法似乎是这样一种含义,例如,一个基本需要得到满足的人不再有尊重、爱、安全等需要,说他们还有此需要只是在几乎是形而上学的意义上说一个吃饱的人有食欲,或者一个装满的瓶子有空隙。如果我们的兴趣仅在于什么东西"实际上正在"激励我们,而不在于什么东西已经、将要或者可能激励我们,那么,一个满足了的需要就不是激励的因素。对于所有已经完全不存在、完全消失的实际目的,我们都必须考虑这一点。这一点应该受到强调,因为在我所了解的每一种激励理论中,它不是被忽视就是相互矛盾的。极为健康、正常、幸运的人没有性、饥饿、安全、爱、名誉或自尊的需要,只有在具有短暂威胁的偶然时刻它们才会出现。如果要作补充,我们也必须断言,人人都有病理反应能力,例如巴宾斯基的研究等。因为假如人的神经系统遭到破坏,这些反应就会出现。

正是这些考虑提出了这个大胆的假设:基本需要中的任何一个受到挫折的人,完全有理由被设想成一个病人,这相当于我们把缺乏维生素或者无机物的人称为"病人"。谁会声称缺少爱不如缺少维生素更重要呢?既然我们了解缺少爱的致病作用,谁能说我们乞灵于价值问题的方式比医生诊断和治疗糙皮病或者坏血病时更不科学、更不合逻辑呢?如果允许,我干脆说,一个健康者基本上是被其发展和实现自己最充分的潜力和能力的需要激励的。如果一个人在任何活跃的、长期的意义上说具有任何其他的基本需要,那么他简单就是一个不健康的人。就像他突然显现出一种强烈的缺盐症或者缺钙症一样,他肯定有病。[①]

---

① 如果我们在这种意义上使用"病态"一词,我们还必须公正地正视人与他的社会之间的关系。我们的定义的一个明确的含义是(1)既然一个基本需要受挫折的人应该被看作病人,并且,(2)既然这种基本需要挫折完全由这个人之外的力量造成,那么(3)这个人的疾病完全导源于这个社会的某种疾病。因此,我们就该这样给良好或者健康的社会下定义:它通过满足人的所有基本需要来允许人的最高级意图出现。

如果这一论点显得不同寻常或者似是而非，读者可以认为它只是在我们不断变换方式考察人类更深层的激励时要出现的许多似是而非的论点之一。当我们探索人究竟想从生活中得到什么之时，我们就接触到了人的真正本质。

四、小　　结

1. 至少有五组我们可以称为基本需要的目标。简要地说，它们是生理、安全、爱、尊重和自我实现。而且，这些基本需要的满足取决于各种不同的条件，我们受到实现或保持这些条件的欲望及某些更理智的欲望的激励。

2. 这些基本目标在优势层次系统中排列时是相互关联的。这意味着，最占优势的目标将垄断意识，并有倾向地组织和充实机体的各种能力。不占优势的需要则消失，甚至被遗忘或否认。但是，当一种需要得到充分的满足时，下一个占优势的（"较高级的"）需要就会出现，转而支配意识活动并且成为将行为组织起来的中心，因为已被满足的需要已经不是积极的激励因素。

人是一种不断产生需求的动物。一般说来，这些需求的满足并不是完全互相排斥的，只是有这种倾向。我们社会中的普通成员在其所有的需求方面，最常见的是一部分得到满足，一部分没有得到满足。当我们的满足程度在需要的层次系统中上升时，没有得到满足的百分比也在上升。我们通常可以在这方面经验性地观察到层次系统的原则，我们有时也可观察到层次系统的一般次序出现颠倒的情况。而且还可以观察到，一个人在社会条件下可能会永远失去层次系统中的较高层次的需求。人的普通行为不仅一般受到多种激励，而且除了动机之外还有许多决定因素。

3. 人的这些基本目标遭受挫折或可能遭受挫折，保护这些目标的防御机制遇到危险，或者这些目标所依赖的条件遇到危险，这一切都可以看成是一种心理威胁。除了少数例外，所有精神病理学都可以从这种威胁中寻根溯源。如果我们愿意这样说的话，任何基本需要受到挫折的人都可称之为"病"人。

4. 正是这种基本威胁使人们产生出普遍的紧急状态反应。

5. 因为篇幅限制，还有一些其他的基本问题没有论及。这些问题包括：（1）任何明确的激励理论中的价值问题；（2）食欲、欲望需要与机体"良好"状态之间的关系；（3）基本需要及其在童年时期可能出现的派生现象的病因学；（4）重新规定激励概念，如驱力、欲望、希望、需要、目标；（5）我们的理论对享乐主义理论的影响;(6)未完成的行动、成功与失败及志向水平的性质;(7)联想、习惯和条件反射的作用;(8)与人际关系理论的关系;(9)对心理治疗的影响;(10)对社会理论的影响;(11)利己的理论;(12)需要和文化模式之间的关系;(13)这一理论与奥尔波特的功能自主性理论之间的关系。为了使激励理论变得更明确,我们必须研究这些问题以及其他一些不太重要的问题。

> **思考题**
> 1. 马斯洛认为"积极的激励理论"是指什么？
> 2. 如何全面理解人的安全需要？
> 3. 如何全面理解人的自尊需要？
> 4. 如何全面理解人的自我实现需要？
> 5. 研究以人为中心的激励理论的原则和目的是什么？需要哪些相应的条件？

第八篇 经理人员的职能*

切斯特·I.巴纳德

> **导 读**
>
> 切斯特·I.巴纳德（Chester I. Barnard, 1886—1961），美国著名管理学家，西方现代管理理论中社会系统学派的创始人。巴纳德在组织管理理论方面的开创性研究，奠定了现代组织理论的基础。在西方企业管理思想发展历程中，最早发现管理中文化及传统因素作用的是巴纳德。1938年，他出版了《经理人员的职能》（*The Functions of the Executive*）一书，第一次论述了总经理作为一个企业的共同价值观的缔造者和管理者的首要职能，涉及组织的本质、组织的要素、组织的平衡、组织的权威、组织的决策以及非正式组织等内容。该书被誉为美国现代管理科学的经典作品，它开创了组织管理理论研究，揭示了管理过程的基本原理，经后人进一步发展，形成管理学领域的组织管理流派，对当代管理学体系产生了重要影响。

当具备下列条件时，组织就生成了，这些条件分别是：(1) 存在能够彼此交流的人；(2) 他们愿意做出贡献；(3) 为了实现共同的目标。组织的构成要素主要有：(1) 沟通交流；(2) 做出贡献的意愿；(3) 共同的目标。这些要素是组织最初成立时的必要条件和充分条件，并存在于所有的这类组织之中。其中，

---

* Chester I. Barnard, *The Functions of the Executive*, Harvard University Press, 1938. 中文译本摘自〔美〕切斯特·I.巴纳德：《经理人员的职能》，王永贵译，机械工业出版社2007年版，第7章"正式组织理论"第56—64页，第9章"非正式组织及其同正式组织的关系"第77—83页。摘录时对标题序号及个别地方作了修改，删除了部分注释。

第3个要素——共同的目标是隐含在组织的定义之中的,而做出贡献的意愿、沟通交流以及在一般情况下这3项要素之间及其在具体的合作系统之中的相互依存性,则是通过经验和观察所得到的事实。

组织要想持续存在,有效性和效率都是必不可少的,而且组织存在的时间越长,这两者的必要性就越发突出。组织的活力在于成员贡献力量的意愿,而这种意愿要求这样一种信念,即共同目标能够实现。如果在进行过程中发现目标无法实现,那么这种信念就会逐渐削弱并降到零,这样,有效性就不复存在了,做出贡献的意愿也就随之消失。同时,意愿的持续性还取决于成员个人在实现目标的过程中所获得的满足,如果这种满足不能超过个人所做出的牺牲,意愿也会消失,组织就没有效率;反之,如果个人的满足超过其牺牲,做出贡献的意愿就会持续下去,组织就富有效率。

概括来讲,组织的建立往往取决于这些要素的组合(它们一定要能够适应当时的外部条件),相应地,组织的存在则取决于合作系统中均衡的维持。起初,这种均衡是组织内部的,是各种要素之间的比例,但最终,从最基本的角度看,这种均衡是合作系统与整个外部环境之间的均衡。一般来说,这种外部均衡需要以下两个基本条件:第一个条件是组织的有效性,这涉及组织的目标与外部环境之间的关系;第二个条件是组织的效率,这包括组织与成员个人之间的交换。因此,上述各种要素会随着外部因素的变化而发生变化。当一种要素发生变化之后,其他要素也必须做出补偿性的变化,只有这样,才能维持合作系统的均衡,并使之得以存在和持续下去。

在考虑到整个合作系统的前提下,我们现在可以较详细地考察这些要素及其相互关系。在以后的各章中,我们将结合每个要素的变化(这取决于外部因素)对它们进行更细致的分析,并对决定经理人员职能本质的要素之间的相互关系进行详细阐述。

一、合作的意愿、目标与沟通

1. 合作的意愿

根据定义,没有人,就没有组织,但是正如我们曾经强调的,构成组织的应该是人的服务、行动、行为或影响,而不是人本身。很明显,人付出贡献努力的意愿是合作系统所不可缺少的。

在与组织有关的日常用语中,有许多词语是用来描述个人合作意愿的,其中,主要有"忠诚""团结""团队精神"和"组织实力"等。尽管这些词语不太精确,但都与忠于事业的程度有关,并且一般都认为它们所指的是不同于个人贡献的有效性、能力或价值的某种事物,所以,忠诚不一定与人的地位、头衔、名声、报酬或能力有关,它被模糊地认为是组织的必要条件。

在这种意义上的合作意愿,常常意味着自我克制,放弃对个体行动的控制权和个体行动的非个人化,其结果是努力的凝聚和紧密的结合,其直接原因是"紧密结合"所必需的意向,没有这种意向,就不会有持续地对合作做出贡献的个人努力。要想把人们的行动协调起来,必须要有使个体行动对非个人组织行为系统做出贡献的意愿,而且在这个系统中,个人放弃了对自己行动的控制权。

在对特定的正式组织做出贡献的意愿中,其显著特点是:个人意愿的强度存在着很大的差异。如果按照贡献意愿的强度对组织的可能贡献者加以区分和排列的话,其等级将是:从强烈的贡献意愿逐步下降到中立或没有贡献意愿,再下降到强烈的不愿意、反对或憎恨。在现代社会中,大多数人总是对任何现有的或可能成立的组织持否定立场,因此,在可能的贡献者中,只有一小部分具有积极的贡献意愿。对国家和天主教会等极大且极复杂的正式组织来讲,也是如此。在现代社会中,绝大多数人对任何组织或者是漠不关心,或者是积极反对。如果有较小的组织附属于大型组织,那么在较小的组织当中有积极贡献意愿的人,也只是很小的那么一部分,而且对于整体而言,常常是微不足道的一部分人。

几乎同样重要的另一个特点是,任何个人的贡献意愿都不可能维持不变,它必然是间断的、变动的。例如,很难说人在睡觉时会有什么贡献意愿;当人疲劳或不愉快时,贡献意愿也会减退或消失。"心有余而力不足"这句话,就很好地表现了这种状况。

从以上两点得出的必然结论是:在任何一个正式组织中,有积极贡献意愿的人数以及中立的或者没有贡献意愿的人数是经常变动的。随之而来的推论是:在任何一个正式的合作系统中,可能的贡献者的贡献意愿总量也是不稳定的。这是在所有正式组织的历史中能够清晰地表现出来的事实。

合作意愿,无论是积极的,还是消极的,都是每个个体对在这个组织中与在其他机会中获得的或预计到的"净满足"或"净不满足"进行比较之后的一种表现。这里所说的其他机会,可能是个人的机会,也可能是其他组织所提供的机会。这就是说,合作意愿首先是把诱因与所需要做出的牺牲进行比较的"净结果";其次是与其他机会所提供的、实际可以得到的"净满足"进行比较的结果。如果从逻辑上来考虑,首先需要决定的问题是:进行合作是否比独立行动更为有利,是否对个人更为有利。如果更为有利的话,那么其次所要考虑的问题是:目前的合作机会与其他合作机会所提供的利益相比,是更大还是更小。因此,从个人的观点来看,合作意愿是个人愿望与憎恨的综合结果;从组织的观点来看,是所提供的客观诱因与所承受的负担的综合结果。这个"净结果"的衡量,则完全是个人的、主观的。因此,组织依存于"个人的动机和满足个人的诱因"。

2. 目标与目的

除了要有同别人联系这样一种模糊的感觉或愿望以外,还必须确定合作的目标与目的,合作的意愿才能逐渐形成。如果没有这样一个目标,就无法知道或预测个体需要付出什么样的努力,而且在许多情况下也无法知道个体可能期望着什么样的满足。我们把这样一种目标称作组织的"目的"。需要有一个目的的必要性,是不言而喻的,它隐含在"系统""合作"和"协调"这些字眼当中。显而易见的是,目的存在于许多可以观察到的合作系统之中。不过,在这些合作系统之中,目的常常不会以文字的方式确定下来,而且有时也没有办法这么做。在这类情况下,所能观察到的只是努力与行动的方向或后果。不过,从这些方向和后果中却可以推断出目的来。

如果无法为参加组织的人所接受或认同,目的是不会激起合作行动的,因此最初目的得到认同与合作意愿往往是同时发生的。

在这里,需要重点加以澄清的是:对每一个参加合作的人来说,合作目的都具有两个方面的含义:(1) 合作性;(2) 主观性。

当把目的看成是一种合作行动的时候,它近似于独立观察者从一种特殊的观察立场,即组织利益的立场来进行观察。这主要是由组织知识所决定的,但是靠个人来加以解释。例如,如果五个人合作把一块石头从 A 处搬到 B 处,从组织的观点来看,对于这五个人中的任何一个人而言,石头的移动可能都是不同的事情,但需要注意的是,问题不在于石头的移动对一个人意味着什么,而在于这个人认为"石头的移动对整个组织而言意味着什么"。从这个意义上讲,目的的合作性主要包括：从个体的角度看，"作为合作的构成要素，个体自己努力的重要性"，也包括所有其他合作者努力的重要性，但决不会涉及个人动机的满足。

当目的是获得简单的物质结果时，独立观察者客观地观察到的同每个合作者个人所观察到的目的（作为一种合作行动）之间所存在的差异，一般并不大或并不重要，而且，合作者的不同合作观点也是类似的。即使在这种情况下，虽然并不涉及个人利益，但专心的观察者仍然也会发现导致争执或行动不协调等问题的观点差异。不过，当目的不太具体时，比如说宗教方面的合作，客观目的同每一个人从合作观点所观察到的目的之间的差异，常常最终会导致合作的瓦解。

可以这样说，只有当合作的参加者觉得他们对合作目的的理解不存在严重分歧的时候，这一目的才可能成为合作系统的构成要素。如果客观地观察到的目的同从合作角度观察到的目的之间存在着重要差异，而且目的是具体的、有形的物质目的时，这种差异很快就会显露出来。与此相对，如果目的是一般性的、无形的、情感目的时，差异可能会很大但未必为人们所觉察。因此，可以作为合作系统基础的客观目的，应该是贡献者（或可能的贡献者）认为业已决定的组织目的。反复灌输存在着共同目的的信念，是经理人员的一种主要职能。这就为政治组织、工业组织和宗教组织中为什么要进行许多教育工作或所谓的思想工作提供了解释，否则，这种情形可能无法得到解释。

再回到五个人移动石头的例子。我们已经指出，"问题不在于石头的移动对每一个人意味着什么，而在于石头的移动对整个组织而言意味着什么"。这里所强调的差别是极为重要的，它表明了这样一个事实：可以认为参加组织的每一个人都具有双重人格，即组织人格和个人人格。严格地说，组织目的对个人来说并没有直接意义，而真正对其有意义的应该是组织与他的关系：组织施加给他的负担以及给予他的利益。在讲到从合作的观点来认识目的的时候，我们所指的是个体的组织人格。在许多情况下，这两种人格的发展过程是很清楚的，也可以明显地看出来。在军事行动中，个体行动可能会受到组织人格的严格压制，以致可能与个人动机的要求完全相反。我们可以观察到：许多人的私人行为同他的公务行为是完全不一致的。不过，他们似乎根本没有意识到这一事实。常常还可以看到这样的事情：政治组织、爱国组织或宗教组织的成员可以接受对他们个人的屈辱性待遇，包括承认他们的个体行动与组织义务不相符合，虽然他们承认自己也并不十分理解，可如果稍微对其组织宗旨或教理有所不敬，他们就会勃然大怒。不过，也存在着许多其他的例子，在这类例子中，组织人格并不存在。在这类情况下，与合作系统的个人关系是暂时性的，或参加组织的意愿处于"临界状态"（觉得参加也行，不参加也无所谓）。

换句话说，我们已明确地区分了组织目的和个人动机。在考虑到组织的时候，人们常常假定共同目的与个人动机是相同的，或者应该是相同的，但是，除了下面所讲的例外情况，事情并非如此，而且，在现代的社会条件下，很少出现这样的情况。比较而言，个人动机必然是内在的、个人的、主观的事物；而共同目的则必然是外在的、非个人的、客观的事物（尽管个人对它的解释是主观的）。对于上述这条普遍规律而言，一个重要的例外就是：在许多组织中，组织目的的实现本身是许多人个人满足的源泉，是个人的一个动机。虽然这种情况完全有可能存在，但一般很少。我认为，只有在家庭、爱国组织和宗教组织中，在特殊的条件下，组织目的才能成为或可能成为唯一的或主要的个人动机。

最后应该指出的是：一旦确定之后，组织也会改变它的统一目的。组织试图使自己永远存在下去，在它努力使自己持续下去的过程中，就可能改变它存在的理由，这也是经理人员职能的重要方面之一，本书将在后面作进一步的说明。

3. 沟通与交流

实现共同目的的可能性和存在愿意为这个共同目的做出贡献的人，是合作努力体系的两极。使这些可能性成为动态过程的，是沟通与交流。显然，共同目的必须为人所共知，而要使人所共知就必须以某种方式进行沟通和交流。除了某些例外情况，人们之间的信息交流主要是口头的沟通与交流。类似地，对人们的诱因也在一定程度上依赖于合作者之间的沟通与交流。不过，这种依赖的程度在容易理解的条件下和在模糊混乱的条件下是不相同的。

沟通与交流方法的核心就是语言——口头语言或书面语言。最简单的情况是：我们所观察到的、具有明显意义的动作或行动，也是进行沟通交流的方式（虽然这不是有意识的）。在许多合作活动中，以各种方法发出信号也是一种重要方法。另外，不论是在原始文明，还是在高度复杂的文明中，"以心传心"也是一种重要的沟通交流方法①。我认为，这种方法并没有普遍地为人们所认识。这种方法之所以很必要，是由于语言固有的局限性和人们使用语言的能力差异。在专门的培训和经验以及个人联系的持续方面，一个极为重要的要素是：不通过语言就可以了解对方的能力。而且，不仅仅是了解环境和条件，还要了解对方的意图。

沟通与交流技术是任何组织的一个重要组成部分，是许多组织面临的一个极为重要的问题。如果没有恰当的沟通与交流技术，就不可能把某些目的作为组织的基础。沟通与交流技术决定了组织的形式和组织的内部经济性。只要我们想象一下下面的情况，这一点就变得很清楚了：在小型组织中，如果每个成员都讲不同的语言，那么该组织在沟通方面会怎样呢？类似地，如果没有专门符号，工程和化学工作等技术职能也很难进行。说到底，在组织理论中，由于组织的结构、广度和范围几乎全部是由沟通与交流技术所决定的，所以沟通与交流占据着核心地位。有关沟通与交流，本书将在以下各章中进行阐述。此外，组织内部专业化的产生和维持，主要也都是沟通与交流的要求。

二、合作效果与组织效率

1. 合作效果

组织的持续存在，取决于它实现目标的能力，显然，这是由组织行动的适合性和环境条件两者共同决定的。换句话说，效果（有效性）主要是一个技术过程问题。在通常情况下，在目标是"造桥之类的"物质目标时，这一点是显而易见的，但是在宗教组织和社会组织中，由于其目标不是物质目标，这一点就不太明

---

① "以心传心"一词是由我创造出来的。关于这一点的讨论还没有充分展开，而且也许还没有人对它进行过充分的研究。我之所以创造出这一词语，是由于至少有一部分群体行为不是通过明显的或口头的沟通交流进行的。在原始文明领域，我所知道的例子是 W. H. R. 里弗斯（Rivers）在《本能和无意识》(*Instinct and the Unconscious*)（第 2 版，剑桥大学出版社 1924 年版）一书的第 94—97 页上所提到的。在该书中，所讲的是波利尼西亚和美拉尼西亚的例子，其中，有一个例子被 F. C. 巴特利（Bartlett）概要性地引用在他的《记忆》(*Remembering*)一书的第 297 页上，该书由剑桥大学出版社于 1932 年出版。里弗斯概括地指出，在一些相对较小的群体中，常常并没有谁明确地提出什么决策，但仍能够做出决策并按照这些决策行事。

我也曾多次见到过这样一种情况：在会议上，为了避免讨论，某些事没有经过讨论就全体一致通过了。通常，这种状况显然是由某个人站起来而引发的，但这常常发生在并没有散会的情况下，此时，这就不仅意味着站起来而已（还没有散会），所以我认为"以心传心"这个词语可以避免任何"神秘"的意义。

显了。

应该指出的是,这里包含着一种看似矛盾而实际正确的道理。如果组织无法实现其目的,必然会解体,但是即使它实现了自己的目的,也可能会解体。有很多成功的组织就是由于实现了目的而解体的,因此,绝大多数持续存在的组织都要求反复提出新的目的。在实践中,由于常把一系列复杂的具体目的一般化(概括化)为抽象的一个词——组织目标,结果往往使人们忽视了这一点。显然,政府和公共事业组织就属于这样一种情况,它们把组织目的界定为"在一定年限里提供特定的服务"。显然,它们真正的目的并不是提供抽象的"服务",而是具体的服务行为。某个制造企业说自己的存在是为了"制鞋",这是它的目的,但该企业显然并不是在制造一般意义上的鞋,而是日复一日地制造"特定的鞋",这才是它的一系列目的。不过,这种概括过程自动地为新目的提供了近似的定义,而且其自动程度是如此之高,以至于在我们的头脑中用概括性说法代替了作为真正目的的具体行动。由此可见,缺乏效果是组织解体的真正原因,而不能做出采用新目的的决定,也会导致同样的结果。因此,如果只有在每天的行动中才能具体加以确定(概括性目的)的话,那么概括性目的就是永续组织的一个极为重要的方面。

2. 组织效率

如前所述,本书中所讲的效率,并不是专业化和严格意义上的、一般产业实践中所使用的概念,也不是适用于技术过程的、严格意义上的概念。所谓的"实用"效率,对于许多组织(如宗教组织等)而言,并没有什么意义。

我们所关心的、基本意义上的"努力效率",是指获得合作系统所必需的个人贡献的效率。组织的生命取决于它获得和维持为实现其目的所必需的个人贡献(包括力量、物资和货币等价物)的能力,这种能力可能是许多狭义的效率和非效率的复合物。常常存在着这样的情况:非效率是导致全盘失败的原因。这就意味着,当非效率得到修正之后,就可能取得成功。对绝大多数组织(社会组织、政治组织、国家组织和宗教组织)来说,只有能否存在下去这种绝对考验才具有客观的重要性,个别方面的效率并不能作为比较的基础。

在第 11 章中,我们将更全面地讨论导致个人合作意愿的诱因问题。这里需要关注的重点是,组织效率是它能够提供足够数量的有效诱因以维持系统均衡的能力。正是这种意义上的效率,而不是物质生产率上的效率,维持着组织的生命力。在许多实力强大且持续存在的组织中,生产意义上的效率完全没有任何意义,这是因为它们并不从事物质的生产。教会、爱国团体、科学团体、戏剧和音乐组织就是这类例子。在这类组织中,物质诱因的初始流程是流向这些组织内部,而不是从组织中流出来,这一流程的作用是向这些组织中数量不多的一部分人提供物质诱因。

在主要的组织目的是从事物质生产的组织中,非物质诱因的不足促使它们试图采用物质诱因来代替非物质诱因。在有利的条件下,这种代替在有限的程度和有限的时间内可能有效,但在我看来,为了使人们做出足够的贡献以使合作系统能够长期维持而单纯依靠物质诱因或金钱诱因,似乎至少是违反人的本性的。

如果真是这样的话,那么即使在纯粹的经济型企业中,提供非经济诱因的效率可能与生产效率同样重要。正如我举例说明的,把效率这个词应用于非经济诱因,可能显得有点奇怪、有点牵强,我认为,这可能是由于我们习惯于在专业化的意义上使用效率这个词。

在许多情况下,提供非经济诱因与提供其他诱因一样困难。在不损害标准化的合作生产作业的情况下,使个人具有职业和成就的自豪感,是真正的效率需要解决的一个问题。保持用人声誉,是一种很有吸引力的雇佣条件。要做到这一点,在雇佣和拒绝雇佣员工时(不论其素质是高是低),都要有巧妙的技术和深刻的洞察力。使得组织具有声誉,并赢得理想的员工的忠诚感,是提升效率——全面的效率(而不是片面的效率)——工作中的一项复杂而困难的任务。正是由于这些原因,好的组织——商业组织、政府组织、军队组织、学术组织和其他组织,都十分重视提供非经济诱因,有时还为之花费大量的资金。实际上,非经济诱因是基本效率所不可缺少的,而且在许多场合也是效果所必需的重要因素。

本章所讲述的组织理论,是在对极为复杂的组织进行研究之后得出的。虽然我们是按照理想的简单组织的情况来阐述的,但有关内容仍相当复杂。之所以这样做,是由于这样的假设:我们在实际的社会生活中所遇到的是更为复杂的组织,这种复杂性的结果是修正或检验组织理论。实际上却未必如此。不论是简单组织,还是复合组织,都是由经过协调的人员努力构成的不具人格的系统,都存在着作为协调和统一原则的共同目的,都存在着不可缺少的沟通与交流能力,都必须有个人合作意愿,以便在维持目的完整性和贡献的持续性时提高效果和效率。组织的复杂性似乎修正了这些要素的形式和质量以及这些要素之间的平衡,但是管理简单组织的原则基本上也适用于复合组织的结构。

三、非正式组织是什么

当人们并不在一个正式组织中或并不受其管辖时,仍然常常接触和相互作用,这是人们经常观察到的和所经历的。这种关系所涉及的人数,从两个人到一大群人不等。这种接触和相互作用的特点是:它们的发生和持续或重复,并没有特定的、有意识的目的。这种接触可能是偶然的、有组织的活动所附带发生的或者是出于某些个人愿望或群体本能所产生的;它可能是友好的,也可能是敌对的。不管这些接触、群体和相互作用是怎么引起的,它们都会改变相关人员的经验、知识、态度和感情。有时,我们会觉得自己的感情在这些情况下(如在群众中等)受到了影响。更常见的是,我们观察到别人在这些情况下所受到的影响。同样常见的是,我们并没有意识到自己受到哪些持久的影响,也没有通过直接观察看到别人受到哪些持久的影响。尽管如此,我们常常把这种情形称作"从众心理",认为是存在着模仿和仿效,或者认识到存在着某些共同态度,并常用"意见一致"或"舆论"这类词来描述这一情况,这就意味着我们可能推断到了这种影响。实际上,这些影响的持久性可以体现在思想状态和行动习惯上。这些都是记忆、经验和社会调节能力的具体表现。由于这些能力的作用,即使是人数有限的接触,其影响也可以在很长时期内通过"接触的无限连锁效应"而扩张到极为广泛的地域和众多的人群中去。

我所讲的非正式组织,是指上面所描述的人际接触、相互作用和相关群体的总和。尽管共同的或联合的目的被排除在上述定义之外,但从非正式组织中却会产生共同的或联合的重要后果。

从以上的描述中可以明显地看出,非正式组织是不确定的,而且没有固定的结构和确定的分支机构。我们可以将其看成是一种没有固定形态的、密度经常变化的群体。其中,密度的变化是由外部因素的影响所导致的。这些外部因素会影响到人们在地域方面接触的紧密程度,并对促使人们为了有意识地实现共同结果而进行接触的正式目标产生影响。我把这些有着特定密度的领域叫做非正式组织,以区别于社会组织或一般组织,即非正式性构成了非正式组织的基本特点。因此,在社区和国家中,都存在着非正式组织。对于我们的目标而言，在每个地方都有与正式组织有关的非正式组织这一点是极为重要的。

四、非正式组织的结果

与有意识形成的正式组织不同，非正式组织是由无意识的社会过程产生的。非正式组织往往会产生两类重要结果：(1) 它使人们形成一定的态度、理解、风俗、习惯和习俗；(2) 它为正式组织的产生创造条件。

1. 在非正式组织所产生的结果中，最普遍、直接的结果就是形成了一些风俗、道德观念、民俗、习俗、社会规范和理想。这是一般社会学，特别是社会心理学和社会人类学的重要研究领域。我认为，除了以下两点以外，我们没有必要在这里详细加以讨论；第一点，由于不恰当地过于注意正式组织，在正式组织直接产生的正式制度与非正式组织所产生的非正式习俗问题上，存在着许多概念上的混乱。例如，如果在由法律所规定的措施和习俗二者之间发生冲突，后者往往会占上风。不仅在局部地区和小型群体内，而且在广泛地区和大型群体内，非正式形成的习俗和正式组织精心制定的措施之间，都会存在着分歧和相互矫正的作用。前者适应于个人无意识的、非理智的行动和习惯，后者适应于人们理智的、经过精打细算的行动和决策。比较而言，正式组织的行为是相当符合逻辑的。

2. 显然，非正式联系是正式组织在形成之前必须具备的一个条件。要使共同目的能够得到认可，沟通成为可能，合作意愿的精神状态能够获得，都必须有一个事前的接触和初步的相互作用过程。当正式组织是自发形成的时候，这一点表现得特别清楚。在这种情况下，非正式的关系可能很短暂，并且理所当然地会受到以前非正式组织和正式组织的经验和知识的影响。

不过，对我们的研究目的而言，重要的是：非正式组织促使了一些正式组织的形成。如果不成立正式组织的话，非正式组织很可能就无法继续发展下去，这在一定程度上是由于人们在持续接触中认识到了"需要和利益的共同性"。当这些需要和利益是物质需要与物质利益而不是社会需要和社会利益时，或者是结合起来进行合作——至少发展到进行物质分配的程度，或者是出现利益冲突、对立、敌对或组织解体。

即使当需要和利益不是物质需要与社会利益（而是社会需要与社会利益）时，即只是为了自身的需要而出现了社交方面的互动需求，同样也需要集中关注旨在实现确定目标或结果的活动,以便保持人们之间的联系。当首要倾向或本能不是社交的冲动,而是行动的需要时,这一点更为明显。比较容易发现的事实是:人们普遍要进行活动并寻求行动目的。与此相关的是:即使目的纯粹是社会性的,如果没有具体的行动,社会联系一般也不能够持久。纯粹被动的或不活泼的联系是不能长期存在的,似乎必须做些什么事情才行。常常会有这样的情况:组织存在的目的只是为了满足人们联系的需要,联系就是各个成员普遍的、唯一的动机。我认为,即使在这种情况下,我们也常常可以看到存在着具体的行动目的。当然,这种目的可能是不太重要的或微不足道的目的。此时,这一目的是否能够达成是无关紧要的。例如,为了进行一场社交性的谈话,就必须要讨论一些题目,但谈话的参加者对这些题目本身可能并不关心,而这是无关紧要的。不过,使人得到满足的人际交往,往往依赖于必须讨论某件事情,这是日常社交活动中经常看到的一种情况。

因此,对社会满足来说,具体的行动目的是必需的。当然,所有人共同做点事情的最简单形式就是谈话。很显然,由于这种或那种原因,任何一种特定的活动形式通常都会在短时间内结束。一般而言,对个人或群体来说,要找到另外一种活动形式却并非易事,因此已确定的活动模式是至关重要的。当缺乏包括社会接触的各种活动渠道时——这是经常存在的一种情况,如对于失业者而言,人往往处于一种社会真空状态,会有一种"失落"的感觉,并可能会伴有相应的客观行为发生。我曾多次看到过这种情况。当有相当多的人同时处于这种状态时,他们就可能做出某些很疯狂的事情。在这种情况下,使他们有事可做是特别重要的。我想"无所事事是祸害之源"这一谚语就是由此产生的。在军队中,频繁地进行操练,无疑也是出于这个原因。

与缺乏具体行动目的相反的情况是呈现出这样一种社会复杂性的状态:以多种不同形式与多种不同的群体进行联系。当人处于这种状态时,就会无法决定从事什么活动或同什么群体进行联系。这样,由于无法做出抉择或各种义务的冲突,就可能形成一种行动麻痹的状态。法国社会学家涂尔干(Durkheim)把这种状态描述为"失范"(anomie)。我认为,这是个人由于缺乏有效的行动规范而处于社会行为麻痹的一种状态。

显然,个人行动必然直接在当地的群体中进行。个人必须通过同自己直接接触的群体来同大型组织、国家或教会发生联系。社会活动不可能远距离地进行,这一点似乎没有引起人们足够的注意,但这一点却足以解释或证明下述情况；在战士的行为中，战友的友情比爱国主义更有影响力。联系或接触是个人不可缺少的需要，这就要求存在着某些当地活动或个人之间存在着直接的相互作用，否则，就会出现"失落"的情况。人们之所以愿意忍受本来可以避免的、烦琐的日常工作和危险任务，就是由于他们愿意不惜一切代价地通过这种行动来维持"社会融合感"。不管这种感觉是由本能产生的，还是由社会条件或生理需要导致的，或者是由上述三个方面共同产生的，都是如此。至于在社会环境中采取行动的必要性则完全是由生物因素所引起的，或在某种程度上是社交本能所固有的，我们先不用去考虑这种情况。

最后，有目的的合作是人的逻辑能力和科学能力的主要用武之地，同时也是其主要来源。理性行动主要是一种有目的的合作行动，而人的理性行动能力则主要是从有目的的合作行动中产生的。

正是由于以上原因，所以不论是持续的、小型的非正式组织，还是大型的合作系统，似乎都拥有许多正式组织。正式组织是组成社会的细胞，它们是使人际联系具有足够的一贯性以便持续下去的支柱。没有这些支柱，社会就会分裂成敌对的群体，而这种敌对本身就成为组织合并（防御或攻击）的原因。这样，随着正式组织在范围上的扩大，就允许并要求社会凝聚力不断增强。事实上，当政府这种正式组织复合体进行扩展的时候，这一点表现得最为明显——如果不包括经济和宗教职能，政府本身就是不适当的。当正式的政府复合体得以扩展时，宗教组织、军队组织、经济组织和其他正式组织也相应地得到了扩展，这样，一个大规模的社会结构就形成了。当这些正式的复合体失败或萎缩时，就会出现社会解体。社会都是由正式组织构成的，从家庭到国家和教会的巨大复合体，都是正式组织。

这不是否定，而是再次证实了如下事实：非正式社会的态度、习俗和风俗对正式组织产生影响，并且在一定程度上通过正式组织表现出来，它们是同一现象中相互依存的两个方面——社会由正式组织构成，而正式组织则由于非正式组织的存在而具有活力并受其影响。需要强调的是，两者缺一不可，其中一个失败了，另一个也会解体。不过，这并不是说，如果社会解体了，分裂的或敌对的社会就不会互相影响（除非是孤立的社会），正好与此相反，它们之间是会互相影响的，但这种影响不是合作性的，而是对立性的。即使如此，在敌对的社会中仍然需要正式组织。如果完全没有了正式组织，那么就会进入一种"几乎彻头彻尾的个人主义和无秩序"的状态。

五、正式组织创造非正式组织

正式组织产生于非正式组织,而非正式组织则依赖于正式组织。不过,在正式组织产生之后,它又创造了非正式组织,并且需要非正式组织。

如果没有长期而细致的观察,似乎不容易发现非正式组织是正式组织的一个重要的、不可分割的部分。实际上,有着广泛经验的各种正式组织的干部和管理者常常否定或无视这样的事实,即在他们"自己的"正式组织中,存在着非正式组织。这可能是由于他们过于注意正式组织的问题,也可能由于他们不愿意承认这种难以确定或描述的非正式组织,还有可能是由于非正式组织缺乏具体性。到底因为什么,我们用不着去思考,但无可否认的是,主要经理人员,甚至整个经理阶层常常完全不知道在组织中广泛流传的影响、态度和躁动不安。不仅工商企业组织是这样,就连政治组织、政府组织、军队组织、教会组织和大学组织也是这样。

可是,人们经常听到这样的话:"不管是分析一个组织的组织图、营业执照、规则和章程,还是观察,甚至是深入剖析该组织的人员,都不可能理解该组织或其运营方式。"对绝大多数组织来讲,"了解组织的诀窍"主要是了解其中非正式社团的人物、事情和缘由。通过学习美国的宪法、法庭的判决、法令或行政法规,并不能精确地判定美国政府是如何开展其工作的。虽然"看不见的政府"这句话常常是贬义的表示,但它却表达出对非正式组织的认可。

管理者、政治家和其他组织当局常常凭借直觉来理解与正式组织相关联的非正式组织。尽管如此,据我所知,只有在工业组织的生产层面上才对非正式组织进行了明确的研究。事实上,无论是与正式组织相关联的非正式组织,还是没有关联的非正式组织,都是我们日常联系中所熟知的经验的一部分,这是不言而喻的。我们却没有意识到这一点,我们所看到的只是其中具体的相互作用的一部分。显而易见的是,与正式活动或特定活动相关联的人际联系,不可避免地包含着伴随其发生的相互作用。

六、正式组织中非正式组织的职能

在正式组织中,非正式组织有一项不可或缺的职能——沟通职能,这在前面已经讨论过了。另外一项职能是通过如下方式来维持正式组织的凝聚力,即调控人们努力做出贡献的意愿和客观权力的稳定性。第三项职能是维持人们的个人人格、自尊心和独立选择能力。由于非正式组织的相互作用不受特定的非个人目的的控制,也不受组织权力的控制,所以它的显著特征就是选择,而且非正式组织还提供强化个人态度的机会。虽然人们常常认为这项职能对正式组织具有破坏作用,但它却是维持个人个性的一种手段,有助于抵消或克服倾向于破坏个性的正式组织的某些影响。

本章的目的主要是阐明以下几个方面:(1) 由于反复发生的本质,人们之间的相互作用是基于个人目的而产生的,而不是基于联合的或共同的目的,而且通过对行动习惯和思想习惯的影响,通过它们对统一思想的促进,这类相互作用呈现出明显的系统性和有组织性;(2) 尽管能与个人发生相互作用的人数是有限的,但通过社会中人们之间无限的关系链,可以在许多方面扩展到广阔的地域和众多的人群中去,从而形成统一的思想状态,并结晶成为我们称之为风俗、习惯和习俗的事物;(3) 非正式组织促使正式组织得以产生,而正式组织是任何一个大型的非正式组织或社会组织所必需的;(4) 正式组织揭示出许多态度、思想状况和习俗,而它们是直接通过非正式组织才得到发展的,而且它们还具有产生分歧的倾向,结果导致了相互依存性,并以一般的、近似的方式互相矫正;(5) 正式组织一旦建立起来,又会创造出非正式组织;(6) 非正式组织作为沟通、增强凝聚力和保护个人人格的手段,是正式组织展开运营所必需的。

> **思考题**
>
> 1. 组织的生成条件与要素有哪些?
> 2. 如何理解作为沟通交流方法的"以心传心"?
> 3. 如何理解合作的意愿、目标与沟通三者之间的关系?
> 4. 试述合作的效果与组织效率的关系。
> 5. 试述正式组织与非正式组织的关系。

第九篇　管 理 行 为*

赫伯特·A. 西蒙

> **导　读**
>
> 赫伯特·A. 西蒙（Herbert A. Simon，1916—2001）是 20 世纪科学界的一位奇特的通才，研究领域涉及经济学、政治学、管理学、社会学、心理学、运筹学、计算机科学、认知科学、人工智能等，并做出了创造性贡献，在国际上获得了诸多特殊荣誉。1975 年，西蒙获得了计算机领域的最高奖项"图灵奖"；1978 年，因在决策理论研究方面的突出贡献，他被授予诺贝尔经济学奖；1986 年，因在行为科学上的出色贡献，他被授予美国全国科学奖章；1995 年，在国际人工智能会议上，他被授予终身荣誉奖。西蒙不仅能熟练使用中文进行读写，还给自己起了"司马贺"这个中文名。
>
> 1947 年，西蒙出版了《管理行为》（*Administrative Behavior*），该书围绕行为的决策过程这一问题展开，主要关注组织的运作过程及其顺利运作所需要的条件，并提出决策制定的过程是组织和管理的核心内容。该书是组织管理理论研究中的经典著作。此外，西蒙还出版了《公共管理》[*Public Administration*，与史密斯伯格（Donald W. Smithburg）等人合著，1950 年]、《人的模型》（*Models of Man*，1957 年）、《组织》[*Organizations*，与马奇（James G. March）等人合著，1958 年]、《管理决策新科学》（*The New Science*

---

* Herbert A. Simon, *Administrative Behavior: A Study of Decision—Making Processes in Administrative Organization*, Macmillan, 1947. 中文译本摘自〔美〕赫伯特·A. 西蒙：《管理行为》，詹正茂译，机械工业出版社 2013 年版，第 2—12 页。摘录时对标题序号及个别地方作了修改，删除了原书中的部分注释。

of Management Decision,1960)、《有限理性模型》(*Models of BoundedRationality*,1982年)等多部著作。西蒙对传统行政学理论的批判,提出的行为主义行政学理论,以及关于行政学研究方法、行政决策、行政组织的理论等,对西方行政学的研究和发展产生了重要影响。

虽然任何实践活动都包含"决策"和"执行",但是"管理理论应该两者兼顾"的观点却没有得到大家的普遍认可。[①] 这种忽视,可能源于决策行为仅限于明确制定总方针的观念。但是事实刚好相反,组织的总目标确定后,决策过程并没有结束。"决策"工作同"执行"工作一样渗透到整个管理型组织中,事实上这两者紧密相连,缺一不可。因此一般管理理论既要包括保证决策正确制定的组织原则,又要包括保证决策有效执行的组织原则。

一、决策制定和决策执行

显然,执行组织目标的实际任务总是落在最低管理层级的人身上。制造实体汽车的不是工程师或经理,而是装配工人;灭火的不是消防队大队长,而是那一队手持高压水龙头的消防员。

同样,高于最低管理层级(也称为操作层级)的人员也并非多余,他们在实现组织目标的过程中也发挥重要作用。说到具体的因果关系,纵然开枪打仗的是士兵而非军官,但是军官对战斗结果的影响可能比任何单个士兵都大。

那么,组织的管理和监督人员如何影响该组织的运作呢? 一个管理型组织中的非操作人员通过影响最低管理层级的操作人员的决策,来参与实现组织目标。军官通过指挥士兵的行动来影响战斗的结果。他通过战场上的兵力部署和具体任务的指派,来决定士兵所处的方位和目标。在小型组织中,所有监督人员都可能对操作人员产生直接的影响,但是无论大小,任何组织都在高层监督人员和操作人员之间插入了几层中间监督人员,他们受到上层的影响,并且对这些影响进行传输、详细描述和修改,再下达给操作人员。

---

① 在这种普遍忽视决策研究的状况中,有两个显著的例外。See Chester I. Barnard, *The Functions of the Executive*, Harvard University Press, 1938; Edwin O. Stene, An Approach to a Science of Administration, *American Political Science Review*, Vol. 34, No. 6, 1940, pp. 1124-1137.

如果以上正确描述了管理过程，那么建设有效的管理型组织就是一个社会心理学范畴的问题。其任务就是组织起各个操作人员，并在操作人员之上添加监督人员，他们能够影响整个操作团队的行动，使之产生一种协调一致的有效行动模式。这里使用"影响"而不是"指导"，是因为指导，也就是管理权威的使用，只是管理人员影响操作人员决策的几种方式中的一种，所以管理型组织的建设不仅仅包括职能安排和职权分配。

在组织的研究中，操作人员必须是关注的焦点，因为组织机构成功与否是通过操作人员在组织中的表现来判断的。分析组织和组织内部其他因素如何影响这类职员的决策和行为，是我们洞察组织结构和组织职能的最佳途径。

二、选择与行为

所有行为都是从行动者及其可以施加影响和权威的人可能采取的所有行动方案中，有意无意地选择特定行动的过程。这里的"选择"没有任何有意识或特意挑选的意思，只是指出一个事实，如果个人采取某种特定的行动方案，必定要放弃其他的行动方案。在很多情况下，选择过程只是一种既定的反射行为，比方说，打字员用某个手指敲击特定键，只是因为在打印字母和特定键之间已经建立了一种反射关系。所以这种动作至少从某种意义上来说是理性的，也就是以目标为导向的，但是不包括任何有意识或刻意的成分。

在其他一些情形下，选择本身就是称为"规划"或"设计"的一系列复杂行为的产物。比方说，一个工程师可能在广泛分析的基础上断定，某座桥应该采用悬臂式设计。他的设计方案通过对该桥结构的详细计划得以进一步实施，最终导致该桥梁建造者的一整套行为。

本书将举出各类选择过程的多个例子。所有例子都具备以下的共同特征：任何时刻都存在大量可能的备选行动方案，特定个人都会采取其中某一种行动；通过某种过程逐渐缩小备选方案的范围，最终剩下一个实际采纳的方案。在本书中，"选择"和"决策"可以相互替换使用，都表示上述的过程。由于这两个词一般有自觉的、刻意的和理性选择的含义，所以我们强调指出，任何选择过程无论自觉、刻意和理性的成分达到何种程度，这里都用这两个词表示。

三、决策中的价值和事实因素

大量行为,尤其是个人在管理型组织内部的行为,都是有目的的,也就是以目标为导向的意思。这种目的性会导致行为模式的整合。没有目的性的管理将毫无意义,因为如果说管理是设法让团队成员"完成任务"的方法,那目的就是决定应该完成什么任务的主要准则。

支配具体行动的小决策,是实际应用更大范围涉及目的和方法的决策的必然结果。比方说,行人收缩他的腿部肌肉是为了迈出一步,他迈出一步是为了继续向目的地——信箱进发,他靠近邮箱是为了寄信,而寄信是为了向他人传递某些信息,等等。每项决策都包括选择目标和与目标相关行为,而此目标可能又是实现另一个更远目标的中间目标。如此进行下去,直到达成相对的最终目标为止。只要是导向最终目标选择的决策,就称为"价值判断";只要是包含最终目标实现的决策,就称为"事实判断"。①

令人遗憾的是,管理者面临的问题,并没有按价值、事实两类要素区分妥当。一方面,政府组织和政府行为的目标或最终目标通常使用非常一般化和模糊的"公正""一般福利"或"自由"等词语来描述;另一方面,指定的目标可能只是实现更远目标的中间目标。比方说,在一定行动范围里,人的行为一般是以"经济动机"为导向产生的,但是,对大多数人来说,经济利益本身通常不是最终目的,而是实现最终目的比如安全、舒适和名望的一种手段。

最后,在某些情况下,价值要素和事实要素还可以组合在同一目标中。比方说,拘捕罪犯一般是公安部门的一项目标。在一定程度上可以把这个目标本身设想成一个最终目标,也就是说,公安部门的目的是逮捕并惩罚违法者。但是从另一个角度来说,逮捕罪犯又是保护公民、改造罪犯和告诫潜在罪犯的一种手段。

---

① "事实"一词虽然可能产生误解,但由于没有更恰当的称呼,我们还是采用了它。显然,实际决策依据的"事实"通常是对事实的估计或判断,而不是确切无误的事实。由于作者常用"评价"一词来表示这种事实的估计和判断过程,所以加剧了读者概念的混淆。但是读者如果能记住,本书所谓的"价值"是指应当如何(无论必然性大小),而"事实"是指实际如何(无论推测的成分占多大比例),便可避免混淆。——译者注

1. 决策层级系统

目的性的概念包含了决策层级的意思：每个较低层级的任务，都是实现上一层级各个标的的途径。只要受到总目标的指导，行为就有目的性；只要选择的行动方案有助于达到既定标的，行为就是有理性的。

不应因此就推断，在任何真实行为上，这种金字塔式的目标都被完美组织或协调了。例如，一个政府机构可能要同时考虑多种不同目标：城市的娱乐管理部门，一方面会谋求改善儿童健康状况，让他们更好地利用休闲时间，从而防止青少年犯罪；另一方面，也为该地区的成年人谋求同样的福利。即便有时决策过程中并没有有意或刻意地将这些目标结合成一个整体，我们也应当注意到，它们在实践活动中一般仍会结合在一起。比方说，娱乐部门的管理者在决策制定过程中，由于种种原因，没有权衡不同甚至相互冲突的目标的相对重要性；但是，他制定的真实决策及政策方针，实际上体现了这些目标的特定权重。比方说，如果某个项目以男性青少年的体育活动为侧重点，那么，这个目标在实践中确实会受到重视，但是策划该项目的管理者却不一定会意识到。所以，虽然管理者可以拒绝刻意去构成综合目标体系，或对此无能为力，但他无法避免真实决策的实际效果，也就是事实上实现了目标的综合。

2. 决策中的相对要素

从某种重要意义上来说，一切决策都是折中的问题。最终选择的方案，只不过是在当时的情况下可以选择的最佳行动方案而已，不可能尽善尽美地实现各种目标。具体的决策环境必然会限制备选方案的内容和数量，从而设定了实现目的的最大可能程度。

由于在实现目标的过程中存在这种折中的相对因素，因此当行为同时要实现多个目标时，寻找一个共同衡量尺度是必要的。例如，如果经验表明，像发展工程管理局这样的机构可以同时实现发放救济物品和兴建公共工程这两个没有相互冲突的目标，那么，该机构就能够力争同时达到这两个目标。另一方面，如果经验表明该组织的两个目标之间相互冲突，那么就必须选择其中一个作为目标，同时放弃另一个。在权衡这两大目标的重要性并努力寻找共同衡量尺度的过程中，不要将这两个目标本身当成最终目的，而是要把它们当成手段来实现某个远大的目的。

3. 决策过程的一个例证

为了帮助读者更清楚地理解任何实际管理问题中存在的价值判断与事实判断之间的密切关系，现研究一个市政建设方面的例子。

在新街道的修建和维护问题上，包含哪些价值因素和事实因素呢？这个问题的决策，必须先确定：① 街道设计方案；② 街道设计方案与地区总规划的合理关系；③ 项目融资手段；④ 项目是采用工程承包方式，还是由官方组织完成；⑤ 这项工程与可能的后续修缮工程（如这条街道的公用管道设施修建工程）的关系；⑥ 自然环境等许多其他问题。我们必须找到这些问题的答案，每一个问题都混杂着价值要素和事实要素。通过区分工程实施的目的和工程施工的程序，我们可以对这两类要素实施部分的分离。

一方面，做出这些问题的决策，必须依据修建街道的目的和受其影响的社会价值，包括：① 交通运输的速度和便利程度；② 交通安全；③ 新街道布局对地产价值的影响；④ 筑路费用；⑤ 纳税人的费用分摊。

另一方面，就实现上述价值的具体措施所产生的效果而言，决策的制定工作，又必须依据科学和实用知识，包括：① 各种铺设材料的相对平整度、持久性能和价格；② 从费用和交通便利的角度看，备选路线的相对优缺点；③ 不同融资手段的总成本和费用分摊情况。

因此，最终决策将取决于不同目标的相对权重，和备选方案实现每个目标的程度。

举出这个简短的例子，是为了说明决策过程的某些基本特征。本书稍后还要进一步详细讨论这些特征。

四、管理过程中的决策制定

管理行为是团队行为。个人策划并单独完成任务的简单情形，大家都很熟悉。不过一旦任务变成需要几个人才能完成的复杂工作，那种简单情形就不可能成立了，此时就有必要开发出应用组织力量完成团队任务的过程。促成上述应用过程顺利进行的技巧就是管理过程。

应当注意，管理过程就是决策过程：它们先分离出组织成员决策制定过程中的某些要素，再建立规范的组织程序，来选择和确定这些要素，并将要素的信息传递给组织内相关的成员。例如,如果团队的任务是建造一艘船,首先要画出该船的设计图,一经组织采用,该设计图就会限制和指导实际造船者的行为。

由此可见,组织剥夺了个人的一部分决策自主权,而代之以组织的决策制定过程。组织代替个人制定的决策,通常包括:① 确定组织成员的职能,即职责的一般范围和性质;② 职权分配,也就是确定组织中哪些人掌握制定决策的权力;③ 对组织成员的自主选择设置协调其他成员活动的必要限制。

管理型组织以专业化为特征。所谓专业化,就是委派组织的特定部分承担特定的任务。我们在上面已经指出,专业化可以采取"纵向"分工的形式。也就是说,我们可以建立一种具有一定正规性的权力金字塔(层级),再将决策的职能分解,各层级的组织成员各司其决策职能。

组织的分析研究工作大多侧重于"横向"专业化分工,以此作为有组织性的基本特征。例如,卢瑟·古立克在《组织理论札记》一文中写道:"业务分工是组织的基础,实际上也是组织存在的理由。"[①]在本书中,我们主要讨论"纵向"专业化,即操作人员和监督人员之间决策职责的划分。我们要仔细探寻,操作人员被剥夺一部分决策自主权,并受到管理人员控制和影响的原因。

组织的纵向专业化,看来至少有三个原因。第一,在存在横向专业化的条件下,纵向专业化对于协调操作人员的行动至关重要。第二,横向专业化使操作人员能在执行任务的过程中培养更多的专业操作技能,纵向专业化同样也能保证在决策制定过程中,培养出更多的专业决策技术。第三,纵向专业化让业务人员对自己的决策负责;对企业组织来说,是向董事会负责;对公共机构来说,是向立法机关负责。

1. 协调

团队行为不仅要求采取正确的决策,而且要求所有团队成员都采取一致的决策。假设有 10 个人想合作造一艘船,如果他们各执己见,又不沟通各自的工作计划,制造出来的船恐怕不能航行。反过来,即使他们采取的设计方案很平庸,但如果大家全都遵照这同一个方案行事,成功的概率可能更高一些。

通过行使职权或施加其他形式的影响,我们可以将决策职能集中化,制订

---

① Luther Gulick and Lyndall Urwick (eds.), *Papers on the Science of Administration*, Institute of Public Administration, 1937, p. 3.

一个总作业计划,来协调控制所有组织成员的行动。这种协调,既可以是程序性协调(程序协调),也可以是业务性协调(业务协调)。程序协调指的是组织本身的具体规定,也就是对组织成员行为和关系的概括性描述。程序协调构造出了权威关系的链条(权威链),描述了每个组织成员的行动范围。而业务协调则指定了组织成员的工作内容。例如,对汽车厂来说,组织结构图是程序协调的一个方面,而正在制造的汽车引擎装置的蓝图是业务协调的一个方面。

2. 专门技术

为了发挥专业操作技能的优势,我们必须将组织的业务工作细分,由具备某种特定技术的人参与执行需要该种技术的所有过程。与此类似,要发挥决策专长的优势,我们就必须对决策职责进行分配,安排具备某种特定技能的人制定需要该种技能的所有决策。

决策的细分,比操作的细分更复杂。因为,虽然让一位工人的敏锐眼力与另一位工人的稳当手法结合起来,以保证某项具体操作达到更高的精确度通常是不可能的,但是为了改善某项具体决策的质量,而把律师的知识与工程师的知识结合起来,却往往是可能的。

3. 职责

以权威的政治性和法律性为主题的作家一直强调,组织的主要功能就是强制组织成员共同遵守组织或组织权威人士制定的规章制度。下级人员的权力,受到高层管理人士制定的政策限制。坚守职责是关键,同时纵向专业化的目的,是要保证对管理者施行立法控制,留给管理人员足够的行政自由裁量权,处理那些立法机关的外行人士无法胜任的技术问题。

五、组织影响模式

组织上层制定的决策,若不向下层传达,就无法影响操作人员的行为。要对这一过程进行考察,就必须研究影响操作人员行为的方式。这些影响大致可以分为两类:① 培养操作人员自身的态度、习惯和精神状态,引导他制定出对组织有利的决定;② 强迫操作人员接受他人制定的决策。第一类影响方式,是对员工谆谆教诲,树立员工的组织忠诚度,引导员工关注效率,一般地说,就是对员工进行培训。第二类影响,主要是通过行使权力、提供咨询和信息服务的方式来施加。这种分类法可能遗漏了某些影响方式,也可能出现功能重叠之处,但是这里只不过是进行介绍而已,稍后会深入讨论。

现在的讨论比上一段的讨论有所扩展,因为我们现在讨论的组织影响对象,不仅包括操作人员,同时还包括组织中的所有的决策者。

1. 权威

管理学者已经对权威的概念进行了详细透彻的分析。本书将采用本质上与巴纳德提出的定义[①]相同的权威定义。下属只要允许上级监督人员通过制定决策,指导自己的行为,而不独立审查该项决策的优劣,就可以说他接受权威的控制。上级监督人员在行使权威时,并不奢求下属会心悦诚服,而只想得到下属的默许。当然,权威在实际行使过程中,往往会自由混用各种建议和说服手段。

虽然权威的重要职能之一,就是在出现意见分歧时,能保证决策的制定和顺利的执行,但是对权威专断性的强调可能还是过分了。无论在什么情况下,如果上级人员过分行使职权,超越了下属所谓的"接受范围",就会导致下属不服。接受范围的大小,取决于让权威生效的保障手段或约束力。"保障手段"或"约束"在这里必须从广义上去理解。因为像共同标的、习惯、领导等积极和中性的刺激因素,在保证权威的接受方面,至少和物质或经济惩罚的威胁同等重要。

因此,按照我们这里的定义,在组织当中,权威行使的方向既可以"向下"也可以"向上"和"横向"。例如,一个经理如果让秘书决定如何摆放文件柜,而且没有重新审查其决定的优劣就接受了他的建议,那么就说,这个经理接受了该秘书的权威。但是组织结构图所表示的"权威链"的确有特别的重要性。当人们无法就某特定决策达成共识时,为了结束争论通常求助于这类正式的权威关系。由于这种上诉式的权威行使方式,一般要具备保障手段才能生效,所以组织中的正式权威结构,通常与人事任命、惩罚、免职等有关。在组织日常工作中,正式权威链往往还有非正式权威关系作为补充。正式的层级结构,在很大程度上是为解决争端而准备的。

---

① Chester I. Barnard, *The Functions of the Executive*, Harvard University Press, 1938, pp. 163 ff.

2. 组织忠诚

有组织团队的成员往往有认同该团队的倾向，这也是人类行为的普遍特征。在决策制定过程中，组织成员在组织忠诚的引导下，从其行动给组织带来的后果的角度，评价各种备选行动方案。如果一个人赞成某一行动方案是因为"对美国有利"，那么他就是认同了美国人；如果他赞成某行动方案因为能"促进伯克利的商业"，那么他就是认同了伯克利人。而民族忠诚和阶级忠诚在现代社会的结构中具有根本重要性。

我们特别感兴趣的管理研究主题是，对管理型组织或其某分部的忠诚。在军队管理中，这种认同的传统标志就是部队的战旗；而在市政管理中，忠诚常见的证据就是人们大声疾呼："我们单位急需资金！"

这种认同的现象，或称为组织忠诚的现象，执行着一项非常重要的管理职能。如果管理者每次面临决策时都必须根据人类所有价值去评价决策，那么管理就不可能存在理性。如果他只需要按照有限的组织宗旨来考虑决策，他的任务才处于人力所及的范围。所以，消防员可以全力关注火灾问题，卫生官员可以一心关注疾病问题，他们无须考虑其专业工作范畴以外的不相关问题。

此外，若管理者要对自己的决策负责，这种全力关注有限价值要素的做法，几乎是必不可少的。当上级正式指定组织目标时，也就给定了管理者制定决策的主要价值前提，只需实现这些指定目标。如果让消防部门主管考虑人类的所有价值——他可能认为公园比消防卡车更重要，从而将消防部门改成娱乐部门，那么组织将一片混乱，职责也不复存在。

但是，对组织的忠诚也给我们的管理工作带来了一些困难，不容小觑。认同引起的主要不良后果，是在该组织成员认同的有限价值与其他单位价值之间必须做出权衡的情况下，它会妨碍受习惯束缚的组织成员做出正确的决策。这也是造成大型管理型组织特有的部门之间竞争和冲突的主要原因。由于组织成员不把自己与整个组织视为一体，而是认同组织的某个部门，所以当自己的部门和整个组织发生利益冲突时，他会认为前者比后者更重要。这个问题在"家政服务"机构里表现得非常明显。往往在迫使该种机构按标准程序行事时，该种机构的辅助性和便利性主旨就被抛在脑后了。

组织忠诚还导致了另一个困难，就是几乎所有部门的领导都无法胜任本部门与其他部门之间资金需求的平衡工作。所以，我们有必要建立一个不受"认同"这一心理偏见影响的预算中心机构。在管理层级中所处的等级越高,管理者要考虑的社会价值范围就越广,评价上的偏见就对他越有害,管理者摆脱狭隘认同观念的束缚也就越重要。

3. 效率准则

我们都已经知道,行使权威和培养组织忠诚,是组织对个人价值影响的两种主要方式。那么作为个人决策基础的事实情况又如何呢?在很大程度上,这取决于任何理性行为都暗含的一个原则:效率准则。从广义上说,有效率无非是指采用最短的路径、最廉价的手段达到预期标的。效率准则不关心要达到什么标的,它对于价值问题完全持中立态度。任何管理机构成员的决策都会受到一个重大的组织影响,就是要遵守"有效率"的训诫;至于判断决策是否"有效率",则是审查过程的一项重要职能。

4. 建议和信息

我们以上讨论的都是正式的组织影响,其实组织成员还受到许多非正式的组织影响。我们也许可以很现实地将这些非正式影响看成内部公共关系的一种形式。因为,除非组织内部存在足够的沟通渠道传输颇有说服力的信息,否则谁都无法担保,在组织此处发布的建议一定会在彼处发挥作用。在总部管理机构中普遍存在着一种误解,就是认为内部咨询功能无非是准备言简意赅的解释性公告,并保证准备好适当份数,发送给适当的"传递者"。让总管理机构叫苦不迭的是,这些公告在发布之后,常常尚未对操作人员的实际工作产生影响便夭折了,其死亡率比任何灾难造成的死亡率都高。

信息和建议在组织中的流向不只是自上而下的,还是全方位的流动。与决策有关的许多事实依据有稍纵即逝的特点,只有在决策时刻才能完全确定,而且往往只有操作人员才能确定。例如,在军事冲突中,掌握敌军兵力的部署至关重要;这种情报稍纵即逝,而且往往最先由下级人员掌握。军事组织已经发展了一套十分精细的程序,用来向无法亲自猎取有关情报的决策者,传递与决策有关的一切事实信息。

5. 培训

与我们讨论的其他影响方式不同,培训这种组织影响方式,如组织忠诚和效率准则一样,是"自内而外"地影响组织成员的决策。也就是说,培训会让组织成员依靠自己的能力做出满意的决策,而不需要无休止地行使权威或提出建议。从这个意义上说,在对下级决策进行控制的手段中,用培训来替代行使权威和提出建议是可行的。

培训可以是在职培训,也可以是职前培训。当拥有一定学历的人被委以某种职务时,该组织依赖的是职前培训,它是保证他们制定正确的工作决策的主要依据。培训和员工权限范围之间的相互关系,是设计管理型组织的过程中必须考虑的一项重要因素。通过对下级人员进行培训,使他们在减少监督的情况下依然能好好地工作,这往往能最低限度地减少某些评审过程,甚至完全免除。同样,在起草特定职位申请人必备的资格时,也应该考虑通过招收半熟练的员工,为他们进行特定工种培训的方式,来降低人事费用的可能性。

只要相同要素在大量决策中反复出现,培训就适用于决策过程。培训有如下功能:可以向受训者提供处理决策所需的事实要素;可以向受训者提供思维的参考框架;可以向受训者传授"公认的"解决问题的方法;可以向受训者灌输制定决策所依据的价值观。

> **思考题**
> 1. 组织的目标与组织的决策制定、执行是什么关系?
> 2. 决策中的价值要素与事实因素是什么关系?
> 3. 什么是决策?如何理解"管理过程就是决策过程"?
> 4. 管理组织的基本特征和基本形式是什么?
> 5. 如何才能做到或保持"对组织的忠诚"?

第十篇　帕金森定律*

诺斯古德·帕金森

> **导　读**
>
> 　　彼得原理、墨菲定律、帕金森定律三者并称西方管理学的三大定律,也被称为20世纪西方文化三大发现。其中,彼得原理是指在一个等级制度中,每个员工趋向于上升到他所不能胜任的地位,即员工会因在原有职位上工作成绩表现好(胜任)而不断被晋升提拔,直至到达他所不能胜任的职位;墨菲定律是指如果有两种或两种以上的方式去做某件事情,而其中一种方式将导致灾难,则必定有人会作出这种选择;帕金森定律是指在行政管理中,行政机构会像金字塔一样不断增多,行政人员会不断膨胀,每个人都很忙,但组织效率却越来越低下,这条定律又被称为"金字塔上升"现象。
>
> 　　帕金森定律是官僚主义或官僚主义现象的一种别称、代名词,也可称为"官场病""组织麻痹病"或者"大企业病"。1955年,英国历史学家、政治学家诺斯古德·帕金森(Northcote Parkinson,1909—1993)在为《经济学人》撰写的一篇讽刺短文里最早提出了这一概念。1957年,帕金森将这个观察扩充为一本书,即《帕金森定律:对于进度的追求》(Parkinson's Law: The Pursuit of Progress),从而拓展完善了帕金森定律。

---

* Northcote Parkinson, *Parkinson's Law and Other Studies in Administration*, Houghton Mifflin, 1957. 中文译本摘自〔英〕诺斯古德·帕金森:《官场病(帕金森定律)》,陈休征译,生活·读书·新知三联书店1982年版,第1—12页。摘录时对个别地方作了修改。

第二部分
第十篇　帕金森定律

> 帕金森定律深刻地揭示了行政权力扩张引发人浮于事、效率低下的"官场传染病"。帕金森定律要发生作用，必须同时具备以下条件：组织拥有管理职能，并不断追求完善；领导者能力极其平庸，担负着和自身能力不相匹配的管理者角色；不称职的领导者对权力不具有垄断性。要想解决帕金森定律的症结，必须把管理单位的用人权放在一个公正、公开、平等、科学、合理的用人制度上，不受人为因素的干扰，尤其是不将用人权放在一个可能直接影响或掌握用人权的人的手里。

要打发时间就得多找事情干，这是大家公认的事实。俗话说"真正忙的人是匀得出时间的"就是这个意思。一位闲来无事的老太太为了给远方的外甥女寄张明信片，可以足足花上一整天的工夫。找明信片要一个钟头，寻眼镜又一个钟头，查地址半个钟头，做文章一个钟头零一刻钟，然后，送往邻街的邮筒去投邮究竟要不要带把雨伞出门，这一考虑又去掉了二十分钟。照这样，一个忙人总共在三分钟里可以办完的事，在另一个人却要犹豫焦虑和操劳整整一天，最后还不免累得七死八活。

假如完成工作（特别是文字工作）的时间伸缩性如此之大，那就说明工作量和做这份工作的人数二者之间关系微小，甚至是毫无关系。不认真办事不一定显得悠闲。无所事事也不一定能从懒散上看得出来。大家都承认，事情的重要性和复杂性跟办这事情花费的时间应该成正比，但是对这话的广泛含义，特别在行政工作方面，却很少引起重视。政治家和纳税人相信（偶尔也怀疑），公职人员加多了一定反映了工作量增长了。玩世不恭的人不信这一套，他们认为职工人数成倍上升，结果必定是某些人闲下来无事可干，再不就是大家的工作时间一律缩短。对这问题，相信和怀疑全不对头。真实情况怎么样呢？职工人数和工作量互不相关，职工人数的增长是服从"帕金森定律"的。不论工作多少，甚至完全没有了，职工人数的变化总逃脱不了这条定律。可以说，"帕金森定律"是一条生长发展的定律，是经过分析研究各种与生长发展有关的因素而得出的结论，因而十分重要。

这条定律发现还不久，其真实可靠性可从下列的统计材料得到证实。一般读者可能更愿意知道，定律所解释的发展趋势到底包含了一些什么内在因素。我们可以省去技术细节（为数甚多），先从两种动力说起。就我们目前要探讨的问题来看,有两个无须解释就十分明白的事实可以代表这两种动力:其一,当官儿的人需要补充的是下属而不是对手。其二,当官儿的人彼此之间是会制造出工作来做的。

  为了弄明白上面说的第一个因素,我们假设有个当官儿的 A 君,他觉得自己劳累过度了。究竟他的工作真是太多,还是只不过他自我感觉如此,这倒无关紧要。需要顺便提一提,A 君的感觉(或许是幻觉)很可能是由于他的体力渐衰而引起的。这本是中年人常见的正常现象嘛! 不论工作繁重是真是假,反正他只能在三个补救办法中取其一。一个办法,他提出辞职。第二个,要求让同事 B 君来分担自己的工作。第三个,要求增加 C 先生和 D 先生来当助手。按照历史上一贯做法,A 君恐怕毫无例外地要选择第三个办法。因为如果辞职,他就失去了领取养老金的权利。请来级别和自己相当的 B 君,等到日后上一级的 W 君(终于)退了休,岂不是在自己晋升的道路上树立了对手? 因此,A 君宁可要级别比自己低的 C 先生和 D 先生来归他领导,何况 CD 二位的到来等于提高了他的地位。他可以把工作分作两份,分别交给 C 先生和 D 先生掌管,自己成了唯一掌握全面的人。说到这儿,有必要强调一下,C 先生和 D 先生二位是缺一不可的。单单补充一个 C 先生那可不行。为什么呢? 因为只让一个 C 先生分担 A 的工作,C 先生几乎充当了原本就不想要的 B 君的角色;C 先生成了唯一可以顶替 A 君的人。所以,要找助手,非找两个或者两个以上不可,这样他们才可以相互制约,牵制对方的提升。有朝一日 C 先生也抱怨工作疲劳过度时(毫无疑问他是会走到这一步的),A 君会跟他商量,再给他也配上两名助手。鉴于 D 先生的地位和 C 先生相当,为了避免矛盾,A 君只得建议给 D 先生同样增配两名助手。于是,在补充了 E、F、G、H 四位先生之后,A 君自己的晋升就十拿九稳了。

  如今,七个人在做 A 君过去一个人做的工作。造成这一现象的原因是上面说过的第二个因素。换句话说,七个人会给彼此制造许多工作,使每个人都忙得不可开交,连 A 君实际上也比过去辛苦。每收一个文件都要大家传看。E 兄认为某个文件是 F 兄管辖范围内的事,于是 F 兄就起草一个复文。复文送到 C 先生那儿,C 先生大加修改后送 D 先生会签。D 先生本要把文送给 G 兄去办,不巧 G 兄请假不在,文件转到 H 兄手里。H 兄写上自己的意见,经 D 先生同意送还给 C 先生。C 先生采纳了意见,修改了草稿,把修改稿送呈 A 君审阅。

第二部分
第十篇　帕金森定律

　　A 君怎么办呢？本来他可以不加审查，签发了事。这样做倒也无可非议，谁让他脑袋里装了好多其他问题呢？他盘算到明年自己该接 W 君的班了，所以必须在 C 先生和 D 先生之间物色一位来接替自己。严格说来，G 兄够不上休假条件，可是又不得不批准放他走了。H 兄的健康状况不佳，脸色苍白，部分原因是闹家庭纠纷，也许本来应该让 H 兄休假才对。此外，A 君要考虑 F 兄参加会议期间增发工资的事，还有 E 兄申请调往养老金部去工作的问题。A 君还听说 D 先生爱上了一个女打字员，那是个有夫之妇；G 兄和 F 兄闹翻了，已经到了互不理睬的地步——谁也不知道是为了什么。

　　因此，C 先生的复文送来了，A 君本想签个字发了完事。同事们相互制造了矛盾，也给他制造了矛盾，重重矛盾扰得他心烦意乱，而起因无非就是因为有这么多大大小小的官儿们存在。可是 A 君呢，又是一个办事认真的人，他决不敷衍塞责，于是他仔细阅读复文稿，删去 C 先生和 H 兄加上的啰唆话，把稿子恢复到精明能干的（可惜是爱吵架的）F 兄最初起草的样子，改了改文字——这些年轻人简直全不注意语法——最后搞出了定稿。这份定稿，假定说从 C 先生到 H 兄这一系列的官儿们根本没有出生到这个世界上来的话，A 君同样是可以弄出来的。人多了，办同样的事花费的时间反而比过去多了。谁也没闲着，人人都尽了最大努力。等到 A 君离开办公室动身回家，天时已晚。暮色沉沉中办公楼最后一盏灯熄灭了。这标志着一天辛勤劳动告一段落。最后有几个人离开办公室，A 君是其中之一。他两肩下垂，脸上泛起一丝苦笑，思忖着：长时间的工作和白头发一样，是为争取功名而受到的一份惩罚。

　　看了以上这段关于各种因素如何起作用的介绍以后，研究政治学的人自会得出结论：行政人员或多或少是注定要增长的。这里我们还没来得及谈到自从 A 君接受任命到 H 兄退休，这期间可能相隔多长时间。

　　"帕金森定律"是经过搜集了大量的统计材料，加以研究才制定出来的。受到篇幅的限制，我们在这里不能进行过细的分析，但读者可能会乐意知道，这项研究工作是从海军方面开始的，原来海军部的任务比起其他部门来，比如贸易部，容易计算一点，牵涉到的只是人数和吨位。请看几个有代表性的数字：1914 年海军共有官兵十四万六千人，基地（军舰修造处）的行政官员和办事人员三千二百四十九人，工人五万七千人。到 1928 年，官兵只剩十万人，基地工人六万二千四百三十九人，但基地的行政官员和办事人员为四千五百五十八人。至于军舰，1928 年拥有数只占 1914 年的一小部分——原来服役的有六十二艘主要

233

军舰,1928年还不到二十艘。而在同一时期里,海军部的行政官员从两千人上升到三千五百六十九人,正像有人议论的,他们形成了一支"宏伟的陆地海军"。下面的表更清楚地反映了这一变化:

表 2-10-1 海军部统计表

类别	年份		增减百分比
	1914	1928	
服役的主要军舰	62	20	-67.74
皇家海军官兵	146,000	100,000	-31.50
基地工人	57,000	62,439	+9.54
基地官员和办事人员	3,249	4,558	+40.28
海军部官员	2,000	3,569	+78.45

当时,针对着能够实际打仗的人数和只管机关行政的人数的比例,有人提出过批评。可是这个差距还不是我们目前要研究的问题。我们需要注意的倒是1914年的两千名官员到1928年变成了三千五百六十九名,而这个增长又丝毫不意味着海军事业的发展。在那一段时间里,整个海军是收缩了,它的编制压缩了三分之一,军舰减少了三分之二,而且从1922年起,海军根本没有发展的打算,因为同年签订的华盛顿海军协议给舰只(而不是官员)规定了限制。所以,在十四年里,官员人数增长了百分之七十八,相当于在原有基础上每年递增百分之五点六。

对公职人员总数上升如此之快怎么解释呢?唯一的托词是,这种增长是受某种规律的影响的。这里我们还要提一句,刚才所说的1914年到1928年这段时期,恰恰是海军技术迅速发展的时期。飞行器扩大了使用范围。电气设备发展了。潜水艇虽然还得不到支持,但也还准许使用了。工程技术人员也差不多被当作人来看待了。在这样一个革命化时期,如果商店老板大批进货,那是意料中的事。在海军里,我们发现工资单上多了一些制图员、设计员、技术员和科学家,这并不足为奇。可是这些属于基地的官员,总共才增长了百分之四十,而白厅机关的官员却增长了百分之八十。凡是朴次茅斯港每用一位新工长或电气工程师,查令十字机关就得多配上两名职员。由此我们权且作出结论:当实力(指海员)降低了百分之三十一点五时,行政人员的增长率可能比业务技术人员的增长率要高出一倍。当然,从统计角度来看,最后说到的百分之三十一点五这个数字是无关紧要的。就算是连一个海员也没有的话,官员人数还是照样成倍增加。

我们接着再往下看,事情的发展是很有意思的。海军部的编制在1935年为八千一百一十八人,到1954年变成了三万三千七百八十八人。在大英帝国衰落时期,殖民部的编制更值得研究。整个海军部的统计由多种因素构成,相当复杂,要进行逐年比较是困难的。然而殖民部完全是行政单位,这个单位的发展却很能说明一些问题。下面是有关的数字。

表 2-10-2 殖民部统计表

年份	1935	1939	1943	1947	1954
编制	372	450	817	1,139	1,661

我们在计算增长率之前最好要了解到在这二十年里,殖民部的任务是非常不稳定的。从1935年到1939年,殖民地区的面积和人口都没有什么大的变动。在1943年,有的地区已沦陷到敌人手里,因此殖民面积与人口大幅度下降。到了1947年,数字回升了。可是从那以后,殖民地陆续取得了自治,数字又年复一年地缩减了下来。按理,大英帝国势力范围的变化应该反映在中央有关主管部门的规模上,可是我们只要看一看统计表就会明白,编制总数表现的仅仅是几个无法避免的增长阶段。这个增长虽然和其他部门的增长有关,却和大英帝国本身规模的变化——甚至大英帝国的存在与否——毫不相干。增长的百分比到底有多大?在第二次世界大战期间,殖民事务减轻了而编制扩大了。我们姑且不谈这一点,我们关心的是和平时期的增长率:1939年比1935年长了百分之五点二四,1954年比1947年又长了百分之六点五五,等于每年平均增长百分之五点八九。这个增长率和刚才算过的海军部编制从1914年到1928年的增长率非常接近。

目前我们不需要对各部门的编制作进一步更加详细的统计。我们只希望得出一个初步结论,知道一位官员从任命之日起,到他后来又指定两位或两位以上助手的这段时间大概有多长。

关于单纯的编制问题,我们的研究结果已经证明了平均年增长率为百分之五点七五。这一情况明确了,我们才有可能用数学方式来阐明"帕金森定律"——在任何一个政府行政部门,只要不是处在战争时期,编制总是按下列公式增长:

$$x = \frac{2k^m + l}{n}$$

k 代表一个要求派助手从而达到个人提升目的的人。从这个人被任命一直到他退休,这期间的年龄差别用 l 来表示。m 是部门内部行文通气而耗费的劳动时数。n 是被管理的单位。用这个公式求出的 x 就是每年需要补充的新职工人数。数学家们当然懂得,要找出百分比只要用 x 乘 100,再除以去年的总数 y 就可以了。公式如下:

$$\frac{100(2k^m + l)}{yn}\%$$

不论工作量有无变化,用这个公式求出来的得数总是处在百分之五点一七和六点五六之间。

至于发现这个公式和发现它所依据的原则,当然并没有什么政治上的价值。对于部门到底该不该扩大的问题从来没有人过问。有人认为扩大了对解决充分就业问题是必需的,这些人尽可以保留他们的意见。另一些人,他们觉得一个国家的经济重任落在一班只靠交换内部行文而相互通气的人的身上,这样的经济是不稳固的。持这种观点的人也可以保留他们的看法。目前我们要想掌握行政领导和被领导之间的比率数到底应该多大,恐怕条件还不成熟。假定这种比率在客观上的确存在着一个最大的极限,那么我们不久就可能研究出来一个公式,用来计算一般需要多少年可以达到极限。如果现在来预言计算的结果,是同样没有什么政治价值的。"帕金森定律"完全是纯科学的发现,这个定律对于政治,除了在理论上适用外,别无他用。这是我们需要再三强调说明的一点。植物学家的任务不是去除草。他只要能够告诉我们,野草生长得有多么快就完事大吉。

> **思考题**
>
> 1. 帕金森定律的含义是什么?
> 2. 帕金森定律的重要性在哪里?
> 3. 为什么"当官儿的人需要补充的是下属而不是对手"?
> 4. 为什么"当官儿的人彼此之间是会制造出许多工作来做的"?
> 5. 读者从"植物学家的任务不是去除草。他只要能够告诉我们,野草生长得有多么快就完事大吉"中联想到什么?

第十一篇　什么是公共行政学*

德怀特·沃尔多

> **导　读**
>
> 　　德怀特·沃尔多（Dwight Waldo,1913—2000）是美国政治学家和现代公共行政学者。基于沃尔多对现代官僚政府理论的贡献，他被认为是20世纪最重要的政治学家之一。沃尔多与赫伯特·A.西蒙关于公共行政的本质进行了长达半个世纪的争论，对公共行政学的发展产生了重大的影响。西蒙主张引入逻辑实证主义，重建一门更加精致、更有效率的行政科学；而沃尔多则注重将民主等规范价值引入公共行政，强调公共行政学就是一种政治理论。这场争论正式结束了公共行政学的古典时期，深刻影响了随后半个多世纪公共行政学的研究走向，其所争论的问题至今依然是公共行政理论与实践的中心问题。在沃尔多的发起下，数十位年轻的公共行政学者于1968年组织了明诺布鲁克会议（Minnowbrook Conference），兴起了"新公共行政运动"。会议论文随后于1971年结集出版，这就是著名的《走向新公共行政：明诺布鲁克的观点》（*Toward a New Public Administration：The Minnowbrook Perspective*）一书。1979年，为了表彰沃尔多对公共行政领域的突出贡献，美国公共行政学会（American Society for Public Administration）设立了

---

* Dwight Waldo, *The Study of Public Administration*, Random House, 1955. 中文译本摘自彭和平、竹立家等编译：《国外公共行政理论精选》，中共中央党校出版社1997年版，第181—198页。摘录时对标题序号及个别地方作了修改。

> "德怀特·沃尔多奖",该奖项已成为公共行政学领域的最高学术奖项。沃尔多的主要著作有:《行政国家:美国公共行政的政治理论研究》(*The Administrative State: A Study of the Political Theory of American Public Administration*,1948)、《公共行政研究》(*The Study of Public Administration*,1955)、《研究行政学的各种观点》(*Perspectives on Administration*,1956)、《动荡时期的公共行政》(*Public Administration in a Time of Turbulence*,1971)等。

当第一颗原子弹爆炸的消息传开时,人们对权力的这种使用有一种深深的畏惧感。想象力和理性动力使人们去理解所发生的一切,去理解这一切又是怎样发生的。畏惧感被扩展到了自然科学和工程学,是它们才使得这种惊人现象的发生成为可能。

伴随着许多普通物理学原理的发展和许多自然科学家所获得的成功试验,美国政府在这些工程的成功背后也同时给予了人类科学以极大的关注。事实上,一个特殊的、命名为曼哈顿工程区的公共行政系统作为美国政府的一个组成部分早已建立起来。曼哈顿工程耗资20亿美元,并一直处于极端秘密的状态,只有极少美国人知道它的存在,就连该工程的许多雇员也不知道其目的。它集中了数以千计的多才多艺和受过良好训练的人,许多稀有材料和物质来自于整个地球。它建立了极高的效率,创造了横贯大陆的特殊的子行政系统,并试图用错综复杂的方法将其与我们所视为商业企业和大专院校的行政系统连为一体。曼哈顿工程区的成功展现了基于核裂变之军事扩张的成就。

基于上述论据,我们可以得出一个公正的结论。许多人把原子弹仅仅单独看作是物理科学的成就,因为曼哈顿工程区没有留下太多的痕迹——它已经被人遗忘;但我们也许并不会认真对待另外一种观点:原子弹是否是人类科学与物理学两者共同的成功?

原子弹并不是人类伦理的胜利,也许其反面是真实的,虽然对原子弹的评判不能游离于对战争本身及其现代组织的评判之外。我们应当引起注意的是,用历史学观点来讲,发明原子弹的人类技术是一个显著的标志——也许就原子弹本身的物理经验与创造力来说,它脱离了社会经验与创造力。

确实,今天我们所有的评价是,当我们的社会科学在倒退或处于幼稚期或青春期时，物理学却在不断地进步或成长。这也许是真的。当然，如果我们普遍地使用能使评判可以接受的一种标准的话，它便是真实的。这些标准（比如诡辩论）是有别于物理科学的特征的！虽然这有可能是真实的，但这个判断却试图混淆和贬低我们在人类"技术"领域里取得的成就，并试图使用所有科学中不确实和有争议的术语。

由于我们生活在一个高合作技术的社会，并且学会了如此众多的陌生的技术，我们获得了所有关于我们人类合作的许多奇迹，就像它们是自然或者是不可避免的事实。但它们不是，远远不是。这些技术是通过无数的人类工业、许多的系统思想和偶然天才的精神火花才获得的。这些人类合作的技术必为每代人重新学习。人类目的的达到完全依赖于研究与发明。

这篇随笔是作为一个课题研究或者人类合作的一个方面的导论，不妨命名为公共行政。公共行政远远不是为人类合作的全过程或全部概念。比如，研究法律、人类学或经济学等，也是在研究人类合作。在人类合作的技术范畴内有特殊的技术，也有许多通过研究或可取得的对这些技术进行研究的各种概念性组织。我们社会中的公共行政是所有技术中的一种，在它的理论与实践中有其独特的概念结构。

一、定 义 问 题

逻辑与惯例常规都要求我们仔细地对待定义问题：什么是公共行政（Public Administration）？但实际上，公共行政没有一个理想的定义。或者也许有一些暂时性的定义，但却没有暂时性的解释。公共行政这种单向命题或者单向评断的直接结果，是精神麻痹远胜过启蒙与激励。这是由于术语的严肃定义——与简练的定义相反，尽管措辞巧妙——不可避免地含有一些严格的词句。简单地讲，这些严格的词句只能被其他严格的词句所解释。在这个过程中，"它"的真实性与重要性就变得困惑而又模糊。在这个告诫下，我们来看看两种典型定义：

（1）公共行政是为达到政府目的而对人与物质的组织与管理。

（2）公共行政是管理国家事务的艺术与科学。

这是两种对公共行政最常见的界定。这种定义没有任何错误，除非对它们作更进一步的说明。也许这些定义在读者心目中留下了深刻的概念与生动的印象。但如果不是这样,而最好是再往下继续,不停留在每一个迷惘的词上,那就可以得到下面更易理解的解释、描述与评论。

1. 行政：艺术还是科学？

让我们稍微留心一下在公共行政定义上的传统争论,以及这些术语使用上的常见结论的有关源流。这个冲突涉及公共行政是艺术还是科学。一些受自然科学尤其是物理学成就影响的研究人员和行政官员,坚持认为公共行政在这个意义上能够而且应该成为一门科学。其他对实际行政中的流动性与创造性、对判断和领导这种无形的活动印象很深的研究人员及行政官员,坚持认为公共行政不能成为科学,而只是一种艺术。

大量的废话产生于关于科学—艺术争吵的辩论,但也因此在实用中澄清了概念并取得了共识。在上述第二种定义的方法上,很时髦地谈到了公共行政的"艺术与科学"。这种用法反映出通常的结论,即公共行政科学与艺术两者都有其重要的意义。而且,这也反映出一种回避定义问题的思想,反映出在两个方面放弃了这个问题,也反映出公共行政的研究与实践所取得的进展。毫无疑问,发展到这一步是正常的,而且减少了仅仅为词语而进行的微不足道的和浪费时间的争吵。但决不可忘记,这些定义对于卓有成效的研究和富于效率的行政来说却是相当重要的。比如,人们如何接受教育与训练以参与公共行政的问题,便是只有在公共行政的含义明确之后才能得到解决。①

2. "公共行政"一词的双重用法

与科学—艺术争论密切有关的结论与错误的裂变源,是基于"公共行政"这个词有两种用法的事实。它们常常标明和表示：(1) 知识探索的一个领域、一门学科或一种研究；(2) 一个过程或一种行为——管理公共事务。这两种含义紧密相关,但又各有不同,其区别类似于研究有机体的生物学和有机体本身。

现在,这种区别似乎是如此明显,却没有昭示出来,其理由仍然是由于这种区别没有被发现,追溯一下即可明了。关于公共行政是科学还是艺术的大量

---

① 与科学和艺术之间的区别有关且相似的另一个区别是,纯科学和应用科学之间,或者说是理论科学和实践科学之间的区别。这一区别具有重要的作用,目前正将之与逻辑实证论联系起来讨论. 参见赫伯特·A.西蒙的《行政行为：对行政组织中决策过程的研究》(纽约,麦克米兰公司1947年版)一书的附录。

（不是所有）的争论，起源于在公共行政的讨论上没有取得一致意见。它到底是一门科学还是一种行为？显而易见，在公共行政的系统研究基础上很容易找出作为科学的例证来，而在公共行政的实践基础上又很容易找出作为艺术的例证来。

公共行政的研究人员在这个术语的两种用法上必须具备一种敏锐眼光。有时这种含义从定义和内容上来看很清楚，但多数时候却是模棱两可和模糊不清。有时这是真实的，因为作者用把公共行政作为一个过程或一种行为来定义作为开始，并且在这个过程中，会出其不意地逐渐地使用这个术语来表示公共行政的系统研究。有时也试图在同一个定义中拥有两种含义，以便为结论铺平道路。（现在倒回去仔细考查前面的两个定义。定义中给予的区别，是否非常的明确？）

我们承认，阐明一个定义比事实更为重要。要说明这个问题，可以回想一下上面所说的研究有机体的生物学和有机体本身两者之间的相似性。在这个例子中，定义是很明确的，因为生物学包括对于作为有机体的人的研究，但这只是总体中一个很小的部分；另一方面，除了人类，没有别的有机体能对其他的有机体进行研究。但在公共行政这个问题上，从某些方面和某种关系上来说，研究的中心要素是人本身。公共行政的许多研究是通过在公共行政中从事这种行为和过程的人来进行的。奸猾的职员为他的需要构建了较好的文件系统，管理者在其职员的新的工作贡献之上进行决策，由政府雇用的社会科学家群辛勤研究出如何保持住雇员的士气。就某种意义或某些方面来讲，所有这些都是在研究公共行政。

二、理性行为的概念

这个观点将通过对"理性行为"概念的论述而得到明确解释。理性行为在这里可以定义为实现特定目标而又对其他期望目标损害最小的正确行动。[①]我们将尽量在其本来意义上运用这个概念，在这里并不只停留于考虑这种意义与重要性问题，不管是人们有所期望还是应该期望他的所有行动都是理性的。

---

① 这是一个重要而又难以处理的词语。困难的根源之一在于这样一个事实，即由于错误的原因，特定的行为可能得出期望的结果。这样，科学发现那些带有迷信色彩的行为有时是正确的（如最高目标），但是两种阐述方法中的解释很不相同。困难或模棱两可的另一根源将在"行政的意义"中讨论。

目前,我们还将满足于一般的观察或者相信人类通过运用智慧,通过正确地运用达到目标的手段,能够最大限度地追求其目标的实现。

现在,公共行政恰如其所限定的一样,在两种意义上都是理性行为。这种行为被设计为最大限度地去追求定义中公共目标的实现。作为"一种活动"的公共行政,将不断地谋求尽量实现公共目标,虽然目标意识、知识和这些东西的抽象程度在行动中会有巨大的时间与精力用于能动的和仔细的方法的谋划上,以实现特定的公共目标。另一方面,具体执行者可以不知道和不了解他所从事的工作中的机构的"公共"目标,具体执行者的工作仍然将是理性的。在这种意义上,等于是达到最终目标的手段参与——就是说,为解决算术问题而对计算机的操作。理性可以引入机器操作,或者甚至引入职业。一个领导者或者行政官员的任务就在于在他所追求的、能用最好方法来达到的目标中引入理性。

在作为"一种研究"的公共行政中,也有不断的手段的预测分析,以努力实现公共目标。事实上,这不仅仅是一个学科的中心问题,而且如许多人所认识到的那样,也是唯一的合乎情理的问题。然而就在这个事实中,也有很多的变化——在方法的类型上、在抽象的程度上、在问题的范围上、在最大限度地追求目标实现的一般性与特殊性上,等等。在公共行政中,机器操作的时间与动作研究、领导决策、影响行政的团体价值结构、审计程序、工会的特性——这些随机的例子便是研究的范围与变项。

为设想研究与行动会如何融会进理性行为的概念,让我们举一个例子。假设一个管理咨询公司根据契约合同受雇于州的公共工程部,其特殊工作是确定是否能在更理性的程度上使用机器设备。被指定从事这项研究的人们应当调查和搜集资料,并且努力取得该部门中关心机器设备的雇员的兴趣与支持。最后,他们要通过与该部门人员一起工作的顾问提出劝告,这些劝告要能够被接受并立即得到执行。在这个事例中,研究与行动如此交融,以至于难以加以区别。当然,在最后的分析中,研究也是行动的一种形式。在这个意义的另一端,区别又是十分的有用。有用的类比能揭示系列的亲近范围:在两个极端之间存在着的变量与层次。

三、行政的意义:合作理性行为

到此我们只是在讨论公共行政的表达,而没有单独涉及"行政"(Administration)这个名词。恰当的下一步应该是单独说明这个名词的含义，并且进而说明其作为形容词的含义。

我们可以用类推法进行推断：公共行政是属于行政属类的一种，这个属类反过来又是我们称为"人类合作行为"家族中的一员。"合作"这个词在这里可以按照结果来限定：人类有影响的行为都是合作产生的，如果没有合作，也就不会有任何成果。因此——举个常用的例子来说——当两个人滚动一块任何一个人滚不动的石头时，他们便有了合作。滚动石头的这个结果便是证据。但是，如果这两个人中的一个人在对另一个人实行肉体损害的威吓上借用了另一个非自愿的努力，那么这还是合作吗？这是合作，是一种计划意义上的合作。一般的合作都是自愿的，甚至可能富有热情。因此我们总是只认可合作的一般含义。但英语语言中没有一个更好的可以反映出其含义而易为接受的词。顺便提一下，"对抗性合作"一词有时在社会科学中使用，以便从自愿合作中区分出非自愿的合作来。

现在我们便能够描述"行政"这个词了。行政是具有高度理性的人类合作努力的一种。这种描述反过来也需要某些限定。

首先，行政不是具有理性的人类合作的唯一类型。比如，美国经济体制利用了企业之间的合作——对抗性合作——行政也在它们之间通过经济物资的生产与销售完成其理性行为。①

其次，在"高度的理性"这个短语中有一个不很明确的重要问题。这个问题需要很好注意，虽然它在这里不能加以充分的讨论。谁的目标与结果应当运用理性评估？某些反对意见认为，在一个特殊的行政系统中，许多而不是全部的"人"的目标在形式上有别于该系统中的政府目标。事实上，有时一个产品（如一个军事项目）是秘密，它的使用并不为从事制造的许多人所知道。目的或者目标的这种观念对于行政的定义来说是非常重要的。但像水银一样，很难抓住它，它极易逃避和消散。那么我们说通用汽车公司雪佛兰分公司的目的或目标到底是什么呢？在一种意义上说，其目的自然是制造汽车；在另一种意义上，则被认为是为股东创造效益。但所有职员与雇员的个人目标在某种意义上可以

---

① 参见罗伯特·A.达尔和查尔斯·E.林德布洛姆为论述理性合作的不同形式而著的《政治、经济与福利》（纽约，哈珀兄弟出版公司 1953 年版）。

说不是这两种,或者说至少不全部是。①

行政被认为是一种具有高度理性的人类合作努力。作为一种合作类型它有什么特点呢?对这个问题的回答部分地取决于对此问题的观点。社会科学家认为其独特的特性应归属于"官僚组织"这一概念。而根据行政学研究人员的传统观点,这些特性最好从属于"组织"与"管理"这两个术语。

1. 组织的性质

"组织"与"管理"这两个术语我们将依次作解释。我们可以开始另外一种分析:组织是行政的解剖学,管理是行政的生理学。组织是结构,管理是功能运行。但在任何一个现存的行政系统内,二者相互依存。没有一方,另一方则难以理解,就像解剖学与生理学缠结在一起和任何生命有机体彼此一样。② 实际上,当我们认为仅仅是为了方便种类分析而对同一种现象运用两种不同的观察方法时,我们在力求接近真理。一种是静态的以探求模型;另一种是动态的以追求运动。

再精确一步,组织可以定义为:一个行政系统中当局与普通人民之间相互联系的结构。在任何一个行政系统中,某些人不是在全部行动上也是在部分行动上命令其他的人,这些命令或叫指示常常为其他人所遵循。就是说,某些人比另外一些人更有权力,经常性的命令——服从或者指示——响应关系便是明证。在一个特定的行政系统中,常有一种关于权威关系的公认理论或表述。比如在军队里,当局往往根据指挥链中的军衔(中尉、少校等)来树立权威。

也可以认为关于权威关系的公认理论或表述与权威的实际行使或惯常做法大相径庭,命令和指示的实际下达与遵循便是明证。事实上,经常的行为表明,在许多实际行政系统中,公认的理论或表述与权威的实际行为经常脱节。

---

① 有时,在目的和功能之间也作出了某种区别,以求解决好这个问题。达尔和林德布洛姆把净目标实现的概念用于解决多种目标的问题。"当我们谈到'理性'时,我们指的是什么?一个人怎样才能检测一种行为是否比另一种行为更为理性?第一个问题比第二个问题更容易回答。如果一行为达到了这样一种程度,即被'正确地'用以最大程度地达成目标,那么这种行为就是理性的,假设这种目标和现实世界一样是存在的话。假设不止一个目标存在的话(人类通常的处境),一行为如果达到了这样一种程度,即这种行为能被正确地用以最大程度地达到净目标实现,那么这种行为是理性的"。(参见达尔和林德布洛姆合著《政治、经济与福利》一书,第38页。)

② 这种类推法的使用是为了介绍和解释的目的,并且将以这样的方式来考察它。本文中出现的组织和管理的定义分别包括了社会解剖学和生理学的部分内容。在此,我们不打算涉及模式和结果之间熟悉的社会学的区别,或静态模型和动态模型之间的区别。

在某些事例中,公认理论或表述远胜过文雅的虚构,与事实相去十万八千里。而且,全部的或几乎全部的那些我们认为能驯顺地执行命令的所谓部下,都有其改变上级行为的方式或技术——比如工人的怠工,或者秘书的微笑或皱眉。人事之间的纯粹单向权力关系是罕见的,除非确有存在的必要。简单地讲,"权威"这个词在以上的解说中并不明确,因为权威的测试还可以有其他的公认理论或惯常反应。在不明确的知识范围内,有关这一定义的界定很重要,但在此经不起更深入的推敲。无论如何——这是我现在的观点——在一个行政系统中,存在着或多或少固定人事关系的结构,在此我们把它们称作"组织"。

2. 管理的性质

我们可以将管理定义为:在一个行政系统中试图获得理性合作的行动。"行政系统"我们正在解释,"理性合作"已经定义过了。那么我们的重点,应当放在"试图获得的行动"上。

"行动"可以作很宽泛的解释:试图获得理性合作的任何改革。它包括自我变革或活动,包括各种人对人的努力和各种人对非人事物的努力。比如在邮政系统,其行政包括邮政部长的评议,评议的事项有某地区邮政中心系统是否符合需要、城市邮政局局长在监督其部属方面的号令行为和邮递员在整理日常邮件中的行为。这些行动包含一种命令式的特征:一些人比另一些人更习惯于发号施令。因此,一些作者根据指挥或控制来给管理下定义。但是,这种定义很可能导致定义的范围变得狭小而不合乎需要。

在定义中,"试图"一词有如下的含义:在试图获得理性合作的行动和实际付诸实践的行动之间可能存在着某种差别。原因是,根据特定的目标,试图合乎理性的行动有可能失败,因为并非所有相关的事实和条件都是已知的,或被包括在判断和决策之中——出现在私人生活和团体行为中的任何事情。另一方面,一些并非有意识的理性预测的行动则有可能有助于理性的合作。这些行动可能纯属偶然,或者它们可能是那种我们将之与感情、个性等连接起来的行动——范围超出一切科学声明和预测,至少目前是如此。"管理"通常被看作"试图"获得理性的行动(并且设想这种试图通常能够得以实现),但是,聪明的实践者或学者都将意识到试图和现实之间的区别,并且永远不会忘记还有难以管理的巨大范围。此外,许多政治理论,尤其是近几个世纪以来的政治理论,都把自己与一般范围内的问题和人类管理能力的特殊方面联系起来。行政学者能够从这一讨论的文献中获益,而他们的发现和经验又将反过来为这一讨论做出重要的贡献。

四、公共的意义

在给行政下了一个正式的定义之后,我们回到了这样一个问题上来:什么是"公共"行政?"公共"(Public)这一修饰词表示什么特征?公共行政怎样区别于一般行政,种怎样区别于属?

这是一个难以回答的问题。我们可能一开始就根据政府和国家之类的词语来给"公共"下定义,就像通常所做的那样。为理解这些词语所作的尝试,反过来又导致了对诸如主权、合法性和普通福利之类的法律概念和哲学概念的探究。这些问题极为重要。公共行政学者或实践者应该认真地探究普通政治理论,这种探究有助于理解各种各样的现象,如有时运用于公共行政中的高压统治。

或者,我们可以运用这样一种常识性的方法和简单的提问:政府持续坚持其功能与活动吗?对于许多通常的意图来说,这种方法是合适的,它将满足大多数市民的需要和符合许多研究人员与行政实践者的利益。但是对于许多研究、分析和富于改革性的行为目的来说,它很不适用,甚至在常识水准上它也不完全适用。比如,一些不稳定的政治情况使得我们难以定义"政府"和"法定 权利"是什么。而且还有一些不确定的行为,人们难以表明政府是否将持续执行它们,这就是法律和事实的微妙之处。例如,原子能的系统发展在美国政府的掌管之下这一意义上来说是公开的。事实上,对此有许多的秘密和严格的控制,有时甚至可以称为垄断。然而,这一计划包括了一个复杂的、由契约关系组成的网络,不仅涉及国家和地方当局,而且涉及了私营公司和个人。我们可以说发展计划是在联合碳化物公司公共行政契约之下被执行的吗?

对于研究行政的学者来说,理解"公共"的含义和意义的最富有成效的方法是利用一些已在诸如社会学、人类学之类的学科中得到最充分发展的概念。被认为是特别有用的那些概念与"结构—功能"分析和"文化"这样的措辞相联系。包含在这些术语中的概念并不非常清楚和精确,围绕着它们展开了一些非常专门化的、激烈的争论。然而,即使它们被拙劣地使用,它们对于研究行政的学者来说仍然十分有用。它们提供了所需的知识,尽管这不是严格的科学概括。

1. 结构—功能分析的阐述

结构—功能分析探索的是"任何"社会中人类需求、愿望、意向和表达的基本的或持久的模式。尽管已经清楚地认识到了人类社会的巨大差异,它却仍在探求着共有的标准,探求有关集体生活的普遍的基本原理。

这些研究为"公共"这种普遍的或固有的含义提供了基础。所要指出的是——如果不是准确地推断的话——与群体的同一性以及与作为整体的群体生活相联系的制度和行为具有特别强制的、象征性的和礼仪的方面。因此,在政府某些方面的周围罩上了神圣的光辉。当然,在某些社会中,教堂和政府是统一的,或者紧密地联系在一起。但是,即使在二者被正式分开的地方,即使宗教本身确实被政府正式禁止的时候,政府——如果它是"合法的"——仍有这种神圣的身份(当然,民族特征常常被说成是一种非宗教的宗教)。

这一方法有助于我们理解政府某些功能的特殊的公共特性。例如,对在诉讼中被控告有罪的人进行逮捕和审判;对罪犯进行惩罚或监禁;货币的制造与控制;涉外关系的处理;以及武装力量的招募、训练和控制。这些行为有其垄断性的一面,而且被赋予了大量的特殊强制、象征和仪式。尤其是在行为的这些领域内,在当一个平民变成了一个公共官员之后,我们希望他起新的作用,赋予他特殊的权力和威信,同时也要求他遵守某些礼节和仪式。

此外,尽管行政概念在定义为理性行为时是最有用的概念,但是我们也能够利用结构—功能分析中的思想和发现来达到这一目的。也就是说,我们能够利用结构—功能分析的概念和语言来建立一个模型——一个行政系统只是一般类型的模型。

2. 文化概念的阐述

文化概念常用于社会科学之中——尤其是用于人类学和社会学中——用来表示信仰的完整复合体和一个社会行为方式。我们可以作如下的分析以便达到我们的目的:"信仰"就是指关于宗教、政府、经济学、哲学、艺术和人际关系等事物的思想观念体系。"行为方式"是指关于食物、衣着、住房、爱情和婚姻、抚养孩子、娱乐、美的表达方式等活动的模式。这个概念进一步暗示或断言,在一个特定文化中,各种各样的信仰与行为方式在互相依赖这一意义上是同一个体系,在某种程度上,其中一个方面的一点变化将会导致另一个方面发生一系列复杂的变化(即使被赋予了我们目前所拥有的知识,这些变化也常常无法预料和不能控制)。例如,在一个原始民族的文化中,火器和马的使用很可能最终影响了如艺术的表达方式和婚姻习俗这类的事情。

目前,文化概念有些倾向于注重与结构—功能分析相反的方向。它强调社会中人类经验的多样而不是强调周期性出现的模式。的确,文化概念已经被用来证明人类和社会的几乎所有的可塑性——这是上面所提到的一些专业论战的根源。然而,关于概念的准确性或实用界限的专业争论将不会使我们产生误解。我们这里正在论述的这两个概念或一套概念不一定是对立的,但通常是对许多方面的社会分析的补充。

如果说结构—功能分析为论述周期性发生的现象提供了工具,那么可以说文化概念为论述"多样性"提供了工具。关于无论在何地行政即行政的看法或直觉很快就为行政学者所接受,这一主题在关于行政的美国文献中得到强调。然而,正如研究人员所提到的那样,他们也将意识到在行政系统之间存在着重大区别,这些区别随系统的场所、任务、环境和居民的不同而变化。同时,他们需要一些能够借以掌握和处理这些区别的方法。

我们现在所关心的是私人行政和公共行政之间的区别。这里的论点是:除非我们采用通过对多种文化进行比较而提出的主要论点,否则我们将很可能陷入错误之中,并把仅仅在我们的国家或文化传统中才是真实的或重要的区别看作是普遍存在的东西。这样,就可以认为,美国作者的普遍概括适用于自由民主社会中公共行政的某一有意义的部分或方面,正如所暗示或指出的那样,但是决不适用于所定义的公共行政。确切地说,可以考虑这样的概括,即公共行政以对待遇平等、行为的合法认可和对行为负责任、公共辩护或决策适当、财政诚实和细致等的特殊关心而被区别开来。它并没有利用许多关于比较行政的知识来认识某些"公共"的特征的非常有限的适用性。

文化的概念——加上关于现实文化的知识——使我们能够领会到特定社会中的行政,这一特定社会与围绕着和制约着它的一切因素如政治理论、教育系统、社会等级和种姓差别、经济技术等有关,也使我们能够按照行政环境来理解行政在不同社会之间的差别。如果我们仅限于根据行政本身的一般概念来分析性看待行政,那么这些差别是令人费解的。因为文化的组成部分在一个社会内部或社会之间是不同的,所以行政作为那个社会内部或社会之间的理性合作行为的一种系统也是不同的。行政是文化复合体的一部分,它不仅隶属于文化,而且它自己也起作用。的确,通过将行政界定为一种理性合作行为系统,可以看到行政发起并控制了许多变革。行政可以被看作是复杂社会中的文明人借以控制他们的文化,同时借以寻求达到稳定的目标和变革的目标——在他们的智力和知识限度内——的重要发明和手段。

五、什么是公共行政? 简要的说明

让我们再回到这样一个问题上来:什么是"公共"行政?与结构—功能分析和文化相联系的那些概念并不能使我们精确地给公共"下定义",但是有助于我们理解这一术语的意义和含义。它们有助于我们理解,为什么公共行政有一些普遍的或一般的方面?为什么在不同的地方公共和私人之间有着界线并有不同的结果?为什么"公共"在任何两个不同的文化背景中恰恰没有同样的意思?它们有助于弄懂关于异中有同和同中有异这一不容置疑的事实的意义,而异中有同和同中有异正是行政领域的特征。

公共行政是否为一门艺术或一门科学,取决于人们使用这些术语的意义和重点。其答案也受到所指出的公共行政的性质的影响———方面是一种研究课题或学科,另一方面是一种行为或过程。

公共行政的中心概念是理性行为,即正确地计划实现特定的期望目标的行为。既是一项"研究课题"又是一种"行为"的公共行政企图充分重视目标的实现。二者常常混为一体,互相配合,因此在最后的分析中,研究也是一种行为。

"行政"是具有高度的理性的人类合作行为。如果人类行为能够产生影响,那么它是"合作"的;如果合作并不存在,那就不可能产生影响。"高度"的理性的意义取决于这样一个事实,即人类的合作随目标实现的有效性的不同而不同。也取决于我们是否按照正式的目标、领导的目标或者一切参与合作行为的人的目标来思考。

行政学者的通常看法是,一个行政系统的显著特征可以归纳为两个概念,即组织和管理。这被认为类似于生物学系统中的解剖学和生理学。"组织"是一个行政系统中权威的和惯常的人际关系结构,"管理"是一个行政系统中试图获得理性合作的行动。

"公共"的意义可以用不同的方法加以探索,每一种方法都有一定的效用。例如,为了达到某些目的,仅简单地确定一个行政系统的合法地位就足够了。

然而，为了达到某些重要的目的，就需要走出通常所研究的公共行政的界线，而采用社会学和人类学的某些概念与工具。"结构—功能分析"有助于识别一切社会中"公共"的普遍含义或永久含义。另一方面，"文化"的概念有助于识别和处理社会之间"公共"的不同方面，也有助于处理一个社会内部行政的各种关系。

六、非理性行为的重要性

试图在简洁的范围内来定义和解释公共行政的过程中，我们已经建构了一个简单的模型。当然，不可避免地遗漏了许多在研究公共行政方面具有重要作用的概念，其中的某些概念也只有扼要的论述。然而，这正是可供我们论述在我们的模型中什么是偏见或歪曲的适当的地方。因为歪曲的基础或根源，主要存在于以下讨论的范围之外。

这里的论点是，通过强调理性的行为，也许模型对在人类事务中存在的或可能的理性（如所定义的那样）的重要性产生于一个错误的印象。

现在，我们可以认为，理性行为的概念被置于行政研究和行为的中心。打个比方说，这正是所做的事。但是这种强调必须受到关于非理性的知识和正确评价的限制，使之成熟。现在一般认为，早期的行政学者具有理性主义者的偏向，这种偏向使得他们过高估计了人类理性行为的潜力（至少在可预见的将来是如此）。

现代心理学的主要趋势是强调——事实上可能是过分强调——人类心理中的非理性成分：条件反射作用、情绪、潜意识。人类学和社会学则主要强调互补的主题：大量的适应性社会行为，这种社会行为低于个人——甚至群体——对目标有意识的选择和实现目标的方法的水平。（关于目标并不是被有意识地加以选择这一事实并不意味着在其行为中没有目标，也不意味着目标就必定不重要，甚至也不意味着这些目标不如那些被有意识地加以选择的目标真实或有意义。例如，一个婴儿对食物刺激的反应并不是选择生存的目标——但是生存常常被看作是一个非常重要的目标。实际上，尽管诸如"有意识"和"无意识"或"故意"和"适应"之类的词语提出了两种不同的行为范围，但是，二者之间可能并没有明显的裂缝，只是在对目的和手段的意识上存在着非常不同的层次。）

第二部分
第十一篇 什么是公共行政学

非理性主义者根据心理学家、人类学家和社会学家（以及其他人——这种思维方式的根源和表现形式有很多）得出的结论，为行政学研究人员提供了这样一幅图画：一个行政组织拥有一个内部环境和一个外部环境，二者主要是非理性的，至少就行政组织的正式目标而言是如此。人们并不把行政组织看成是被摆弄的部件或难以抽象的能量单位，也不把它看成是重视某些技术或专业目标的唯一工具。每个人自身都能进行完整的文化调节并具备特有的素质。每个人在遗传学上都是独一无二的，所有的人都是行政组织之外的一些机构——家庭、教堂、俱乐部、协会等——的成员。他们在行政组织内部形成了各种各样的自然的或适应性的团体——友谊、派系、汽车的合伙使用等——冲击了正式行政组织的界线，有时使这些界线变得模糊暗淡，有时使它们变得明朗，有时甚至没有界线。

行政学者已经逐渐认识到了那些围绕和限制行政的非理性因素。他们已经拓展了他们的研究基础，以便包容更多的、以前得不到的或被忽视了的信息。理性的目标并没有被废弃，相反，它被纳入了一个新的观点之中。要获得理性，就必须重视非理性的许多方面，并需要许多有关的知识。这个新的观点部分只是对培根格言"必须服从被控制的自然界"的更为认真的注意。（按照定义，这些非理性的因素不应被理解为与正式组织的目标相对应的活动。而恰恰相反，自相矛盾的却是它可能被正确地理解为能够用来指导组织目标实现的现象。它们既是不利条件，又是有利条件。这样，个人之间的竞争能够得到引导——尽管是通过官方的竞争——以促进而不是妨碍目标的实现。）这个新的观点部分地是哲学上的或心理学上的重新定向，正如在"尊重"一词中所暗示的那样。现在的行政学研究人员都知道，他们将不打算急风暴雨式地攻占天国，也就是说很快将人类事务化简在规划和图表之上。据说，他们中的那些甚至还在不断地期望和努力追求着比我们现在已经取得的理性更多的理性的人，现在也认为：在人类事务中，完全的理性不是恰当的正确的目标；一个一切都是有条理的和可预见的，没有自发性的行为、惊奇和感情波动的余地的世界，不是一个理想的世界。

> **思考题**

1. 什么是公共行政？
2. 为什么说行政是一种具有高度理性的人类合作努力？
3. 行政具有什么特性？
4. 如何理解公共行政中的"公共"的含义和意义？
5. 公共行政与理性行为有什么关系？

第十二篇　彼 得 原 理*

劳伦斯·J. 彼得、雷蒙德·赫尔

> **导　读**
>
> 美国学者劳伦斯·J. 彼得（Laurence J. Peter）和雷蒙德·赫尔（Raymond Hull）在对组织人员晋升的相关现象进行研究后，于1969年出版了《彼得原理》（*The Peter Principle*）一书，阐述了彼得原理。彼得、赫尔认为，科层制的一般规律是，每个称职的人最后都会被提拔到他不称职的位置。由此推论，重要的工作都是低层级的人干出来的。这种现象在现实生活中无处不在。对于一个组织而言，如果有相当部分的人被推到不称职的级别，就会导致组织人浮于事、效率低下，进而使得组织发展停滞。这就要求改变单纯的"根据贡献决定晋升"的员工晋升机制，不能由于某人在某个岗位上干得很出色，就推断此人一定能够胜任更高层级的职务。因此，要建立科学、合理的人员选聘机制，客观评价每一位员工的能力和水平，将他们安排到可以胜任的岗位。彼得原理的推出，诞生了一门新的科学——层级组织学。它被认为是解开所有阶层制度之谜的钥匙，也是了解整个文明结构的关键所在。

打小人们就告诉我说，身居高位者有自知之明。他们说："彼得，你知道得越多，走得越远。"因此，直到我上完了大学、步入社会、取得教师资格之后，还是死抓着这些信念不放。可执教第一年，我诧异地发现，好多教师、校长、督学和

---

* Laurence J. Peter and Raymond Hull, *The Peter Principle*, William Morrow and Company, Inc., 1969. 中文译本摘自〔美〕劳伦斯·J. 彼得、雷蒙德·赫尔：《彼得原理》，闾佳、司茹译，机械工业出版社2013年版，第2—7页。摘录时对标题序号及个别地方作了修改，删除了原书中的部分注释。

地方教育长官似乎都不知道自己的职责所在,不能称职地完成工作。比如说,我的校长主要关心窗帘是不是挂得一样高,教室应当保持安静,任何人都不得践踏或靠近花圃。地方教育长官在乎的是不能得罪任何少数团体——不管对方态度有多糟糕,所有规定的表格都要按时交。至于孩子们的教育问题,显然不在这些管事人的心上。

最开始,我以为这只是我所在学校系统的特别毛病,因此我转而向其他教区申请执教资格。我填好了各种专门的表格,附上所需文件,自觉自愿地完成了所有官样文章。可几个星期过后,我的申请和所有文件全都给退了回来!

我的证书毫无问题,表格也填得妥妥当当,信封上的公章证明他们确实收到了信。那这到底是怎么回事呢?对方附的信上说:"我部最近规定,为确保投递安全,该类信件必须使用挂号方式邮寄,否则教育部不予接收。请您把表格重新寄给教育部,并务必使用挂号方式。"

我开始怀疑,不胜任现象并不是地方教育系统的专利。

随着我阅历日丰,我发现每个组织都有不少人无法完成自己的工作。

一、一个普遍现象

工作上的不胜任到处都有。你曾经注意过吗?也许我们早就注意到了。

我们见过优柔寡断的政客假装成毅然果敢的政治家;我们见过"权威消息来源"误传信息,却把责任推到"情况太难估计"上。懒散傲慢的人民公仆不可计数;胆怯的军队指挥官用豪言壮语替自己打掩护;天生奴颜媚骨的官员根本无法进行真正的治理。瞧,我们都是成熟的人,面对不道德的牧师、贪污腐败的法官、语无伦次的律师、文笔不通的作家、连单词都会拼错的英文老师,我们只能无可奈何地耸耸肩。在大学里,我们看到书面沟通一贯乱七八糟的行政人员草拟公告;老师上课单调乏味,声音小得谁都听不见,要不就是表达能力太差。

既然政、法、教、工各界的所有级别上都存在不胜任,我进而假定其原因在于人事安排的某种固有成规。因此我开始认真研究员工们如何沿着组织阶层往上爬,他们晋升之后又发生了些什么。

我搜集了几百份个人案例作为研究数据,以下是三个极为典型的例子。

市政府档案 J.S. 米尼恩是 Excelsior 市公共工程部的维修领班。他是市政府高级官员们的亲信,众人都称赞他为人亲切和蔼。

"我喜欢米尼恩。"工程部主管说,"他有良好的判断力,总是令人愉悦,容易相处。"

就米尼恩的职位而言,这种做法是很合适的——他不参与制定政策,因此也没必要跟上司们闹矛盾。

后来工程部主管退休了,米尼恩接替了他的职位。他继续附和每个人的意见。他把上司给他的每一条建议都下达给领班,结果造成政策相互矛盾,计划频繁变动,整个部门很快陷入混乱状态。市长、其他官员、纳税人、维修工人工会都抱怨连天。

米尼恩继续对每个人"是"个不停,继续在上司和下属之间来来回回地传递信息。名义上他是个主管,实际上却干着信差的工作。他负责的维修部经常预算超支,无法按计划完成项目。简而言之,称职的领班米尼恩成了不胜任的主管。

服务业档案 E. 丁克是 G. 瑞斯汽车修理厂一名极为热心而又聪明的学徒,很快就转为正式的机修工。在这个岗位上,他能力出众,不仅擅长诊断汽车的各种疑难杂症,修理时也很有耐心。于是,他被提升为修理车间的工头。

可作为一个工头,他对机械和尽善尽美的热爱反倒成了短处。不管车间里有多忙,他总会接下任何自己觉得有趣的工作。"我们会有时间搞定它的,"他说。

他工作起来,不干到完全满意是绝不放手的。

他万事都爱插上一脚,办公桌边很少看到他的身影。他常常挽起袖子拆卸引擎,原本该干这事的人站在旁边眼睁睁地看着,其他工人干坐着等待分配新任务。如此一来,车间里总是积压了大量工作,交货时间也经常延误。

丁克不明白,一般的顾客并不在乎尽善尽美,他们只想按时把车拿回去!他也不明白,大多数工人关心的是支票,而不是发动机。因此,丁克跟顾客和下属都处得不好。他是个称职的机修师,现在却成了不胜任的工头。

军队档案 让我们看看刚离任的著名将军 A. 高文(A. Goodwin)的例子。他为人热诚,不拘小节,言谈粗犷,蔑视繁文缛节,再加上作战时又英勇过人,自然成了手下士兵们的偶像。他率领所属部队打了很多胜仗。

后来高文晋升为陆军总指挥,他要应付的不再是普通士兵,而是政客和盟军总司令们。

他无法遵守必要的外交礼节,也不会说传统的客套恭维话。他跟所有的高层政要吵架,然后窝回指挥帐篷,成天酗酒、生闷气。作战指挥权逐渐落入部下手中。这也就是说,他被晋升到了一个无法胜任的职位上。

二、一条重要线索

我在这些案例中找到了一个共同点:员工从称职的岗位晋升到不胜任的岗位。我认为,每一个阶层的每一个人,迟早都会走到这一步。

假想案例 假设你拥有一家名叫"完美药剂公司"的制药厂。你的车间工头因为穿孔性消化道溃疡去世了。你必须尽快找个人顶上。自然,你会从基层制药员工中寻找候选人。

椭圆小姐、圆柱夫人、圆锥先生和立方先生都表现出不同程度的不称职,当然不适合晋升。在其他条件都相同的情况下,你会选你最称职的制药工人圆球先生,并把他提升为工头。

现在,假设圆球先生在工头岗位上干得挺称职。等你的总工长李格利升为厂长之后,圆球先生就有资格接替他先前的职位。

反过来说,要是圆球先生当工头当得不称职,他就不会再获得晋升。他已经升到了我所谓的"不胜任阶层",这个位置就是他事业之路的终点。

一些员工,如圆锥和立方先生,在最低的级别上就到达了不胜任的位置,因此永远都得不到晋升。而另一些员工,如圆球先生(假设他不是一个让人满意的工头)则在晋升一次之后达到了不胜任阶层。

汽车修理厂的工头丁克,在组织阶层的第三级上达到了不胜任阶层。而高文将军则在组织阶层的最顶端才表现出不胜任。

因此,在我对上百件工作不胜任案例进行了分析之后,得出了彼得原理的公式:

在层级组织中,每一个员工都有可能晋升到不胜任阶层。

三、一门新科学

推导出彼得原理的公式之后,我发现自己在无意间开创了一门新科学——

专门研究层级现象的层级组织学(hierarchiology)。

"层级"这个词,最初是用来形容把牧师分为三六九等的教会等级制度的。现在这个词的意思已经包括了所有按等级、级别或档次排列其员工或成员的组织。

虽然层级组织学只是一门新兴的学科,但它却普遍适用于公共部门或私营企业的管理制度。

四、你也跑不了

我的原理是理解所有层级制度的关键,因此也是理解整个文明结构的关键。一些乖僻的人试图避免卷入级层体系,但只要身处商业、工业、工会、政党、政府、军队、宗教和教育各界,你就不可能幸免。各行各业的人都受到彼得原理的支配。

自然,大多数人都能获得一两次晋升,从某个胜任的级别升到一个还可胜任的更高级别。能胜任新职位的人,还会得到再次提升。每一个人,包括你和我,最终总会从胜任的级别升到不胜任的级别,而这就是我们最后一次晋升。①

只要假以时日,并假定层级组织中存在足够的级别,每个员工都会晋升到不胜任阶层,并且一直待在这个阶层。因此,我们得出了彼得推论:

每一个职位最终都会由对工作不胜任的员工把持。

五、推动车轮的是谁

当然,你很难找到一个所有员工都达到不胜任阶层的组织。在大多数情况下,层级组织仍能完成一些事情,从而强化了这种体制继续存在下去的理由。

层级组织的工作大多是由尚未达到不胜任阶层的员工完成的。

---

① 一般的观察者以为所谓"冲击晋升"(大多指"被一脚踢进高层")和"蔓藤式晋升"现象不符合彼得原理,但实际上它们只不过是假晋升。

> **思考题**
>
> 1. 彼得原理所发现和依据的一种普遍现象是什么？
> 2. 彼得原理所发现的一条重要线索或共同特征是什么？
> 3. 彼得原理所创立的一门新学科是什么？
> 4. 彼得原理的推论是什么？
> 5. 彼得原理揭示出层级组织中的工作通常是由谁完成的？

第十三篇　走向新公共行政*

H. 乔治·弗雷德里克森

> **导　读**
>
> H. 乔治·弗雷德里克森（H. George Frederickson，1934—2020），美国当代著名的公共行政学家、西方新公共行政学派的领军人物。他曾担任美国公共行政学会会长、美国著名公共行政学术期刊《公共行政理论与实践》的主编。1990年荣获美国公共行政学会和全美公共行政与公共事务学院联合会共同颁发的特别研究奖，1992年荣获美国公共行政学会颁发的德怀特·沃尔多奖。弗雷德里克森著有《新公共行政》（New Public Administration，1980）、《公共行政的精神》（The Spirit of Public Administration，1997）等多部享有盛誉的公共行政学专著。
>
> 1968年，明诺布鲁克会议的召开开启了以民主、参与、公正为重要议题的新公共行政学研究。1971年，明诺布鲁克会议文集《走向新公共行政：明诺布鲁克的观点》出版。其中，最具代表性的文章是弗雷德里克森的《走向新公共行政》（Towards a New Public Administration）。在该文中，弗雷德里克森明确地论述了新公共行政学的理论和观点以及所关心的问题。他认为，新公共行政学把社会公平加入到传统的目标和基本原理中。经济和效率不是

---

*　H. George Frederickson, Towards a New Public Administration, in Frank Marini (ed.), Toward a New Public Administration: The Minnowbrook Perspective, Chandler Publishing Company, 1971. 中文译本摘自彭和平、竹立家等编译：《国外公共行政理论精选》，中共中央党校出版社1997年版，第298—316页。摘录时对个别地方作了修改。

> 公共行政的核心价值，核心价值应是社会公平，认为社会公平是除了效率和经济之外的公共行政学的第三个规范性支柱，促使社会公平成为公共行政的精神。以弗雷德里克森为代表的新公共行政学派提出的社会公平观念，在公共行政学界起到了重要影响。

本文是关于新公共行政学的论文，我已经充分认识到了它的风险性。本文的首要目的是在明诺布鲁克新公共行政学会议上介绍我对新公共行政学的解释和综合概括。本文的第二个目的在于说明我对新公共行政学的这种解释和综合概括与范围更为广泛的行政管理的思想和实践有何关系。本文的第三个目的在于解释新公共行政学对于组织理论具有什么样的意义以及后者对于前者具有什么样的意义。

无论是哪一种事物，若对其贴上"新"的标签，都是有风险的事情。在赋予观念、思想、概念、范例和理论以新的意义时，更具有双重的风险。那些宣称有新思维的人往往把以前的思想看作是陈旧的或不成熟的，甚至看作是二者兼而有之的。那些以前的思想的创始人则会做出防御性的反应，他们往往会说："除了在早期思想外面包上一层新的词汇外，所谓的新思维实际上几乎没有新东西。"因此，我接受这种防止误解的警告。新公共行政学的基本构成成分是得到柏拉图、霍布斯、马基雅维利、汉密尔顿、杰斐逊和许多现代研究行为的科学家们承认的。"新"表现在织成的布方面，而不一定表现在所使用的线方面，并且，"新"也表现在关于使用布的论点方面——不管使用得多么旧。

公共行政学这块布的线是众所周知的。赫伯特·考夫曼简单地把这些线描述为对这样一些价值的追求：代议制政治中立权限和行政领导。这些价值在不同的时期中分别受到最突出的强调。代议制是杰克逊时代的杰作，最终的反应是强调中立权限和行政领导的改革运动。现在，随着我们对代议制的新模式进行的研究，我们正在证明一种与这些价值相对立的观点。

有些人认为，公共行政的变化类似于在行政效率和政治反应之间进行的一种零和博弈。行政效率方面的任何增加最重要的结果是导致政治反应的降低。我们正在进入这样一个时期，政治反应将是以行政效率为代价换取来的。

刚刚提到的公共行政的二分法和三分法的价值模式，经过修改成为一种总的概括。但是，它们都由于总概括的缺点而受到损害：它们没有说明在公共行政范围内依据存在的广泛的——常常是丰富的——有时是微妙的变化。而且，这种概括也不能解释超出公共行政范围之外的那些内容。关于新公共行政学对组织理论有何意义的描述是充实这些概括的一种过程。但是，我们首先需要的是简要概述我认为新公共行政学具有什么样的含义。

一、什么是新公共行政学

教育工作者有其自己的基本目标和最实用的基本原理，即推广和传播知识。警察是在执行法律，公共卫生机构通过与疾病的斗争来延长人的生命，此外，还有消防人员、公共卫生人员、福利工作者、外交官和军人等等。所有的人都受雇于公共机构，每一种专业或职业都有其自己的独立存在的一组目标，因而也有其自己的基本原理。

那么，什么是公共行政学？什么是它的目标和它的基本原理？

传统的答案常常是对上述提取的行政机构进行有效的、经济的和协调的管理。人们已将注意中心放在了高层管理（以城市管理为例）或重要的辅助性的职能部门（制定预算、组织和管理、系统分析、制订计划、人事和采购）方面。公共行政的基本原理差不多总是较好的（更有效的或更经济的）管理。新公共行政学把社会公平加入到传统的目标和基本原理中。实用的或传统的公共行政学试图找出下列两个问题中的任何一个问题的答案：（1）我们怎样才能够利用可利用的资源提供更多的或更好的服务（效率）？（2）我们怎样才能够花费更少的资金保持服务水平（经济）？新公共行政学则增加了这样一个问题：这种服务是否增强了社会公平？

在这里，社会公平一词是用来概述下列一组价值前提的。多元政府在制度上特别优待已确定的稳定的官僚制和其少数专门顾客（以农业部和大农场主为例子），同时歧视那些缺乏政治和经济资源的少数人（以农场工人为例，包括农业季节工人和固定工）。其结果是在前所未有的经济发展时代长期存在的普遍失业、贫穷、疾病、无知和绝望。如果这种情况毫无变化地构成了一种对现有的或任何政治制度的生存性的根本威胁，如果它长期存在，它在道德方面就应该受到谴责。持续不断的大量剥夺造成了普遍的斗争状态，这种状态的结果是镇压，其后是更激烈的斗争状态，等等。如果公共行政学没有对试图纠正剥夺少数人现象的变革发生影响，它最终可能被用来压制这些人。

由于各种原因——一些最重要的原因可能是委员会的立法机关、顽固的官僚制、非民主化的政党程序、联邦制度中少数政府不公平地提高税收的权力——代议制民主政体过程在某种程度上说,其现在的运转完全没有纠正在制度上歧视社会低下的少数人的现象,或者只是逐渐在试图这样做。因此,社会公平包括旨在加强这些少数人的政治权力和令人满意的经济生存条件的各种活动。

从根本上支持社会公平意味着新公共行政学试图千方百计解释德怀特·沃尔多提出的论点,即该领域从来没有令人满意地调节对"政治"和制定政策的复杂情况的理论影响。政策—行政二分法缺乏一种经验证明,因为很明显,行政管理者不仅要执行政策,而且还要制定政策。政策—行政的连续性更准确地说是以经验为根据的。但是,它仅仅是在以未经证明的理论在进行辩论。新公共行政学试图以这样一种方式为作出回答:行政管理者不是中性的。应责成他们承担起责任,把出色的管理和社会公平作为社会准则、需要完成的事情或者基本原理。

从根本上支持社会公平意味着新公共行政学急于进行变革。简言之,新公共行政学试图改变那些在制度上妨碍社会公平的政策和结构。这并不是为了变革而变革,也不是主张改变按照我们基本的宪法形式规定的行政人员、执行人员、立法人员或法院的相对作用。教育者、农业家、警察等都能对某种变革发生影响,这些变革加强了他们的目标并且可以抵制那些所有在政府体制的框架中威胁其目标的因素。新公共行政学同样将发生作用,寻求可以增加其目标——出色的管理、效率、经济和社会公平——的各种变革。

对社会公平的支持不仅包括对变革的追求,而且试图发现某些表明有能力具有不断的灵活性或使变革成为常规的组织形式和政治形式。传统的官僚制已经表现出稳定性的能力,而且确实是一种超稳定性的能力。因此,新公共行政学在寻求可变革的结构的过程中,往往要试验或提倡可改变的官僚—组织形式。分析、权力下放、规划、合同、敏感性训练、组织开发、责任扩大、对抗和顾客介入基本上都是可以表示新公共行政学特性的概念,也都是和官僚制相反的概念。这些概念旨在加强官僚制的变化和政策变化,因此也旨在增加社会公平的可能性。确实,全国最著名和最重要的公共行政学硕士培养计划的一名重要的教授成员曾经把这种学位计划说成是:"计划培养组织开发方面的变革代理人或专家。"

规划—计划—预算制度(PPB)、行政财产清册和社会指标等概念都可以被看作是加强社会公平方向上的变化。它们差不多总是被描述为出色管理方面(为麦克纳马拉和PPB提供证明)的一种基本策略,因为正面支持变革是不明智的。无论如何,就事实而言,人们可以把PPB作为一种基本的变革手段(麦克纳马拉试图利用始终如一的行政机构实行控制时,是以效率和经济的名义进行的)。行政财产清册可以用来改变特定官僚制组织高层的特性,因为它增强了变革的可能性。社会指标旨在表明社会经济环境的变化,这种变化是期待着做出某些尝试,改进那些已表明社会地位低下的人的状况。所有这三种概念只在表面上看来是中性的,或者只是出色管理的特性。在表面情况下,它们是行政人员和执行人员试图引起变革的手段。它们在公共行政学的范围内受到广泛的支持。这一点是不足为奇的。"多元论者"阵营中的经济学家和政治科学家把PPB看作是对其民主政府构成基本威胁的手段,也是不需要大惊小怪的。虽然PPB、行政财产清册和社会指标在变革方面更加难以捉摸,但是,它们和敏感性训练、规划、合同、分权等正面变革的技术是同一种类型。它们都能增强变革,而变革是新公共行政学的基础。

新公共行政学支持社会公平意指一种强有力的行政的或执行的政府——汉密尔顿所说的"行政人员的活力"。政府的行政部门制定政策的权力正日益受到人们的承认。另外,目前一种基本上是新的政治接近权和代议制的形式正在政府行政管理领域中出现,这种接近权和代议制可能像立法接近权或代议制一样对主要的政策决策是至关重要的。新公共行政学不仅试图尽可能有效地和经济地执行立法命令,而且试图影响和贯彻更普遍地改进所有人生活质量的各种政策。如果行政机构是基础性的政策领域,在社会公仆方面所作的鲜明的政策鼓动则是必不可少的。新公共行政学可能是直截了当地提倡社会公平,并且毫无疑义地将会寻找支持者。

传统的公共行政学强调的是发展和加强已被设计来处理各种社会问题的公共机构,但是,公共行政学的焦点已趋向于从问题本身转向机构本身。新公共行政学试图重新把焦点转到问题方面,并且试图考虑有可能处理面临问题的制度方面的备择方案。像城市贫困、普遍使用麻醉剂、高犯罪率等难以处理的特征,使公共行政管理者严重怀疑在财力和人力方面给各种机构更多的投资,它们似乎只是使问题变得更糟。因此,他们或是试图改变这些机构,或是试图发展新的、为了实现更可行的解决方案更易于进行变革的机构。新公共行政学关心国防部，但更关心国防；关心文官委员会，但一方面更关心行政机构的人力需要，另一方面更关心社会的就业需要；关心建立各种机构，但是更关心设计解决公共问题的预备手段。这些备择机构无疑具有某些可辨认的组织特性，它们需要建立和维持，但是，它们应避免变成顽固的、不负责任的官僚组织。这种情况会变成比最初设计这些机构想加以改进的社会环境更大的公共问题。

在公共行政学的研究方面，这场从强调机构建立和维持的运动有一种重要的类似现象。最新一代的公共行政学研究者普遍接受西蒙的逻辑实证主义和其提出的以经验为基础的组织理论的主张，他们集中注意决策、角色和群体理论以发展一种可普遍化的组织理论。这种研究考察的是所有组织环境中的普通人行为，组织和组织中的人是经验的对象。靠经验得出的结果通常是描述而不是规定，如果它是一种规定，就应规定如何从内部更好地管理组织。有关论题首先是组织，其次是组织类型——私人的、公共的和自愿的。从现在一代人的研究工作中产生出来的两种主要理论是决策理论和人际关系理论，它们都被看作是关于行为的和实证主义的理论。同受到政治科学的深刻影响一样，它们至少受到了社会学、社会心理学和经济学的深刻影响。

新公共行政学主张的是人们所说的"第二代行为主义"，这是一种最恰当的描述。与其学术上的先驱不同，第二代行为主义者强调公共行政的"公共"部分。他们尽可能科学地认识组织活动时是如何行动的及其行动的原因并承认这种认识的重要性，但是，他们往往更感兴趣于组织对其顾客的影响，反之亦然。虽然他们对将自然科学的模式运用于社会现象的可能性不太乐观，但是他们并不是反实证主义的，也不是反科学的，他们不可能把其行为主义作为简单地试图描述公共组织如何活动的基本原理。当他们并非只是有一点儿怀疑那些声称正在创造科学的人的客观性时，他们也不是倾向于将其行为主义作为所谓中立的门面。他们试图利用其科学技能加强其对备择政策和行政模式的分析、实验和评价。简而言之，第二代行为主义者与其先驱相比，不太偏重于"一般的"，而较偏重于"公共的"；不太偏重于"描述的"，而较偏重于"顾客影响定向的"；不太偏重于"中立的"，而较偏重于"规范的"。并且按照人们的期望，它并非是不太科学的。

这是根据某个分析人员的观点，对新公共行政学的一种简要的和得到公认的外观性的描述。如果这种描述有一定的准确性，那么有一点显然是很清楚的，即在公共行政学方面正在发生根本的变化，它对公共行政学的研究和实践以及对政府的一般行为都有显著的影响。本文的最终目的是考察新公共行政学,特别是对组织理论以及总的说来对行政学研究的可能有的影响。(在这里,是在一种不严格的意义上,是作为抽象的思想运用"理论"一词的。)

二、组织理论和新公共行政学

为任何现象的理解,要求把该现象分解成各个部分,并对每个部分作深入细致的考察。在对政府的理解时,政府可分解成各种机构或制度,如政治科学中的一些传统"领域"——公共行政、立法行为、公法,等等。对政府的分解也可是概念性的或理论性的,如系统理论、现象理论、角色理论、群体理论——所有这些都贯穿于各种机构或制度之中。

公共行政从来没有一套公认的或满意的亚领域。"预算""人事管理""组织和管理"类别很受限制,只注意"组织内部",而且理论上太空。像决策、角色、群体等中层范围内的理论虽然理论性较强,且表现出了更多的实证性,但它们还是倾向于只强调公共组织的内部动力学。新公共行政学要求从一种完全不同的角度对行政现象进行分解,以便更好地理解它。新公共行政分析家认为在公共组织中有四种基本运作过程,更进一步地认为这些过程适用于理解和改进公共行政。这四种过程是:分配过程、整合过程、边际交换过程和社会情感过程。

1. 分配过程

新公共行政学必须关心分配形式。首先必须依据从公共行政项目实施中获得的效益,来处理对特定类别人提供物品和服务的外部分配问题。

成本—效用或成本—效益分析是试图理解分配过程结果的主要技术,这种分析形式意味着测定特定公共项目的个人效用。因为这种分析试图使可抉择项目的可能成本和效益具体化,所以它是新公共行政学的中心内容。这种方法之所以成为中心内容,是因为它对"理解"平等问题提供了一种科学的或准科学的手段,它也为再分配提供了一种适宜的或经典的行政管理原理。例如,麦克纳马拉在国防部为其决策的辩护就是以成本—效用分析方法为基础的,他的辩护焦点是在军事实力效标的基础上。

由于规划—计划—预算制度(PPB)的出现,我们正在看到,在政府的各个部委和司局的政策倡导中,该制度试图以效用来表明其对社会的影响。威尔达夫斯基和林布隆曾论证做这种理性分析或成本—效用分析是困难的。此外，他们还争议到，理性的现象通过处理行政官员活动范围内的基本政治问题，根本地改变了我们的政治制度。到目前为止他们基本上是正确的，从规范性上讲他们是多元主义的辩护士。成本—效益分析是有效的手段，通过它能说明不平等问题。它是一种工具，通过它立法机构和顽固的官僚机构能有理由公开地为其分配决策辩护。其中的逻辑性是这样的，公众要知道了不平等存在就会要求改变。

像行政预算一样，理性的或成本—效益决策制度提高了行政部门和行政官员的权力，而且又是新公共行政学的内容。因为 PPB 正在国家、州和市政府中广泛地使用，所以似乎很明确，新公共行政学很简单地通过观察政府在今后 10 年或 20 年的分配过程就会看到，还会看到 PPB 导致提高社会平等的再分配的程度。

效益或效用分析更具有描述形式而非规范性，在政治科学中被认为是"政策结果分析"，试图确定影响或决定政策变化的基本因素。例如，"结果分析"勾画了公共支出（数量）的变化与非支出的政策结果的质量间的关系。政策结果分析家试图确定教育支出水平分别与智商、可雇佣性、大学录取性等教育过程的产品之间的关系。这种分析实质上是事后分析，一般依据过去的普查数据。所以，这种方法对新公共行政学是有用的，但仅作为一个基础或背景。

分配分析的更新形式正在形成。这种研究探索集中在政府服务权限内分配平等问题，并提出这样的问题：地方教育委员会是不是把教育平等地分配给各学校和其所辖地区的在校学生，如果不平等存在，那么这种不平等是有益的还是无益的？环境卫生服务是不是平等地分布于城市的每个街区，如果是不平等地分布，那么这种不平等表现在哪里，怎样使其合理化？州和联邦的援助是不是平等地分配，如果不是，怎样使其合理化？

组织内部分配形式是组织理论的系统内容，组织内部对资金、人力、地位、空间和优先权的竞争是组织理论的主要成分，正像《行政科学季刊》中任何文章所表明的那样。我们从这种文献中了解到，政府的许多职能实质上是由教育者、医生、律师、社会工作者等组成的特定职业团体所控制。我们了解机构是怎样成熟的，怎样僵化的，以及为生存而付出很大能量。我们了解了分配已成为威达夫斯基称之为的三角剖析，即官僚机构、立法机构（尤指立法委员会）和选举出来的行政长官及其附属职员之间的三角关系分析。最后，我们有一整套总体的和非总体的假设,用来说明或试图解释组织内部分配过程中的决策方式。

在新公共行政学中,内部的分配过程大概不太有做出渐进的妥协或"讨价还价"的意愿,而更多地包含了"行政对抗"的意味。如果新公共行政官员处在行政部门的咨询参谋机构,那么毫无疑问,他们会比其前任更固执。一个确定机构的代言人可能学会了为增加预算铺张辞藻,学会了人浮于事,学会了抑制公众了解实情,以及学会了争得期望妥协之外的利益。现在他或许遇到了了解他底细的一位热心人。所以依据传统行政管理讨价还价过程的组织理论不幸的是不再敷用了。需要发展一种理论,用来说明行政官员十分不愿意讨价还价而更愿意冒政治和行政风险的现状。

很难预测对那些通才行政官员的理解所得的可能结果,这些行政官员准备依据社会平等合理化他们的见解和决策。行政管理能较好地阐明使用效率、经济或好的行政管理作为理论基础所带来的结果。例如,我们知道立法机构和选举出来的行政长官都不希望提高税收的论争是很有说服力的,可是我们也知道,实际上任何事情能在"好的管理"标题上得到合理化。当行政官员离开这种言辞的避风港时会怎么样呢?最好的猜测是更公开的对目标或目的基本争议的冲突。一些官员会胜利,但大多数不会的,因为制度倾向于同那些试图改变它并愿意为此冒险的人反其道行事。造成这样的结果大概归于多变的和较不稳定的中层文官。经济大衰退后,从文官制度中实际的撤离或调动大概是新公共行政官员所偏好的做法,而不是现在行政官员中所表现出的心理撤离。

例如,可设想一位市政府的人事局局长,他准备就新巡警的资格标准问题与警察局局长和警察局质询。依据大量数据,他会论证到巡警的高度和体重要求是不实际的,而且是故意歧视丧失营养和教育的少数民族。他还会争论对未成年不端行为定罪不应限制其成年后成为巡警。如果有公开冲突的话,其阵势是丧失营养和教育的少数民族对市政委员会的多数派,可能也对市长,而肯定是对警察局局长及其同事的冲突。虽然新公共行政官员会完全愿意冒卷入这样对抗的风险,但目前的理论没很好地表明这种对抗对政治制度一般意味着什么。

2. 整合过程

权威层级是基本手段,通过它来协调公共行政管理组织中人的工作。正式层级是常设的和不断发展的组织中最明显的和最容易确认的成分。行政官员看成是在层级中所扮演的角色,而其要完成的任务通过层级串联在一起,去建构一个内聚性的实现目标的整体。行政官员习惯上被认为是通过层级组建和维持组织的官员,他试图理解权威层级内正式与非正式的关系、地位、政治生活和权力。该层级对那些希望管理、控制或指挥众多人工作的管理者来讲,既是一种理想的设计又一个适宜的环境。

层级的非生产性特点是众所周知的。新公共行政学可能最好理解成为倡议调整层级系统,理论和实践的几种手段被用来更改传统的层级结构。第一种或许是最知名的方法是矩阵技术或规划技术。从定义角度看,项目规划是暂时的。项目规划经理及其同事是一个工作班组,该班组试图利用一个不断发展的组织中正规确定层级的各种便利服务。在项目规划期间,项目规划经理必须从组织的技术层级中得到技术服务,从人事机构中得到有关人事服务,从预算部门得到预算服务,等等。如果项目规划方法不是代表对项目工程的很高水平的支持,那么它是无效的。在项目规划要求与确定层级的生存要求之间存在冲突时,高层管理决策必须都有利于项目规划。项目规划的主要优点当然在于它有决定性作用,官僚机构难以维系或自我崩溃,都取决于项目规划。项目规划的概念在与"以前"的硬件、研究与开发或资本改良努力相联系时,就显得特别有用。这一概念在工程界相当熟悉,而且在理论上能够应用于许多技术性小的社会问题。项目规划技术,作为一种工具能监督和协调政府与企业签署的合同。

其他知名的改变层级的方法有:群体决策模式、联系枢纽功能法和所谓的辩证组织方法。当然,分权方法肯定是最基本的改变层级的方法。

对这几种方法的开发和实验是新公共行政学的基本内容。寻找相对非结构的、非正式的和非权威的整合技术,在公共行政组织中才刚刚开始。对这几种组织方式的偏爱,首先包含了对变化的相对宽容。这种变化包括行政管理行为中的变化,以及依对象或对象群体的差异所采用的方法及其应用的变化。这种偏爱也包含了对无效率和不经济的很大宽容。就非常一般的意义上讲,这种偏爱包含着一种意愿:以效率和经济的降低来换取对组织的投入和责任义务的提高,特别是从短视角度更是这样。从长远角度看,相对非正式的和非权威的整合技术可能证明是更有效率的和经济的。

由新公共行政学倡导的相对非正式整合过程存在两个严重问题。第一,照这样发展下去,会缺乏作为项目建构者的公共行政专家。新公共行政官员接受的培训是作为变革的代理人和非正式的、分权的、整合的过程的倡导者,可能没有能力建构和维持大型的、永久性的组织。这个问题可能不是一个严重的问题,因为几个专业领域(教育、执法机构、福利等等)中的行政官员通常是有能力的组织建构者,或至少是维护者,所以一名公共行政专家能够全神贯注于由别人建构的层级的变动或调整。

第二个问题是在相对非正式、整合的组织中高层与低层行政官员之间有潜在的冲突。在描述行政管理的分配过程时,十分清楚地知道高层行政官员中是强硬的和专断的。在对整合过程的描述中,对扩大基层组织自主程度有显著的偏爱。在理论上,只有一种方式可迁就这种矛盾,该方式是通过组织设计。在组织设计中,高层行政官员被看成是政策的倡导者及一般政策评论员。如果他们对政策应用中的变化相当宽容,那么能相信组织的中低层在项目申请中可运用解释性的、很宽的特许要求。可以肯定这种迁就是微弱的,但是组织中高低层的关系仍是个行政管理问题。过去对这些问题的解决曾倾向于符合权威层级上层、立法机构一些部门和有势力的利益集团的利益。新公共行政学探求一种手段,通过它能够有利于组织的低层和相对无势力的少数民族。

3. 边际交换过程

边际交换过程描述了公共行政组织与它的关联群体及对象之间的一般关系。这些关联群体是立法机构、被选出的行政长官、辅助参谋机构、服务对象(有组织的或无组织的)以及有组织的利益集团。边际交换过程也说明联邦制度中各级政府之间的关系。由于公共行政组织发现他们处于一个竞争的政治、经济和社会环境之中,所以他们寻求支持。边际交换过程是这样进行的,首先找到一个与立法机构一起扮演倡议角色的对象,然后在行政管理机构与立法机构关键人物或委员会之间发展一种共生关系,最后尽可能建构和维持永久性的组织。

上述分配和整合过程要求大量的新公共行政学概念,即怎样进行边际交换的概念。未来的组织理论必须包含下面的边际交换方式。首先,需要服务对象更多地参与,来代表目前还没有参与的少数群体(假定少数群体为服务对象没有参与是不公正的:农民、银行家和重工业生产者是少数群体,而且是高度参与的服务对象。从这种意义上讲,所有的公共组织都是有服务对象的)。这种变化可能意味着不同种类的参与,这种参与形式目前可在一些城市中看到。作为交战状态和社区总体行动项目的一个结果,也可在一些大学校园中见到。丧失营养和教育的少数群体服务对象参与的偏好形式,可能是与那些分权化组织的常规化了的沟通方式。这些分权化的组织能代表丧失营养和教育的少数群体的利益来进行分配决策,即使这些决策依据效率或经济来讲是很难合理化的。

大体上,这种决策出现于战时的军事决策之中,也是国家宇航局阿波罗项目决策方式的特点。这两个例子具有应急项目的特点,应急项目的设计目的是解决那些被看作是迫在眉睫问题。它们包含一种置后预算,在该预算中,为工程项目搞到几笔大的资金,而且默认大量的支出。详细的会计核算是在支出之后,故此为置后预算。在这些条件下,做什么和需要什么材料是在组织的低层做出的。这些决策是建立在这样的假设基础上的,该假设是:他们认为他们会得到组织上层的支持,而且必需的资源能够获得,或由上层来负责解决。同样的逻辑明显地能用于少数民族集中居住区问题,可以组建一个临时的项目小组,在这个项目中,项目主管及成员在一项应急计划中与城市的常设官僚机构共事,来解决少数民族中居住区居民的就业、住房、健康、教育和交通需要。依据参与对象和所遇到的政治行政环境的不同情况,一个项目的决策及步骤会非常不同于另一个项目的决策及步骤。这个主要项目的主管会默认支出方式和决策的各种变化,这与国防部和国家宇航局在危机时负担开支是同一方式。

存在的危险是倾向分权化的项目会被地方多元主义精英分子所接管。美国的选征兵役制就是这种接管的实例。处于不利地位的少数群体对象的更多的参与是必须的,来抵消这种危险倾向。但是,会很难防止现在处于统治地位的少数群体对过去曾占统治地位的少数群体的故意歧视。

从这种边际交换关系的描述中,可能有把握地预测行政管理机构,特别是那些分权化的会逐渐地成为特定少数群体的基本手段,通过它们找到了他们政治代表的基本形式。就处于很有利地位的少数群体来说就表现出这种情形,那些处于不利地位的少数群体也可能按此行事。

这种保证服务对象高度参与的手段方法是有问题的。最大可行性参与的概念,虽然没有受到好评,但可能比大多数分析家准备承认的要更实用。最大可行性参与的确没有提高经济发展机遇协调局(CEO)各项活动的效率或经济性,可是,或许最重要的是,它至少给少数民族集中居住区的居民这样的印象,他们有能力影响那些影响他们福利的公共决策。服务对象参与可能意味着:第一,对处于不利地位的少数群体的雇佣成为可行的;第二,使用服务对象评论协会或评论机构;第三,分权化的立法机构,如在纽约市教育委员会分权争论中,由布隆希尔学校社区所寻找的那种分权化的立法机构。

边际交换方式的发展意味着可能会发展政府间的新型关系,特别是财政关系。联邦拨给州和市政府的补助金、州拨给市政府的补助金无疑是扩大了,而且可能较平等化。此外,还会要求一定的分税制形式,地方政府收入能力的基本弱性必定得到完善。

上面描述的分配和整合过程的运用也意味着新的手段方法的发展,通过这种手段行政官员与立法机构就联系起来了。选举出来的行政长官可能总是会把维持执政的连续性作为他的首要目标。这意味着运用对非正式整合过程的行政管理必须寻找到一种手段,通过它提高连任的可能性。它确立的集权官僚机构以各种方式来寻找这种手段,最知名的是建构和维持议员所在社区的道路或其他主要设施,建立高就业的机构设施,如联邦办公大楼、郡县法庭、警察管区,等等,以及分发公共关系材料取悦于在职议员。分权化的组织特别适于这种对议员服务形式。结果可以想象得出来,议员成为相对非层级和非权威的官僚机构强有力的代言人。

4. 社会情感过程

这里描述的行政管理要求的个体和群体特点完全不同于目前情况。普遍使用的敏感训练、T 技术或"组织发展"与新公共行政学是不谋而合的。这些技术还包括降低个体对层级的依赖,能使他对冲突和情感采取宽容的态度。的确在特定情形下,能够接受它们的挑战,并且使他有准备地冒更大的风险。从前面的讨论中,可以清楚地看出,这些敏感技术与刚刚讨论过的分配、整合和边际交换过程是相似的。

社会情感训练技术是行政管理变革的基本工具。这些技术迄今一直用于加强或改变已确立的和继续发展的官僚机构。今后,期望同样的技术会被利用,以促进分权化的和可能项目化的组织形式的发展。最近,由克里斯·阿基里斯对美国国务院的评价充分表明了新公共行政学对组织社会情感过程的可能影响。阿基里斯得出结论认为国务院这个社会系统具有以下缺陷:个体逃避于人际困境和冲突;最低水平的人际交往中的坦率、深度和信赖;回避侵犯性和争斗;有人情味就是非理性的或无效率的观念;领导绝对支配下属;无视领导个人对别人的影响;伴随低水平面的冒险性或责任感的高度遵奉观念。为了根治这些组织的"弊病",阿基里斯建议:

(1) 应该确定一个长期的改革计划,以改变现有国务院体制为目标;

(2) 政策计划第一阶段应着重于国务院最高级成员的行为和领导方式;

(3) 在上层改革的同时,应在那些有变革准备迹象的下层部门,开展类似的改革活动;

(4) 所进行的组织变革和发展过程要求与我们希望根植于该体制同样的行为和态度(创新、增强责任感、冒险);

(5) 在组织发展活动产生更高水平的领导技能,而且开始减少体制对人际关系所带来的影响时,应帮助该组织成员重新考察那些影响组织效能的国务院的一些活动和政策(雇员评定、升迁过程、监察)。这种重新考察应有组织内外顾问的帮助,有主管行政长官的指导下进行;

(6) 行政管理与财务间的相互依赖和类似性需要明确区别和普遍共识;

(7) 国务院在以行为科学为基础的知识新领域中的内力应得到立即加强;

(8) 长期研究计划应得到发展,探讨行为研究的学科对外交实务的可能价值是什么。

国务院的这些弊病不幸的是公共行政组织的通病。尽管阿基里斯的建议是针对国务院的,但这些建议对所有的高度权威层级的组织都是适宜的。

既然新公共行政学对广泛的社会平等负有责任,那么前面所述应弄清更接近平等的内部组织也是一个目标。

三、结 论

寻求社会平等给行政管理提供了真正的规范基础。像许多价值前提一样,社会平等推崇国旗、国家、母亲和苹果饼。但是肯定地,行政管理对社会平等的追求与教育家、医生等所具有的目标不是什么更神圣、梦寐以求的。还有,看起来新公共行政学与善,或可能是上帝,紧密相连。

以这样的规范基础实际进行的行政管理的可能结果是什么?第一,公开目标的传统行政管理普遍得到了生意人和中上层受过良好教育阶层人的支持。市政改革运动出乎意料的成功就是对之的检验。如果新公共行政依据社会平等使其立场正义化或合理化,它可能必须以来自传统渠道的支持交换处于不利地位的少数群体的支持。对新公共行政学来讲,也可能继续得到那些受过良好教育阶层的支持,如果我们假定这个社会阶层正逐渐对那些提高社会平等的公共项目担负起责任,而不是那些不平等的项目。然而,看起来新公共行政应准备冒卷入这种交易中的风险,如果需要这样做的话。

第二,新公共行政管理,在追求社会平等上,可能会遇到各种反对,正如最高法院过去十年所经历的那样。这就是说,主要反对是来自于被选出的行政长官,原由是最高法院卷入了道德社会政策之中。由于最高法院是独立的,所以与行政管理相比不易被责难,因此,我们期望对行政管理机构以及这些机构的分配方式进行更大的立法控制。

第三,新公共行政学也促进了一种政治体制,在其中被选出的行政长官基本代表多数群体和特权阶层,而行政官员和法院代表处于不利地位的少数群体。当行政官员为公共和私人物品的平等分配而行事时,法院则逐渐沿同样方式解释宪法。对这种行动的立法性敌对可能指向行政管理,自然因为行政管理最易受责难。

什么是新公共行政学和它的学术环境?首先,让我们考虑它的理论,然后是学术环境。

组织理论在许多方面会受到新公共行政学的影响。公共组织为"公"特性会被强调。内部行政管理行为学,即一般行政管理学派的优点和现在称之为组织理论的基础,会是学术性行政管理学的一部分内容,但不会是中心内容。行政管理学的中心位置会被对前面讨论过的分配和边际交换过程的强调所取代。

倾向于定量研究的公共组织理论家可能转向了或至少广泛阅读了福利经济学的内容。的确,可以想象这些理论家使用的社会平等模型或范式完全与经济学家的市场模型一样丰实。随着社会平等上升到最高目标,在得益于以经济学来处理的许多情形里,模型建构是相对简单的。例如,我们可以发展一些平等最大化、长期与短期平等、平等弹性等理论。在《公共选择》杂志上发表的理论和研究提供了这种发展的一瞥。这种工作目前主要由一些经济学家来完成,这些经济学家主要试图从目的出发对市场模型或个体效用最大化概念加以发展。担负社会平等责任的公共组织理论家通过各种模型的开创贡献很大,这些模型很少依附于市场环境或个体效用最大化,而更多地依附于按不同群体或阶层平等地对公共和私人物品的分配和获得。如果一个充分发展的平等模型形成了,它很可能依据是否可抉择政策提高社会平等去相当精确地评价可抉择政策可能产生的影响结果。保证年收入、付所得税、超前、职业团等计划可依据它们平等最大化潜力来评估。

倾向于非定量行为研究的公共组织理论家大概是活动于柯克哈特的"联合模型"范围内，活动于社会学、人类学和心理学领域，特别是关于这些学科存在的形式之中。而定量研究则转向经济学，正如上面所讨论的那样。当然，许多公共组织理论家会停留在中间范围理论上，即角色、群体、沟通、决策等理论，不会走到像联合模型、社会平等模型或所谓系统模型一样的大理论范围里。

新公共行政学对学术环境意味着什么呢？一件事情是很明确的：现在我们知道"公共行政"与"公共服务"有很大差异，前者是由公共管理通才和一些辅助咨询人员组成（系统分析、预算、人事等等），而后者则是由专业人员构成，给学校、警察、法院、军队、福利机构等配备了人员。学术上的渐进行政管理项目给那些培训公共服务专业人员的职业学校架起了坚固而永久的桥梁。在一些职业学校里，行政管理的概念会成为"第二专业"来指导那些从事公共服务的律师、教师、福利工作人员。

一些行政管理研究项目可能会更加哲学味和规范性，而另一些则转向定量管理技术。这两种研究倾向都是可取的，都会有助于问题的研究和解决。

政策分析肯定会为这两种学派所重视。为了好管理的好管理对今天的学者来讲，是非常非常不重要了。政策分析，具有逻辑性和分析性的精明和实际，会是今天的议事日程。

学术行政管理研究项目通常不被认为是特别激动人心的，新公共行政学有机会可以改变。那些公开找寻吸收和产生"变革分子"或"剃平头的激进分子"的设计规划与POSDCORB时代相差十万八千里。我们很多人对之很欣慰。

> **思考题**
> 1. 新公共行政学"新"在哪里？
> 2. 什么是新公共行政学？
> 3. 研究新公共行政学的最终目的是什么？
> 4. 新公共行政学的动态、开放的组织观是什么？
> 5. 新公共行政学提倡的社会公平价值何以能够实现？

第十四篇　公共事业和私营企业管理*

格雷厄姆·T.艾利森

> **导　读**
>
> 　　格雷厄姆·T.艾利森(Graham T. Allison)是哈佛大学肯尼迪政府学院首任院长，政治学者、外交政策分析家与国际关系理论家，提出"修昔底德陷阱"(Thucydides's Trap)一词。曾出任美国里根政府的国防部部长特别顾问、克林顿政府的助理国防部部长等职务，并被两次授予国防部"杰出公共服务奖章"。
>
> 　　本文要探讨的问题是何谓公共管理、公共事业和私人企业管理的基本共同点和区别是什么、公共事业和私人企业管理者的工作和责任异同何在。从实践角度看，公共管理研究中可以获得的认识是：要求政府有优秀业绩和效率是真实的和恰当的；可以根据重要性程度来实质性地改善许多公共管理职位的表现；仔细地评价可以用于公共管理的私人管理经验是会有收益的；指出代价或计算现有价值、衡量中间产品的附加值的一些类目和标准是不自然的；从经验中学习是可能的。艾利森认为，确立公共管理的战略应当包括：建立有关公共管理问题和实践的有意义的案例；分析案例时指出实践的优劣；促进一种系统的比较研究。

---

* Graham T. Allison, Public and Private Management: Are They Fundamentally Alike? Proceedings for the Public Management Research Conference, November 19-20, 1979 (Washington, D. C.: Office of Personnel Management, OPM Document 127-53-1, February 1980), pp. 27-38. 中文译本摘自彭和平、竹立家等编译：《国外公共行政理论精选》，中共中央党校出版社1997年版，第331—360页。摘录时对标题序号及个别地方作了修改。

在我的副标题中,将华莱士·塞尔经常引用的"定律"作为一个问题提出来。塞尔曾经在伊萨尔城花费了几年的时间,帮助科内尔大学的工商企业和公共行政管理新学院制订计划。他在离开这个学院前往哥伦比亚大学时,就带着这句格言:公共事业和私营企业的管理,在所有不重要的方面是基本相同的。

塞尔得出他的结论,是根据他本人对政府机构的多年观察。他敏锐地听到,在科内尔的同事们(以及早些时候在物价管理局的同事们)谈论的有关工商企业的事情,以及他认真研究了对公共事业和私营企业管理进行比较的文件和数据。事实上,对于最后的一部分,没有什么内容。因此,塞尔引起争论的"定律",实际上是一个公开提出的、请大家研究的问题。

不幸的是,自从塞尔宣告他的"定律"以后五十年来,对公共事业和私营企业的管理方面进行系统比较的数据库改进很少。所以,当斯科蒂·坎贝尔在六个星期以前打电话询问我,是否愿意在研讨会上发表这方面的意见,我表示同意。实际上我打算对塞尔提出的问题,用多种方法探索公共事业管理与私营企业管理之间的相同点和不同点。这些方面对于系统的调查研究具有重要的意义。

重申一下,本文并不是一篇关于系统研究工作中主要研究课题的报告。更确切地说,这是一篇应要求而写的文章,是对于一个公立学校校长所反映意见的简要总结。这位校长正把他的时间耗费在实现一种公共事业管理的体制上——他在管理曾被吉姆·马奇称为"有组织的无政府单位"——而不是把时间用在思考问题上,更不用说去写文章了。此外,本文中的一些设想显示出哈佛大学毕业生所特有的自大。他们认为:坎布里奇(美国马萨诸塞州的城市,哈佛大学的所在地)或者是全世界的;或者是全世界的适当样板。我之所以说"显示出",是因为作为一个北卡罗来纳州人,我对这种眼界狭窄的自大感到害羞。但是,我曾断定,用慎重考虑过的狭隘观点来讨论这些争论的问题,可能更好地符合这个会议的目的,因此我提供了一个清楚的目标作为其他人"射击"的对象。最后我必须感谢我在哈佛的同事们,这篇文章自由地抄袭了他们连续进行的对公共事业管理范围的发展的内容的讨论。特别是对于乔·鲍尔、黑尔·查宾恩、戈登·蔡斯、查尔斯·克里斯汀森、理查德·达曼、约翰·邓洛普、菲尔·海曼、拉里·林恩、马克·穆尔、迪克·诺施塔特、罗吉尔·波特和唐·普赖斯等人。因为我的同事们并没有机会对这篇报告提出意见,我怀疑有些地方可能会有错误,或者超出了范围,或者缺乏适当的敏感或改进意见。所以我对下面的方案承担全部责任。

本文分为下述几个部分：
- 明确争论的几个问题：什么是公共事业的管理？
- 集中相似之点：公共事业和私营企业的管理有哪些基本的相似之点？
- 集中不同之点：公共事业和私营企业的管理有哪些不同之点？
- 把问题提得具有更好的可操作性：两个特定的经理人员，一个是公共事业的，一个是私营企业的，他们的任务和职责有哪些相似和不同之点？
- 试图从这次讨论的启示中，推列出有希望的研究方向；然后阐明论述一个调查研究的计划以及发展有关公共管理的知识和教育的策略。

一、明确争论的问题：什么是公共事业的管理？

当"管理"这个术语出现在"管理和预算局"或"人事管理局"等单位的名称中时，它的"管理"和"行政管理"相比，是否有所不同，其范围更宽，或者更窄？我们是否应该在"管理""领导""企业管理""行政管理""制定政策"和"贯彻落实"等概念之间进行区别？

谁是"公共事业管理人员"？是市长、州长，还是总统？是城市执行官、秘书，还是监督官？是局长？处长？议员？法官？

人事管理局以及管理和预算局的新近研究阐明了这些问题。由乔治敦公共事业研究所的塞尔玛·马斯汀在1978年5月完成的人事管理局的主要研究报告《当今公共事业管理的研究状况》，就从这个问题开始的。马斯汀的报告指明了"公共事业管理"的定义，这个定义被协助政策管理机构间关系的调查委员会，在1975年交通管理和预算局的报告中所采用。这项研究鉴别了下列的核心要素：

（1）政策管理：验明需求，分析方案，选择计划，并根据管辖范围分配资源。

（2）资源管理：建立基本的行政管理的保障体系，例如预算、财政管理，采购和供应，以及人事管理等。

（3）计划管理：贯彻执行政策，或者按业务系统（如教育、执法等系统）执行政策的机构的日常工作。

马斯汀的报告拒绝了赞成采用"公共事业管理要素表"的这类定义。这些要素是：

- 人事管理(不是制订劳动力计划、集体契约和工人的管理关系)
- 劳动压力的计划
- 集体契约和工人管理关系
- 生产率和工作成绩的衡量
- 组织和改组
- 财政管理(包括内部关系管理)
- 评价调查、计划和管理审计

这种术语上的混乱,严重地阻挠了公共事业管理在知识领域中的发展。在哈佛大学,在我们努力研讨公共事业的必修课程中,我遇到了许多使我震惊的情况:人们是如何不同地使用这些术语的;许多人多么努力地探索他们所相信的某些区别,是由一个词和另一个词之间的不同所标明的;以及使讨论的意见集中起来的术语障碍有多么巨大。

在人们没有建立起共同的语言,或者对彼此所使用的术语能互相了解的情况下,这些用词上的障碍事实上阻碍了在个人之间进行简明的和建设性的交流意见。(对这次会议来说,这一点意味着什么,我请读者考虑。)

这种术语上的障碍反映了更为基本的概念上的混乱。由于没有一个在穹顶之上的机构在这个领域里发号施令、统一意见,因此,从事实际工作和观察评论的两种人员努力利用这种现象(各种职业的人吵吵嚷嚷,意见十分混乱,都想实现获得好处的目的),尽力找出差异,使之有利于自己的工作。在20世纪初的十年中,人们企图在"政策"和"行政管理"之间划出一条清楚的界线,正像最近的努力,企图在"制定政策"和"执行政策"之间进行类似的划分。这种企图反映了一种为了使问题简单化而进行的一种共同探索,以便将带有利益的政见方面的争论放在一边(谁获得什么,在何时,如何获得),而将争论的范围进一步限制在如何更为有效地完成工作方面。但是,是否有人能够真正否定"如何"这个问题是充分地影响"谁""什么"以及"何时"等问题?有关公共事业管理的讨论中,当前流行的基本范畴——策略、人事管理、财务管理以及命令指挥等——大多数人是从工商企业的高级经理人员管理等级制度的范围中推导出来的。对于公共事业管理所面临的问题,这些概念是否适用,并不清楚。

最后,对于公共事业管理人员所做的工作并没有保存现存的数据资料,取而代之的大学文献没有什么价值,其内容大多数是根据零零碎碎的证据所进行的推论;这些零碎的证据犹如谚语中的瞎子所摸到大象的尾巴、躯体或其他部分。与数千个逐字逐句描绘的私营企业经理所面临的问题和他们在解决这些问题的实践事例相对比,从一个公共事业经理的观点进行研究的事例则仅仅是开始。对于为什么在公共行政管理的领域内,产生如此稀少的一些关于公共事业管理的数据资料,我的同一小组伙伴德怀特·沃尔多将进行说明。但是,对各种现象缺乏数据资料,束缚了对公共事业管理和私营企业管理之间的相同点和不同点进行系统的、以经验为根据的研究。使这个领域中只剩下了个人经验的反映和各种设想的混合物。

为了这个报告的目的,我同意韦伯斯特的意见,对于术语"管理",其含义为"对各种资源进行组织和指导,以取得预期的成果"。我将集中讨论总经理的工作,也就是负责管理整个机构或者管理一个具有多种职能的分机构的人员。我对总经理的全部职责,包括在机构内部的和机构外部的方面感兴趣。在他的机构中,是综合机构下属各个特定的分机构的各种成就以取得成果;在他的机构外部,是处理他的机构以及产品与外面顾客之间的关系。我从简化了的设定开始,就是传统的政府机构的管理人员是公共事业经理;传统的私营工商企业的管理人员是私营企业经理。为了避免由于借用抽象概念而使论述内容成为谬论的牺牲品,我列举环境保护局(EPA)局长和美国汽车公司总经理,分别作为公共事业和私营企业管理人员的典型例子。这样,我们的中心问题就能够具体地提出来:道格·科塞尔,作为环境保护局局长,他的工作和职责与罗伊·蔡平美国汽车公司总经理相比,有哪些相同的和不同的方面?

二、相似性:公共事业和私营企业的管理有多少相似之处?

以抽象的高度进行研究,就可以认识到一系列普遍性的管理职能。关于这些职能,在古立克和厄威克的经典著作《行政管理科学论文集》中列有最著名的表格。古立克总结了总经理的工作,用英语第一个字母的缩略字 POSDCORB 来表示。

- 计划(Planning)
- 组织(Organizing)
- 人事(Staffing)
- 指挥(Directing)

- 协调（Coordinating）
- 报告（Reporting）
- 预算（Budgeting）

经过各种不同的增补、修改和精炼，关于普遍性管理职能的类似的表格，能够从巴纳德到德鲁克的文献中找到。在此，我准备克制我的天生的学究式的本能，不参与学术性的争论去支持或不支持各种表格。取代这种做法，我仅仅提供一个合成的表格（见表 2-14-1），试图对已经认识到普遍性管理工作的主要职能加以综合，不论是公共事业管理或者是私营企业的管理。

这些管理的共同职能并不是孤立的和互相隔离的，而是整体的组成部分。在这里，是为了分析的目的而加以区分的。不同职能的特征和相对的显著性在一个机构的历史上，此时和彼时是不同的；在不同的机构之间也是有区别的。

表 2-14-1 管理的共同职能

管理策略
1. 建立组织的目标及目标的优先等级（在预测外部环境和组织能力的基础上建立）。
2. 制订工作计划以实现目标。

管理内部的下属组织机构
3. 组织工作和人员调配工作：在组织工作方面，管理人员建立下属组织的结构（下属单位和职位，并指定其权力和责任）和工作程序（为协调和开展工作）；在人员调配方面，要在关键的职位上安排合适的人选。*
4. 指挥全体人员和人事管理系统：组织的能力主要地体现在它的成员以及成员的技能和知识等方面；人事管理系统对组织中的人力资源进行增补、选择、社会化、训练、奖励、惩罚、辞退。这种人力资源构成组织的能力，以实现组织的目标，并对管理工作的特定指令作出响应。
5. 控制绩效：各种管理信息系统——包括执行预算和资金预算——报告和统计制度，绩效评定，以及成果评估——帮助管理工作进行决策和测量计划进度，以实现目标。

管理外部的客户
6. 与从属于某个共同权力组织的"外部"单位进行交往：大多数的总经理必须在更大组织内部，与其他单位的总经理进行交往——上级的、平行的、下级的总经理——来实现他们单位的目标。
7. 与独立的组织进行交往：组织包括政府其他层次的和其他分组织、利益集团，以及私营企业；这些组织能够对组织实现其目标的能力起重大的影响作用。
8. 处理与报刊和公众的关系：他们的行为或者赞许或者默认对组织都是必需的。

* 组织工作和人员调配工作在这种表里是常常分开的。但由于这两方面工作的紧密联系，因此在这里将它们合为一条。参见格雷厄姆·T.艾利森和彼得·萨森的著作《重新制定对外政策》（基础教材），1976年，第 14 页。

三、区别性：公共事业管理和私营企业管理有多少不同之处？

不管是公共的或者私营的管理，当我们把管理工作放到成为管理本身的普遍性高度上研究，那么，在公共的或私人的背景中带有完全相标记的管理职能却具有非常不同的含义。正如兰莱·拉里曾经指出过，在强调相同点和重视不同点的人们的争论中，一个有力的证据是有些人的结论是完全一致的。这些人管理过私营企业，并且在政府机构中担任过要职，考虑到乔治·舒尔茨（前任预算管理局局长、劳工部部长和财政部部长，现任众议院议员）、唐纳德·拉姆斯菲尔德（前任国会议员、OEO 的局长、生活费用委员会的理事长、白宫办公厅主任、国防部部长，现任西尔制药公司的董事长）、迈克尔·布卢门撒尔（前任本迪克斯公司董事长和总经理、美国财政部部长，现任伯罗公司的副董事长）、罗伊·阿什（前任利顿工业公司的董事长、预算管理局局长，现任艾的斯格拉夫公司的副董事长）、莱曼·汉密尔顿（前任 BOB 预算部部长、冲绳高级专员、世界银行部门主管、国际电话电报公司的董事长）以及乔治·罗姆尼（前任美国汽车公司的董事长、密歇根州州长、住房和城市发展部部长），所有这些人都断定公共事业管理和私营企业管理完全不同。

三个互不相关的差别表。我对这些回忆的重新检查，加上学究式的想法，验别了三个有意义的、互不相关的表，这些表总结了这方面的现状。其中一个表是约翰·邓洛普提出的；另一个表是《公共行政管理评论》杂志刊登的，是由哈尔·雷尼、罗伯特·巴考夫和查尔斯·莱文主要综合评述比较了有关公共机构和私营机构的文献而撰写的；第三个表是由理查德·E. 诺斯塔特为全国公共行政学管理学会总负责人管理分会所准备的。

约翰·邓洛普的《政府管理部门与私营企业的印象比较》一文提出了下列对比内容：

1. 时间观点：政府管理人员趋向于用相对较短的时间视野来考虑问题，这个时间视野是受政治的需要和政治的日程表支配的；而私营企业的经理表现出用较长时间视野来考虑问题。这个时间视野适应于市场的发展、技术的更新和投资，以及组织的组合。

2. 任期：政务上任命的最高层的政府管理人员的服务期限是相对短的。

近来对部长助理来说,平均不超过 18 个月;而私营企业的经理人员,在同一个企业的同一职位上,有一个较长任期。私营企业管理工作中的一个众所周知的要素是有责任培养一个继承者,或者几个可能的候选人;然而公共事业管理工作中的概念则大大相反,因为培养一个继承者被认为是危险的。

3. 绩效的衡量:评定政府管理人员绩效的标准和衡量方法的条文,如果有的话,也是很少的;而在私营企业中,考核绩效的各种方法——资金的回收,市场的分享,为高级管理人员制定薪金的绩效标准——已经完善地建立起来,并在一个特定的任期,对于特定的职位常常是明确的。

4. 人事限制:在政府中,有两个阶层的管理官员,他们经常互相敌对。这两个阶层是政府的公务员(现在行政执行系统人员)和政务官。在等级机构中,相对的高层人员之中,存在着政府雇员的工会组织,并且包括了以实现管理目标,或优先选择管理目标,需要补充、聘用、调动以及解雇和罢免许多监督人员。政府机构与工会合同条款以及其他规章,使这项工作变得复杂。比较而言,私营企业在管理下属人员方面,有相当大的自主权,甚至在集体讨论中也是如此。他们有大得多的权力去指挥组织中的雇员。与私营企业相比,政府的人事政策和行政管理更多的是在人事部队门的控制之下(包括在机构之外调配公务员的人事部门);在私营企业中,人事工作更多地要属于直线部门的职责。

5. 利益平衡与绩效:在政府的管理工作中,其重点主要放在对不同选民之间利益平衡方面;而在私营企业的管理中,更多的注意力是放在效率和竞争绩效方面。

6. 公共事业与私营企业的工作方法比较:政府的管理工作要求是敞开的,便于公众检查;而私营企业管理工作有更多的隐私,其工作方法多为内部处理,对公众的监督很少开放。

7. 报刊和传播媒介的作用:政府管理部门必须与报刊和传播媒介进行正常的争论,他们的决策经常被新闻界预测。私营企业的决策很少在报刊报道,而报刊对其决策的主要内容和纠缠时间影响很小。

8. 舆论影响和命令指挥:在政府机构中,管理人员经常要寻求折中的决策,对范围宽广的各种不同的压力作出反应,并且必须将内部和外部集团的压力结合起来计划,以免遭抨击。与之相比,私营企业进行工作,主要是由高级经理人员向下级发布命令或指示,而且很少遭到抵制的风险。政府管理人员趋向于将他们自己当作许多上级的应接人;而私营企业管理人员更主要是对一个比他更高的、有数的人负责。

9. 立法和司法的影响：政府的管理人员经常容易遭到立法监督集团，甚至司法决议的检查，在这些方面，在私营企业的管理工作中是非常罕见的。这些检查大大地制约了高级行政官员和一般行政人员的行为自由。

10. 基本要求：政府管理人员很少有一个明确的基础要求，而私营企业的管理人员的基本要求是利润、市场绩效和企业生存。

雷尼、巴考夫和莱文在《公共行政管理评论》上发表了一篇关于比较公共组织和私营组织的主要评论文章，集中了在很多文献中论述的公共组织和私营组织之间的相似点和不同点，并总结了大家一致同意的主要观点。这些总结在表2-14-2中列出。

在下面的表中列出的是一致同意的观点的总结，对于这些观点采用与公共组织（与私营组织相比）特性有关的命题来阐述。

表2-14-2 公共行政管理评论研究成果

题目	命题
1. 环境因素	
1.1 市场显露的程度（拨款效果的信心）	1.1.a 市场显露程度差，其结果导致在降低成本、工作效率、有效的业绩等方面的动机减弱。 1.1.b 市场显露（消费者优先选择的反应，根据需求按比例提供服务等等）程度差，其结果导致分配资金的效率更低。 1.1.c 市场显露程度差意思是市场指示和市场信息（价格、利润等）的有效度差。
1.2 法律和制度的限制（法庭、立法机关、等级制度）	1.2.a 对工作进程和工作范围的限制更多（管理人员作出这些选择的自主权更少）。 1.2.b 正式的规章制度和控制条文趋向于越来越多。 1.2.c 外部的正式影响的来源更多，并且这些来源分散程度更大。
1.3 政治影响	1.3.a 对决策的各种非正式的外部影响（谈判情况、公共意见、利益集团的反应）的强度差异更大。 1.3.b 需要"客户"——顾客集团、表示同情的、正式权力机关等的支持更大。

(续表)

题目		命题	
2. 组织环境关系			
2.1	强制性(政府的许多活动具有"强制""垄断"和不可避免的本性)	2.1.a	很可能对消费分配和服务的收费将是不可避免的和强制性的(政府具有唯一的奖惩和强制的权力)。
2.2	影响的广度	2.2.a	公共管理人员行为的影响范围更大,象征性意义更大(涉及范围更宽,如"公共利益")。
2.3	公众监督	2.3.a	对公共事业官员和他们的行为,公众监督更多。
2.4	唯一的公众期望	2.4.a	公众对公共事业的官员抱有更大的期望,要求他们在行动中更加公平,反应迅速,尽义务和诚实。
3. 内部结构和工作方法			
3.1	目标的复杂性,以及评估决策准则	3.1.a 3.1.b 3.1.c	目标和准则具有更大的复杂性和差异性。 目标和准则具有更大的含糊性和不确定性。 目标之间相互的矛盾更大(需要更好地折中)。
3.2	权力关系和行政管理官员的作用	3.2.a 3.2.b 3.2.c 3.2.d	对公共行政管理人员来说,决策的自主权和灵活性更少。 对下属人员和下级机关的权力较弱和更加分散(① 下属人员能够找旁路,诉诸可供选择的其他当权者;② 人才制度受到限制)。 对委托的任务更加勉强,检查的层次更多,正式的规章制度使用更多(由于3.1.b条款所导致的结果,督促检查和委托任务更加困难)。 最高领导者具有更多政策性的、解释性的任务。
3.3	组织行为	3.3.a 3.3.b	更多的小心谨慎和保守稳妥,更少的创造革新。 由于选举和政府任命,最高领导人更加经常更迭,导致执行计划连续性更差。
3.4	鼓励措施和鼓励结构	3.4.a 3.4.b	制定鼓励措施以提高效果和效率更加困难。 金钱上的鼓励对雇员的价值更低。
3.5	雇员的个人特点	3.5.a 3.5.b	对政府管理人员而言,个人的特征和需要是多样的,例如:较高的权势欲和适应性,更高的成就需要。 工作的满意程度更低和组织的约束更少。 (3.5.a和3.5.b是对个人经验的研究结果,而不是作者之间共同认可的观点)

来源:《公共行政管理评论》(1976年3—4月),第236—237页。

理查德·E.诺恩塔特以近似邓洛普的风格，指出了美国总统和大公司的总经理之间的六点差别。

1. 时间范围：私营企业的总经理在开始工作时，展望十年左右的时间，如果没有意外的困难，这是他可以考虑工作的一段时间。第一个任期的总统，最多展望四年，在第四年中（现在甚至在第三年），就要被改选的竞争活动所支配（考察总统第二任期展望的内容是什么，在过去的 1/4 世纪内，我们几乎弄不清）。

2. 管理企事业的权力：私营企业的高级管理人员由董事会一致同意来任命，并且能够解雇。高级管理人员建立组织目标，改变组织结构，工作进程和人事安排，监督成果，检查关键的工作决策，接待关键的外部人员，还要说服董事会。总统的权力除了重大的但范围狭窄的军事活动外，是被妥善安排的国会议员或他们的参谋机构所分享的。他们在各方面比总统具有更明确的权力（用比较"慎重"的词汇说，在授权和拨款方面有更明确的权力）。至于说到"说服董事会"这个问题，即不是与总统分享权力的国会成员，也不是"雇用"他的基本的和普通的选民，能够具有董事会的职权，或者有密切配合他工作的企业董事会的眼光。

3. 升迁特点：典型的公司是一个真正的升迁系统，如开始进入国家森林局以后的情况。在正常情况下，主要领导人自己先从公司内部提拔上来，或者他是从同一工业公司的其他企业中选拔出来的。这个主要领导人，从与他共同工作过的人员中间选拔各个部门的负责人，或者从他所了解的类似的公司中去选拔。他和他的主要助手们将互相了解每个人的角色——的确，或许他对其中的不少角色已经是了解的——并且通常还将相互了解每一个人的工作作风、个性和特点。相比之下，总统很少具有这种"工商场"的经验，他或许对大多数的角色了解很少（而他将发现所了解的很多情况原来是错的），并对大多数他所任命的助手了解得更少，都是在总统就职日无可奈何地安排的。这些人来自四面八方，不可能互相很好地了解，并且在以后的日子里容易忘记掉。

4. 和传播媒介的关系：只有在特定的情况下，私营企业的高级管理人员会代表他们的企业公开地讲话，并且由他和他的助手们对这种特殊情况作出判断。除此之外，他既不留心报纸，也不让新闻界人士接近内部工作，尤其是进入他的办公室。除非是蓄意地为了公共关系的目的；而总统则是经常地在屏幕上出现，不断地与白宫新闻界交往，还要对付范围宽广的政治记者、电台评论员以及专栏作家等。总统在他的工作中天天需要他们,对此从无例外;他们在工作中也需要总统,电视新闻网的节目,每周总有几个晚上以总统的活动开始。他们和总统的互相依赖关系,正像总统和国会议员一样(或者更为密切)。比较起来,和传播媒介的这些关系,在很多时候使大多数行政人员和总统之间的关系黯然失色。

5. 绩效的衡量:私营企业的高级管理人员期待着用利润来衡量他们的工作,而不管企业用什么方法来衡量利润(这是一种主要的策略选择),并且他还以此来衡量他的下属人员的工作。实际上,他的董事会可能用更加主观的衡量方法,他也可能这样做,但是要冒道德和有利的订货单不能兼顾的风险。利润,也就是"账本底线"的相对品德,是在工商界中普遍关心的合法性和可接受性。撇开利润在特定情况下的技术性效用,它的明显的现实性因此也就是它的普遍适用的特点,具有巨大的社会用途;它是一则所有私营企业管理人员都能以此为生的神话。对总统而言,并不存在与利润对应的东西(除非面对"冒烟的枪管"为自己遭到弹劾而进行辩护时)。一般的公众考虑他们的想法,以是否在生活中得到实现来评估总统;国会议员们,政府官员们和利益集团则推测总统能为他们做什么,或者为他们的目标做些什么,并好像以此来评价他。新闻界的成员阐述上述两种想法,并且散布简要的评论来影响这两种想法,依照新闻界自己制订的标准,这是立法的得分记录表。除非他们做得好,否则白宫总说新闻界的坏话。

6. 贯彻落实:大概公司的领导人在选择一种策略、制定一项政策以外,还要做更多的工作。他在政策和策略确定以后,应该去检查一下发生了什么事情,考虑如何把意图转变为事实上的成果。如果没有取得成果,就采取纠正措施,通过他们的信息系统进行监督。并在必要时,通过他的人事系统采取行动。总统的情况不同。他在很多政治领域里应该对预算提案负责任,就好像不称职并缺乏手段去监督哪些州政府或市政府的机构、公司、工会、外国政府是胜任的,或去更换主要负责人员。虽然这些主要负责人就是"他的"计划的执行人。除了国防和外交以外,联邦政府主要做两件事情:颁布和运用法令,并且给予经费补助。在这些方面可以自由决定的问题,通常是由白宫以外的、由参议院批准的官员,根据成文法作出抉择的。监督是这个官员的职责,而不是总统的职责(间接的监督除外)。最后的活动是法令和资金发挥作用的问题,它们大部分全然不是联邦政府人员的事情。在国防方面,我们要施加影响的是外国政府的活动。对于类似这样的一些组织实施人员,一个总统在大多数情况下是和他们相差很远的,他要干预的话,只能在计划失败的情况下干预,而不是通过组织的鼓励机制来干预。

　　成为这些表格的基础,公共管理与私营管理之间最清楚的区别就是一种根本的结构上的差别。在工商企业中,总的管理职能是集中在单独的一个人,即总经理的身上,其目的是权力和责任相适应。与之不同,在美国政府中,总的管理职能是按照宪法分散在互相竞争的机构之中,即行政机构、两个国会议院以及法院。宪法的目的,正如最高法院法官勃兰蒂斯所说:"并不是为了提高工作效率,而是防止专制权力的推行。"的确,《联邦主义者报》极其明确地指出:"其目的是引起竞争的动机,这是防止将几种权力逐渐集中到同一个分机构中的可靠保证,其中包括给予管理每个分机构的人们以宪法手段和个人动机用以抵制其他分机构的侵权行为。"因此,集中在一个私营企业的总经理手中的总的管理职权,到了公共管理的领域内,则根据宪法安排由许多互相竞争的个人所分享,他们的野心是相互对立而平衡的。这些个人,在当今的大多数公共政治领域中,包括联邦层次的、由选举产生的主要负责官员,由主要负责官员任命的高级政府官员,政府职业文官中的主管以及几个国会领袖。因为大多数公共事业单位是由联邦政府和地方政府授予权力的,其来源是各自独立的,这就意味着,在这些层次上又有更下一层的个人名单。

四、一个可操作的观点:环境保护局局长道格·科塞尔和美国汽车公司总经理罗伊·蔡平的任务和职责有哪些相同点和不同点?

　　如果组织能够简单地分成两大部分,一大部分是公共组织,另一大部分是私人组织,而这两大部分的各自内容则性质相同,那么识别这些企事业单位中管理人员相同点和不同点的工作可能是比较容易的。事实上,如邓洛普指出的,"管理工作的现实世界是由不同分类组成的,而不是由单一的、无差别的形式组成的,并且混杂变化,样式不断增加"。因此,可以把各种组织每个主要属性、特有的本质表示在性质谱图上。在多数属性方面,各种组织可区分为"公共属性为主的组织"以及"私营属性为主的组织",并且部分性质交叉重叠。私营工商组织之间,在规模上、在管理结构和管理思想上差异很大,并且它们经营活动所受到的约束也大不相同。例如,它们的所有制形式和经理的指挥方式可能是多少不相关的。举例来说,将一个家庭开办的企业和一个公共事业单位,或一个分散的大联合企业比较;又如,将柏克德公司和美国电话电报公司、德事隆公司比较。同样,各种在政府组织的管理工作中,也有很大的不同。例如,将政府印刷所、田纳西流域管理局或一个小镇的警察局和能源部或卫生部比较。这些不同的分类和多样性将鼓励对工商企业和政府组织的研究,在两者之间进行深入的比较;还要对这些广泛的类型进行差异性和类似性的研究,这一点是我将收回到本题要考虑的研究方向。由于以往缺少较大范围的下功夫的研究工作,可能仍然值得花时间来研究一下两个特别的,但不是极端特别的管理人员,其中一个明显是公共事业的管理人员,另一个则明显是私营企业的。为了这个目的,并且主要为了说明每人所面临的问题和机遇的有关事例的可用性,我们研究环境保护局的行政负责人道格·科塞尔和美国汽车公司的总经理罗伊·蔡平的情况。

道格·科塞尔在1977年1月任环境保护局的行政负责人。这个局的任务是由法律所规定的,该法律确定建立这个机构,并且确定了它的主要工作计划,就是"控制、减少在空气、水中的污染,以及由固体垃圾、噪音和有毒物质所造成的污染"。在联邦政府和地方政府的合作下,环境保护局的任务是对环境污染进行综合的和协调一致的治理。

环境保护局的组织结构,是根据这项法律命令所确定的任务来制订的。就是在特定的环境中检测特定的污染。包括:空气和水、固体垃圾、噪音、辐射、杀虫剂和化学物品。作为新的行政负责人,科塞尔继承了福特基金会在1978年向联邦政府建议的环境保护局经费预算8.02亿美元,以及最高限度为9698人的机构编制。

科塞尔进入的处境是难以简要地概括起来的,科塞尔将其特点表述如下:

• "在外界,公众对这一机构有种种混淆的看法,如这个机构的总任务是什么;它当前的工作是什么;将来的工作是什么。"

• "对开展环境保护局的工作来说,最严重的限制条件是要求我们工作人员应具有知识的内在复杂性;并且这些知识是不断地变化的。"

• "环境保护局根据国会命令规定的严格的截止时间开展工作时,经常要公布一些规定,仅仅为了去查明那些他们了解得很少的问题。中心问题是要求这个机构去执行的任务具有内在的复杂性,以及要求它去解决的问题是天天变化的这种实际状况。"

- "在内部管理问题上存在很大争论,没有令人信服的、很快的解决办法,如:技术问题与机构内的问题混在一起;与研究计划有关的实验室设备;分散在全国各地不能调动,并在很大程度上由于国会中的党派关系,阻碍了共同一致推进研究计划的努力。"

- "依据环境保护局原来的命令,对于大批的污染物,我们可能碰到了清除费用急剧增长曲线的渐近线部分。它们有明显的互相矛盾的国家目标,例如能源和环境。"

科塞尔在开始工作时,确定他的六项主要工作是:

- 汇集一支顶层管理队伍(六个助理局长和大约二十五个部门领导人)。
- 申办环境保护局的立法手段(环境保护局的基本立法证书——净化空气的行动计划和净化水的行动计划,这些计划在他接受任务时已经开始重新编写;管理杀虫剂的计划也在1977年重新批准)。
- 在立法证书管理局中建立环境保护局的地位(科塞尔得知立法证书管理局将在有关方面之间面临艰难的折中处理。这些方面有环境和能源、能源条件和经济、环境保护局的有毒物质条例以及食品及药物管理局、CSPS等单位的条例。他确认和其他关键人物建立关系的必要性,以增强环境保护局的地位)。
- 与立法集团建立紧密联系(由于他们在制订机构的立法命令以及在环境保护局成功地执行计划两方面都有重要作用)。
- 对特定的政策作出决策(例如:是否准许或者否定西勃洛克原子能发电工厂的冷却系统的方案。或者对于在1976年10月颁布的控制有毒物质的行动计划将如何贯彻执行,这个行动计划授予环境保护局新的职责,以加强对化学物质的生产、分配和使用方面的管理,防止对健康和环境造成不合理的危害。环境保护局是否需要化学品生产厂商对于各种物质提供某种最低限度的信息;或者是否需要他们对1000种已经知道的有害化学物质提供更为严格的需求报告;或者是否需要各公司提供全部化学物品的报告,并且按什么样的时间表递交这些报告,对此都必须作出决定并颁布规定)。
- 调整机构的内部组织,使之合理化(环境保护局在地区分布上极为分散,并且它的技术专家人数有限)。

没有一件是容易的工作。

罗伊·蔡平和美国汽车公司在1977年1月的情况。1967年1月,在危机气氛中,罗伊·蔡平被任命为美国汽车公司的董事长(威廉·伦伯格任总裁),在前四年的时间里,美国汽车公司的销售额下降了37%。在市场上所占的销售份额从高于6%降到低于3%。在1963年下降了42%营业美元,利润收入显示在6.56亿美元的销售额中,净损失7600万美元。报刊专栏作家们开始为美国汽车公司撰写讣告。《新闻周刊》评论美国汽车公司是"一个软弱无力、垂头丧气的公司;产品足够结实,但样式像矫正过的鞋子一样时髦;在公众头脑中的形象已经倒塌,而得到一个不可动摇的称号:输家。"蔡平说:"我们一只脚踩在油门上,另一只脚踩在刹车上,驾驶着我们的汽车。我们不知道是否要驶往地狱。"

蔡平一开始就向他的股票持有者们发出通告:"我们计划把我们的汽车最明确地投放到我们能够完全掌握的那部分市场中去,我们并不企图为全体人民做所有的事情,而是集中精力去满足那样一部分消费者的需要。对于那些消费者来说,我们能比其他任何人做得更好。"他回忆说:"早在1967年,就存在着要求立即予以注意的问题,这些问题占去了我们多达几个月的时间。然而,我们开始计划要超越这些问题。制订1972年全年的目标计划和时间进度表。我们在短期所做的事情,必须长期内在市场上证明我们是做得对的。"

蔡平必须立即注意的五个问题是:

• 公司事实上已经是现金短缺,立即获得24万美元的银行贷款是当务之急。

• 汽车存货——公司拥有的和推销商拥有的——数量之多已达到空前的程度,解决这些供过于求的存货,需要五个月的时间,并且在1967年1月关闭一系列的工厂才能完成。

• "漫步的美国人"系列小轿车的销售额已经停滞不前,存货量不断累增。在2月份制订了一次戏剧性的推销活动,将"漫步的美国人"小轿车标价降低到德国大众汽车和美国竞争对手的更小的紧凑型轿车的价格之间。降低价格采用两种措施:降低给推销商的售价;并给推销商83%至79%的折扣,加以平衡。

• 断定行政管理和商务方面的开支太高,因此开始执行一项有力的降低成本的计划,这项计划在第一年中节省了1500万美元的开支。生产和销售的成本也明显地下降,接近了汽车工业效率最高的水平。

• 公司给公众的形象已经弄坏:新闻界对公司持悲观看法,金融界已经不给贷款。针对这种情况,与银行家、投资企业、政府官员和新闻界举行了很多次正式的与非正式的会议。

蔡平回忆说:"在当前的灾难火焰被扑灭之后,我们就能适当地提出一项公司的发展计划——为美国汽车公司在汽车工业中获得生存的明确道路。我们感到,我们能够生存下去的根据全在于向汽车市场开辟一条不同的道路——选准我们的突破口,然后不断地创新、前进。这样的生存根据将使我们不仅仅是活下去,还要发展起来。"

这项新的公司发展计划包括:投入市场的汽车有一种引人注目的变化,为公司建立一个"有朝气的形象"(它推出一种新的运动型汽车,像"飞标车",并且进入赛车市场);在1972年"一部分一部分地改造生产线";获得了恺撒吉普汽车公司(卖掉这家公司与汽车无关的资产,集中力量生产特定的汽车,包括吉普车;这家公司在以前的五年内每年都是亏损的,但是蔡平相信能够扭亏为盈,只要在生产、销售和行政管理方面真正地降低成本和经济指标)。

蔡平成功了:在1971年9月30日,美国汽车公司的销售额达到12亿美元,获得了1020万美元的利润。

回顾表2-14-1所提到的共同的管理职能,其中明显的重要的相似之处和不同之处是什么?

策略。蔡平和科塞尔两人必须建立各项目标和确定这些目标的优先等级,并且必须制订工作计划。在工商企业中"公司的策略是主要的目标或目的的模式,以及为实现这些目标而订的政策和计划。用类似这样的方式来说明:规定公司经营的内容是什么,或者应该是什么;以及公司所属的类型,或者应该属于什么类型"。以美国汽车公司采用新的策略,并且集中精力开拓在运输市场中的特定部分来说,蔡平必须和他的董事会商量,并安排经费;但是支配权主要是属于他的。

科塞尔在环境保护局,对于"该局从事何种业务工作或者应该从事何种业务工作",或者"该局是何种类型的机构或者应该是何种类型的机构"等问题上能有多少种选择方案?这些主要的策略选择是由立法程序确定的。法令指示他是否应该从事控制杀虫剂或者有毒物质;如果是这样,还指示他按什么样的时间进程来控制;甚至偶然地还会指示他对于上述这些有毒物质需要控制到每百万单位有多少个微粒数这样的程度。总统、行政部门的其他成员(包括白宫官员、国会联络处和其他部门的领导人)、环境保护局的行政负责人、国会中有关委员会的主席和外界的集团之间的相互作用,在建立机构的主要策略时,构成了有趣的问题。

管理内部的分机构。对于科塞尔和蔡平两人而言,人事安排是关键。正如唐纳德·拉姆斯菲尔德所观察的"高级行政负责人唯一的、最重要的任务是选用正确的人员。我曾见到过在政府和工商企业中,都有编制不好的组织,但是由于人员良好,组织的工作很好。我也曾见到过编制很好的组织,但是人员不好,组织的工作也不好"。

然而,两种高级行政负责人在组织内的活动余地和人事安排方面却大不相同,事实上,蔡平能由自己的意愿关闭某些工厂,调动关键经理人员,雇用和解雇工作人员等。如迈克尔·布卢门撒尔在他所写的关于财政部的文章中指出:"如果你想进行一些实质性的变革,政策的变革,而财政部的雇员们不喜欢你所进行的变革,就有办法阻挠你或者停止你的变革。这种情况在私营工业企业中是不存在的。他们所掌握的主要方法是通过国会。如果我说,我想撤销一个特定的单位,或者将一个部门的职能转交给另外一个部门,就有各种方法通过国会来阻止这种行动,事实上就是利用在国会中的一些朋友。他们还可以利用新闻界,试图停止你这样做。如果我在本迪尼克斯公司工作,希望将一个分部从安娜堡转移到底特律去,因为我推算出这样做我们可以省钱。只要我已正当地、谨慎地做这项工作,就不会引起新闻界的兴趣。报刊不能阻止我,他们可能在地方报刊上写到这件事,但仅此而已。"

对于科塞尔而言,其机构的基本组成是由法律来规定的。它的每个实验室、实验室的位置,以及他们中的大多数人员也都是确定的。虽然他能够聘用他的关键性的下属人员,但是还要受到限制。例如,有关法律的制定,以及等待参议院的批准。他最初选择的研究与发展副局长,由于争议而被参议院否定,因为此人曾经在一个最主要的化学公司工作过。科塞尔能够凭借法律手续,以改变发展政策和规章,其目的是为设法调查和他观点不一致的关键负责人,例如埃里克·斯托克,负责控制汽车排气污染空气计划的助理副局长;这种调查需要大量的时间,引起剧烈的钩心斗角,并且明显地推迟科塞尔计划的开展。

在人事部门和人事系统的管理方面,蔡平具有很大的权力。当联合汽车工会限制他在工人方面的权力时,他运用管理权力分配人员,重新规定职责,以便与他的总计划协调一致,虽然其他人可能认为他决定关闭一些特定的工厂,或者停止一种特定的产品的做法是错误的,但他们还得依从。正如乔治·舒尔茨所观察到的,"我从政府部门转到工商企业工作之后,学到的最初的课程之一,就是在企业中当你告诉某人,谁在为你做某项工作时,必须非常小心,因为他或她会去做这件事的概率是很大的"。

科塞尔面对一个文官制度,这个制度的设计要尽量防止政党在官职上分肥,还要同一程度地提高生产率。文官委员会在他的机构中,对人事职能掌握很多职权。在特定的情况下,他要达到人事安排的目的时,文官条例严格地限制了他的自由决定权,要拖很长的周期,并经常需要进行复杂的活动。机会均等条例及其管理部门又形成了另外一个程序性的、实质性的限制网络。在回忆时,科塞尔认为文官制度对他的行动具有更大的约束作用,往往要花比他预计的更多的时间。

在绩效控制方面,蔡平能够运用利润和市场中所占的份额等目标来进行衡量,并将这些目标分解为更小的子目标,要求组织的下级层次来实现,以此衡量特定类型、特定地区、特定部门的经理们的绩效。成本会计规章制度使他能对美国汽车公司的每年效益、生产情况,甚至管理工作与行业中做得最好的组织进行比较。

处理外部的顾客关系。作为总经理蔡平必须处理与董事会之间的关系。但是对科塞尔来说,在政府行政系统中,在他的机构之外,存在着许多因素,对于他的机构目标的实现是决定性的。这些部门如果有不同意他的意见,管理和预算局等既可能独立地采取行动,也可能几个部门经过商量以后,一起来阻挠他的机构去完成所指定的任务。其结果是:他要花费大量的时间去建立他的机构的信誉和在各机构之间的争论中取得成功。

处理与独立的外部组织之间的关系是科塞尔必要的,甚至是大部分的工作。因为他的机构的使命、策略、权力和拨款都是通过立法程序来确定的;他要专心地关照国会中有关各委员会、国会议员、国会议员的咨询机构、对议员产生影响的人们,以及国会中的工作人员等等,并将这些方面的工作放在首要的议事日程。在第一年中,环境保护局的顶层官员们在大约60个不同的委员会或分委员会的门前露面的次数超过140次。

蔡平在实现美国汽车公司目标的能力上,还要受到独立的外部组织的影响。他们是竞争对手、政府部门(在1970年通过净化空气行动计划)、消费者群体(召回拉尔夫·纳德),甚至石油的供销商。与大多数的私营企业经理们相比,蔡平必须更多地处理与新闻界的关系,以改变美国汽车公司的形象。主要是在蔡平工作的初始阶段有这种改变形象的机会,在蔡平的公共关系部门协调一致的努力下,围绕各种事件创造这些机会。例如对一种新的赛车进行宣传。蔡平正努力进行开拓市场的工作,说服消费者,使他们相信,使用美国汽车公司的产品能够最大限度地满足他们的爱好。

科塞尔的工作充满了新闻界的影响,如:在该机构的日常工作中,在有关的关键公众的观念中,也就是该机构对有关党派的影响中,甚至在该机构为对付必须回答的争论问题而安排的工作计划中。

对蔡平来说,工作底线是利润、市场份额以及美国汽车公司的长期竞争地位。对科塞尔来说,与之等效的衡量绩效的底线是什么?布卢门撒尔采用扩大表面现象和真实情况之间差别的办法来回答这个问题:"在本迪克斯公司,决定我们是成功的还是失败的最终结果就是真实的情况。在最粗糙的意义上,这就是所谓的底线。你能将利润化妆得漂漂亮亮,但不会长久——如果你并没有成功,问题迟早会弄清楚的。在政府机构中,并没有底线。这就是为什么只要你在表面上看起来是成功的,你就可能是成功的——虽然,表面现象理所当然不是成功的仅有组成部分。"拉姆斯菲尔德说:"在工商企业中,很大程度上是由成果来判断你的绩效的,但我并不认为美国人民用这种方法来判断政府中的官员们。……在政府中,经常衡量你的根据是:你有多么小心谨慎,你有多么努力地去试图办好事情——这些事情不必是改善人们条件的。……对于总统来说,用几天时间去进行某项工作,得到良好的公众反应以后就加以结束。这样做,比坚持到底贯彻政策,直到人民的生活取得有益的效果要容易得多。"如乔治·舒尔茨所说:"在政府和政界中,表扬并因此而鼓励的是那些能系统地表述政策,以及能想办法使立法得以折中的人们。明显对比的是,在工商企业中,荣誉和鼓励是给予那些能够办实事的人们。就是能够取得效果和价值的人们,能建造工厂的人们,能将销售合同带回来的人们,能筹措资金的人们,等等。"

如果要在各种组织内部的不同层次上认真进行跨组织的横向的、系统的比较,那么上述这种对一个公共事业管理人员和一个私营企业管理人员所进行的非正式的比较,启发了我们需要做些什么工作。通过考察组织的主管行政官员,获得很多知识以后,要对于数量大得多的中层经理人员进行比较,仍然预示我们应该有更多的工作要做。例如,有人要对环境保护局的一个地区负责人和美国汽车公司的一个部门负责人进行比较;或者对两个组织的两个审计员进行比较;或者对两个对等的工厂进行比较。某些职能将显示出更为相似之处,而其他的不同之处将突出出来。进行这种比较的主要障碍是缺少阐述各种中层经理人员的实践和问题的实际资料。在进一步的研究工作中,这应该是优先考虑做的。

在这种比较中提到的差别,例如在人事工作领域里的差别,已经在1978年的文官制度计划中做了改变,并且设立了高级行政官员。重大的改变也在汽车工业中进行。现在的状况,克莱斯勒汽车公司的总经理在很大的程度上更类似于环境保护局局长。在这两个组织中,对不同层次的经理人员进行更为精细的比较,例如:将蔡平所采用的大大降低成本的会计程序去判断环境保护局受委托管理的污染控制设施的相当的会计程序,将是很有启发的。

五、研究公共事业管理的结论

同化者和分化者之间的争论,就如美国和苏联之间的聚合支持者和分歧支持者之间的互相驳斥相类似,使我想起一个古老的问题,就是争论玻璃杯中是一半满的还是一半空的问题。我的结论是:公共事业管理和私营企业管理的不同之处比相同之处同样地多,并且不同之处比相同之处更为重要。正是从这个名副其实的"最高水平的"观点出发,我列出了很多关于公共事业管理的研究课题。我试图用一种简洁的并会引起争论的方法来叙述这些课题。

第一,需要讲求政府机构的绩效和政府工作的效率,这是现实的,也是正确的。政府机构的绩效落后于私营企业的绩效。这种概念,也是正确的。但是认为有任何一个重要人物,他管理私营企业的实践和技巧能够用一种方法直接地转移到公共事业管理工作中来,并能产生重大的改进,这种观点是错误的。

第二,很多公共事业管理职位的绩效能够实质性地加以改进,或许能够提高一个数量级。然而,那种改进并不是来源于大量地借用特定的私营企业管理的技巧和悟性。替代这种做法,应如私营企业管理历史所经历的那样,将普遍的管理职能和站在普遍的公共管理立场上的自觉性相结合。对于公共事业管理最有启发的、唯一的私营企业管理课程,就是对于公共事业管理职能的认识和自觉性,基于此才能取得实质性的效果。

小艾尔弗雷德·钱德勒的获奖专题论文《看得见的手:美国企业的管理革命》阐述了在工商企业中脱颖而出的专业管理工作。在整个19世纪中,大多数美国工商企业是由这样一些人经营管理的,他们履行管理工作职能,但是并没有管理责任的自觉性。在20世纪20年代,经过普遍的管理工作透视和普遍的管理实践改进相结合,美国的工商企业在管理功能上已经变得有竞争能力。在管理工作中能够自觉地进行管理的人员进入公司和工厂——这些管理工作是:确定目标,规定目标的优先等级,以及推动组织去获取成果——使产品获得令人瞩目的增长。这些公司和工厂以前由家庭企业主和普通雇员经营管理。工商企业学院大量地用收集实际事例的方法,编写出较好的或较差的管理实践的案例,提出改进意见,并提炼完善特定的管理方法在技术方面取得了重要的进展。但是生产率的大幅度跃进,是由普遍的管理工作观点与经理人员对他们的职能的自觉性相结合而发生的。(类似在较低的层次上,推销人员的作用和任务相结合,加上推销术的技巧和价值,可能使中等才能的人员在推销工作中增加十倍的销售额。)

在政府机构中,人们达到全面管理职位所经历的途径,并不能保证他们具有管理工作的自觉性和能力,正如一个聪明的政府管理人员的观察者所写的:"公共事业管理学院的困难问题之一,主要是去克服老式的信念——这种信念仍然被许多老于世故的人们所保留——认为管理工作的技巧,就是由聪明的、受到一定教育的人,简单地将通用的见解应用于他所遇到的管理工作问题。经过论证可以证明:许多聪明的、受过一定教育的人们,普遍地得到信任,具有大量的、通用的见解,成为非常不好的管理人员。有效的管理工作技巧,需要大量的、非通用的见解和非通用的知识。"我相信1978年文官制度改革计划的最重要方面是设立了高级行政官员,对政府机构中负责全面管理的官员进行明确的识别。当前的要求是帮助那些已经占有总负责管理职位的人们成为名副其实的总负责管理人员。

第三,仔细回顾私营企业管理工作中的粗浅经验,那些适用于公共事业管理场合的经验,将使人得益。例如,80—20规划——大多数生产过程中所得利润的80%,来自主要的20%的工作——在环境保护局减少污染的努力中,广泛地得到应用。

第四,钱德勒根据事实撰写了一个命题,这就是用于判断成本,或者计算当前的价值,或者衡量加在中间产品中价值的项目和准则不是"天然的"。它们是人创造出来的,是利用选筹策划的智慧所创造出来的。所以如果有某种特定的会计项目或准则,例如计算中间产品的成本问题,可能直接地转用于解决公共事业某一部门的问题;那么,像私营企业的历史一样,更大的课题是将注意力专注于特定的管理职能,以建立公共事业中这个部门经理的会计类型、准则和措施,这些问题在目前是无法想象的。

第五,有可能从实际经验中学习。胜任的经理们在工作中所表现出来的技巧、特征和方法是什么?不太成功的经理们欠缺的是什么?这是一个实际经验问题,是能够直截了当地进行调查研究的。如尤吉·贝拉所指出的:"你只要注意观察,就能弄清楚。"

第六,将公共事业管理工作作为一个知识领域加以研究发展,这方面的努力应该从正在实践的公共事业经理们所面临的各种问题开始。教授们为了创立学说而做出的优先选择,反映了根深蒂固的大专院校的动机,这只能用仔细规定的研究工作提纲来加以克服。

按照这些课题,我认为开展公共事业管理研究的一种方法应该包括以下内容:

广泛收集数量充足的关于管理工作问题和实践的案例。这些案例应该是描述公共事业经理们所面临的典型问题,这些案例不仅应注意到顶层的经理们,而且应注意到中层和下层的经理们。由于中下层经理的案例很缺乏,因此对这方面的收集和研究要放在高度优先的位置。这些案例应该研究两方面的问题,即管理工作的总职能,以及特定的管理任务。如雇佣和解雇问题。公共事业管理的案例应当集中在经理经营他的单位的工作上。

分析案例的判别较好的和较差的实践经验。科学家们探索"临界的"经验,公共管理学院的学生应该寻求识别"临界的"经验,这些经验是新的公共管理经理们能从中学习,并在实际经历中感到共鸣的。由于获得信息可能性的大学教师趋向于集中研究失败的案例。但是教育人们不要去做什么样的事情不一定是帮助他们成为实干家的最好办法。通过分析相对的是成功的案例,能抽出初步的经验、原则和思想。例如蔡斯"定律"。不论何处的公共事业组织,如果它的生产成果缺乏监督经验的办法使其绩效和奖励紧密相连,那么只要引入一种有效的监督机制,就能在短时期内获得 50% 成果的效益,总审计局的《评估技术和提纲手册》提出了这方面能够做的工作。

促进全面的对比的研究工作。例如在一个机构中的管理职位在不同时期的情况;在几个公共事业机构内相似的管理职位的情况;在一个公共事业机构中不同的管理层次情况;在不同机构之间相同的管理职能,如预算部门或管理信息部门的情况;横向比较公共事业和私营企业的经理们的情况;甚至比较不同国家的机构情况。用于这种相对比较的根据资料,将从研究发展的案例中来获得,并将由正在大规模发展中的私营企业管理工作案例来补充。

研究工作与公共事业经理的训练工作相结合。在公共事业管理领域中,聪明的研究工作应该与公共事业经理的训练工作紧密地结合起来,包括那些已经在负有重大责任的岗位上任职的人员。成功的实践经验将在政府机构中出现,而不是在大学中出现。以学院为基础编写的有关较好和较差的实际经验,以及提炼这些实际经验的著作,应该以在职的经理们的问题为起点。研究公共事业管理工作所需要的理智的努力,以及保障这种水平的努力所需要的资源,只有在研究工作与训练工作生动活泼地结合起来的情况下,才最有可能实现。新设立的高级行政官员提供了进行这种工作的主要机会。

这里所概括的方法,当然不是关于公共事业管理工作的唯一研究方法。明确了有效的公共事业管理的需要,我相信应该确立一项主要的研究工作,这项研究工作应奉行若干互相配合的方法和策略,明确了我们工作的起点在哪里,我觉得在不久的将来所需要的努力工作,不会有过分费心或投资过多的危险。

在我可选用的方法与至少有一个公共管理学院所提出的方法之间,如有任何相似之点,这并不纯粹是一个巧合。

> **思考题**
> 1. 什么是公共事业的管理?
> 2. 公共事业和私营企业的管理有哪些基本的相似之点?
> 3. 公共事业和私营企业的管理有哪些不同之点?
> 4. 公共事业和私营企业的管理是否有重要的方面是基本不相同的?
> 5. 政府与私营企业的正当关系应当如何?

第十五篇 改革政府[*]

戴维·奥斯本、特德·盖布勒

> **导　读**
>
> 　　戴维·奥斯本(David Osborne)，美国进步政策研究所研究员、美国公共行政学会研究员。曾任美国共和党和民主党主要政府领导人和候选人的顾问，为"国家绩效评估委员会"提供指导，主张用企业家精神来改革或重塑政府，极力主张建立高效率的政府，被誉为"政府再造大师"。1988年，奥斯本出版了《民主实验室》(Laboratories of Democracy)一书。特德·盖布勒(Ted Gaebler)，国际著名政府改革的理论倡导者和实践者。他在美国联邦政府多个部门和机构任职，同时还是著名的公共部门管理咨询公司盖布勒集团的总裁、改革政府网络公司的合伙人，以及美国公共管理研究机构的成员。1992年，奥斯本与盖布勒合作出版了《改革政府：企业家精神如何改革着公共部门》(Reinventing Government: How the Entrepreneurial Spirit is Transforming the Public Sector)。该书描述了美国官僚主义的弊端，同时提出了革命性的观念和措施来改革政府，对于"政府不应当成为一个庞大的无效率的机构"这一观点提供了强有力的理论支持。他们提出了企业家政府理论，

---

[*] David Osborne and Ted Gaebler, *Reinventing Government: How the Entrepreneurial Spirit is Transforming the Public Sector*, Addison-Wesley, 1992. 中文译本摘自〔美〕戴维·奥斯本、特德·盖布勒：《改革政府：企业家精神如何改革着公共部门》，周敦仁等译，上海译文出版社2021年版，"序——美国的改革"第1—18页。摘录时对个别地方作了修改。

> 指出了企业家政府的基本特征与改革政府的十项原则：掌舵而不是划桨；重妥善授权而非事必躬亲；注重引入竞争机制；注重目标使命而非繁文缛节；重产出而非投入；具备"顾客意识"；有收益而不浪费；重预防而不是治疗；重参与协作的分权模式而非层级节制的集权模式；重市场机制调节而非仅依靠行政指令控制。

20世纪80年代接近尾声时，《时代》周刊在其封面上提了一个问题：政府死亡了吗？

而在90年代开始时，对许多美国人来说，答案似乎是肯定的。

我们的公立学校是发达国家中最差的。我们的医疗保健系统已经失控。我们的法院和监狱已是人满为患，已经判了罪的犯人只好释放。许多我们最引以为自豪的城市和州已经破产。

对政府的信任一再降到创纪录的最低点。20世纪80年代后期，接受民意测验的人中只有5%的人说，他们将把在政府里工作选为中意的职业。联邦高级雇员中只有13%的人说，他们愿意考虑把公共部门推荐为未来的职业。将近3/4的美国人说，他们相信华盛顿政府现在给他们的东西在比例上还不如10年以前多。

接着在1978年大祸临头了。好像我们所有大大小小的政府都同时开车撞在墙上了。各州为高达几十亿美元的赤字而苦苦挣扎。各城市解雇了成千上万名雇员。联邦赤字扶摇直上达到3500亿美元。

自从1978年抗税运动横扫美国以来，在一次又一次的选举中，在一个又一个的问题上，美国人民一直要求政府多出业绩少收税赋。但是在1990年和1991年的经济衰退中，美国的领导人还在为老一套的选择辩论不休：是要更少的服务呢还是要更多的税收。

今天，公众的愤怒与冷漠交替出现。但在美国国内我们却感到无能为力。我们的城市为日益增加的犯罪和贫困所困扰，巨大的赤字给我们的各州套上了镣铐，华盛顿政府在这一切中得过且过无所作为，在这78平方公里大的地方逃避现实。

但是希望是有的。新型的公共机构正在慢慢地悄悄地出现，但不为公众所注意。这些新机构人员精悍，权力分散，标新立异。它们灵活机动，适应性强，能随机应变,很快学会新东西。它们利用竞争、顾客选择和其他非官僚主义的机制来完成使命,尽一切可能创造性地有效地工作。这些机构是我们的未来。

我们的主题简单明了,这一类在工业时代发展起来的政府机构,具有迟缓、中央集权的官僚体制,专注于各种规章制度及其层叠的指挥系统,这些机构已经不再能有效运转了。在那个时代这种政府机构曾有过辉煌的成就,但在某些环节上,它们脱离了人民,变得机构臃肿,浪费严重,效率低下。当世界开始变化时,它们未能一起作出相应的改革。20世纪30年代和40年代设计出的官僚体系,中央集权,层次繁多,在变化迅速、信息丰富、知识密集的90年代已不能有效地运转。那种政府机构就像超音速喷气式飞机时代里的大型豪华客轮,躯体巨大,行动不便,价格昂贵,转向十分困难。新一代的政府机构将逐渐地取代它们。

在这一浩荡前进的队伍中政府并非走在前面,类似的转变在整个美国社会到处可见。美国公司企业在过去10年中完成了革命性变化,取消了中央集权,减少了中间层次,着重抓质量,接近广大的消费者,这一切努力都是为了在新的全球市场中保住自己的竞争地位。我们的非营利志愿性组织因实行各种新的倡议而生机勃勃。在企业界和教育界之间,营利机构与非营利机构之间,在公营部门和私营部门之间,新的"伙伴合作关系"一夜之间大量涌现。这一切好像是美国社会生活中所有的机构都同时在努力争取适应一些大规模的深刻的社会变革,力求更加灵活,更加革新,更加富有企业家精神。

一、官僚主义制度的破产

今天已经很难想象,100年以前官僚主义制度这个词居然还有积极的含义。那时,这个词意味着组织方式的理性和效率,是极权主义统治滥用权力的取代物。官僚制度给政府工作带来的逻辑规范,如同装配传送带给工厂带来的逻辑规范一样。官僚主义制度利用其层次系统的权威和功能的专门化,使大规模的复杂任务得以有效地完成。马克斯·韦伯这位伟大的德国社会学家描述官僚主义制度使用的词汇是今天美国人做梦也想不到的。

> 推进官僚主义制度的决定性理由一直是它超过其他任何组织形式的纯技术上的优越性……
>
> 精确、快速、明确……减少摩擦、降低人和物的成本,在严格的官僚主

义治理中这一切都被提高到最佳点。

在美国,官僚主义体制政府出现在19世纪和20世纪之交,在那个历史背景中受到其特有的影响。在100年前,我们的城市以疯狂的速度成长起来,城市里挤满了移民,他们在美国工业时代纷纷建立起来的工厂中打工。特威德老板和他的同时代人把这些城市当作自己的领地那样来治理。他们分派工作职位,施加小恩小惠,提供非正规服务,以换取移民的选票。他们一手蒙骗公众,窃取大量公共财富,另一手向那些忠诚于他们的投票者保证给予丰厚的酬报。与此同时,他们忽视了工业化时代美国出现的许多新问题,例如贫民窟、血汗工厂,以及对供排水设施和公共交通设施等基础建设的迫切需要。

西奥多·罗斯福、伍德罗·威尔逊和路易斯·布兰代斯等年轻的进步党人,注意观察这些政治机器,终于感到再不能忍受了。在19世纪90年代,他们展开了激烈的斗争。在此后的30年中,进步主义运动彻底改变了美国政府。为了结束把政府职位作交易的任人唯亲制度,进步党人创造了公务员制度,实行书面考试,层层死扣的工资级别,防止任意雇用或辞退公务人员。为了避免如桥梁、隧道等大型建设项目落入政客之手,他们创立了独立的公共权威机构。为了限制政客领袖的权力,他们把管理职能加以分割,不让市长和州长任命重要的官员,代之以单独选举上任的书记官、法官,甚至警察局局长。为了使公共服务机构的工作不受政客的不良影响,他们又创立了城市主管这种职位,这些人是不受政治影响的专业工作者,他们用有效率的讲求实际的方式来管理官僚机构。

换言之,正是因为出现了特威德老板和他同时代的这伙人,美国社会才作出巨大的努力来控制政府内部,不让政客和官僚们作出侵害公众利益和侵占公众财富的行为。这在我们各级政府内进行了一次大清扫,但是在解决这一堆问题时,又产生了另一堆问题。为了使公众的财产不易被盗窃,我们又使公众财产的动用管理变得实际上不可能。在雇用职员、警官和消防队员时,书面测验成绩精确到小数点后第三位,我们使自己的政府工作人员变成了庸碌之辈。在防止辞退业绩不佳的工作人员的同时,我们使人员的庸碌转化为做一天和尚撞一天钟。在力图控制一切的努力中,我们便醉心于指示应该如何办事,规范管理事务的进程,控制各种投入,我们如此着迷以至于忽略了其结果和后果。

这一切的结果产生了一种具有独特性质的政府,其特点便是行动迟缓、效率低下、刻板且无人情味。这就是今天政府这个词在人们脑子里的形象,也是

第二部分
第十五篇 改革政府

大多数美国人认为美国政府的本质所在。甚至在工业化时代建造的政府大楼也反映出这些特点：大楼的体积庞大，高高的天花板，大大的门厅，过分雕琢的建筑风格，这一切设计的目的都是为了给访问者留下政府的权威和磐石不动的印象。

很长一段时期中，官僚主义的模式的确起过作用，而这不是因为它办事有效率，而是因为它解决了人民希望解决的基本问题。它为失业者和老年人提供了保障，它保证了社会的稳定，这在经济大萧条以后是至关重要的。它提供了基本的公平感和平等感（正如韦伯指出的，官僚主义制度的设计原则就是它对任何人都一样看待）。它提供了工作。它在工业化时代提供了人民需要和期望的基本的、简朴的、千篇一律的服务，例如道路、高速公路、排水系统和学校。

在大萧条和两次世界大战的严重危机时期，这种官僚主义模式运转特别有效。在危机期间，目的明确而且被人们广泛接受，任务相对而言也很明确，可以说每个人都愿意为事业而投入，因而这种自上而下指挥控制的心理状态完成了许多事情。工作的成果本身说明了问题，大多数美国人齐步前进。威廉·H.怀特说，到了50年代我们已经成为一个"国民组织化"的国家了。

但是，这种官僚主义模式发展的时代同我们今天所经历的时代情况迥然不同，这种模式是在步子更慢的社会里发展起来的，事物变化就像悠闲散步一样。这种模式是在等级时代里发展起来的，只有处在金字塔顶端的人才掌握足够的信息而作出熟悉情况的决定。这种模式发展在一个人们以体力劳动为主而不是以脑力劳动为主的社会中。这种模式发展在大众化市场时代里，大多数美国人都有相似的欲望和需求。这种模式发展在人们拥有地域上的强大社区时代里，如关系紧密的邻里和城镇。

今天，所有这一切均荡然无存。我们生活在一个变化令人吃惊的时代。我们生活在全球性市场的时代，我们的各种经济组织受到巨大的竞争压力。我们生活在一个信息社会里，普通老百姓取得信息的速度几乎同他们的领导者一样快。我们生活在一个以知识为基础的经济中，受过教育的职工对命令指挥感到反感，要求有自主权。我们生活在微型化市场的时代，顾客们习惯于高质量和广泛的选择机会。

在这样一种环境中，工业化时代发展起来的官僚主义的体制机构，不管在公共部门还是在私营部门，越来越让我们失望。今天的环境要求各种体制机构提供高质量的商品与劳务，要求具有高水平的经济效益。今天的环境要求各种体制机构对顾客作出反应,提供多种多样的服务供选择,不是靠下命令而是靠说服和奖励刺激来实现领导,给它们的雇员以使命感和控制感,甚至所有者的主人感。今天的环境要求各种体制机构不是简单地替公民们服务,而且要把权力赋予公民。

在某些情况下,官僚主义的体制机构还是可以起作用的。如果环境稳定,任务相对简单明确,每个顾客都要求同样的服务,工作业绩的质量如何不是关键因素,那么传统的政府官僚体制还是可以胜任的。社会保障制度还在起作用。地方政府的一些职能机构,如提供图书馆、公园和娱乐场所的部门还在某种程度上起作用。

但是,大多数政府机构要完成日益复杂的任务,所处的各种环境竞争性强,变化迅速,顾客要求质量和有选择余地。这些新的现实使得我们的各个政府部门机构日子非常不好过,包括公立教育系统、公立健康保健计划、公立房屋管理部门,包括1970年以前由各级美国政府建立的每一个大型政府计划。这样,我们在70年代输了一场战争,失去了对国家领导人的信任,忍受一次又一次经济麻烦,还经历了一次抗税运动,这些就毫不足怪了。在那以后的岁月里新旧矛盾的冲突只会越来越厉害。结果是出现了一个美国政府包袱异常沉重的时代。

就某些方面而言,这是进步的一种表征,是新的种种现实正面猛烈冲击旧体制时发生的破坏性冲突的表征。我们的各种信息技术和以知识为基础的经济给我们许多机遇去做也许是50年以前无法梦想的事情。为了要抓住这些机遇,我们必须对我们工业化时代的体制机构的残余加以重塑改造。艾尔弗雷德·诺思·怀特黑德曾经写道:"智慧的第一步就是认识到,人类文明的主要进步便是破坏其所处时代的社会结构的过程。"

二、企业化政府的出现

第一批对这些新现实作出反应的政府是地方政府,这在很大程度上是因为它们首先碰壁无路可走。1978年6月6日,加利福尼亚州的选民投票通过了第13号提案,把地方的财产税减少一半。人们在通货膨胀和公共服务不佳的双重火网下再也不能忍受,抗税运动迅速蔓延。1980年罗纳德·里根使之成为全国性运动,到1982年,各州和地方政府已经失去了将近1/4的来自联邦的经费。同1978年相比,1982年是自大萧条以来衰退最严重的一年,各州政府也无路可走了。

各州和地方政府的领导人在巨大的财政压力下别无选择,只好改革他们的政府工作方式。市长和州长们接受了"公私伙伴关系",并且制定出一些"其他选择"方式来向社会提供服务。一些城市在服务提供者之间培育竞争,并创造出了新的预算体制。政府各方面主管开始谈起"企业式管理""学习型组织"和"自力更生的城市"。一些州开始重塑其花钱最多的公共服务系统,如教育、卫生保健和福利救济。

亚利桑那州菲尼克斯市的公共工程局同私人公司面对面地平等竞争处理垃圾收集、街道整修和其他公共服务的合同。明尼苏达州的圣保罗市建立了六七家私人非营利公司来重新开发城市。佛罗里达州的奥兰多市建立起许多利润中心,那里挣得的收入超过了税赋收入。肯塔基州路易斯维尔的房管局开始对顾客,即1.5万名公房居民作民意调查,鼓励他们管理自己开发的房地产。这个局甚至把有100套单元的一处房地产出售给居住户。

密歇根州商业局采用了一条新口号:"我们存在的理由就是为顾客服务。"这个局对它的顾客进行民意调查,雇用了一名顾客服务总管,为雇员办起服务顾客的培训班,设立了一名调查政府官员不法行为的专员,为小企业设立了一条免费的热线电话。商业局10个行动小组中有几个采用了全面质量管理,这是由W.爱德华兹·戴明提出来的一种管理哲学。

像东哈莱姆区一样,明尼苏达州让家长和子女自行选择他们的公立学校,还有6个州很快也照此办理。南卡罗来纳州采用了一套业绩奖励制度,让学校和教师为试行新方案而竞争资金,给取得优异成绩的校长和教师发放奖励工资,而且那些学生在基础技能和上课出勤率大有改进的学校可以得到额外的资金。在这项计划执行的头3年里,南卡罗来纳州的学生上课出勤率提高了,教师的积极性提高得比任何一州都快,学习能力测验成绩提高了3.6%,被列入全国进步最大的州之一。

印第安纳波利斯市市长威廉·赫德纳特也同其他人一样称赞这种现象。他在1986年的一次演讲中说:"在政府中,一种不断重复的倾向是保住自己的权力范围,抗拒变革,建立各种独立王国,扩大自己的控制地盘,不管是否需要都要保住项目和计划。"相比之下,"企业化"的政府追求更加有效率和效用的管理方式。

这种政府愿意抛弃老的计划和方法。它富有创新精神、想象力和创造性。它敢冒风险。它把市政府的职能机构变成挣钱者而不是大把支出预算者。它回避那些只提供"生命维持系统"的传统选择方案。它同私营部门一起工作。它遵从讲求实际的扎实作风。它实行私有化。它开办企业和实行创造收入的运作制度。它以市场为导向。它注重业绩的衡量。它论功行赏。它说,"让我们一起办好这件事",对大事敢想敢做。

民意测验也开始发现了这个倾向。1987年和1988年库珀斯—利布兰德咨询公司就"公有机构企业化"进行了一次调查,主要集中在辖区居民5万人以上的市和县级行政人员。接受调查的所有行政人员都同意,对公共服务的需求超过了税赋收入,他们预期这个矛盾"会需要不断强调'少花钱多办事',并且探索更加创新的费用低廉的管理技巧"。不断产生的做法包括合同承包、业绩衡量、参与管理、后果收费和战略规划。

当1990年遭到衰退打击时,大城市和各州的赤字一下子跳到几十亿美元。最后,出于走投无路,甚至主流派的政客也开始寻找新的办法。竞选州长的候选人大谈"重塑""规模适当"和"伙伴关系"。民主党人劳顿·奇利斯曾3次当选联邦参议员,发誓要"改革政府",赢得了佛罗里达州州长职位。共和党人比尔·韦尔德是马萨诸塞州的新州长,许诺要给选民一个"企业化的政府",这个政府将培育"竞争",注重"后果而不是规章条文"。俄亥俄州的共和党人州长乔治·沃伊诺维奇在就职演说中说:"政府官员按其在某一问题上花了多少钱来考核的时代已经一去不复返了。新的现实要求对官员的考核是看其工作是否更努力,办事更聪明,是否多办事少花钱。"

普通公民只能依靠大众传播媒介来理解事物,因此要把这些事情弄清楚是十分困难的。这些事情的实质是很难看清的,部分的原因在于这些事情发生在华盛顿大肆宣扬的媒介报道之外。这些事情也很难被塞进传统的自由派与保守派两分法的模式之中,而新闻界正是按照这个模式来看世界的。因为大多数新闻记者要求迅即写出一篇分析文章来,他们便不得不再求助于曾经行之有效的旧框架,又因为新闻报道的标准公式要求行文叙事中贯穿对立面的冲突,所以他们注意的不是创新和变化,而是找出英雄和恶棍。在此过程中他们不可避免地要遗漏许多新生的有意义的事物。借用作家尼尔·波斯特曼的话说,美国社会不顾一切地奔向未来,但是人们的眼睛却牢牢地盯在汽车的反光镜上。

在过去的5年中,当我们游览政府变革的风景时,我们力求不懈地去理解变革的深层次趋势。我们向自己提出下面一些问题:这些创新的企业化组织有些什么共同点？他们改变了哪些激励因素来创造出这些如此不同的行为？如果其他政府也起而效法的话，那么他们做了哪些工作会使企业家精神变成常规，而使官僚作风变成例外？

共同点的线索并不难发现。大多数企业化的政府都促进在服务提供者之间展开竞争。它们把控制权从官僚机构那里转移到社区，从而授权给公民。它们衡量各部门的实绩，把焦点放在后果上而不是在投入上。它们行为的动力不是来自规章条文，而是来自自己的目标，自己的使命。它们把服务的对象重新界定为顾客，让顾客们有所选择，选择学校，选择职业培训计划，选择住房。它们防患于未然，而不是在问题成堆以后才来提供各种服务。它们把精力集中于挣钱而不单单是花钱。它们下放权力，积极采用参与式管理。它们宁可要市场机制而不要官僚主义机制。它们关注的中心并不简单是提供公众服务，而且也是向公营、私营和志愿服务各部分提供催化剂，使之行动起来解决自己社区的问题。

这10条原则将在本书10个章节中详细叙述。我们相信这10条原则是亲眼看见日益兴起的新型政府的基础，是新政府之轮赖以维系的10根辐条。这些原则不会解决我们所有的问题。但是，如果积极采用这些原则的各地政府的实际经验确有指导意义的话，它们将解决我身受其苦的官僚主义政府的主要问题。

三、为何政府不能："像企业那样运作"

许多人认为政府简直可以"像企业那样来运作"，他们也许会以为我们的意思也是如此。那就弄错了。

政府和企业是根本不同的两种机构组织。企业领导者的行为动机是获取利润，政府领导者的行为动机是再次被选上连任。企业的大部分收入来自其顾客，而政府的大部分收入则来自其纳税人。企业的动力通常来自竞争，政府则来自种种垄断。

这样一些区别产生出公营部门根本不同的激励方式。例如，在政府中对管理者的最根本一条考核，不是看其是否能够出产品或获得利润，而是看其是否能讨好当选的政客。由于政客们倾向于受到利益集团的驾驭，政府的管理者与他们私营企业中的同行不一样，必须在每一个关系中考虑到利益集团的因素。

再者，政府通过征税取得其主要收入，而公司企业则在其顾客自由挑选购买其商品和劳务中挣得收入。这就是为什么广大公众的注意力如此强烈集中在政府服务的成本上的原因，从而不断地产生要求实施控制的欲望——规定官僚们每个项目上花多少钱，以此来避免官僚们可能浪费、滥用或者侵吞广大纳税人的钱。

所有这些因素形成一个环境，在这个环境中政府雇员对风险和回报的看法同私营部门的雇员完全不同。福特基金会的卢·温尼克解释说："在政府中，一切激励因素是以不犯错误为定向。你取得了 99 个成功也没有人注意，但只要犯一个错误你就完蛋了。"公司企业激励雇员的标准手段在这种政府中效果不佳。

还有许多其他的不同。政府是民主的开放式的，所以它的行动比公司企业缓慢，而公司企业的经理们可以关起门来迅速作出决定。政府的基本使命是"办好事"，而不是挣钱，所以企业中的成本效益计算到了公营部门就变成了道德的绝对准则。政府必须常常替每个人平等服务，不管这个人支付的能力和对服务的需要如何，于是政府也就做不到公司企业那样的市场效率。政府和企业的区别可以写一大本书。不错，政治学家詹姆斯·Q. 威尔逊已经写了这样一本书，叫作《官僚主义：政府部门的行为及动因》。

这些差别导致一个结论，即政府不能像企业那样运作。两者肯定有许多相似之处。说真的，我们相信我们提出的 10 条原则对于今日世界的任何机构的成功都是至关重要的，不管它是公营的、私营的，还是非营利性的。我们已经向彼得·德鲁克、W. 爱德华兹·戴明、汤姆·彼得斯、罗伯特·沃特曼等企业管理理论家们学到了许多东西。但是，企业理论用于政府是不够的。

请考虑一下戴明所提出的全面质量管理。这一方法在公营部门日益被广泛采用，它使公营机构把注意力放在我们 10 条原则中的 5 条上，即后果、顾客、权力分散、防患于未然和市场（或系统的）机制。不过，正因为戴明是为私营企业提出这些思想的，所以他的方法就忽视了另外 5 条原则。例如，大多数企业把竞争视为理所当然的事，所以全面质量管理就没注意到垄断的问题，而垄断正是政府各种问题的核心。大多数企业已经受到（以赚钱为目的）使命感的驱使，所以戴明在建立受使命驱使的组织这一方面并没有给政府领导人帮什么忙。而且对企业来说，几乎用不着告诉它们就知道去赚钱而不只是去花钱。

当然，政府不可能像企业那样运作这一事实并不意味着它不可能更有企业家精神。任何机构,无论公营私营,都可以有企业家的精神,正像任何公私机构,都会出现官僚主义。很少美国人会真的要求政府像一个企业那样行事——因为私人利润而关起门来迅速作出决策。如果它真的这么干,民主将首先受到损害。但是大多数美国人要求政府减少官僚主义。在官僚主义行为和企业家行为之间是一个巨大的连续体,政府肯定可以在这个区域内调整自己的位置。

> **思考题**
> 1. 企业家政府理论产生的背景是什么?
> 2. 传统的政府官僚体制的危机有哪些?
> 3. 企业家政府的本质含义是什么?
> 4. 企业家政府的十大特征是什么?
> 5. 为什么政府不能像企业那样运作?

第十六篇　市场选择、公共选择和制度选择研究的一些进展

文森特·奥斯特罗姆

> **导　读**
>
> 文森特·奥斯特罗姆(Vincent Ostrom,1920—2012),美国著名政治学家、政治经济学家、行政学家和政策分析学家,公共选择理论的开创者之一、美国公共选择学派的创始人之一。主要致力于人类社会中宪政自治秩序的建构和自然资源的管理,曾参与起草《阿拉斯加州宪法》,并曾任美国国家水资源委员会等众多机构的顾问、《公共行政评论》主编。主要理论研究领域涉及多中心理论、联邦主义理论、地方政府与大城市治理理论等。其中,文森特·奥斯特罗姆与埃莉诺·奥斯特罗姆(Elinor Ostrom)共同创建的多中心理论,是印第安纳学派制度分析的核心内容,是相对于单中心而言的一种社会秩序和治理结构。文森特·奥斯特罗姆的主要著作包括《公共事务的治理之道:集体行动制度的演进》《美国公共行政的思想危机》《复合共和制的政治理论》《美国联邦主义》等。

---

* Vincent Ostrom, Some Developments in the Study of Market Choice, Public and Institutional Choice, in Jack Rabin, W. Bartley Hildreth, and Gerald Miller (eds.), *Handbook of Public Administration*, Marcel Dekker, Inc., 1989, pp. 861-882. 中文版摘自〔美〕杰克·雷斌、巴特利·希可德雷思、杰拉尔德·J.米勒主编:《公共管理学手册(第二版)》,张梦中等译,中山大学出版社 2006 年版,第 1182—1207 页。摘录时对标题序号及个别地方作了修改,删除了原文中的注释。

第二部分
第十六篇 市场选择、公共选择和制度选择研究的一些进展

在《市场选择、公共选择和制度选择研究的一些进展》一文中，奥斯特罗姆称，20世纪五六十年代出版的一些用经济理性来分析政府或公共组织基本方面的著作，倾向于认为人的选择只是在像投票、交易安排和等级制中反映的选择机制的一些特殊类型中才行得通。公共选择方法的一些可被指认的特征历来是经济理性对非市场决策的运用，这一方法在社会科学界尤其是在公共行政学界引起了相当的争议。奥斯特罗姆认为，一些公共选择理论家在他们的研究中所采用的一种个体的极端"理性选择"模式，不是经济推理所使用的唯一的理性行为模式。本文要探讨的是一种极端的理性选择模型及其贡献、市场安排研究中的各种假设。当我们提出一些概念性区别时，我们应当知道，我们面临着一些组织和表述思想的语言运用中固有的永久性的问题。我们面临的一个问题是探讨什么东西对人类社会来说是共同的东西，以使我们更好地了解不同社会的各种特征。为此，我们需要对不同的制度分析方法进行理论综合。

一、引　　言

在20世纪50年代和60年代早期，出现了一些用经济推理（economic reasoning）的基本原理来探讨政府或公共部门组织等基本方面的出版物。其中包括阿罗（Arrow 1951）的《社会选择和个人价值》（Social Choice and Individual Values）、布坎南和塔洛克（Buchanan and Tullock 1962）的《同意的计算》（The Calculus of Consent）、唐斯（Down 1957）的《民主的经济理论》（The Economic Theory of Democracy）、奥尔森（Olson 1965）的《集体行动的逻辑》（Logic of Collective Action）、赖克（Riker 1962）的《政治联盟理论》（Theory of Political Coalitions）和塔洛克（Tullock 1965）的《官僚主义的政治》（The Politics of Bureaucracy）。另外还有两篇期刊文章也属于此列：奥斯特罗姆等人的（V. Ostrom et al. 1961）的《大都市地区政府组织：一个理论探询》（The Organization of Government in Metropolitan Areas：A Theoretical Inquiry）和蒂布特（Tiebout）的《一个地方开支的纯理论》（A Pure Theory of Local Expenditure）。

这些著述构成了与公共选择传统相关的学术界的关注核心。源自阿罗和赖克（Arrow and Riker）传统的著作已成为一小组学者（a subset of scholars）

的主要关注点,这些学者倾向于认为自己献身于"社会选择",并将其作为"公共选择"的一个变体。因此,要想明确地区分社会选择学者和公共选择学者还存在一些不确定性。

这些传统的早期研究倾向于认为人类选择是在一种特定形式的选择机制环境下运行,这些机制在投票、交易安排和等级制中得到反映。备选制度安排(alternative institutional arrangements),也就是说做出选择的安排,被认为在人类社会是可以得到的,备选方案的可获得性意味着在制度安排上选择而不是在产品或服务中选择的可能性。当作出选择的安排本身被认为是选择的对象时,我们就把这种选择的范畴定为"制度选择"。

公共选择方法的显著特征就是将"经济推理"应用到非市场决策制定中(nonmarket decision making)。这一方法已经在社会科学中引起巨大的争议,特别是在公共行政学者中(例如,Golembiewski 1977)。格林和夏皮罗(Green and Shapiro 1994)做了最详细的评论。我自己的评论在一篇题为《认识选择和公共选择》(Epistemic Choice and Public Choice)的论文中有所提及,该文发表在《公共选择》(*Public Choice*)杂志第25周年纪念版上(V. Ostrom 1993)。

公共行政学中的许多批评指向在"经济推理"中所使用的一种特殊的人的模式。一些公共选择理论家在他们的研究中采用一种个体的极端"理性选择"模式。但是正如我后面将要讨论的,这一特殊模式并不是经济推理所使用的唯一的理性行为模式。极端的理性选择模式对于某些形式的询问(inquiry)是有用的,但是在当前经济学中的许多调查都认为融入人的理性选择模式的基本因素是建立在可变而不是固定假设基础之上的。当研究焦点转到非市场决策结构(nonmarket decision structures)上来时,这一点对公共选择传统中的某些研究尤为正确。尽管较少的关注放在公共政策分析中相类似的假设上,但是该领域也存在相同的问题(Majone 1986)。当我们考虑我们要使用什么假设时,我们应当认识到,社会科学和相关专业研究领域中的学术精神(scholarship)要求使用多层次和多中心的分析以处理现代社会中的复杂问题:在不同环境下和不同层次中的选择。

下面,我将首先探讨极端的理性选择模式和它的一些贡献。然后我将转向探讨在市场安排研究中一些不同的假设,第三步探讨的就是非市场机构研究中的一些不同假设。第四步,我将试图澄清框架与理论和框架与模式之间的关系。最后,对于复杂关系结构(complex configurations of relationships)中分的多层次和多中心基础所采用的调查的基本要素,我将得出一些总结性的观察结果。

二、极端理论选择模型及其贡献

在公共选择中,可以认为,大部分的著作使用了一种或另一种理性选择模型。所有的选择模型都考察具体形势背景下的个体(Popper 1964:147-159, 1967)。理性选择模型假定不同程度的:(1)关注他人(作为区分"好"和"坏"的规范基础)(Buchanan 1970;V. Ostrom 1986);(2)关于世界的知识;(3)价值观始终一致;(4)做出选择的内部机制[见凯吉斯(Kekes 1976)对理性的一般讨论]。理性选择模型受到最强烈的批评是它的以下几个假设:(1)极度自私;(2)所有信息;(3)明确能够将效用与所有的后果(outcomes)和行动相联系并用一个始终一致的方法排列所有的选择的能力;(4)期望效用的最大化(maximization of expected utility)[见里克和沃尔德舒克(Ricker and Ordeshook 1973)对这一模型的详细阐述]。

在评估理性选择模型时,重要的是首先应当从这些模型最初得到发展的背景来考虑——背景包括与个体做出选择相关的大量信息和高度确定性。在这种形势下,使用极端理性模型已经导致关于反预期结果的(counterintentional outcome)的反直觉结果(counterintuitive results)。对于所有社会制度的研究者来说,这些结论是非常重要的基础。其次,认识到有许多理性选择理论和模型已经得到了发展这一点是很重要的。极端理性选择模型在公共选择中已经被使用,但在这一传统研究中,它并不是唯一被采用的理性观点的版本。个体选择行为的不严格假设也被经常使用。让我们谈论第一个问题——极端理性选择途径在它最初的背景中所做的贡献。

就像森(Sen 1977)所指出的那样,创造出这个最初的模型是为了解决产生于现代经济思想早期的一个理论困惑。这个困惑在曼德维尔(Mandeville 1962)的《蜜蜂的寓言》(*Fable of the Bees*)中提出来,受自私自利[egoistic self-interest,即"个人恶行"(private vices)]所强烈驱动的个体是否可能会为公众提供公共产品,或为大众福利(common welfare)、公共利益(public benefits)或为一个更大的社区提供服务。对一些学者而言,个体对自我利益的追逐只会造成纯粹的混乱。相反,这个论证研究过程导致对竞争市场经济新出现属性(emergent properties)的澄清,它表明有序和可预测的关系是怎样发生的。

在完全竞争市场条件的假定下,一个稳定的价格意味着供求平衡。如果允许这些平衡趋势在完全竞争市场条件下自己发挥作用,那么相对于所有的商品来说,当在任何既定的需求和收入分配水平上它们的价格等于它的边际成本时,将会达到一个全面均衡(general equilibrium)。

这些意义是反直觉和反预期的。这些结果是反直觉的是因为出现了有序的可预测性关系而不是所预期的混乱。这些结果是反预期的是因为,在市场竞争压力下,受到最大化利润强烈驱动的人被引导减少潜在的利润,并允许相对于其他人的经济优势作为消费者剩余(Consumer Surplus)自然增长。在一个竞争市场中,相对优势从自私的利润最大化者转移到寻求最小成本机会的消费者手中。

在理解具有竞争性的市场安排上,与新古典经济理论有关的极端假设已经产生了重大的学术成果。产生于竞争性市场的价格能提供各种信息,而这些信息能够在经济关系中提高理性计算。用新古典方法进行经济推理的极端假设经证明在理解一个新出现的具有竞争性市场特征点的秩序上很有效。

将极端理性选择模式应用到集体选择这一问题上具有完全不同的效果。在集体选择中,个人面对的环境是集体中的每个成员都参与制定选择,这些选择对这一集体中每个成员都有约束力。阿罗(Arrow 1951)证明,当个体偏好秩序高度分歧时,就没有可行的决策规则去产生一个集体结果(outcome),其具有能够提高社会福利的市场平衡的所有"美好"属性。多数投票规则(majority vote),或其他的投票安排,都没有在集体选择形势下产生市场安排在交易形势下所产生的最优结果(outcome)。此外,多数票(majorities)将循环,这一循环取决于投票进行的秩序。均衡是没有希望的;最小获胜联盟(minimum-winning coalition)是不稳定的(Riker 1962,1982)。

正如苏必克(Shubik 1982:122-124)所指出的,如果阿罗采用基数效用(Cardinal Utility)而不是序数效用(Ordinal Utility),那么阿罗问题的存在就不是一个理论问题。然后,这一问题将通过计算效用总数和选择"最大的幸福"来解决,正如本瑟姆(Bentham)已描述的这一规范。并不是所有的价值观或所有的产品都经得起检测,能够像算术中的数字一样被控制。处理集体产品中无法比较的问题可能更好地被阿罗的公式所表达;阿罗的不可能理论反映了存在于集体选择形势下的基本紧张。大量的文献被提出,而且我们越来越认识到,个体理性能产生不正当的社会关系模式,这些关系的特性可能是社会的非理性因素。巴里和哈丁(Barry and Hardin 1982)的《理性的人和不理性的社会》(*Rational Man and Irrational Society*)及谢林(Schellings 1978)的《微观动机和宏观行为》(*Micromotives and Macrobehavior*),正如这些书的标题所表明的,他们关注的是在个人动机或意图和社会结果(outcomes)之间的分歧(see also Elster 1977)。

这些结果在指出我们在制定社会科学的探询传统时所面临的两难困境上是很有成效的。在人类社会中所呈现的关系模式可能是反直觉和/或反预期的。如果这样的问题不存在,在提出社会关系问题上有常识就够了,就没有内在的困难要求去求助于社会探询的关键方法。

三、在市场关系研究中变化的假设

在转向非市场情景之前,让我评论在市场研究中的一些发展,特别是与非市场形势研究相关的研究。对"经济人"所作的有力(strong)假设以及对均衡分析、英美人(Anglo-American)特征和新古典研究传统的强调并没有得到所有经济学家的广泛支持。奥地利学派(Austrian School)同苏格兰学派(Scottish School)在伦理学(moral philosophy)上具有相同点,但它更愿意在有限信息假定下进行研究,并且集中关注均衡调节机制而不是均衡状态(Kirzner 1973,1979)。一些美国学者反而强调交易成本计算来解释在市场中企业的上升(rise of firms)。企业的发展伴随着信息和权威关系的不对称因素。当这些因素呈现出可变比例(variable proportions)时,经济关系受制于各种不同的体制结构(institutional structures)。

奥地利经济学所强调的重点放在提供创新激励措施并生成与剧烈变化环境相关的信息的市场结构上。弗里德里希·奥古斯特·冯·哈耶克(F. A. von Hayek)是这种传统在当代的最著名代表。冯·哈耶克(von Hayek 1973,ch. 1)认为,由于新知识的产生促进了新技术的发展和新经济机会,所以信息不一定是全面的。他进一步阐述,应该区分在应用到一般化关系中的知识与时间和地点信息之间的差异,这里所说的知识在科学知识中得到明确的叙述,而这里所说的时间和地点信息则在具体情况下呈现出不同的具体价值(von Hayek 1945)。

然而奥地利经济学非常关注企业家精神(entrepreneurship),就像柯兹纳(Kirzner)所强调的一样。企业家精神具有一种寻找新的可能性的动机。这种行为活动扰乱了任何假定的均衡,给在市场经济中寻求获得相似的能力的其他人增加负担。企业家精神和创新提供竞争动力(Competitive Dynamic),这一动力与知识的发展、技术能力的增长和新经济机会的开放有关。这是一种只能发生在不完全信息世界内而不会发生在完全信息世界内的竞争形式。这种和奥地利学派有关的竞争动力学(Competitive Dynamics),与英美经济学家的传统均衡分析有很大不同,但并不对立。

奥地利学派的著作也和西蒙(Simon 1972,1978,1981)关于"有限理性"(bounded rationality)的著作相一致。纳尔逊和温特(Nelson and Winter 1982)的《一个经济变革的进化理论》(*An Evolutionary Theory of Economic Change*)是建立在与有限信息和学习潜能相关假设的基础上(see also Nelson 1977)。多西(Dosi 1984)在《技术变革和产业转型》(*Technical Change and Industrial Transformation*)的一项研究中,极为重视增加知识和技术革新的地位,将其视为一个竞争性过程,这一过程以不同方式影响市场结构,而不会在具有完全信息的竞争性市场中发生。拉塞尔和塞勒(Russell and Thaler 1985)在一篇有关《竞争性市场中准理性的关联性》(The Relevance of Quasi-Rationality in Competitive Markets)的文章里,阐述了变化的理性假设如何产生一个不同的均衡解决方案。这些解决方案具有不同的市场特征,而不是所期望的完全信息和完全竞争。

其他相关分析把信息不对称当作一些市场的现存特征,指出这样的特征预期将怎样影响市场结构。阿克尔洛夫(Akerlof 1970)证明,在二手车市场上,当购买者发现很难区分"桃子(佳品)"和"柠檬(次品)"时,信息不对称是如何产生问题的。这种信息不对称为某些人提供动机,以区别于自己是"桃子"卖主,而不是"柠檬"卖主。荣誉和信任因素也进入这样的市场,取代了被认为是完全竞争市场特征的非人性化,或说独立于他人的活动。波普吉(Popkiy 1981)关于《理性的农民》(*The Rational Peasant*)这本著作是广为人知的,他评估了构成农业生产力特征的信息不对称问题以及不对称信息怎样产生不同的制度安排(institutional arrangements)问题,诸如涉及收成分享制(sharecropping)、计件工作(piecework)、固定费用工资(fixed-fee wages)或者固定费用的租赁安排(fixed-fee rental arrangements)。

第二部分
第十六篇 市场选择、公共选择和制度选择研究的一些进展

这些依赖于这种或那种不完全信息假设的分析传统与科斯(Coase 1937)在《公司的性质》(The Nature of the Firm)一文中为解决问题而提出一个稍微不同的分析传统有紧密的相似之处。科斯关注的是,更多根据等级制原则组织的公司为什么会出现在依赖于彼此之间具有平等地位的个体之间的买卖的市场经济中。在市场中,为什么个体倾向于无市场的组织模式?

为了解释这一明显的异常,科斯认为通过市场组织交易需要成本。这些成本可以反映在得到现有价格(going price)、谈判费用等信息的成本上。这些交易成本通过其他的组织形式也许能得到降低。在一个企业内的交易基本结构将被改变以包括参照一份这样的长期雇佣合同:新型关系中的雇主能够分配和重新分配雇员参与诸多不同的任务。在企业的运作中建立了受到这样的长期雇佣合同约束的上下级关系。

科斯推测,市场中交易成本的节余通过管理成本的相对上升来达到某种均衡。如果管理成本的增加等于交易成本的节省,一个企业的尽优势(net advantage)将得到实现。于是我们能够解释为什么在市场结构中运作的企业出现了等级制。在一定程度上,威廉森(Williamson 1975)以科斯的分析作为基础,说明了是如何把对准市场或影子市场结构(shadow-market structures)的差异依赖(differential reliance)纳入企业内对分支部门(subdivisions)的管理的。一个较大生产过程的各组成部分由作为营利中心的相关分部门组建而成,但是它们在市场中都是企业。因此,管理可以依赖于市场的竞争动力机制以提高在一个较大组织内分部门的效率。

阿尔钦和德姆塞茨(Alchian and Demsetz 1972)关注科斯在有限信息背景下提出的问题以及信息限制因素(limits on information)与组织结构联系的方式。他们提出团队合作(teamwork),将其作为市场内公司发展的解释。多个个体聚集在一起作为团队工作能够完成个体单独工作时所不能完成的任务。合作意味着:联合努力具有产生更高生产力的潜力。在这种形势下,产生了一个疑问。当每个工人得到共同成果的固定部分作为工资,那么就会出现这样一个诱惑:每个工人在工作中都想更加悠闲,而且团队合作的产出将下降。

从这种情形可以看出,即使涉及每个参与者对联合产品的贡献时,对信息的限制因素仍然存在。那么为了维持从"团队"合作中获得的生产力潜能(productive potential),完全有必要让一些人从事监督绩效以减少偷懒现象。这一点可以通过求助于承担组织企业、监控绩效和获得来自联合生产力的剩余收入

(residual earnings)等责任的单个缔约方来完成。剩余收入的边际将会受到限制,因为在产品市场,竞争动力机制将会降低利润并产生增长的消费者剩余。

阿尔钦和德姆塞茨所描述的、与单个缔约方(single contracting party)相关的企业形式是独资企业(sole proprietorship)。然而,他们也阐明,在不同形式的组织内动机结构受到由生产力上升所得的剩余收入的分配方式的影响,并且为了减少偷懒现象和提高生产力,责任被分配以监督绩效。

在阿尔钦和德姆塞茨对"逃避义务"(shirking)的分析中指出,一些人会产生剥削其他人的诱惑。威廉姆森(Williamson 1975)将这种诱惑描述为机会主义和冒险。这类似于在所谓的"囚徒困境"(prisoner's dilemma)下,在产生"公地悲剧"(tragedy of the commons)的"公地困境"(the commons' dilemma)问题中追求非合作而不是合作战略的那些诱惑(E. Ostrom 1990)。阿尔钦和德姆塞茨依靠单一缔约方的方法只是提出这个问题的一个方法而已。这些问题发生在人际关系的许多方面,而且不可能形成一个满足于简单的解决方案。逃避义务问题的成功解决方案可能产生其他的具有错误意义的诱惑和危险。解决阿尔钦和德姆塞茨的逃避义务问题的单个缔约方可能会追求其他诱惑而剥削其他人。

在这一点上,重要的是指出这种经常被称为交易成本经济学(Williamson 1979)的研究传统,它利用了包含在英美新古典经济分析方法中固定假设(fixed assumption)的一些因素,并将这些因素视为变量。科斯认为通过市场组织交易需要成本。其中有信息成本。阿尔钦和德姆塞茨认为因信息局限而需要时间和精力的投资在监督绩效中。这些问题受到由倾向不同形式的组织的解决方案的约束。这意味着权威的差别性分配。而权威差别分配反过来意味着涉及具有不同补偿的管理和监控责任的不同观点之间的分歧。

此外,在这些分析中不明确的还有一个多层次的问题。构成企业基本组成要素的长期劳动合同为奠定与执行短期管理、监控和企业职能有关的权威差别分配奠定了基础。正如威廉姆森(Williamson 1975)所建议的,竞争动力机制被引进到企业各部门之内,以产生简化管理任务和监控问题的更为复杂的结构。在经济关系中的合同安排结构(contractual arrangements)比物物交换安排(quid pro quo arrangements)的新古典完全竞争模型更为复杂(Cheung 1969;De Alessi 1980)。

克鲁思贝格(Krusselberg 1986)在一篇《市场和等级制度》(Markets and

Hierarchies)的文章里,提出了"市场"和"等级制度"的双层分歧(twofold distinction)问题,作为对区别企业和市场交易的组织原则的恰当描述。现在存在一种很强的趋势,要将从"市场"和"等级制度"之间的联合转变成"市场"和"政府"(markets and states)之间的联合。这些两分法引入了简化方法,但这些方法可能使得对社会中市场和非市场决策制定安排的分析更为混乱。

克鲁思贝格认为,在与劳动力服务有关的一个生产要素市场(factor market)中签订雇佣合同完全不同于在产品市场(product market)用标准化和可替代性产品交易。相对于产品市场而言,劳动力市场包括很多不同的经济关系。然而,企业的组织成为与劳动力均衡分配相适应的组织技术的一部分,作为一个因素参加生产过程。

克鲁思贝格的分析为我们提供了另一种对于新古典完全竞争模型的批评。大家认为,市场动力机制使得在市场经济中进行交换的每一种产品都有一种趋向一般均衡的趋势。但人类劳动力不只是市场中另一种简单的商品。劳动服务合同将在不同的情况下发生,而不是在那些适应产品市场中标准化商品的情形下发生(cf. Taylor 1966)。当张(Cheung 1983)指出雇佣合同或像计件合同(piece-rate contract)一样简单或像建立无产阶级专政(dictatorship of the proletariat)的共产主义制度一样复杂时,克鲁思贝格赞许地引用了张的观点。

想要有效利用人力资本的企业家面临处理人际关系中所固有的问题。这关键取决于每个人进入自愿交易关系的可能性,因为自愿交易关系使得作为一个相互促进生产的努力的每一方在进入雇佣关系时处境更好。生产力标准、公平、自由不能被忽视。雇主和雇员彼此都有权利和义务,并且他们的生产潜能取决于相互理解和意志。追求自身利益的企业家应当考虑到其他人的利益,为他们提供在更大范围内自由选择职业的就业机会。

克鲁思贝格分析的重点是表明了雇佣市场与标准化的产品市场相比具有很大的不同特征。影响企业家精神的偶发事件也被要求考虑各种易变生产要素市场和产品市场。适于生产要素市场和产品市场的不同形势暗示着具有高度差别的结构将会发生。皮希特(Picht 1985)参照货币制度与市场经济的关系,对这些原则作了清澈的阐述。货币作为交换媒介至少有两个显著特征:其一在一个既定的货币安排(monetary arrangements)下,为所有交易提供一个已标准化的计算单位(unit of account)。这个特征有完全公共产品的特征。作为交换媒介的货币也履行流通职能(liquidity function)。此时一定量的货币单位能够交换到特定的商品。货币的这方面也符合作为完全私有产品的标准。在一个社会中,货币制度被要求考虑交换媒介所提供的计算单位和流通服务职能。货币系统具有不同的制度含义,这些含义彼此紧密相连并贯穿于私营和公共部门。当货币政策产生不稳定的计算单位服务时,市场秩序会变得非常不稳定。

克鲁思贝格赞成德国经济学派(German school of economists)的观点,这一学派将他们自己视为致力于秩序理论(即秩序理论)(theory of order)。他们的焦点放在经济体制的比较研究上,这些研究考察在任何规定经济内不同的结构安排,并且把研究扩大到具有不同秩序原则(ordering principles)的经济当中,如苏联那种类型的中央计划和指令经济反对主要依赖市场组织的经济[see Montias(1976) and Pryor(1973) for close English-language approximations]。英美相似之处出现于对在实证研究情况下采取强有力措施使用理论的工业组织研究中,这时在制度结构中的变化成为强调结构、行为和绩效等研究中的依赖性变量(Bain 1959;Bain et al. 1966;Coves 1980)。产生于工业组织传统的理论推测已经提出市场组织的问题,即完全竞争是不存在的。鲍默尔等人(Baumol et al. 1982)在对可竞争的市场(the contestable markets)的研究中,说明了在具有趋向自然垄断的工业中所构建的经济关系其方式是如何影响竞争性压力的。这一研究已经应用于政策方案上,例如,解除对航空工业的管制。

在经济研究(economic inquiry)中,当不同传统被视为相互补充时,在具有完全信息的完全竞争微观经济理论中基本假设的大部分僵化现象和明显的任意性开始呈现出分析要素的特征,可以被指定作为变量运作。当有限信息被视为一个变量,而不是在完全信息条件下不予考虑的一个变量时,许多不同的问题就突显出来了,要求对权威结构、对进入经济关系的生产因素和产品予以不同的关注。

有限信息也许会呈现高度易变特征,这些特征成为提倡创新的企业家所关注的对象和集中关注创新的一个竞争动力。通向知识的不同路径可以产生独特的不对称特征,就像那些在二手车市场,在健康、教育和专门服务性机构,或者在雇佣关系中所出现的不对称特征。当信息状态被视为一个变量时,市场结构能出现在不同的组织类型和均衡内。信息也能被视为不同组织的制度安排(institutional arrangements)的产品。市场价格产生信息,而这些信息的意义取决于其在源自经济理论的计算逻辑中的应用。

像完全信息这样的极端假设,虽然帮助我们基本了解了当许多行动者独立追求经济机会时的秩序法则(the nature of order),但是也促使经济学家与其他关注人类社会其他秩序性质的学者的富有成效的合作中分离出来。从极端假设到可以被视为变量的分析因素的转移为不同社会科学和专业研究领域的合作拓宽了合作机会。

四、在非市场安排的研究中变化的假设

当公共选择传统被描述成"经济推理"应用到非市场决定时,正如早期设想的那样,确定一个参照的关键转到了什么是经济推理和如何可能区别市场安排和非市场安排(nonmarket arrangements)上面来。如果我们所说的经济推理的意义是使用与完全竞争相关的智能化仪器(intellectual apparatus)的话,那么应用这一推理模式到非市场决策制定上来将没有许多相关性。英美微观经济理论中这一分析模式的主导地位并没有囊括世界其他地区经济分析的可能性,或者囊括欧美传统中经济分析的重要组成部分的可能性。

当我们评估克鲁思贝格对于进入雇佣关系的人的因素的观察结果时,我们开始明白,经济关系的关联处是市场和非市场的结合点。私有和公共(private and public)、市场和等级制、市场和非市场制度安排的两分法成为概念上的分歧,这有助于在区别某些社会现实属性中实现有限分析的目的。任何认为现实社会存在两个可分离的、彼此孤立的领域的假设都是一个明显的概念错误。我所居住的这个世界需要做出选择:在连续社会时空里的大量的事物复杂嵌套的情况下,怎样把这些事物相互联系起来。我不断与其他人交涉以处理一些观念分歧的事务。例如,私人公共、市场阶层、市场非市场安排只有有限的作用(Shubik 1986)。

在下一部分中,我将阐述"官僚政治"的公共选择研究是根据不同于用于完全竞争微观经济理论中的假设的这些假设基础建立起来的,同样的方法也发生在与奥地利经济学、交易成本分析法、德国经济系统比较研究相关的著作中。然后我将转向一个分析传统中立宪选择(constitutional choice)的地位,因为当我们认识到存在着制度安排选择不同于产品和服务选择时,这样的选择允许我们预期如何可能在多层次的分析中潜在地提出阿罗的悖论。

A. 官僚制(Bureaucracies)

在公共行政文献中所谓的"控制幅度"(span-of-control)原则反映出在官僚组织类型中的一个重要思考。如果我们假定人们拥有完全信息,尽管能力有限,我们可以设计官僚制作为一个理想类型的组织(ideal-type organization),在这个制度中,在一定领域内(across some domain)具有完全信息的个体可能会服从并且知道去保持一个统一的法治(uniform rule of law),这些领域受到官僚制指令的治理系统(bureaucratically ordered system of rulership)的影响。这样一个想象中的行为能使我们解释为什么马克斯·韦伯(Max Weber)将官僚制描述成一个能够维持社会中理性法律秩序的理想的组织形式。

控制幅度问题提出了有限信息和有限能力问题。在公共行政传统理论中认为,如果组织每个层面的下属部门的数量被限制在一个小数目时,那么控制幅度问题就能得到解决。然而,西蒙(Simon 1946,1965)在一篇评论文章中指出:信息和控制的损失是一个组织等级制中层级数量的一个函数,也是在任何一个组织层级中上下级比率的一个函数。

塔洛克(Tullock 1965)将焦点转向一个实证理论分析,在这个分析中,假设每个个体都为职位升迁的愿望所激励。塔洛克断定,在一个存在上下级关系且晋升主要受到上级的推荐和决定所影响的官僚等级结构中,发挥作用的个体都是具有有限信息和有限能力的。塔洛克预计,信息在官僚机构向上传递过程中将会系统地受到偏见,抑制不利信息而推动有利信息的传播。类似过程在执行命令时也会发生:这些过程或者放纵或者剥夺其他人权益。系统的歪曲发生在这些信息和命令流中以至于当官僚机构更为庞大且组织联系更为广泛的时候,承诺和绩效都要受到不断增长的分歧的影响(see also Williamson 1967)。塔洛克的官僚制理论非常重要地证明有限信息和在一个等级制构造的组织(hierarchically structured organization)内信息流能预期会发生什么。这个结构履行一个改变职能(transformational function),它可能会歪曲和偏袒某些信息。在这种情况下,对于那些认为官僚机构是能够维持社会理性法律秩序的理想组织的人来说,组织产生了反直觉和反预期的一个错误变化。这些很吸引人的假设会产生苦果,而我们将面临如何产生更值得信任的替代组织模式这一任务。威廉姆森的信息产生、传递和使用方法,作为一个组织功能的暗含意义已经开始在纳尔逊和温特(Nelson and Winter 1982)的《一个经济变革的进化理论》的著作中得到继承,但是很多前沿问题留待被探索。塔洛克的研究并非最在一篇题为《多重组织安排与协调：制度分析的应用》(Multiorganizational Arrangements and Coordination：An Application of Institutional Analysis)的评论性文章(review essay)中，埃莉诺·奥斯特罗姆阐述了当分析要素被确定为在不同模拟措施中呈现出可变价值的假设时，不同模式的代议制政府(Representative Government)、官僚组织和预算谈判是如何产生不同的逻辑意义的。唐斯(Downs 1957)的代议制政府模式与尼斯坎宁(Niskanen 1971)的代议制政府模式是相对应的。二者在预算谈判上是可以相提并论的(see also Borcherding 1977)，这时该谈判的结果(outcome)不同于对信息不对称因素、在没有达成一致协议的情况下所应用的可逆规则(reversion rule)和竞争暴露程度等所作的假设。有时候被称作指出在模仿与代议制政府、官僚制和预算谈判相关的制度安排的努力中存在缺陷的问题，我们可以视为分析中的要素，并允许这些要素在不同模式中呈现出不同的价值。尼斯坎宁(Niskanen 1971)的努力可以与唐斯(Downs 1957)的分析、罗默和罗森塔尔(Romer and Rosenthal 1978)的评论相提并论，它们产生了具有不同意义(alternative implications)的多重组织安排模式(see also Orzechowski，1977)。那么，不同的理论观点和它们的不同含义可以被视为假设猜想，这些猜想在大量的"自然实验"(natural experiment)中受到在人类社会构建的一个多元化组织的世界中所存在的大量实证研究(empirical inquiry)的制约[E. Ostrom 1972；Parks and Ostrom 1981；Pommerehne and Frey 1977；Savas 1974，1977，1979，1982]。我们可以以洛克、唐斯、尼斯坎宁和其他人的著作作为基础，通过把他们分析中的基本要素当作变量而不是坚持都用固定的假设来对待最初的模式，我们得到一些最根本的真实价值。

同样，奥尔森(Olson 1965)的《集体行动的逻辑》(The Logic of Collective Action)也可以作为基础，开始对完全依赖于公共部门官僚组织机构等级原理(an exclusive reliance)的替代方案进行概念化，这时候集体产品和服务的供给是研究的焦点。奥尔森明确地将集体组织问题与区别于私人产品的公共或集体产品理论联系在一起。他认识到，不具有排他性(failure of exclusion)发生在集体产品情况下。他也认识到，这是黑德(Head 1962)的著作影响的结果，联合使用或联合消费(jointness of use or consumption)是公共产品的一个属性。规模成为一个重要的变量，但在奥尔森的分析中，与明显性(noticeability)

相关的有限信息问题并没有引起足够的重视。除非通过管制或通过具有排斥性和能予以标价的相关利益来提供具有选择性的强迫服从的动机，否则，奥尔森的基本论点就是，致力于提供集体产品的努力将归于失败。

在阿尔钦和德姆塞茨（Alchian and Demsetz 1972）的分析中，因团队合作而生产力增长的组织中导致偷懒现象产生的同一个问题也在集体产品情况下导致产生了勒索要挟（hold-out）或者"搭便车"（free-rider）问题。这一基本差异就在于联合问题（jointness problem）发生在经济关系的消费方面而不是生产方面。就像存在各种方式组织监控功能以减少在团队中的偷懒现象，在公共产品和服务的供给中，也存在许多不同的方法组织集体以减少勒索要挟和"搭便车"问题。其根本的问题是集体组织消费功能之一，而不是生产功能之一（V. Ostrom and E. Ostrom 1977）。

如果认为与人类福利有关的世界物质状况指的是受到联合使用和消费的许多不同商品和服务，并且使用和消费的共享影响到许多不同的领域的话，那么我们在为不同规模社区的人们组织集体消费时产生了许多问题（Bish 1971；V. Ostrom 1973, 1983）。这些问题可以通过组织改变管辖范围的各种集体行动来解决，范围的改变可以使受到不同社区的人共同使用或消费的领域内在化。这样的组织形式将会和与许多不断变化领域的不同政府单位有联系的高度联邦化的政治体系保持一致（Gregg 1974；V. Ostrom 1973, 1983）。

既然与不具有排他性和共同使用相关的问题适用于消费功能，这些问题的解决可以通过组织一个有能力征税政府部门和通过采取集体决策来解决，这两者都利用公共讨论、投票、代表制的工具来进行，通过多元投票和使用模式的管制等采取集体决策。一旦集体消费功能是通过能够采纳约束性集体决定以避免勒索要挟和"搭便车"问题的结构来组织时，就存在不同的选择以组织生产职能。除开依靠它自己的机构外，组织成集体消费部门的政府组织可以与私人卖主或与其他公共卖主（public vendors）签订合同以供给公共产品和服务。只要这个集体能够监控供给者的绩效，就没有任何理由去依赖一个独立的机构提供一种集体产品或服务（E. Ostrom 1986b；V. Ostrom and E. Ostrom 1977）。

这种可能性允许公共部门服务外包和准市场情况（quasi-market condition）的发展（V. Ostrom et al. 1961；Warren 1964）。准市场和私人市场是有显著区别的，因为集体是购买单位，而非个人。对于依赖集体消费机构和生产机构之间合同关系的公共经济（public economies）来说，私有化是不合适的术语。

私有化也许会发生在经济关系中的生产方,但是,对于集体消费产品而言,能够征税和规制使用类型的集体组织也是必要的。只要存在多个卖主,竞争性选择给完全依赖于官僚制原则的公共部门组织提供了替代方案。可竞争的准市场安排在公共部门是切实可行的。

要理解在公共经济中这样的混合结构如何运行需要将注意力由政府部门的内部结构移向准市场内的关系模式。这就解释了为什么企业产生于市场的科斯问题的反面。取而代之的问题是为什么在公共部门会产生准市场和其他跨组织以及跨政府安排模式?这个解释证明集体组织很大程度上关注的是在公共经济中组织消费职能问题,就像考夫曼(Kaufmann 1986b:211)所做的那样,现代公共部门可以被描述成为一个"多重的官僚机构"(multibureaucracies)而不是"超级官僚机构"(megabureaucracies),在那里复杂的大规模秩序通过参照跨组织安排的网络来组织。

新古典完全竞争市场模式没有给予产品和服务类型有关的公共经济提供适当的推理假设,这些产品和服务类型受到联合使用和联合消费、不具有排他性和其他造成市场缺陷和市场失灵的产品属性的制约。诸如信息、偏好秩序(preference ordering)和集聚、权威关系等因素以及产品和服务突出的特征等因素能够适应变化的假设,我们能够使用这些假设得出结论作为替代性概念化可能性(alternatively conceptualized possibilities)的理论假设。即使这些结论仅仅指的是均衡趋势,这些假设也可以被用作与出现在人类经验变化情况下的准经验和实验研究设计(quasi-experimental and experimental research designs)有关的实证研究的一种竞争性假设渠道(E. Ostrom *et al.* 1994)。

现在我们可以利用克鲁思贝格(Krusselberg 1986)对交易成本法的评论,并认识到集体消费设施,如公共街道和高速公路等,为市场经济中企业家精神提供所必需的基本设施或元素。任何一个企业家在创建企业时都要求将这些因素考虑在内。无论在什么地方当对一个企业活力所必需的因素或基础设施受到更多群众联合使用的制约时,私人企业主所面临的任务都可能要求他们具有公共企业精神。从某种意义上说,所有的经济都成了混合经济,包括不同形式的私人和公共的制度安排(V. Ostrom *et al.* 1988,1993)。

市场作为一种制度,允许众多的买者和卖者彼此参与交易,这一情况也说明了私有和公共之间的密切联系。排他性适用于这些潜在的联系。要使交易发生,必须存在一致协议,并且发生交换。如果我们将注意力从参与市场买卖的双方转向买卖所发生的地点,我们就会发现市场本身受制于买卖双方的联合使用。来自于市场本身的排他性在"自由"市场中并不盛行。相对于在市场内部发生的买卖行为,市场组织的状况具有集体产品的特征(V. Ostrom 1983)。伯尔曼(Berman 1983:557)在《法律与革命》(*Law and Revolution*)的总结部分做出了如下观察:对于任何企业家或经济行为人(economic agent)来说,法律本身是一个必要的因素。

> 法律和农田或机器一样,都是社会生产方式的一个部分;除非农田或机器被加以利用否则毫无价值,法律构成了其被运作的一个不可缺少的部分。没有劳作和交易,庄稼不会有播种和收获。如果行动没有某种法律秩序(legal ordering),那么机器就不会得以生产、从生产者转到使用者手上并加以使用,而且其使用的成本和收益也不能得以评估(value)。而这样的法律秩序本身就是一种资本形式。

用竞争市场经济模式来解释世界经济发展中的问题方面显然不尽如人意。同样,用国家概念和等级制组织原则来解释人类社会中的集体组织问题方面也不是非常令人满意。这样的多元类型和相互依赖类型使得根据适用于完全竞争或完全等级机构的先决条件的模式并没有带我们走很远。

B. 立宪选择(Constitutional Choice)

早期对公共选择传统做出贡献的有布坎南和塔洛克(Buchanan and Tullock 1962)的《同意的计算》。正如其副标题"立宪民主的逻辑基础"(Logical Foundation of Constitutional Democracy)所表明的那样,关注的是立宪选择。阿罗(Arrow 1951)关于社会选择(social choice)的贡献是偶发事件的不可能性原理(impossibility theorem)。考虑到极端理性选择传统中的假设,不可能形成一个与具有不同偏好个体组成的群体完全一致的集体选择。布坎南和塔洛克认识到,在治理—治理者—被治理者的关系(rule-ruler-ruled relationships)结构中的极端不对称会受到限制。根据阿罗的不可能性原理,独裁治理是一种获得稳定的方式。虽然认为独裁政治是一种选择,但人类将仍然探索其他降低这种治理形式成本的可能性。

通过改变分析角度,布坎南和塔洛克认为,有以下这种可能:参与选择结构情形(structure of choice situations)的个体,(这时会出现输赢情况)可以构成这样的情形,通过的方式是参照满足适合所有参与者的公平条件的规则。这是

第二部分
第十六篇　市场选择、公共选择和制度选择研究的一些进展

构成一个公平游戏的基础，正如霍布斯（Hobbes 1960:227）在观察中所认为的那样：

> 一个共和国的法规（laws of commonwealth）正如游戏中的规则一样：不管参与者达成什么协议，对他们中的每个人都是公平的。

布坎南和塔洛克在分析背景中的改变并不是阿罗悖论的"解决方案"，但却是降低成本的一种方法，此时集体决策已无法满足符合构成集体的个体的不同偏好这一条件。布坎南和塔洛克在推进成本计算方面做出过重要贡献，这种成本计算能够应用于做出集体决策的集体规则选择（choice of aggregation rules）。他们认为，集体组织取决于从采取集体行动中得到的利益或价值中达成一个不明确的一致意见。没有这种条件（该条件背离了阿罗的假设），就没有集体组织的基础。当认识到共同的利益时，集体规则意味着做出集体决策所需的一致性和共同性，如果存在潜在的决策成本（时间和精力开支）和潜在的外部成本（因意见相反导致的损失），就存在一个可以被用来考虑最小成本集成规则选择的逻辑。

选择的立宪水平类似于构成科斯在企业内部安排的一份长期合同，其目的是为了给"管理者"和"工人"分配不同的权威（V. Ostrom 1982）。然而，布坎南和塔洛克的努力明显与更为一般的人类社会治理问题相关联。类似的治理问题发生于团队合作的所有人类行为中。威廉姆森（Williamson 1986）将解决合同安排任务观念化，这些合同安排将制度安排确定为有限理性的经济化，已将制订合同安排的任务概念化，同时保障交易免受灾难和机会主义。

明确地认识到立宪选择适应人类社会治理中的不同层次的分析是布坎南和塔洛克公式的一个重要意义。一部宪法能被视为设置政府的条款和条件（terms and conditions）的规范：制定、监控和执行集体决策。关于这些条款和条件应当是什么的问题不同于政府在集体选择层面应该做什么的问题。反过来，政府应当做什么也是一个不同的问题，不同于因为集体决策制定而在操作性分析层面（operational level of analysis）所发生的问题。然而，在立宪选择中反映的制度分析问题与政策分析问题有联系，而政策分析问题反过来又与操作性分析层面有联系。对执行和服务供给的研究应当在制度分析和政策分析两者的背景下进行评估。对人类社会中秩序的本质及构成问题的探索与政治科学和公共行政实践相关，并且需要参照分析的不同层面和焦点（V. Ostrom

1987,especially Chaps. 1,9)。人类面临许多不同层次的选择——不仅仅是对一系列商品和服务的选择。

人类社会中的治理问题可以用不同的方式概念化。然而,在人类关系的治理中,概念是远远不够的。相反的是,权威的不同分配需要用适合于应用到治理系统设计中的不同概念的方式进行。17世纪以前大部分政治理论和英国、美国、法国以及俄罗斯变革背景中设计的治理体系的猜测都十分关注宪政选择问题。布坎南和塔洛克澄清宪政选择问题的努力为我们打开了一个更为久远的政治研究传统。

依赖于单一的最终权威中心(single center of ultimate authority)的主权理论产生了许多治理结构,在这些治理结构中,主权是法的源泉,它高于法律并且不受法律制约。对于联邦治理系统来说,宪法规定政府的条款和条件,在那里宪法作为强制性的法治,能产生一个权威关系系统——所有的权威都受到限制,并且没有人能行使无限制的权威。这就产生了一个环境,在那里一个主权统治整个社会,在其他地区,所有的居民参与制定、维护、监督各种治理工具的宪政决策制定过程。在这种情况下,社会有潜力进行自我治理而不是依赖国家来统治社会。

在这一点上,我们有必要认识到霍布斯传统中形成的主权理论,该理论认为主权权威(sovereign authority)是不受限制的、不可剥夺的、绝对的并且是不可分割的,这就意味着权力的统一(unity of power):政府特权的垄断。也存在其他的理论传统,它们所指的主权被给予了一个不同的意义或者认为统治者的特权受到社会有机性质的限制。托克维尔(Tocqueville 1945:123)将主权定义为制定法律的权力。这导致一个构思:应用于政府体系的结构特征比霍布斯的设计范围更广。

许多欧洲作者也认为,不同的组织形式是社会所固有的,并且职能自动地来自于国家。国家干预这些关系可能会破坏基本的社会化和适应过程(socialization and acculturation processes)并伤害社会。黑格尔(Hegel)提出了赞成家庭这样的一个观点。与宗教和教育机构、经济机构(包括各种形式的经济联合协会)以及地方政府机构相关的类似观点也已经被提出。赫尔(Herre 1982:171-181)阐述了康斯坦丁·弗朗茨(Constautin Frantz)是怎样将各种形式的组织视为社会所固有的"国家"理论(a theory of a"state")发展成为联邦制理论(a theory of federalism)的。

第二部分
第十六篇 市场选择、公共选择和制度选择研究的一些进展

霍布斯的权力统一概念是很明确的：它是一种权力的垄断。欧洲传统虽然宣告一个中央集权的政府系统，但是也认识到与政府立法、行政和司法手段相区别有关的一个机构专门化，所以欧洲传统受到更多不明确因素的影响（V. Ostrom 1985）。这些不明确因素部分通过将社会组织概念化为有机系统得以解决，这些社会的各方面被视为"社会"所固有的，并且对"国家"来说是自治的。

在民主社会治理中，虽然集聚规则（aggregation rules）（集体投票决定规则）很重要，但是它们只是几种基本的规则形式之一。埃莉诺·奥斯特罗姆（E. Ostrom 1986a）在借鉴博弈论（game theory）传统中，确定了一套最小的规则，除了集聚规则之外，还有边界规则（boundary rules）、范围规则（scope rules）、职位规则（position rules）、权威规则（authority rules）、信息规则（information rules）和清偿规则（payoff rules）。如果集聚规则被置于权威规则所规定的限度内，那么我们可以开始评价，在治理体系各种决策过程中创建均衡趋势时投票规则（voting rules）如何适合于否决规则（Herzberg and Ostrom 1986; see also Shepsle 1979）。在规则构成中，投票规则、否决规则、法律平等保护规则（equal-protection-of-the-law rules）和正当程序规则（due-process rules）等一起发挥作用，它们构成了民主社会中的不同关系社会。

那么，在各种关系构成（configurations of relationships）中，规则需要被视为是相互联系的，其中任何一个既定规则中的任何变化都会影响在一个更大规则结构中的战略选择机会。虽然规则本身在性质上是结构性的，但是我们也必须认识到，照这种情况，规则也不过是用人类语言清晰表达的文字而已（V. Ostrom 1997）。要这些文字具有意义，人类需要不同的途径找到规范性研究的方法，使他们在建立选择规范和标准时能够进行人与人之间的比较（Harsanyi 1977; V. Ostrom 1986）；需要途径进行意外事故分析，这些分析涉及与我们所生存的这个世界中物质条件有关的不同类型的制度安排（V. Ostrom 1976, 1980）。如果人类要对自己生存的这个世界和对可以获得的选择机会都有一个批判意识，这就要求我们提出多个分析层面、方面和焦点，因为它们与下列都有关系：(1) 人类的价值；(2) 生产可能性（production possibilities）；(3) 产品和服务的排列；(4) 规则秩序关系（rule-ordered relationships）；以及(5) 使人们能够彼此有意义地交流和行动的相互共同理解的水平。

五、总结和结论

在这一章,我尝试阐明被广泛视为"经济推理"的各种方法是怎样用在不同制度安排的分析中。如果我们采用新古典方法研究完全竞争市场中的极端模式,我们解释了寻求自我利益的自私个体是如何在竞争动力下达到一个一般均衡的,这时在价格上供给等于需求,这些价格包括了边际成本。这一结果至少在两个方面是反直觉的或反预期的。第一,个人在市场中追求自我利益的行为产生有序的关系模式。第二,竞争动力的压力用消费者剩余上相应的增加来减少将由生产者所实现的收益。完全信息的假设,尽管有明显的不正确,但在竞争市场上非常近似,因为人们都习惯于在一个持续的基础上进行重复性交易。

但是,完全竞争成为一个"不可实现的"模式(Demsetz 1969),这一模式将经济学家从许多经济学家感兴趣的问题中分离出来。现在,许多经济学家提出一个有限信息假设取代完全信息假设。当在经济分析中假设了不同程度的无知(varying degree of ignorance)时,我们看到对制度变量的考虑在有关人类关系类型的承包情况下是如何适合的。完全信息排除了大部分的制度分析问题。正是对如何期待他人行动和对未来是什么样的不确定因素要求人类将对规则的依赖放在对他们彼此之间关系的秩序排列中(Heiner 1983)。对经济关系中基本要素的不同假设的依靠使得能够在市场和非市场决策制定安排中提出类似类型的问题。交易关系和在生产和消费中的联合等问题在公共部门和私营部门都有类似的地方。它们之间如此依赖以至于需要重新审慎地看待私营和公共部门之间的概念分歧(Kaufmann 1986a,especially 131-134)。

因此,我们面对探索"什么是所有人类社会所共有的"这样一个问题,这样我们才能更好地理解不同社会中的不同特征。我们几乎还没有开始探索什么因素构成了人类社会的不同组织,以及如何得以将毫无联系的组织类型描述成与其他元结构(metastructures)有关的不同分析层面都发挥作用的元类型(metatype),其他分析层面包括参照社会、参照文明并参照文化适应过程(reference to societies),它们能够使人类对生存在一个自治社会什么才有意义形成一个批判的自我意识并且能够促进人类文明的绽放(Hayek 1960,1973;V. Ostrom 1997;Taylor 1966;Teilhard de Chardin 1961;Tocqueville 1945;Turchin 1977)。这些努力要求我们寻求进行制度分析的不同方法的元理论合成(metatheoretical syntheses),这时我们试图理解这些术语,因为根据这些术语可以找到作为人类社会不同分析层面的替代选择(Kiser and Ostrom 1982:179-222),包括可以应用到在公共行政研究中所使用到的分析工具上的分析层面。

> **思考题**
> 1. 我们能否有选择地探讨和解决什么是所有人类社会共有的特征这个难题?
> 2. 什么是市场选择?
> 3. 什么是公共选择?
> 4. 什么是制度选择?
> 5. 什么是立宪选择?

第十七篇　新公共服务：服务，而不是掌舵*

珍妮特·V.登哈特、罗伯特·B.登哈特

> **导　读**
>
> 珍妮特·V.登哈特（Janet V. Denhardt），美国国家行政科学院院士，主要研究方向为组织行为学、领导力、公民参与、治理等。罗伯特·B.登哈特（Robert B. Denhardt），美国知名公共行政学家，美国国家行政科学院院士，主要研究方向为公共服务、公共行政、组织发展、伦理学、领导力等，他在上述领域著述颇丰，出版了20多部著作。登哈特夫妇的《新公共服务：服务，而不是掌舵》（The New Public Service: Serving, Not Steering）是新公共服务学派的代表作品，同时也是公共行政领域中一部具有里程碑意义的著作。与新公共管理理论提出的政府应"掌舵而不是划桨"的理念不同，新公共服务理论认为政府应"服务，而不是掌舵"。该书呼吁人们重新重视民主、公民权、公共利益等公共行政中的卓越价值。该书在对传统公共行政，特别是新公共管理理论进行反思和批判的基础上，通过比较分析，从七个方面系统地阐述了新公共服务的基本理论内涵：第一，服务于公民，而不是服务于顾客；第二，追求公共利益；第三，重视公民权胜过重视企业家精神；第四，思考要具有战略性，行动要具有民主性；第五，承认责任并不简单；第六，服务，而不是掌舵；第七，重视人，而不只是重视生产率。

---

* 摘自〔美〕珍妮特·V.登哈特、罗伯特·B.登哈特：《新公共服务：服务，而不是掌舵（第三版）》，丁煌译，中国人民大学出版社2016年版，"译者前言"第5—8页。摘录时对个别地方作了修改。

第十七篇 新公共服务:服务,而不是掌舵

所谓"新公共服务",指的是关于公共行政在以公民为中心的治理系统中所扮演的角色的一套理念。作为一种全新的现代公共行政理论,新公共服务理论认为,公共行政已经经历了一场革命。目前,与其说公共行政官员正集中于控制官僚机构和提供服务,倒不如说他们更加关注"掌舵"而不是"划桨"的劝告,即他们更加关注成为一个更倾向于日益私有化的新政府的企业家。但是,在他们忙于"掌舵"的时候,是否忘记了是谁拥有这艘船呢?在新公共服务理论家看来,公共行政官员在其管理公共组织和执行公共政策时应该集中于承担为公民服务和向公民放权的职责,他们的工作重点既不应该是为政府这艘航船掌舵,也不应该是为其划桨,而应该是建立一些明显具有完善整合力和回应力的公共机构。具体来说,新公共服务理论包括以下几个方面的基本观点:

(1)政府的职能是服务,而不是"掌舵"。公务员日益重要的角色就是要帮助公民表达并满足他们共同的利益需求,而不是试图通过控制或"掌舵"使社会朝着新的方向发展。在新公共服务理论家看来,尽管过去政府在为社会"掌舵"方面扮演着十分重要的角色,但当今时代为社会领航的公共政策实际上是一系列复杂的相互作用过程的后果,这些相互作用涉及多重群体和多重利益集团,这些为社会和政治生活提供结构与方向的政策方案是许多不同意见和利益的混合物。如今政府的作用在于:与私营及非营利组织一起,为社区所面临的问题寻找解决办法。其角色从控制转变为议程安排,使相关各方坐到一起,为促进公共问题的协商解决提供便利。在这样一个公民积极参与的社会中,公共官员将要扮演的角色越来越不是服务的直接供给者,而是调停者、中介人甚至裁判员。而这些新角色所需要的不是管理控制的老办法,而是做中介、协商以及解决冲突的新技巧。

(2)公共利益是目标而非副产品。公共行政官员必须致力于建立集体的、共享的公共利益观念,这个目标不是要在个人选择的驱使下找到快速解决问题的方案,而是要创造共享利益和共同责任。新公共服务理论认为,建立社会远景目标的过程并不能只委托给民选的政治领袖或被任命的公共行政官员。事实上,在确立社会远景目标或发展方向的行为当中,广泛的公众对话和协商至关重要。政府的作用将更多地体现在把人们聚集到能无拘无束、真诚地进行对话的环境中,共商社会应该选择的发展方向。除了这种促进作用,政府还有责任确保经由这些程序而产生的解决方案完全符合公正和公平的规范,确保公共利益居于主导地位。因此,公共行政官员应当积极地为公民通过对话清楚地表

达共同的价值观念并形成共同的公共利益观念提供舞台,应该鼓励公民采取一致的行动,而不应该仅仅通过促成妥协而简单地回应不同的利益需求。这样,他们就可以理解各自的利益,具备更长远、更广博的社区和社会利益观念。

(3) 在思想上要有战略性,在行动上要有民主性。满足公共需要的政策和方案可以通过集体努力和协作过程得以最有效并且最负责任地实现。新公共服务理论认为,为了实现集体意识,下一步就是要规定角色和责任并且要为实现预期目标而确立具体的行动步骤。这一计划不仅仅是要确立一种远见,然后再把它交给政府官员去执行,而且是要使所有相关各方共同参与到一些将会朝着预期方向发展的政策方案的执行过程中。在新公共服务理论家看来,通过对公民教育方案的参与以及对公民领袖更广泛的培养,政府可以激发人们重新恢复原本应有的公民自豪感和公民责任感,而且这种自豪感和责任感会进一步发展成为在许多层次都会出现的一种更强烈的参与意愿,在这种情况下,所有相关各方都会共同努力为参与、合作和达成共识创造机会。为此,政治领袖应该扮演一种明确且重要的角色,他们要明确地表示并鼓励对公民责任感的强化,进而支持群体和个体参与社区契约的订立活动。在新公共服务理论家看来,尽管政府不能创造社区,但是,政府,更确切地说,政治领袖却能够为有效的和负责任的公民行动奠定基础。人们必须逐步认识到,政府是开放的并且是可以接近的,否则,就不会有政府;政府是有回应力的,否则,就不会有政府;政府存在的目的在于满足民众的需要,否则,就不会有政府。于是,这里的目标就在于确保政府具有开放性和可接近性,具有回应力,能够为公民服务并且为公民创造机会。

(4) 为公民服务,而不是为顾客服务。新公共服务理论认为,公共利益不是由个人的自我利益聚集而成的,而是产生于一种基于共同价值观的对话。因此,公务员不仅仅要对"顾客"的要求做出回应,而且要集中精力与公民以及在公民之间建立信任与合作关系。在新公共服务理论家看来,政府与其公民的关系不同于企业与其顾客的关系。在公共部门,我们很难确定谁是顾客,因为政府服务的对象不只是直接的当事人,而且,政府的有些顾客凭借其所拥有的更多资源和更高技能可以使自己的需求优先于别人的需求。在政府中,公正与公平是其提供服务时必须考虑的一个重要因素,政府不应该首先或者仅仅关注"顾客"自私的短期利益;相反,扮演着公民角色的人必须关心更大的社区,必须对一些超越短期利益的事务承担义务,必须愿意为他们的邻里和社区所发生的事情承担个人责任。换言之,政府必须关注公民的需要和利益。总之,新公共服务理论试图鼓励越来越多的人履行自己的公民义务并希望政府能够特别关注公民的声音。

（5）责任并不简单。公务员所应该关注的不只是市场,他们还应该关注宪法法律、社区价值观、政治规范、职业标准以及公民利益。我们知道,无论是传统的公共行政理论还是新公共管理理论都倾向于将责任问题简单化。例如,前者将公共行政官员视为只是简单地直接对政治官员负责,而后者则认为行政官员应像企业家那样有更多的行动自由,其工作绩效的评估主要应从效率、成本—收益以及对市场的回应性等方面进行。然而,新公共服务理论认为,这样的理论模型并未反映当今公共服务的需求和现实,责任问题其实极为复杂,公共行政官员已经受到并且应该受到包括公共利益、宪法法令、其他机构、其他层次的政府、媒体、职业标准、社区价值观念和价值标准、环境因素、民主规范、公民需要在内的各种制度与标准等复杂因素的综合影响,而且他们应该对这些制度与标准等复杂因素负责。

（6）重视人,而不只是重视生产率。如果公共组织及其所参与的网络能够以对所有的尊重为基础通过合作和分享领导权的过程来运作的话,那么从长远的观点来看它们就更有可能获得成功。新公共服务理论家在探讨管理和组织时十分强调"通过人来进行管理"的重要性。通常,人们往往将生产力改进系统、过程重塑系统和绩效测量系统视为设计管理系统的工具。但新公共服务理论家却认为,从长远的观点来看,这种试图控制人类行为的理性做法在组织成员的价值和利益并未同时得到充分关注的情况下可能要失败。此外,虽然这些探讨可能会取得一些成果,但是它们却培养不出具有责任心、献身精神和公民意识的雇员或公民。在新公共服务理论家看来,如果要求公务员善待公民,那么公务员本身就必须受到公共机构管理者的善待。新公共服务理论已经充分地认识到公共行政官员的工作不仅极为复杂,而且面临着巨大的挑战。公共行政官员既不像传统行政理论所认为的那样只是需要保障和组织一种官僚职业的雇员,也不像新公共管理理论所主张的那样只是市场的参与者,他们的动机和报酬远不只是薪水或保障的问题,他们希望与别人的生活有所区别。因此,分享领导权的概念对于为公共雇员和公民提供机会以便他们的言行符合其公共服务的动机和价值至关重要。分享领导权必定会具有相互尊重、彼此适应和互相支持的特点。特别是通过人民或与人民一起来行使领导权可以改变参与者并且可以把他们的关注焦点转移到更高层次的价值观念上。在这个过程中，公民和公共雇员的公共服务动机同样可以得到承认、支持和报偿。

（7）公民权和公共服务比企业家精神更重要。新公共服务理论认为，与那些试图将公共资金视为己有的企业管理者相比，乐于为社会做出有意义贡献的公务员和公民更能够促进公共利益。在新公共服务理论家看来，新公共管理理论鼓励公共行政官员采取企业家的行为方式和思维方式，这样便会导致一种十分狭隘的目的观——所追求的目标只是在于最大限度地提高生产率和满足顾客的需求。而新公共服务理论则明确地认识到，公共行政官员不是他们的机构和项目的所有者，政府的所有者是公民。公共行政官员有责任通过担当公共资源的管理员、公共组织的监督者、公民权利和民主对话的促进者、社区参与的催化剂以及基层领导等角色来为公民服务。这便是一种与看重利润和效率的企业所有者大不相同的观点。因此，新公共服务理论家认为，公共行政官员不仅要分享权力，通过人民来工作，通过中介服务来解决公共问题，而且还必须将其在治理过程中的角色重新定位为负责任的参与者而非企业家。

应当指出的是，尽管新公共服务理论是在对新公共管理理论进行反思和批判的基础上提出和建立的，但是，这并不意味着它是对新公共管理理论的全盘否定。从理论视角来看，它本质上是对新公共管理理论的一种扬弃，它试图在承认新公共管理理论对于改进当代公共管理实践所具有的重要价值并摈弃新公共管理理论特别是企业家政府理论的固有缺陷的基础上，提出和建立一种更加关注民主价值和公共利益、更加适合于现代公民社会发展和公共管理实践需要的新的理论。正如罗伯特·B.登哈特教授所言："即使在一种思想占据支配地位的时期里，其他思想也从来不会被完全忽略。然而，在民主社会里，当我们思考治理制度时，对民主价值观的关注是极为重要的。效率和生产力等价值观不应丧失，但应当被置于民主、社区和公共利益这一更广泛的框架体系之中。在这个框架中，其他有价值的技术和价值观（比如传统公共行政理论或新公共管理理论的核心思想）都可能粉墨登场。随着时间的流逝，这个争论肯定还会持续若干年。但新公共服务理论提供了一个令人振奋的观点，围绕这个观点，我们可以展望公共服务的前景。未来的公共服务将以公民对话协商和公共利益为基础,并与后两者充分结合。"①

> **思考题**
> 1. 什么是"新公共服务"？新公共服务"新"在哪里？
> 2. 试比较政府的职能是服务而不是"掌舵"的联系与区别。
> 3. 新公共服务为什么要重视公共利益、重视民主性和重视人？
> 4. 试比较为公民服务与为顾客服务有何不同。
> 5. 为什么说公民权和公共服务比企业家精神更重要？

---

① Robert B. Denhardt and Janet V. Denhardt, The New Public Service: Serving Rather than Steering, *Public Administration Review*, Vol. 60, No. 6, 2000, pp. 549-559.

第十八篇 二十一世纪的公共行政：挑战与改革*

菲利普·J.库珀等

> **导 读**
>
> 菲利普·J.库珀（Phillip J. Cooper），波特兰州立大学哈特菲尔德政府学院教授，美国国家行政科学院院士。他曾任纽约州立大学奥尔巴尼分校政治学系主任、堪萨斯大学公共管理系主任、佛蒙特大学MPA教育办公室主任，曾担任联合国可持续发展问题顾问以及美国国内外一些政府部门的顾问，他的主要研究领域为公共政策、可持续发展与行政、比较与发展行政等。
>
> 1997年，库珀与多位学者一起出版了《二十一世纪的公共行政：挑战与改革》(*Public Administration for the Twenty-First Century*)。对于21世纪公共行政的未来，该书总结了六个方面的问题：全球化，多样性，文化日益重要，环境、经济和社会制约明显，府际与部门关系日益复杂，以及公法与法律程序越来越重要。在此基础上，库珀等人探讨了公共行政的法律责任与伦理责任、政府间关系和财政联邦主义、行政中的公共政策、公共组织理论、公共部门的人事与预算，以及公共行政的全球化眼光与比较视野等问题。现代

---

* Phillip J. Cooper *et al.*, *Public Administration for the Twenty-First Century*, Cengage Learning, 1997. 中文译本摘自〔美〕菲利普·J.库珀等：《二十一世纪的公共行政：挑战与改革》，王巧玲、李文钊译，中国人民大学出版社2006年版，第1—29页。摘录时对标题序号及个别地方作了修改，删除了原文中的注释。

> 公共行政学者和官员必须具备全球化的眼光和比较的视野,并且从未来的视角来思考现实问题。该书为剖析公共行政中政府间关系、权力、政治、管理、行政、责任等方面的意蕴提供了一个很好的范例,对中国公共行政学术和实践发展有很好的参考价值。

政府再造,如今已不再是新闻了。尽管它被吹得有些天花乱坠,但实际上,就"使政府做得更好"而言,它并不具有什么创新性或者革命性。事实上,公共行政领域的改革一直就不曾中断过。伍德罗·威尔逊在其公共行政学开山之作中曾写道:"现在看来,执行宪法要比撰写宪法更难,而且其难度还在不断增加。"19世纪末,公共行政作为一门职业以及一门学科取得了独立地位。从那时起,公共行政就已把消除腐败,提高效率,为公众利益服务确定为努力的方向。

一、问题的核心

由于我们生活、工作于其中的世界性质发生了变化,公共管理者所面对的问题、机遇和约束条件与以前相比,也有了质的区别。因此,公共行政的专业研究人员不能再摆出一副"自我感觉良好"的姿态,目光只盯着过去以及组织自身,把精力都花在维持现状上。我们应该眼睛向前看,树立全球化发展的意识和革新精神,提高适应能力,随时准备抓住机遇以提高公共服务的效率。说现在是一个精简规模、放松规制、权力下放、缩减数量的时代,似乎已是老生常谈。但要真在公共行政领域中有所建树,我们就必须拿出"明知山有虎,偏向虎山行"的勇气来,彻底将先前的消极态度抛到九霄云外。在追求公众利益的征途上,我们要勇往直前。

近半个世纪以前,斯蒂芬·贝雷曾在文章中提到,公共服务的重要特点之一是需要乐观主义精神。但这里所说的乐观主义精神并不是指盲目乐观或是拒绝面对问题和挑战。往好了说,盲目乐观的缺点仅仅在于无助于解决问题;倘若往坏处说,盲目乐观就是轻率鲁莽,就是文过饰非。事实上,我们的乐观主义精神源于坚定的信念,即我们认为公共行政是一项值得花精力、花时间投入的事业。而保证现代人民(无论其身处哪个社会以及该社会处于什么样的发展水平)的生活质量,则是我们最根本的目标。

同时,提供公共服务的专业人士还必须牢记在心的一点是,世界时刻都在变化,且越变越复杂,无论是小城镇还是大的国际化组织都处在动态发展之中,正是与动态发展相连的复杂性和高风险性,更加体现了公共行政事业的伟大。哪里的生活质量和社会发展出了问题,哪里就会有冲突斗争和妥协谈判。尽管争夺市场和争夺资源的斗争仍是此起彼伏,但政府间的相互依赖性会继续增强;尽管要求权力下放和注重地方发展的呼声一浪高过一浪,但了解世界的现实情况对公共行政的意义会越来越重大。那么,究竟如何才能在这种既令人头痛又让人兴奋的环境中实施有效的管理呢?这正是本书所要探讨的问题。

二、重新关注未来

公共行政,从它的几个重要特征来看,我们可以说它是一个教育问题。无论是市政议员、国家政府官员、某行政部门首长,还是他国的部门官员、某部部长,或是来自他国的谈判伙伴,作为公共行政管理者,他都必须具备良好的表达能力,以便向人们说清楚问题的现状、未来的走向以及可能采取的措施。然而"什么措施有效"的问题决不仅仅是受过专业训练就能解决的。正如长在某地的"甜橘子",移到他处就会变得又苦又涩一样,此处奏效的措施搬到彼处可能就不灵了。下面提到的这种情况,大多数人想必也都听说过:刚接受完专业教育从学校毕业的大学生或研究生,可能已经掌握了所有的专业知识,对计算机的操作技巧也十分熟练,但就是不能解决实际问题。为什么会出现这种现象呢?关键问题就在于专业知识必须与实际工作经验相结合,因为经验能使你对行政现实中的文化因素以及其他一些重要因素比别人更敏感。经验能告诉你哪些措施已经试过了,哪些措施会有效——这种经验决不是指一种为某一问题设定固定解决方案的能力。有效的公共管理者都清楚,经验的获取途径有很多,切身经历就是其中一种最简单的方法。不过,我们必须注意的是,由不受教育也没有什么挑战的生活所积累下来的并非经验,而是习惯,其结果可能会使人变得故步自封、思想僵化、反应迟钝,凡事均喜欢以自我为中心。这些正是让全世界人们都痛恨的官僚体制所具有的特点。此外,相对于一个已历经数代发展的专业领域而言,个人的生命实在是太短暂了,一个人即使穷其一生,所能经历的也不过是其中的一小部分而已。

第二部分
第十八篇　二十一世纪的公共行政：挑战与改革

为了更好地理解公共行政的性质，我们不妨采用一个看似笨拙但却十分有效的办法。作为公共行政工作人员以及民众的教育者，我们可以从下面这段朴素的话语中体会到我们所面临的挑战：

己所未闻，何以授人？

己所未适，何言"返之"？

换句话说，公共行政是一门实践性非常强的学科（当然，同时不能否认的是，它是以一套重要的理论体系为基础的）。因此，我们只有通过了解它的历史和现状，才能把握其未来。

1. 历史久远的事业

人们通常认为，现代词汇中的"官僚"一词，指的是一种新近才出现的事物，或者至少可以说它是 20 世纪 60 年代公共卫生、社会服务以及扶贫计划扩张，即罗斯福新政的产物。实际上，公共行政在地球上的存在历史悠久，到现在已经经历了数十世纪的变化和发展。

古代亚洲和古埃及当时的行政机构显然就已相当复杂。例如，古埃及国王就启用了大量的神职人员和军官，帮助其处理本土以及所侵占领地的管理工作及民事工程。由于尼罗河年年洪水泛滥，对当地的农业和采集业造成了巨大影响，因而发展先进的天文学以及研制数学工具对当时的社会发展而言极为重要。不仅如此，人口的持续增长、疆域面积的不断扩大，均意味着统治者必须在组织、分析和开拓上付出更多的努力。

到了罗马帝国时代，公共行政的概念又有了更深刻的内涵和更广阔的外延。罗马以埃及和希腊为师，并将其所学广泛运用于罗马帝国的扩张与统治的整个过程。在此过程中，罗马逐渐发展出了一系列的治理制度。首先是治理罗马的制度，这里的治理对象不仅包括住在罗马的居民及其生活环境，还包括在其疆域内从事各类活动的人。除此以外，罗马还在各自治区发展了融合帝国原则及当地风俗传统的制度。为了应对复杂的情况，罗马帝国为其本土和各自治区分别建立了有效的司法系统。由于罗马帝国的军事组织规模庞大，因而在组织技能方面也需要有进一步的发展。另外，还有一个问题也是帝国统治者不得不考虑的，那就是如何为政府的满负荷运行筹资。当然，他们那时所采用的一些手段，现代人可能不会认同。

罗马帝国时代终结以后，原帝国版图内又开始风云四起。这一次的风云变幻虽然持续了很长一段时间，但其结局颇具戏剧性。其中最引人注意的是诞生了以拜占庭（后被称为君士坦丁堡）为基础的帝国，以及查理曼大帝统治下的神圣罗马帝国。随着时间的流逝，欧洲各王子间的权位之争最终造就了我们现在所谓的民族国家。

另一个重要结果是罗马天主教的兴起。为了巩固统治地位，教皇开发了一套复杂的等级森严的控制制度。在不断派遣神职人员到欧洲占领区工作的同时，教会也演化出了自己的治理结构。在宗教领域内发展起来的教会帝国与世俗政治有着千丝万缕的联系，因而其运行机构也是日趋复杂。与其他统治者一样，教皇也建立了司法机构——教会法庭（curia，该词在拉丁语中是法庭的意思）。直到今天，教会法庭在教会中仍享有举足轻重的地位。

由于欧洲及其各殖民地得到了很大的发展，人们所从事的日常活动愈见复杂，因而有关制定新的法律和贸易制度的问题逐渐被提上日程。比如说，热那亚的商贾要把货物运到马赛，他们如何才能确定货物会安全到达目的地，货款能一分不少地并且以比较便捷的方式送到自己手里呢？在提款机和信用卡随处可见的今天，我们很难想象在当时的情况下要实现这样一个目标，其背后的社会基础设施建设究竟有多复杂。货币的使用、金融制度的发展、商业票据的出现、交通运输技术的进步以及贸易争端解决机制的形成都意味着需要开发大量与之相配套的软技术（这是现在人们通常使用的术语）。与此相类似，要建立这样的社会基础设施，要维持政府的正常运行，要保证军队的给养，要控制国际利益格局，就意味着税收系统、文献记录系统以及行政系统的发展必须跟上时代发展的步伐。

2. 公共行政在其他国家的发展

由于美国大量继承了欧洲的传统，此后又在公共行政研究领域做出了巨大的贡献，也由于美国与欧洲存在着势力不小的种族中心主义思想，因此人们往往忽略了这样一个事实，即欧洲或美国并不是社会治理方法唯一的发源地。

亚洲、非洲以及拉丁美洲的文化，种类纷繁各异。伊斯兰教、印度教以及儒教对当时社会的形成和发展都有过深远影响，因而其对应的统治结构形式和特征也都带有深刻的文化烙印。封建王朝的高级官员（也就是我们现在所说的高级行政长官），在中国封建王朝的统治史上，当然也扮演着重要的角色。在非洲和东南亚地区,传播宗教和文化的任务则主要是通过贸易和征战来完成的。在此过程中,为了满足社会对基础设施日益增长的需求,商贾和军事领导人创建了许多新的管理制度和程序。因此,进行殖民地扩张也并非只有欧洲诸国。

现在让我们把眼光转向西半球。阿兹特克、玛雅、印加的文化也都十分厚重,它们甚至在很多重要方面,可以说当时已经是非常先进了。玛雅人在市政规则、建筑以及数学等领域都有很高的建树,事实上,直至今日,人们对他们当时所建立的社会仍是赞不绝口。

包括战争在内等许多因素曾对历史上许多意义重大的社会,连同其所创造的治理结构产生过毁灭性的影响。尽管许多本土制度被殖民统治制度所取代,但当地的文化以及社会制度中的核心要素仍会延续数代。实际上,殖民者面对的难题之一,就是如何在当地建立有效的管理制度。在非洲等一些地方,欧洲殖民者的内部冲突造成了各国共同瓜分殖民地的局面,当地许多颇具历史意义的社会制度则因此而遭到破坏。英国、法国和西班牙等国甚至还为殖民地居民中的精英分子提供到宗主国接受教育的机会,其目的就在于向发展中国家灌输欧洲的语言文化和社会制度。因此,许多前殖民地国家独立后,都经历了很长一段时间的混乱阶段,因为它们在决定本国的管理制度和程序时,既要借鉴殖民时期的有用经验,又要尽力恢复极具历史意义的地方传统文化。

德国社会学家马克斯·韦伯的研究,对现代官僚制理论的发展有着深远的影响。他在将历史和现状联系起来思考以后,曾得出如下一些结论:(1)复杂的社会需要有复杂的经济、法律制度以及安全保障机制与之相适应;(2)一套与其基础设施相适应的治理结构,能够帮助在其中生活的人们实现各自的目标,无论他们是属于统治阶层,还是普通民众;(3)根据历史事实来看,政府和社会的运行和发展都需要官僚制的支持。正如约瑟夫·熊彼特所说:"官僚制并不是民主的障碍,而是其必不可少的补充。"

由此可见,官僚制并非什么洪水猛兽,而仅仅是一种组织形式。只不过经历了历史的风风雨雨之后,官僚制逐渐发展出了一套独特的规则,其中包括:等级制、正式权威、专业分工、唯才是用、以教育背景以及其他正式指标作为衡量人才的标准、功绩晋升制、复杂的数据保存系统以及标准化操作程序等。同时,韦伯认为,官僚制是一把"双刃剑",一方面,现代社会的许多功能是需要官僚制组织来实现;但另一方面,它又具有忽略人性的倾向,从而导致人的异化,并且,被异化的对象甚至包括工作于其中的人。事实上,自韦伯时代以来,人们在创建复杂组织以适应现代社会的需求与对官僚制的批判这两个方面的努力从来就没有停止过。本书后面的一些章节会对这个问题进行详细讨论。

3. 改革者与新时代专业化的公共行政

美国对于公共行政发展方面的考虑可以追溯到制定宪法以前。同其他许多前殖民地的情况一样，美国独立以后，在国家的新基本行政体制建设上面临着重重困难。

先辈们在起草宪法过程中的争议，大多都与如何解决社会基础设施匮乏的问题有关。尽管宪法没有明确提到我们今天所讲的公共行政，但如果因此断言宪法的制定者忽略了这个问题，那是非常荒谬的。宪法规定总统有权任命"美国的政府官员"。它赋予了总统"行政权力"，并规定总统有权"要求各部部长就其职权部门范围内的任何事宜提交书面报告"。宪法还允许国会"授权总统、司法系统以及各部部长按照自己的意愿任命其下级官员"。因此，行政部门的长官享有一定的人事权。同时，宪法还赋予了国会"制定适当法律的权力"，"只要其目的是为了实现前述权力，以及由宪法授予美国政府或其下属机关的其他权力"。其中所提到的"前述权力"包括从征税、军务到商业管理等大量需要行政力量积极参与的事务。当时在批准辩论会上，亚历山大·汉密尔顿甚至还提到总统要尊重专职行政官员，因为他们是政府成功运转的基本保证，不能因政治立场方面的原因解雇他们。尽管宪法的制定者们心里对新建的中央政府仍有"千万个不放心"，但前宪法时代的经验教训告诉他们：必须建立一个强大的综合性的全国政府，才能有效地应对因社会发展、疆域扩大而带来的诸多问题。

19 世纪末的美国社会已历经了多次变革，其中以工业化和城市化发展的意义最为重大。工业化发展使重要的工业领域在全国的发展初具规模。由于城市人口密集、劳动力资源丰富，大的工业都聚集在城市，而它们的出现，反过来又吸引着其他地方的劳动力涌向城市。与此同时，工作机会的诱惑还吸引了大批移民的迁入。然而，市场虽能解决劳动力资源的问题，能帮助发展工业，但对城市迅速发展所带来的社会问题却无能为力。正是在这样的背景下，政治获得了更广阔的发展空间，日益变成了政客们以公共服务换取选票和其他政治支持以获取特权的机器。

19 世纪 80 年代，改革家们开始反抗市、州以及国家级政府的权力滥用现

第十八篇 二十一世纪的公共行政:挑战与改革

象。改革的支持者当中有一位名叫伍德罗·威尔逊的。他毕业于弗吉尼亚大学,是一名律师,后又到约翰斯·霍普金斯大学学习政治经济学。后来,他发现自己感兴趣的是如何才能有效地执行宪法,而不仅仅是政府或者政策应如何设计的问题,于是,他的关注重点也随之从大不列颠转向了德国(当时的普鲁士)的传统,因为德国在公共行政方面的发展在当时代表了世界先进水平。

为激起学术界对公共行政的研究兴趣,1887 年,威尔逊写了一篇论文。这篇文章实际上是由三篇论文组合而成的。在文章的第一部分(原来的标题为"参议院的礼仪"),威尔逊批判了政党分肥制。接着,也就是在文章的第二部分,他指出从文献资料上来看,当今政治科学家们关注的焦点是如何设计政府的问题,但实际上,更重要的是学会如何驾驭政府,而不仅仅是如何设计政府。最后,他对学习的对象问题进行了深入探讨。他认为:许多政府,甚至包括一些价值观与我们不同的政府,如普鲁士的官僚制政府组织,我们都要去研究,以便学习其在政府管理方面的经验。总的来看,这篇论文在行文上颇具演讲风格。在杂志编辑向他表示有意要发表这篇论文时,威尔逊还曾表示反对说,这只是在公共行政领域研究的一次粗浅的尝试,文章的内容还太单薄,所提的见解也还太肤浅,不值得发表。尽管如此,编辑仍极力地劝说威尔逊同意授权发表此文。最终,文章以《行政学研究》为题发表在《政治学季刊》上,并被世人公认为是该领域的开山之作。

威尔逊认为行政人员的主要任务应是负责政府的运行,而不是代替选任官去做决策——这种思想现在被称为政治—行政二分法。因此,无论是其他国家的政府组织,还是私人企业,它们所运用的管理机制都有行政工作人员可资借鉴的地方。

当改革运动开始将矛头指向行政腐败,开始关心城市日益发展的需要,开始采用私人部门的科学管理技术时,现代公共行政领域也就随之出现。领导这场运动的改革家们强调,要以公共利益为根本的出发点,要用专业的眼光来看待政府应如何运作的问题。公共行政领域早期著作的作者都是对管理没有专门研究的律师。而后来的一些文章和书,如伦纳德·怀特和威洛比的作品,强调的则是"管理,而不是法律"。20 世纪 20 年代到 30 年代掀起的科学管理运动很快就成为公共行政领域的主流学派,该学派认为存在着普遍的、适用于各种组织(无论公私)的科学管理原则。

20 世纪 30 年代席卷西方世界的经济大危机对美国社会造成了巨大冲击,

作为应对危机的努力之一,罗斯福总统曾就如何管理行政部门的问题向有关专家寻求建议,最后所收集的意见资料被合订成了一本《行政学论文集》。该论文集宣称:"效率是行政组织中的第一原则"。考虑到当时的历史背景,效率成为公共行政关注的中心,不足为奇。然而,政府面临的诸多问题来自社会、经济、政治等各个方面,效率,尤其是在第二次世界大战以后,显然只是美国人民要求政府官员实现的价值之一。

第二次世界大战后,数千名军队服务人员及其家属重返家园,他们要谋职,要建立家庭,因此对当地,即地方政府和州政府在住房、教育、就业以及其他各种公共服务的提供方面提出了更高的要求。同时,由于全国的经济和社会生活处于动态发展之中,这必然要求国家政府在基础设施建设方面能有更大的作为。另外,长年的种族歧视在国内造成的积怨,以及当时的国际形势,也都是美国政府必须面对的现实。尔后,贫困问题的解决也逐渐成了政府的应尽之责。至此,"大社会"顺理成章地形成了。在上述各种因素的综合作用下,不同以往的新型公共行政组织与责任应运而生。

与此同时,世界上很多国家也迫切希望能从战争的阴影中摆脱出来,以便进行现代化建设。前文提到的许多因素在这些国家里同样显示了巨大的影响力,比如德国和日本的重建。虽然日本颁布的新宪法从其内容上来看,可以说是一种极大的进步,但它实际上仍是由占领国强加的。该宪法拉开了亚洲、非洲以及拉丁美洲结束殖民统治的序幕。当然,并不是所有的国家都获得了独立,例如,加勒比海沿岸以及亚太地区的一些国家就仍处在他国的控制之下。中国政府对香港恢复行使主权,密克罗尼西亚的独立均是最近才发生的两大重要变革。从第二次世界大战结束到20世纪80年代,"新"国家不断涌现,再加上后来因苏联解体而独立出来的国家,地图绘制人员的眼睛只怕都给弄花了。还有一些国家,虽然疆域边界并没有发生变化,但内部社会所发生的剧变,已使其近乎脱胎换骨。其中南非就是一个典型的例子。上述所有"新兴的"或发生了剧变的国家,都需要建立新的治理体制,都需要为该国的人民服务。

然而,人们在要求政府提供更多、更好的公共服务的同时,对日益膨胀的政府规模、烦琐的办事程序以及过高的运行成本越来越感到不满。国内两大政党在反政府的活动中均已有些成就。其间发生的"水门事件"更是为批评家们攻击政府,尤其是官僚体制提供了正当的理由。这次事件涉及的核心人物是选任官(另外还有很多人是律师),而不是专职公务员。不过这个问题对于批评家而言似乎并不重要。颇具讽刺意味的是,就在这同一时期,要求政府在环保、卫生以及安全方面加大工作力度的呼声与两大党派共同提出的反对规制的抗议声竟然同时出现。

20世纪80年代,上述矛盾仍然存在,并且对政府和官僚体制的批判声一浪高过一浪。于是,政府开始着手于缩减规模、简化程序、削减开支(至少是在内政事务方面)等方面的改革。在发达国家中,英国玛格丽特·撒切尔政府是在美国之前最早掀起公共部门改革巨浪的国家之一。孟加拉国等发展中国家也早在美国之前开始了公共领域的私有化改革。

到了20世纪90年代,冷战结束,苏联解体,仅存的几个社会主义国家也发生了巨大变化。政府仍在为寻找节约开支之道而努力,与之相伴而来的还有削减军费、让人民享受"和平之利"的呼声。而另一方面,被认为拥有核武器的国家数量急剧增多。

类似的矛盾现象在公共行政的发展过程当中实在是不胜枚举。对公共服务的批判声音最高的时候,往往也是要求更多、更高质量公共服务的呼声最强烈的时候。缩减政府规模(用现在的术语来说是确定适度的政府规模)的愿望,似乎总是与有更大、更复杂的问题需要政府解决的情况紧密相连,而且这类问题的解决不仅要求政府出台相应政策,还要求政府必须负责政策的执行及其日常管理。

三、宽广的视野:关注我们的去向

对过去的追忆就到此结束。历史很重要,但它毕竟只是掀开了人类发展的序幕。当然,要在关注未来的同时,仍不忘记历史,并不是件容易的事情。下面我们就来谈谈如何才能做到这一点。

1. 立足于基本价值,但不受困于历史

当今世界确实有一种很讽刺的现象,那就是在要求变革的同时又渴望基本价值的回归。目前,世界上很多地方的很多文化都面临着这个问题。发展中国家一方面享受到了现代化的一些成果,另一方面又在为失去文化传统及被同化而感到遗憾。发达国家知道它们必须适应世界环境的变化、迎接经济压力以及社会异质性带来的挑战,但同时又担心曾经把民众紧密联系在一起的传统价值

观会逐渐消失。即使是小城镇,在日益发展成为城市远郊,甚至是近郊的过程当中,它们也会遇到同样的压力。尽管各种新的服务会使当地居民的生活变得更加便利,但他们又害怕这样会破坏小城镇原本被认为适宜居住的那些特点。

与此类似,当代公共行政管理者也大多都渴望能有机会开阔眼界,接触不同的人和文化,能上网冲浪、享受其他一些先进的电信技术,能打破不必要的束缚并推陈出新,开发新的组织结构。同时,许多人又担心对新事物的关注会导致对该领域传统价值的忽略,正是这些传统价值将公共行政与其他事业区分开来,并为它戴上了高尚的花环。

确实,以上所谈的一些问题都是现实存在的。詹姆士·威尔逊曾提到过一个很有意思的现象:因为传统价值这个概念被用得太过泛滥,所以"美德的名声很坏。对年轻人而言,离经叛道似乎是件快乐的事情;而在老人心目中,它则只是政客们如今用来实现政治目的的手段。两者的共同之处是,都认为美德是清教徒式的善人强加于他人的规则"。当然,公共行政传统价值的意义和重要性是不可否认的。

至少是步入进步时代以来,也即现代意义上的公共行政诞生以来,用专业知识服务于公共利益就一直被公认为是公共行政的目的。正因为如此,华莱士·塞耶认为公共行政与商业管理"只在无关紧要的方面是相似的"。保罗·阿普比断言"政府是不同的"。成功的私人部门经理进入政府后,以更企业化的方式运作政府,但并没有取得傲人的成就。伍德罗·威尔逊曾在文中写道:"政府的管理与商业管理或许会有相似之处——但它并不是企业,它是有机的社会生命。"公共服务的确承担了很多责任,这些责任正是贯穿本书的主题。对此,我们可以用本杰明·富兰克林的一句话来进行总结。宪法会议结束以后,一位女士向富兰克林问道:究竟制宪者要给人民一个什么样的政府?他的回答是:"共和国,如果你能维护它的话。"因此,公共行政管理者的职责就在于帮助人民保持政府的共和国性质。

总之,没有必要把心思都放在未来上,也无须把注意力都集中于过去(以保护基本价值为名)。人们对这个问题通常喜欢采用的两分法是错误的,也是很危险的。实际上,公共行政管理者的任务就是在适应环境变化的同时维护传统的基本价值。

2. 改革的危险

"改革"一词,尽管在公共行政发展史上曾占有举足轻重的地位,但现在也带来了一些问题。"改革"之所以会成为问题的原因就在于它被用得太滥,已经失去了其原有的许多价值。颇具讽刺意味的是,它之所以有些令人厌烦,还在于它容易使我们"只见过去,不见未来;只见黑暗,不见希望"。

从本质上来讲,"改革"指的是向好的方向变化,而不仅仅是指"变化"。这是一个规范性的术语,其核心在于改善,至少过去是这样。令人感到悲哀的是,这个术语已经贬值了,因为凡是变化都被称为改革。曾经以"改善"为核心的改革,其评价依据是质量或效率或其他得到大多数专业人员认可的指标。如今,这些都已被一晚上就能完成的民意测验或当时主宰政坛的政治人物的意识形态所取代。例如,现代术语中所讲的规章制度改革通常都不是指"提高管制项目的管理绩效",而是指"放松管制"(并且放松管制多是选任官而不是行政管理者所要处理的问题)。

"改革"的另一个问题在于改革的性质是纠正问题还是改善过去的绩效。无论是哪一种情况,关心的重点都在于过去我们是如何完成工作的。

"史密斯与琼斯规则"或许有助于我们把问题讲得更清楚一些。实际上,每个组织都有这种类似的规则,只不过有的时候它们可能没有具体的名字罢了。由于历史久远,没有人知道这种规则究竟是如何形成的。简单说来,就是某一天员工山姆·琼斯或是经理苏珊·史密斯在工作中出了差错。为了解决这个问题,几个经理开了很多天的会,花了无数个小时找人咨询,希望制定出一套规则程序以确保同样的问题不再会发生。但实际上将来出现的情况不可能与现在遇到的问题完全一样。这个故事的寓意是:一旦有人建议"我们要彻底地把这个问题解决,以免再度发生",我们就必须想一想我们处理事情时是应着眼于未来,还是应埋头于过去。

3. 长期的眼界与短期的未来

我们现在要讨论的问题是:我们讲的未来到底是指什么呢?这个问题乍看起来好像有些奇怪,但仔细一想,就会发现它的答案寓意颇深。最简单的回答莫过于说未来既不是过去,也不是现在。其含义是我们是向前看的,而不是往后看的。也就是说,我们在尽力使自己保持清醒的头脑,不会因眼前的危机而变得鼠目寸光。谈了这么多,到底什么是未来呢?答案实际上取决于个人在组织中所处的位置以及工作的内容。

在未来学家和很多战略规划者看来,未来距离现在至少有二十年以上。他们的理由是,以长远的眼光来看待问题有助于帮助组织中的成员从现在习惯的思考模式中摆脱出来。这种定义方式允许人们提出"万一"这样的问题,不过通常只有高层管理人员才需要考虑得如此长远。当然,如果组织的结构是扁平的(即层级关系几乎已经消失),中间管理层被取消,一线行政人员重任在肩,那么这种战略性思维便不再是领导精英们的专利,而是每位员工的职责。

中期的未来一般是指距离现在三到十年的时间。中期计划之所以重要,是因为重大的结构重组、新项目上马以及人力资源发展战略等问题通常需要考虑的时间范围就是三到十年。这样一段时间不长不短,故而既能够采取具体行动,又能够避免因应对不及时而造成严重恐慌。

政治官员的时间概念经常是从任期出发,以两年或四年来计算,而不会从我们刚才所讲的政策或管理的角度出发。行政部门的官员倾向于依据行政官职的任期来考虑问题;立法者则多是以有关司法人员任期的规定为出发点来提出意见和看法。但议会制政府的情况就有些不同了,因为选举虽是定期举行的,但如果出现政治危机,如被投不信任案,那么选举也有可能提前到来。而且,在这样的政治体制中,内阁成员同时也是立法机关的成员,因此他们之间的时间观念并没有什么分别,这一点与分权制度中的情况有所不同。

短期未来通常被认为是距离现在一到两年的时间。这与预算计划的周期比较相符,能够让人对下一两年的评价标准进行思考。但它不适用于长期计划或项目的开发。对短期情况的考虑,多与项目的执行有关。一线管理人员的眼界多囿于此,不过幸好还有些例外。

当然,时间观念上的文化差异也是不容忽视的,对于契约这个东西,有些地方的人就很难理解,因为他们认为约束人在未来一段时间的行为是不能接受的事情。还有的文化倾向于把时间看成是循环的,而不是线性的。对于不会根据钟表的指针看时间,而只认得数字的一代人而言,这听起来或许还有些不可思议。但实际上,美国农村家庭仍以季节的循环变化作为时间运动依据的情况,距离现在并不遥远。

同样,对"及时"这个概念,人们也有不同的理解。在大多数欧洲人和美国人的心目中,时间是一种宝贵的资源,因此他们认为约会必须守时,否则就是对约会对象的一种侮辱。时间在有的文化中,则只是一个相对概念,误时多在预料之中,或至少也是可以原谅的。有时,我们甚至可以观察到这种差异,比如时间观念很强的专业人员对委托人的迟到感到非常不满,因而会议一开始就带有一种紧张氛围,造成这种现象的原因往往是时间观念的不同,而不是因为哪一方故意冷落或无意怠慢所致。

4. 未来的恐惧:现实、目标与大变革

关于"未来",除了在时间概念上有不同的理解以外,还有一个问题也很重要,那就是:它总在变化。这听起来似乎有些老生常谈的意味,但不可否认的是它经常被我们遗忘。正是因为"未来"有这样一个特点,所以目标和现实之间总是存在着差异。现实是经验主义的,是实际存在的情况。例如:组织中的重要人物可能突然离开,预算可能会被削减,危机——无论是天灾还是人祸——随时都可能发生。而目标则恰好相反,它总是指向未来的,并且通常是组织前进的动力。事实上,这也正是目标的意义所在。

如果将"未来"这个大概念分为几大块以后,公共行政管理者在处理相关问题时就不会有什么困难了,那么为什么它还会给人带来这么大的恐慌呢?这其中的第一种表现当然就是对新生事物(或者说是未知事物,其实这两者通常是一个意思)的恐惧。未知事物固然会带来一定程度的恐惧,不过有的人却把它们看成是一种机遇,并因此而感到兴奋。实际上,如果事先进行过思考,对未来有长远的打算和计划,未知事物的危险性可能会大大降低。其次是害怕会失去个人或组织现在拥有的一切优势。在这个问题上,我们需要明白的是:无论采用什么样的方法,无论有多努力,都不可能阻止"未来"的到来。一味的保守,最终只会使自己变得越来越脆弱,越来越不会应对"未来"。

导致人们不去思考未来的另一个原因是,未来学家们,学术型的也好,平民型的也好,把未来描绘得有些过于"玄乎"。他们警告说,变革的巨浪会卷走一切我们所熟悉的东西,只有那些愿意彻底改变生活的人才能适应"未来"。例如,阿尔文和海蒂·托夫勒夫妇的观点就是这样。在他们俩共同著述的《未来的冲击》和第三波系列丛书中,托夫勒夫妇为我们描绘了政治变革的第三波。依据他们的观点,变革的速度会继续提高。如果他们的断言是正确的,那么继第三波之后,应该会有第四波、第五波……并且时间间隔会越来越短。且没有理由认为,随后"几波变革"的重要性会不及第三波。但事实上,社会、政治、经济乃至技术的变革极少是在瞬间完成的,它们往往需要经历一个分阶段发展的过程,这个过程更像是多股变革流的融合,而不是突然掀起的一波巨浪。人们对变革的反应也是如此,从认识变革到研究对策都需要一定的时间。以人们普遍关心的环境问题为例,应采取积极措施解决环境问题目前已成为一种共识。1972年,斯德哥尔摩世界环境会议提出了"可持续发展"的概念,此后,"可持续发展"被广泛接受,并对全球甚至是地方的发展规划产生了极其重大的影响。如今,四分之一个世纪过去了,里约热内卢地球峰会从召开到现在也已经有五年多时间了,可在环境问题上,我们仍有许许多多的工作还没有完成。另外,信息技术的发展使我们这个时代发生了戏剧性的变化,但绝大部分的人(至少在发达国家以及很多发展中国家)却用了很长一段时间来适应使用电脑。这听上去似乎没什么新意,不过,所述都是事实。

变化速度的惊人程度或其后果的严重程度并非问题的关键。关键在于我们要认识到"变化"和"未来"都是必然要发生的事情,同时也是很正常的事情。而且,如果我们能怀着调整自己、抓住机遇的心情看待未来,对它有所思考,有所准备,那么我们就不会有所谓的"未来的冲击"了。

四、何谓公共行政的未来?

本书后面所要讨论的都是公共行政的未来。我们将依据该领域的主要功能分别进行论述。虽然,公共行政涉及的问题很多,但我们想着重考察与人类发展有关的一些极为重要的论题,其中包括:公共行政的全球化;政府间与部门间日益复杂的关系;日益重复的多样性;环境、经济以及社会等因素的限制;公共法律以及法律程序(正式的或非正式的)对于解决争端、迎接新挑战的意义。

1. 公共行政的全球化

与流行的观点相反,公共行政管理者在许多方面都干得很不错。绝大部分的人都能享受到基本的日常服务,即使是在经济波动、政治骚动或天气糟糕的情况下也不例外。公安、消防、供水、污水处理、道路、交通设施以及急救系统等对于多数人来说,几乎都会在他们需要的时候为其提供及时的服务。很多公民都表示对与政府直接打交道的经历比较满意。在美国,公共行政的各个领域都有公共管理者创造性的贡献。尽管有的时候,他们还要面对经济萧条、政治压力所带来的挑战。另外,没有任何系统的证据表明私人组织从整体上来说比公共组织更有效率,或者说公共部门比私人部门存在更多的尔虞我诈、以权谋私或资源浪费的现象。许多人都认为公共行政管理者应该像私人企业一样关心顾客对服务的需求。不过,大部分曾与银行、保险公司、汽车销售商、有线电视公司或大型航空公司发生过冲突的人,也许就会怀疑私人部门是否真的比公共部门更关心顾客的需求。

诚然,对于政府而言,需要改进的地方总是很多,工作上出现纰漏的现象也是常有的事,但这并不能否认它同时还有许多可圈可点之处。无论是从学术的角度来看,还是从实用的管理经验来看,公共行政管理者向私人部门学习的历史已久。近二十年来,政府一直都在积极地吸收私人部门及非营利组织的运营经验,与此同时,公共利益的实现仍是它不可推卸的责任。然而,在学习的过程中,如果拘泥于美国公共行政的传统视野,或是简单照搬他国的内政处理经验,那么这样的学习从根本上说是在舍本逐末。

长期以来,美国公共行政遭受批评最多的不是它的效率或公正问题,而是它的种族中心主义和地方主义。事实上,绝大多数的国家都在"坐井观天",眼光全放在本国内部,只关心当地传统的和当代的问题。由于从没有想过要看看外面的世界,因而他们不知道哪些是本国公共行政的特色,哪些是各国普遍会遇到的问题,哪些问题其他国家已经开始着手处理,采取了什么措施,取得了哪些成绩。

无论是作为一种职业,还是作为一个研究领域,对待公共行政都必须要有全球化的视野,这是由公共行政本身的性质所决定的。从美国有线新闻的全球报道到信息高速传递的通信渠道(如因特网),再到国际贸易协定对地方政府的影响,如北美自由贸易协定和关贸总协定(后来在它的基础上建立了世界贸易组织),我们可以看出政治辖区、经济以及社会的界限正日益变得模糊起来。关于世界的未来,有三个方面的内容是我们作为专业人士必须理解的。它们是:多样性;文化的重要性;政治、经济与社会因素的限制。虽然我们主要是从美国公共行政的角度来考察这些问题的,但我们分析的结论也同样适用于其他国家。

2. 多样性

美国的人口很少,其总数大约为 27000 万,只占世界总人口的 4.5% 左右(世界人口现在接近 60 亿)。亚洲的人口占世界人口一半以上,与之相比,美国的人口只有亚洲人口的10%。非洲人口的数量大约是美国人的三倍。拉丁美洲、欧洲和苏联的人口都比美国多。世界近60亿人口中有近20亿是基督徒，而天主教徒占了这20亿中的一半以上。许多美国人都把西班牙裔美国人看作是少数族裔，但如果我们比较人口比例的话，就会发现美国占世界人口的比例只比西班牙裔美国人占美国人口比例的一半多一点。也就是说，美国人占全球人口的比例还不及西班牙裔美国人占国内人口的比例。由此看来，美国人的确很少。总而言之，相对世界人口来说，信奉新教的盎格鲁-撒克逊美国白人显然属于少数人群。

另外，从世界人口增长图来看，美国人口占世界人口的比重将来会变得更小。"人口的增长将集中在亚洲、非洲以及拉丁美洲。从1990年到2050年间增长的人口当中大约有97%属于发展中国家，其中34%属于非洲，18%属于东南亚。"根据联合国提供的数据，在未来的五年里，全世界每年增长的人口数量将达到9700万，也就是说，每过三年新增的人口就相当于美国全部人口的数量。不仅如此，美国的人口还在向老龄化的方向发展，而同时，世界人口，主要是发展中国家的人口，则会愈来愈年轻化。

我们再来看看经济发展的情况。算上奥地利、芬兰和瑞典，现在欧盟的生产总值（GNP）为73000亿美元，"比美国的数值多10%，比日本多64%"。1991年，美国的人均国内生产总值仅居世界第六，为人均23100美元（当时全世界有10亿多人的人均国内生产总值在每年370美元以下）。随着国际贸易区的兴起，如欧洲联盟和北美自由贸易协定，单个国家在经济方面的主导影响力已经减弱。世界贸易组织的宗旨就在于削弱单个国家对国际贸易的控制力度，使民族国家在经济上比以前更加开放。

总之，美国的居民同时也是地球这个大社区的成员，美国是世界的一部分。随着社会的进一步发展，疆界逐渐失去了原来的含义，一个地区的变革，很快就会对其他地区产生影响。例如，1994年，墨西哥比索（墨西哥货币）坍塌，美国总统很快就对此做出反应，克林顿下令贷款400亿美元给墨西哥以帮助其重振经济，因为墨西哥的经济危机不仅会很快影响到其他拉美国家的经济发展，而且还会令美国在北美自由贸易协定下的投资遭受巨大损失。再比如，日本神户的地震很快就造成世界第六大海港无法正常运转；非洲和南斯拉夫的政治争端与种族冲突给斯堪的纳维亚地区的国家带来的是大批难民的涌入，这对于经济已经有些吃紧的国家，尤其是芬兰和瑞典而言，无疑是雪上加霜。另外，南非种族隔离制度的废除,也很快对全球的投资情况产生了影响。靠电脑运作的世界市场一时一刻都不会停歇,不管是哪一地区或国家,或哪一行业发生的变化,只要这个变化有可能对世界经济造成影响,世界市场就会立即做出反应。国家的经济地位、外汇兑换比率、通货膨胀的程度以及银行利率等都会影响到投资的主体以及投资的内容,其中也包括政府债券(不管是联邦政府发行的还是州或地方政府发行的)的购买。受投资期望的变化、新金融工具的兴起以及来自工作绩效方面的压力等各方面因素的影响,加利福尼亚州奥兰治县一位民选的财政局局长决定将大量的公共资金注入到高产出(但同时也是高风险)的项目中。结果项目失败,最终全县的经济陷于破产的境地。

我们并不是说世界真的很小。世界的确很大,也很复杂,但是世界在日益发展成一个全球共同体,昔日能将自己封闭成孤岛的民族国家已不复存在,地方再也不能像过去那样与国家的事情不发生任何联系。这是每个国家、任何一级政府的公共行政管理者都应该意识到的一点。因为它将影响到我们周围发生的所有事情:从新建学校的成本,大公司来县城投资的可能性,人们愿意缴纳的财产税,到州政府通过各种税收来补贴社会政策的方式,最后到我们大家享受的生活质量。

3. 文化的重要性

一方面,世界在日益发展成一个全球共同体,而另一方面,它又具有异质性的特点,包含多种差异极大的文化。了解文化之间的这些差别之所以重要,是因为它们影响着问题产生的根源以及应对的措施。

放眼全球,从人与人之间的交流到社会价值观等一切同人类社会生活有关的事宜都会受到语言和文化的影响。在最封闭的时代里,想到国外旅行的美国人曾以为世界上每个人都会说英文。欧洲人则警告美国人说,学习法语和德语很重要,因为这是两种国际外交语言。当然,法语和德语那时确实算得上是外交语言,因为在那个殖民统治的年代,说这两种语言的国家是最强盛的。很快,拉美和亚洲的政府官员和商人开始站出来宣称,说西班牙语和汉语的人要比美、英、法、德四国的总人口还多得多。事实上,拉丁美洲的人一直都想让美国人明白,美洲并不是仅指美国 50 个州。

文化因素当然不容忽视。了解文化差异,不仅对周游世界的人很重要,对地方居民也非常有用。比如,芝加哥是世界上波兰文化最大的聚集地之一;洛杉矶拥有全球最大的葡萄牙语社区之一;纽约的俄罗斯社区,甚至还有俄语杂志和电台,其规模之大由此可见。越来越多的社区表明,如果要为区内的所有居民都提供服务的话,那么传达社区信息时最好是同时要用英语和西班牙语。美国,同世界其他各地一样,许多本土文化在沉寂了多年之后,又逐渐繁盛起来,这些文化的代表在社会中的地位日渐上升,于是,他们也开始要求在市政会议、州议会、美国国会以及在像联合国这样的国际组织中占有一席之地。

从更具体的层面来看,多种语言和多种文化的存在会直接影响到公共项目的运行和服务的提供。学校是最先能感受到文化变迁的机构之一。地方社会服务部门也会受到影响。如,医疗保健计划就会因不同文化对健康和医药的看法不同而受影响。另外,文化的不同还可能会导致时间观念的不同、谈判风格的不同或权威结构模式的不同。一种文化所信奉的礼仪,也许对另一种文化的成员来说就很难接受。当然,这并不是说每一位公共行政管理者都应该成为文化方面的专家,而是说,他或她应该对文化差异存在的事实有很强的意识,并愿意去了解服务对象的需求。

4. 环境、经济与社会等因素的制约

如果说,人与人之间既存在着高度异质性又存在着密切联系(无论是国内的还是国际的)的现象,对于公共行政而言有着重大影响,那么另一个同样重要的事实就是:我们生活在一个充满制约的世界里。

19世纪以及20世纪大部分时间里,人们尤其是像美国这样的西方发达国家中的人们,都认为发展从本质上来说是不受限制的,技术和市场能提供我们所需要的一切。然而,进入21世纪以后,人们发现事实根本就不是那么回事:公共行政管理者的日常工作要受好几类制约因素的影响。比如说,地方居民拒绝将垃圾处理厂建在他们的社区附近,由此带来了所谓的"别进我后院"的问题;新建房屋的同时,意味着需要更多的水资源的支持;州政府要求地方制定战略计划使空气质量达到规定标准;由于资源的流失,地方领导人要求调整当地的经济结构。还有,农业用地缩减、新居民迁入以及因小城镇规模扩大使原社会生活模式被打破等因素带来的各种问题。

在对公共行政起制约作用的重要因素中,有两类来自现代社会的基本现实。与先辈们相比,人类如今具有前所未有的能力:我们既能破坏赖以生存的环境,也能在战争中毁灭自己。而且,人类命运的决定权并非垄断在一两个国家手里。印度与巴基斯坦之间或者以色列与阿拉伯各邻国之间如果发生核战

争,则必定会给全球带来巨大影响。倘若事情真的发生,那么不管美国、北约或联合国如何努力,都不可能扭转乾坤。环境恶化所带来的灾难也是没有国界之分的。森林被毁或土地沙化(昔日肥沃的土地退化成沙漠)的后果之一很可能就是大批难民背井离乡另寻生息之地的惨境。

很多重要的制约因素并不是源于像卢旺达内战、南斯拉夫战争、神户大地震或意大利洪水泛滥这类具体的灾难。它们起初对人类并不构成威胁,但经过长时间的日积月累,最终由量变达到质变。下面,我们来看看这方面的一些例子:

"对人口的中期预测如果实现的话,那么到2050年全球的人口数量将会翻一番。"在那之前,"第三世界的农村贫困人口到2015年会达到12.5亿——超过现在工业人口的数量"。1900年全世界水资源的消费量为3960亿立方米,预计从现在起五年以后,这个数字将会增加到5.17兆立方米。当然,水资源在地球上并不是平衡分布的,水资源的使用情况也是一样。即使是在美国这样一个淡水资源比较丰富的国家里,可用水在供应方面也会遇到问题。例如:加州中部峡谷地带的地面就因地下水抽取过度而下沉了7.62米以上;对美国西部奥格拉拉含水土层目前的开采速度也很快,因为西部四个州大部分地区的水资源都要靠它来提供。

尽管自然界的水循环能够使大量用过的水重新被利用,但它的回收情况也要受一些因素的影响。现在的工业用水量非常高,很多被工业污染的水没有经过充分处理就被排放了出来。过去几十年来,没有经过适当处理的工业垃圾以及生活垃圾逐渐渗入地下含水层,污染了许多人赖以生存的地下水。由于地下含水层被抽取过度,水资源的自然再生过程无法填补,因而在人为与地质双重压力之下,含水土层就可能会坍塌,那么最终势必会造成水资源枯竭,或者至少是供给能力的下降。当然,美国也有的地方水资源非常丰富,如佛罗里达州有的地区的地下水层离地面还不到0.6米,生态系统完好的地区拥有良好的蓄水能力,能够支持动植物的繁衍生息、农田灌溉以及社区水库水资源的再生。然而,对森林的过度砍伐则会破坏原有的生态蓄水能力,最终使当地的水资源丧失殆尽。如果水流干涸的速度太快,或情况太过严重的话,其后果必定是灾难性的。例如,洪都拉斯的遭遇就是一个典型例子。由于对森林的乱砍滥伐破坏了水源生态系统,该国水力发电能力因此受到重创,结果近年来洪都拉斯的发电量大幅度下降,目前该国每天只能供电七个小时左右。

20世纪60年代掀起的"绿色革命"还在继续,迄今为止,很多国家的农业生产力都已达到极高的水平。即便如此,全世界仍有10多亿人营养不良。更具讽刺意味的是,有些地方的绿色革命发展迅猛,以至于出现了关键矿产资源不足的情况。由于人口也在不断增长,因而农业生产力发展得再快也有一定的限度。许多第三世界国家的主要经济支柱是农业,而且为了在国际市场上赚取到更多的利润,它们通常主要发展经济作物。因为只有这样,这些国家才有可能支付巨额外债的利息。由于这类国家的主要资源都被用于生产某些经济作物了,因此对粮食作物的需求只能依赖进口。同时,有些地区由于土地的用途越来越单一——生产出口产品,当地农作物的生产种类也随之出现了单一化的趋势。

世界共同面临的另一重要问题是农业用地的减少。相关研究表明,已受到严重破坏的农业用地有3亿公顷(1公顷相当于15亩)。"耕种活动造成的破坏占28%,过度放牧造成的破坏占34%,乱砍滥伐森林造成的破坏占20%。"导致农业用地减少的另一个主要原因是大量土地被用于建房以及其他设施的建设以满足新增人口的需要。为了使少量的土地能生产出更多的食物,绝大多数国家都已开始使用化学肥料和杀虫剂,并且随着农业用地的数量与人们对食物的需求两者之间矛盾的日益深化,化学肥料和杀虫剂的使用数量和规模也在不断加大,当然,这反过来又进一步加深了水资源的污染程度。

即使是使用最有效的耕种技术,土地的产量也是有一定限度的。强行超越限度无异于揠苗助长,水污染和有毒化学物质等各种危险也就会随之而来。

下面,我们来看一看表2-18-1。该表列出了1970年和1990年两个不同年份的人类消费结构情况。

表2-18-1 世界范围内人类主要活动的增长情况

	1970年	1990年
人口数量	36亿	53亿
机动车数量	2.5亿	5.6亿
客运车每年行驶的路程	25840亿公里	44890亿公里
货运车每年行驶的路程	6660亿公里	15360亿公里
年均耗油量	170亿桶	240亿桶
天然气年均消耗量	8778亿立方米	1.98兆立方米
年均耗煤量	23亿吨	52亿吨
发电能力	11亿千瓦	26亿千瓦
核电站年均发电量	79太瓦时	1884太瓦时

(续表)

	1970 年	1990 年
软饮料年均消费量（美国）	1.5 亿桶	3.64 亿桶
啤酒年均消费量（美国）	1.25 亿桶	1.87 亿桶
啤酒、软饮料容器年均耗铝量	72700 吨	1251900 吨
城市每年制造的垃圾*	3.02 亿吨	4.20 亿吨

* 只包括经合组织（OECD）成员国。

资料来源：经切尔西格林出版有限公司授权，翻印自《超越限制》第 7 页中的表格。

极度不平衡是消费结构的另一个主要问题。"美国人一生的消费水平极高，平均一个美国孩子给环境带来的破坏是一个瑞典孩子的 2 倍，是一个意大利孩子的 3 倍，是一个巴西孩子的 13 倍，是一个印度孩子 35 倍，是一个加拿大或海地孩子的 280 倍！"正因为如此，在里约热内卢地球峰会上，当第三世界国家得知它们必须建立环保计划保护自然资源——如热带雨林——免受过度开采之害的时候，它们的反应才会那么强烈。第三世界国家回答说，发达国家经过几代人对环境的疯狂攫取，换来了今天的高水平生活；在把地球搞得一团糟以后，它们就要求第三世界国家放弃从他人的压迫中站起来、提高自身生活质量的机会。因此，答案是一声响亮的"不"！

除了环境人口以外，公共行政管理者还必须面对其他一些制约因素，其中包括空间、时间和金钱。一个大都市地区往往包括一百多个市、县、部门、特区，每一个行政单位又都有自己的管辖范围、法定权力以及财政资源。对大部分辖区而言，现在再以增加土地、重新分区的方式来满足辖区新增设施或扩大税基的需要已基本上不大可能了。州或其他国家、地区政府的情况也是如此。另外，单靠一己之力，任何政府都很难控制其他组织在其辖区范围内的所作所为，即使其行为的最终结果可能会对该地区造成伤害，例如：某地以焚烧廉价的矿物燃料进行火力发电，而由此造成的大气污染却以酸雨的形式落在其他地区；上游地区对水资源的滥用会影响到"同饮一江水"的下游地区。再从经济方面来看，如果一个州上缴的税款数额有了重大突破，或颁布了旨在吸引企业投资的优惠政策，那么相邻各州就会被迫为竞争就业机会而改变其相应的政策。有的州包含着大面积的联邦政府用地，因此其他各州的居民都是该土地的享有者，而当地政府则不能利用它来满足自己的需求。

在财政方面，公共行政管理者同样也会受到限制。虽然人们对公共服务的需求日益增长,但愿意多缴税支持这些服务的人并不多。这也说明了"政府再造"运动的口号为什么是尽力"以更少的资源,做更多的事情"。有人认为现代社会的发展能够超越经济方面的限制,但从目前的情况来看,即使是一些经济学家也开始相信:不受限制的经济增长是不可持续的,而且会对环境以及现代生活的其他一些重要方面带来很大的负面影响。

以上所提到的都属于影响公共行政的制约因素,事实上,很多国家已与它们相伴发展了好几代人的时间。可以说,在各种限制条件下寻求提高生活质量的新方法是公共管理者所面临的最有意思的挑战之一。

5. 日益复杂的府际关系与部门关系

各种制约因素综合作用产生的重要后果之一是,公共部门之间,公共组织与私人企业、非营利部门之间的相互依赖性日益增强。我们所要谈的府际关系并非联邦主义中所包含的那些简单概念,而是以地方、州、地区、国家以及超国家组织为主体的政府间财政关系和跨区域跨部门的合作竞争关系,是一种复杂的联邦主义。

很长一段时间以来,美国人一直以为府际关系就是指联邦政府与州政府之间的关系(中央政府与地方政府的关系)。随着城市及其近郊的日渐繁荣,城市地区与城市所在州的其他部门之间的利益冲突也越来越明显。在有的地方,农村利益集团甚至能通过立法机构否决州政府的政策建议。而且,地方政府隶属于州政府,必须服从后者的决议。随着辖区数量的增长,县级区域规模的扩大(西部、西南部及东南部地区的情况尤为明显),大城市行政管理的内容也愈来愈复杂,特区、学校、市级政府明显增多,而县级政府的数量更是迅猛增长。

为了应对这些变化,联邦政府开始采取措施建立一套复杂的财政调拨计划,根据这套计划安排,州政府与地方政府都能直接从联邦政府那儿获得资源。20世纪70—80年代期间,理查德·尼克松以及后来的罗纳德·里根政府所谓的"新联邦主义"逐渐被接受。新联邦主义的核心内容是,应该把政策决策权与财政支出控制权交还给各州及地方政府,因为这样能提高公共项目的回应性,相关的责任也会更加明确。

然而,新联邦主义存在两个问题。第一,长期以来,地方上的多数群体通常不太考虑少数群体的需求,这也就是为什么联邦政府的很多项目总带有大量附加条件的原因之一。所以,如果将决策控制权下放给州及地方政府以后,就必须花不少精力在监督上。第二个问题出在预算方面。20世纪80—90年代,联邦政府在进行所谓的权力下放时,通常只向州政府或地方政府提出项目要求,而不提供资金。州政府对待地方政府的方式往往与联邦政府的做法如出一辙——仅下放责任,而不下放资源。后来,这类"无经费委托"引起了州政府与地方政府的强烈不满。

但不满归不满,民众的需求还是要得到满足,工作还是要做。因此,地方政府只得另寻他途。于是,他们开始尝试着与非营利组织或私人公司签订服务提供合同,开始从其他政府辖区内寻求合作机会,如租用救护车服务系统。州政府也发生了类似的变化,而且只要得到国会的许可,各州之间还能相互签订协议以满足地区发展的需要。不仅如此,世界其他各国目前也出现了同样的变化趋势。

另外,超国家组织之间的决定,不管是地区性的还是全球性的,也都是政府间关系的重要组成部分,前者如《北美自由贸易协定》,后者如《关贸总协定》以及诸多有关环境问题而达成的国际协约。以美国环保局为例,与其活动有关的国际条约规定就有一百多条。不过,由于国家的环境政策实际上主要是由州政府,有时甚至是由地方政府来执行的,因此地方的行政管理者在一定程度上也要受国际行动的影响。比如说,欧盟所做的决定就深刻地影响着英国、法国以及德国的国内政策,有时甚至还会涉及土地利用和商业规制这样比较具体的领域。而且,州政府,有时也包括地方政府,还能就有关商业合作和技术支援等方面的问题与国外相应的组织直接进行磋商。

6. 公共法律与法律程序的重要性

全球化的发展趋势与政府之间、部门之间日益复杂的竞争依赖关系,或许正是公共法律与法律程序的重要性愈渐凸显的原因。尽管目前国际社会普遍都在反对过分规制以及由此带来的管理僵化现象,但这并不是对公共法律的否定。相反,由于行政组织所面对的财政、社会与经济等关系越来越复杂,因而更需要利用公共法律来帮助我们建设新的社会基础设施;帮助我们提高解决冲突、迎接挑战的能力;帮助我们在"权力下放、增加自主性"呼声阵阵的情况下妥善处理责任问题。事实上,如果法律的作用遭到践踏,人的行为不受任何规制,那么整个社会将是一片混乱。而波斯尼亚、卢旺达和索马里现在的情形便是明证。

社会基础设施建设。从苏联解体后前加盟共和国的发展情况来看,无论是复杂的市场经济体系还是先进的民主政治制度都不是自然天成之物。它们需要大量的社会基础设施的支持。其中,一套界定新型关系的法律就是构成基础设施的重要元素之一。即使是德国这样的发达国家,在处理与两德统一有关的问题时,也同样面临着提供基础设施的艰巨任务。

具有权威体制传统的发展中国家,在高度中央集权的政府倒台以后,必须改变对法律的认识,建立从宪法到具体的地方商业管理条规在内的一整套法律体系。即使是在新的政治文化尚未形成,人们对谁有权治理国家、应用什么方式治理等问题仍不甚理解的情况下,也必须首先进行基本的法律制度建设。

美国在建国之初也曾遇到过同样的问题。美国宪法第8条中的第1款将权力中极为重要的一部分赋予了国会,使国会获得了建设社会基础设施的能力,其中包括建立基本经济制度、发展交通等公共服务以及规范商业活动等能力。如何在保证公民能自由追求个人和公共目标的同时,又维护社会秩序,是近年来美国在法律制度建设中所遇到的难题。事实上,环境和需求的变化是永不停息的,所以基础设施的建设和改革也是没有止境的。例如,虽然许多人都非常喜欢网络带来的自由,但有些用户在"信息高速公路"上的行为却容易导致冲突,因而必须受到控制。如何惩罚滥用网络之人的问题引发了一场激烈的讨论,即:新的信息世界究竟需要什么样的法律和程序?同样,这样一套法律制度也不可能自然产生。网络,连同支持它运转的法律,都需要依靠人来创造。

新工具与新问题。由于政府各单位都面临着如何使法律体系满足社会需求的问题,因而新工具和新程序的开发就显得非常重要。从目前的情况来看,签订服务合同是一种被普遍接受的方式。很多州和地方政府都已开始利用这一新工具,大量的社会服务和日常维护都是通过签订合同的方式来提供的。然而,与政府签订的合同不同于私人组织之间的协议,前者的情况远比后者要复杂得多。因为政府承担着私人企业无须承担的责任,面临着私人组织无须考虑的限制。如果说政府与私人部门之间的合同就已经很复杂了,那么政府部门之间的协议则可以说是更复杂。

以国家为合同主体的活动,情况最为复杂。如果一国政府同意遵循某项国际条约,它也只能在国内现存的法律框架下开展活动。也就是说,它必须协调国际规定与国内权威之间的关系。比如,当联邦政府签订了国际环保协议,而实际工作最终要由州及地方政府去完成时,其中的关系就非常复杂。要想使各项环保措施最终能获得实际效果,联邦政府首先必须处理好这些关系。

而且,在这个充满各种制约因素的时代里,关系如果处理不当,很可能就会导致整个制度体系的坍塌。这反过来又进一步增加了问题的复杂程度。近年来,因没有适当的法律制度或有效的冲突解决机制而造成混乱的例子,简直可以说是数不胜数。因此,现在很多国家和地区都在努力开发更适宜的法律程序(包括正式的法律决策和相关的争端解决技术)以迎接上述挑战。

责任问题。虽然反对法律和律师的现象并不少见,但公法在公共行政领域所占的地位却是日胜一日。这一发展趋势背后的重要因素之一,是社会对公共责任提出了更高的要求。尽管责任的形式和确保责任的方式有很多,但法律工具的主导地位仍是一如既往。有些国家在传统上通常以政治责任而非法律责任来约束行政官员,不过即使是在这样的国家里,要求用法律机制来解决责任问题的呼声也是一浪高过一浪。

既然新问题带来了新的组织形式和新的组织间关系,那么新工具的开发和旧机制的改革自然是势在必行。这个问题对于脱胎于权威体制,或有中央集权制民主传统的国家而言,尤为突出。有的国家就因为没有处理好这个问题而坠入了第三世界国家的行列,如巴西和委内瑞拉,而另一些国家则为此出台了意义重大的改革政策,如墨西哥于1993—1994年进行的颇为"惊世骇俗"的改革。非洲以及苏联的前加盟共和国目前也正面临着严重的责任问题,而能否创造出新的包括法律制度和程序在内的应对措施,正是决定它们国家命运的关键。

> **思考题**
>
> 1. 自伍德罗·威尔逊以来公共行政就已经把什么确定为努力的方向?
> 2. 菲利普·J.库珀在本书中要探讨的主要问题是什么?
> 3. 为什么说从公共行政的重要特征看它是一个教育问题?
> 4. 为什么说把握公共行政的未来首先要了解其历史和现状?
> 5. 我们如何走进公共行政的现实,迎接公共行政的未来?

第三部分
附 录

第一篇　行政学中国化与行政哲学思考[*]

我国的行政学是20世纪70年代末80年代初，随着政治学的恢复和重建而恢复和重建起来的。此后不久就有专家学者提出并关注行政哲学问题的研究。如欧阳雄飞在《中国行政管理》1987年第6期发表的《试论我国行政管理学的学科体系》一文中构建的"十字网络型"学科体系，其中就提出了"行政管理哲学"概念。《中国行政管理》2003年第1期发表了张康之同志的《发展行政学要重视加强行政哲学研究》、杜刚建同志的《构建行政哲学体系的几个理论问题》、吴刚同志的《行政哲学的定位与架构》，这组文章产生了积极而广泛的影响。在2003年4月举行的首次全国行政哲学研讨会上，我曾以"行政哲学是关于行政问题的超越之思"为题作了主题发言，并在主持小组讨论的过程中又产生了一些新的思考。

一、行政学的中国化

行政学要不要中国化？行政学能否中国化？回答应当是肯定的。这个问题受伍德罗·威尔逊思想的启迪。他在1887年发表的《行政学研究》一文中指出，行政学这门科学是由法国和德国的教授们发展起来的。威尔逊不仅论述了为什么要使行政学美国化，而且也论述了怎样使行政学美国化的问题，其方法论应该说具有普遍性意义。在威尔逊的竭力倡导下，现代行政学终于在美国诞生了，而且得到了前所未有的迅速发展。一百多年来行政学的重大理论发展中，著名的行政学家及其代表作大多数产出于美国，事实上，美国行政

---

[*] 本文原载于《中国行政管理》2003年第8期，收录本书时作了部分修改。

学在世界行政学领域一直处于领先地位,以至于凡是论及行政学必称美国行政学。从这个特定意义上说,当今美国的综合国力与国际地位的一个重要原因与当年威尔逊倡导行政学美国化及当今发达的美国行政学不无一定的历史关联性和正相关关系。在我国,可能是由于没有足够重视"行政学美国化"重大意义的缘故,学术界一般不用"行政学中国化",而偶用行政学"本土化",建设"中国特色行政学"或"中国特色社会主义行政学"。这些提法本无实质性的区别。但有一点必须强调的是,"行政学美国化"的成功事例给予我们的警示在于:能否真正做到使现代行政学中国化直接关系到中华民族伟大复兴事业的成败。

基于对历史的认知,我国有的是丰富的行政管理经验和思想,而缺乏的是现代行政学及其最新发展形式:新公共行政学或新公共管理学。行政学中国化包括行政学的最新发展形式在内的行政学中国化,它是一个循序渐进的过程。然而,要使行政学中国化,就必须开展行政哲学的研究。事实上也是如此。前已论及,我国行政学恢复和重建初期就提出了行政哲学问题。张康之教授在他的论文中开宗明义地指出:多年来我国关于行政学研究的大量成果都属于行政哲学方面的研究成果。这一点是中国行政学不同于其他国家的特色。它表明我们走了一条中国特色的行政学发展路。只是我们的行政哲学理念没有突出,行政哲学意识比较薄弱罢了。

我本人是同意他的这种估计的。问题在于,行政学中国化为什么不仅需要而且事实上也是从行政哲学开始先行呢?我以为可从三方面来解释:其一,经济上、政治上相对落后的国家往往可以在哲学上拉第一提琴,就像历史上落后于英国的工业革命和法国的政治革命的德国却发生了哲学革命一样;其二,我国行政学是在先行的西方行政学尤其是美国行政学发展已有一百多年历史的前提下恢复和重建的,它完全有可能在吸收借鉴它们有益成果的基础上起步,即从现实行政学发展阶段高起点处出发,显示后发优势;其三,理论在一个国家的实现程度决定于理论满足这个国家对它的需要程度。我国的社会性质及其改革开放的伟大实践为行政哲学发展提供了广阔的天地。同时,行政哲学也能够回应或满足我国社会改革开放的伟大实践对它的需求。正是基于这样的理解,我们可以把行政哲学的研究作为行政学中国化及其发展的突破口,并把它作为赶超西方发达国家行政学发展的捷径。

在行政学中国化过程中,我们之所以应当从行政哲学入手,除了我国行政管理理论与实践相对落后,需要急于赶超以外,主要是因为行政哲学是一种关于行政观的学问,是一种关于行政形而上的超越之思。这种超越之思,是一种舍弃了若干具体行政或行政具体的抽象之思。这种抽象的超越之思表现为三个跨越。其一是时间跨越。行政作为国家的一种组织活动,是一个历史的范畴。行政哲学要历时态地研究作为国家行政组织活动的整个历史进程及其共同的运动发展规律。其二是空间超越。行政活动是人类产生以后,是各民族、各国家、各地区共有的现象,行政哲学要共时态地研究各国家、各地区共有的行政现象的本质及规律性。其三是领域跨越。行政活动遍及人类社会生活的经济领域、政治领域和文化诸领域,行政哲学要研究人类社会生活不同领域共同的行政现象、行政本质及其行政规律。由这三方面的超越之思凝结为一种特定时代行政精神的精华,进而能动地反作用于行政理论直至能动地反作用于社会实践体系中的行政实践,推进我国行政管理理论和实践的发展。

二、行政哲学的功能

行政哲学直面的是行政理论、行政实践和行政实际。就总体而言,在行政学中国化过程中,既存在着行政理论滞后和脱离于行政实践和行政实际的倾向,又存在着行政实践和实际脱离行政理论的倾向。

为了面对和克服这两种共生的倾向,行政哲学在行政学中国化过程中的反思、批判和创新的功能就依次表现为三个层面:首先表现为对既有的国内外行政理论的反思、批判和创新;其次表现为对国内行政存在或行政实际和行政实践活动的反思、批判和创新;再次表现为对行政存在、行政实际、行政实践活动与行政理论相互关系的反思批判和创新。通过这三个层面的反思、批判和创新,追求一种与时俱进的公共行政精神、公共行政理念。

在一系列的反思、批判和创新的过程中,行政哲学既有别于行政科学,也有别于行政理论,还有别于行政思想,更有别于行政实践。其中,具体的行政实践要抽象为或上升为行政哲学,必须经过行政思想、行政理论(行政学)、行政科学这些"中介",同样,行政哲学作用于行政实践具体,也必须经过行政科学、行政理论、行政思想这些"中介"。

通过行政哲学来思考行政学中国化的构建和发展,只是表征行政学、行政哲学的中国特色、中国风采、中国气派,无意自缚在地域观念或狭隘的民族、国家观念之中。我们坚信的是只存在由西方人提出来但对人类具有普适性的行政学、行政哲学,而不存在只适用于西方的西方行政学、行政哲学;同样,只有中国人提出来但具有普遍性意义的行政学、行政哲学,而不存在只在中国有真理性的特殊的行政学、行政哲学。如果中国化了的行政学发展成为行政哲学,它就必定具有普遍性意义。也只有具有普遍性意义的行政哲学才真正值得人们去研究和了解。因此,如果中国行政哲学中具有普遍性意义的内容,那它就不应只是中国的,也不会只是中国的。反之,西方的行政学、行政哲学亦然。

把行政哲学定位在哲学的新兴的部门哲学,还是定位在行政学学科体系中基础性的分支学科及其体系构建等问题尚可留下争鸣的空间。不过,在中国行政哲学初创阶段,一个符合国际标准的学术平台也是十分重要的,它要求我们在基础建设的环节上,从一开始就要做正确的事情,"入门须正"。但行政哲学体系的架构必须建立在充分研究的基础之上,不必过早匆忙创构。本着"双百精神",我主张"先投入战斗,然后再见分晓"!

第二篇　行政学中国化过程中的学科发展与方法体系[*]

要使行政学中国化，就必须开展行政哲学问题的研究，从现实行政学发展阶段的高起点处出发，可以认为这是中国特色行政学的发展道路和后发优势。行政哲学是一种关于行政观的学问，是一种关于行政形而上学的超越之思，这种超越之思表现为时间跨越、空间跨越和领域跨越三方面。那么，行政学究竟怎样才能中国化，现实行政学发展阶段的高起点在哪里，如何构建公共行政管理学的方法体系，这是本文要初步探讨的问题。

一、怎样使行政学中国化

1887年，伍德罗·威尔逊在他的《行政学研究》一文中，不仅论述了为什么要使行政学美国化，而且也论述了怎样使行政学美国化的问题，对于行政学中国化是具有启发意义的。他指出，对于美国来说，行政学是一门外来的科学，很少使用英国式或美国式的语言规则：它所使用的仅仅是外国腔调；它表达的只是与我们的思想迥然不同的观念；它的目标、事例和条件，几乎都是以外国民族的历史、外国制度的惯例和外国革命的教训为根据的；它是由法国和德国的教授们发展起来的。它的各个组成部分是与一个组织严密的国家的需要相适应的，并且是为了适应高度集权的政府形式而建立起来的。因此，为了与

---

[*] 本文原载于《上海行政学院学报》2005年第2期，收录本书时作了部分修改，删除了原文的部分注释。

所要达成的目的相符,对它必须进行调整,使之适合于权力高度分散的政府形式。如果要应用这种科学,必须使之美国化,不只是形式上或仅仅从语言上美国化,而是必须在思想、原则和目标方面从根本上加以美国化。另外,他还指出,如果有某种符合美国人的要求,可以加以利用的外国的发明创造,美国为什么不加以利用呢?美国以一种外来的方式应用它们是不会有危险的。美国人引进了大米,但却不用筷子吃饭。美国的全部政治词汇都是从英国引进的,但却从其中淘汰了"国王"和"贵族"。他认为,只要能够从根本原则上认识其在环境条件方面的全部根本差别,美国就能够完全和有益地引进外国的行政科学,美国要做的仅仅是用宪法把它们加以过滤,只需要把它们放在批判的文火上烘烤,并把其中的外国气体蒸馏掉。

显然,威尔逊所倡导的行政学美国化首先表现在行政学内容方面的美国化,即不仅在形式上语言(或话语)上美国化,而且更重要的是在思想、原则、观念和目标方面从根本上加以美国化;其次表现在方法上的美国化,即从环境条件方面的根本差别出发,用美国的宪法加以过滤,用批判的文火加以烘烤,蒸馏掉外国气体、气味。这样,所谓的行政学美国化,就是使行政学从其内容到形式彻头彻尾、彻里彻外地美国化。威尔逊关于行政学美国化给予我们最大的启示可能在于:法国、德国与美国,甚至英国与美国,在理念上同属于一种性质的社会制度,由于不同的社会历史发展阶段和发展程度以及不同的政府形式,都不能简单地把行政学照搬到或拿到美国去,而一定要使之美国化,更何况不同的社会制度的国家呢?!因此,我们就更应该从本国的社会制度和国情出发,使西方的即法国的、德国的、英国的……美国的行政学本国化、本土化亦即中国化。

要使行政学中国化,得从两个主要的方面入手。首先,要区分行政学的不同层次。正如毛泽东在《中国革命战争的战略问题》这部著作中指出的:"我们现在是从事战争,我们的战争是革命战争,我们的革命战争是在中国这个半殖民地的半封建的国度里进行的。因此,我们不但要研究一般战争的规律,还要研究特殊的革命战争的规律,还要研究更加特殊的中国革命战争的规律。"[①]我们完全可以这样说:我们从事行政管理,我国的行政管理是特殊的中国行政管理,中国行政管理是以社会主义为发展方向和道路的行政管理,中国特

---

① 《毛泽东选集》第1卷,人民出版社1991年版,第171页。

色社会主义行政管理是在中国这个长期处在社会主义初级阶段的国度里进行的,而且中国特色社会主义初级阶段目前还处于全面建设小康社会阶段。① 因此,我们不但要研究一般行政管理的规律,还要研究社会主义行政管理规律,还要研究中国特色社会主义行政管理规律,还要研究中国特色社会主义初级阶段行政管理规律以及小康社会阶段行政管理规律。特别是研究中国特色社会主义初级阶段全面建设小康社会的行政管理规律是行政学中国化的立论基础和出发点。其次,要在行政学的语言、术语上中国化,营造属于中国的行政学语境和话语体系,而且更重要的是要在行政理念、行政思想、行政原则和行政目标等方面从根本上加以中国化。此外,还要把西方的行政学,尤其是美国的行政学用我国第四次修改后的宪法把它加以过滤,把它置于批判的文火上加以烘烤,把西方行政学尤其是美国行政学的气体蒸馏掉,逐步营造行政学的中国特色、中国学派。

二、当代行政学的发展新形势

20世纪70年代末80年代初,我国行政学随着政治学而恢复重建以来,无论是其在实践和理论方面,还是在学科建设、专业建设和学位建设方面,发展得都很迅速,取得了令人瞩目的显著成就,在行政学中国化的发展进程中,正在显现出从行政学、公共行政学到新公共行政学、公共管理学的发展态势。或者换句话说,公共管理学正日益成为现实中国行政学的最新发展形式。

行政学或公共行政学的发展经过新公共行政发展为公共管理或新公共管理,在美国经历了约一百年的历程。可依据"一元单线"的思维路径。所谓"一元",是指公共行政作为相对独立的学科体系及其基本原理的独立性;"单线",是指行政学伴随管理学理论的沿革而发展演进。公共行政经历了传统行政理论、科学行政理论、人际行政理论、系统行政理论、决策行政理论、社会体系理论、数量理论、结构—功能理论等发展阶段。从1887年威尔逊发表《行政学研究》到20世纪40年代属于公共行政学的经典阶段;从20世纪40年代到60年代为行政学从一元发展转变为多线发展时期或阐释阶段;从20世纪60年代

---

① 2021年7月,中国宣布已全面建成了小康社会,历史性地解决了绝对贫困问题。这里仅为了行文逻辑,保留了原文表述。

到 80 年代是公共行政学的应用阶段及该学科内部多元发展时期；从 20 世纪 80 年代开始为公共行政学的反思阶段，是公共行政学从多元发展重新向一元集中时期。伴随社会的进步和民主制度的发展，价值观问题已经受到人们的普遍关注，政治和价值问题再度回到了公共行政学的核心位置，使公共行政学发展为新公共行政学。新公共行政学主张加强社会正义和社会公平；主张改革的、人世的、与实际过程相关的公共行政学研究；主张构建新型的政府组织形态；主张突出政府行政管理的"公共"性质；主张"民主行政"，并以此作为新公共行政的"学术识别系统"。新公共行政的不少理论主张受到多方面有识之士的重视，从而为以后公共管理学的兴起作出了理论铺垫。公共管理学的发展直接导源于 20 世纪 80 年代早期英国政府推行的公共部门改革即新公共管理运动，西方各国先后进入了公共管理时代。新公共管理主张摒弃公共服务供给中传统的官僚制独占模式，引入各种市场机制和私营部门的管理技术和激励手段，强调公共服务中的顾客导向，注重结果甚于规则，以较少的成本建立一个高效率的政府。公共管理学即是关于研究公共管理的学问。目前一些能为人们广泛接受的观点认为，公共管理所代表的是人类社会治理方式的根本性变革，它所意味着或代表着的是一种新型的社会治理方式的出现。认为公共管理是一种通过整合公共政策途径与企业管理途径的研究，是一种融合了公共政策途径和企业管理途径公共管理研究的一门新兴的交叉性的学科。人们对公共管理学的研究，从根本目标上看，是要创立一门全新的关于公共管理的科学。由此可见，公共管理学是在公共行政学研究的基础上的范式创新，从公共行政学到公共管理学，反映着公共部门理论与实证研究基础的充实、研究体系与内容的扩展、研究视野的开阔。公共管理学可以涵盖公共行政学，二者是内涵与外延，或内在功能与外部作用的关系。当我们论及公共管理时，公共行政作为一个必备的前提条件就已经蕴含在其中了，因为如果没有高素质的公共行政管理者和一个高效率的公共行政机制，良好有效的公共管理便无从谈起。

应当指出的是，在行政学中国化的过程中，出现了"眼高手低"的情形。为了体现"后发优势"，我们应当着眼于西方的公共管理和公共管理学，并且把它们置于人类社会治理方式（而不只是政府管理职能）的历史进程中来加以把握，需要把它们看作人类走向一种全新的社会治理模式的开端。然而，西方的公共管理学是在其自身的基础上即新公共行政进而在相对成熟的公共行政学基础上形成和发展起来的,归根到底是在其实现工业化、后工业化以及新的科学技术革命基础上成长发展起来的。当我们热衷于谈论、引进和研究西方的公共管理、公共管理学的理论文献的时候,我们却不能同时简单地引进和搬用其赖以生成和发展的工业化、后工业化、知识化、信息化的科学技术基础和前提条件。因为我们还将长期处在社会主义初级阶段,虽然在局部已出现工业化或后工业化的端倪,正是它在率先引入公共管理,推动公共管理学的发展。但在总体上,我国距离工业社会或后工业社会的目标还很长远。我们还有很长的路要走,我们还需要时间,更需要智慧,去实现追赶。理想的公共管理理论和实践,对于我国来说还是未来的情景,就如同理想的社会主义还是作为定向性发展的未来目标一样。我国公共行政学的恢复重建和发展才二十多年,西方,尤其是美国从公共行政到新公共行政再到公共管理约经历了一百年的历程。我们用不到四分之一世纪的时间就跑完西方用一百年走完的历史路程。如何才能在行政学或公共行政学中国化过程中同时加速实现公共管理学的中国化,搞"毕其功于一役",其有利因素和不利的困难因素同样多。然而,即使在这样的情境和条件下,我国公共行政管理学科建设还是大有作为的,这主要是归因于我们选择了社会主义作为价值取向的发展路径。因为社会主义在本质上是追求公共性、公平性、公正性、正义性和民主性的,体现了社会主义的优越性,这在理念上同行政、公共行政、公共管理的理念是契合的。我们不必在行政学或公共管理学中国化的进程中跟在西方发达资本主义国家后面亦步亦趋,而且当今的时空条件也不允许我们如此做。只要我们脚踏中国实地,坚持社会主义的价值导向,勇于和善于学习借鉴他人的政治、行政、法治和管理的经验和成果,我们就能不间断地使公共行政学、公共管理学中国化,创造出中国特色的新公共行政管理学。不是也不可能用公共管理、公共管理学替代行政管理和行政学,而是也只能是给予公共管理学和公共行政学以同样的发展空间来共同发展,互为补充,通过公共行政(学)向公共管理(学)的发展过程,推进我国社会向全面工业化和后工业社会转变的历史进程。

三、公共行政管理的方法体系

"公共行政管理",从实践层面解读为行政管理、公共行政管理和公共管理,而公共行政管理可以视为从行政管理到公共管理之间的过渡形态,它具有行政管理和公共管理的二重特质或属性,相应地从理论层面就可以解读为行政学、公共行政管理学和公共管理学;从学科层面可以解读为从行政学到公共行政学到公共管理学的发展。与这三个层面问题相联系的就是公共行政管理(学)的方法体系问题。公共行政管理的方法体系大体上是由不同层次性方法和不同领域性方法构成的体系。所谓不同层次性方法,这里不是指不同行政层级的行政方法(如中央政府行政方法、地方政府行政方法和基层政府行政方法当然有所不同,政府行政层级越高,越是要侧重于间接的宏观调控层面的方法,相反,政府行政层级越低,越是要侧重于直接的微观操作层面的方法),而是指公共行政的实践层面、理论层面和哲学层面的方法,由它们构成公共行政的方法体系,它们分别可称为具体方法、一般方法和方法论。所谓不同领域性方法,是指基于公共行政的实践、理论和哲学三个层面,各个层面都有一些具体的方法构成方法体系。

具体方法。公共行政实践层面的行政方法是指一定的行政组织及其行政人员,为开展行政工作,实现行政目标所采用的各种专门的方式、手段、措施和技巧的总称,大体上属于操作方法。如行政指令方法、经济方法、法律方法、激励方法、思想政治工作方法、技术方法,等等。行政方法受科学技术发展水平的制约,受行政任务和目标的制约,受行政原则的制约,受行政组织和行政人员的行政素质和水平的制约。行政方法的优劣,直接影响制约着行政效率和行政的成败。因此,随着社会的进步、国家的发展,行政的具体方法必须继承、革新和优化。

一般方法。公共行政管理(学)理论层面的方法即理论研究的方法,它服从于公共行政管理的学科性质和研究目的,并随着学科内容和研究目的的变化而变化。公共行政的研究方法与公共管理的研究方法从内容到形式都有所区别。公共行政管理学是一门新兴的科际整合的交叉学科,这就决定其方法体系的显著特征在于研究方法的跨学科性、交叉性和多样性,其他学科的分析方法对于公共行政管理学也完全适用,并能显示出它的综合性学科优势和分析方法的优势。公共行政管理学或公共管理学常用的研究方法主要有:规范分析、实证分析、比较分析、系统分析、案例分析、实验分析、社会调查以及统计分析,等等。在公共管理学的研究方法中,管理学和经济学的研究方法的影响最为深远。

方法论。即行政哲学或公共行政管理哲学、公共管理哲学层面的方法。如果说一般方法是对具体方法的理论抽象,那么方法论是对一般方法的再度理论抽象,是对一般理论研究方法的超越。从这个意义上说,方法论是关于方法的方法。国内外学者对方法论的界说不一。我国学者一般将方法论定义为:是认识世界、改造世界的根本方法的学说,方法论同世界观是一致的,有什么样的世界观,就有什么样的方法论。我们在《行政哲学研究的对象是什么?》和《行政学中国化与行政哲学思考》的文章中曾提出:行政哲学是关于行政观的学问。那么,我们能否说有什么样的行政观就有什么样的行政方法论,或公共行政管理方法论?如果中国化了的行政观尚未真正确认,那么与此相应的中国化了的行政学方法论体系也就难以确认。不争的事实是,无论是国外还是国内,公共管理学作为一门独立学科体系的构建尚未完成,也就自然尚未形成专属的公共管理学的方法论体系。虽然目前还难于构建公共管理学的方法论体系,但是在构建公共管理学方法论体系的过程中,坚持和发展以下两种根本方法是非常重要的,即运用辩证唯物主义和历史唯物主义的立场、观点和方法,探讨和揭示公共管理实践活动的发展规律;运用理论联系实际的方法,探讨公共行政和公共管理活动中的理论与制度创新。

公共行政管理的具体方法、一般方法和方法论是一个有机的整体。具体方法的创新对于一般方法的创新和方法论的创新起着决定性作用,而方法论的创新对一般方法的创新和具体方法的创新也起着积极能动的推动作用。通过公共行政管理方法的创新,有利于公共管理理论的发展,有利于公共管理制度的创新,最终也有利于公共行政管理事业的繁荣和发展。

第三篇 行政学美国化:理论支点及其引发的批评与启示*

一、行政学美国化:伍德罗·威尔逊的最大历史贡献

在学术界,一般将伍德罗·威尔逊1887年在美国《政治学季刊》上发表的《行政学研究》一文作为现代公共行政学独立学科创立的重要标志,这是值得肯定和永久纪念的。然而,在我国学术界,一般又将西方行政学视同为美国行政学,反之亦然,对它们不加较为严格的区别,并认为伍德罗·威尔逊的最大贡献是把行政学从政治学中分离出来,确立了传统公共行政(或古典行政学说)的独立研究领域。我以为这些是值得商榷的。因为对西方行政学与美国行政学不加必要的严格区别,不利于公共行政学研究的深入,不利于突显美国行政学创立的个性特点,不利于充分肯定伍德罗·威尔逊对美国行政学乃至国际(世界)行政学发展所做的更具普遍意义的贡献,并很有可能通过对"政治与行政两分法"的曲解、批判或挑战来动摇或贬低伍德罗·威尔逊致力于使行政学成为一门独立的学科和专门的学问所做的贡献。

西方行政学不同于美国行政学,就如同美国行政学不等于西方行政学一样。从行政学研究来看,除美国行政学以外的西方行政学是美国行政学的"源",而美国行政学则是西方行政学之"流"。现代意义上的行政学研究在美国

---

* 本文原载于《湘潭大学学报(哲学社会科学版)》2007年第5期,收录本书时作了部分修改,删除了原文注释。

的兴起,无疑是受到美国国内要求变革政府行政管理,提高政府行政效率呼声的推动。但是从行政思想渊源这个角度讲,行政学研究的最初源头却并不出自美国本土,而是来自欧洲大陆,特别是德国。关于这一点,威尔逊本人在《行政学研究》一文中说得很清楚,对于美国来说,行政学"是一门外来的科学",是舶来品。就欧洲大陆来说,有关行政的学说和思想源远流长。古希腊柏拉图的《理想国》、亚里士多德的《政治学》,古罗马西塞罗的《论共和国》,文艺复兴时期意大利政治家马基雅维利的《君主论》、法国政治家让·博丹的《国家六论》,以及近代英国政治思想家洛克的《政府论》、法国启蒙思想家孟德斯鸠的《论法的精神》和卢梭的《社会契约论》等著作中,都蕴含着丰富的行政管理思想。这些早期的行政管理思想因缺乏系统化和理论化而未能成为一种专门独立的学科。相对而言,行政方面的研究最早在德国获得发展,是德国高度集权、"开明专制"的政治体制力图加强自身行政效率的反映。在这样的背景下,行政方面的研究在德国得到了高度的重视和加强,并在众多学者的努力下走在了世界各国或地区的前列。用威尔逊的评价来讲,它在当时"几乎达到了极其完善的程度"。其中杰出代表是德国学者斯坦因,他于1865—1868年发表七卷本的《行政学》著作。从行政法的视角来看,他对行政研究的具体成果主要有两个方面:一是对"政治"和"行政"这两个概念作了清晰的划分,明确了"政治"和"行政"这两个领域之间的内在联系和区分;二是初步建构起了行政研究的体系,将行政组织、行政行为和行政法规定为行政研究的主要对象。德国行政方面的研究中对政治和行政的分离,对行政内容相对独立性的强调,以及对行政内部运行规律的关注,很自然地成为美国行政学研究进一步展开的出发点,而德国学者在研究中体现出来的对于理论抽象和思辨方法的兴趣也在一定程度上感染了美国的行政学研究者。这样就使得美国行政学研究从一开始,就站在了德国人的肩膀之上,具有较高的起点和基础。因此,明确地强调西方行政学尤其是欧洲大陆的德国关于行政方面的研究对于美国行政学研究的"源"与"流"关系是十分重要的。

  然而,需要特别指出的是:面对德国行政方面的研究取得的这些成果,德国的研究自身未能继续冲破当时既定的行政法的思维定式,进而构建起真正完整的行政学科体系;同样属于欧洲大陆的法国和其他国家(甚至英国)也不能同时有如此作为;即使是在美国,开国之初联邦党人的著名代表、被誉为"行政天才"的汉密尔顿,虽然他很重视政府行政问题,认为决定行政管理是否完善的首要因素就是行政部门的强而有力,其所需要的因素是统一、稳定、充分的法律支持和足够的权力。虽然这些见解不失精辟,但因缺乏系统性而未能建构起行政学完整的体系。除了受诸多客观因素和条件制约以外,其中一个主要的因素和条件就是方法论的问题。面对德国行政方面的研究的既定成果,面对美国和德国政治体制上的性质差异,美国的行政学研究怎么办?如何作为?可不可以、应该不应该加以借鉴和吸收?对此,伍德罗·威尔逊作出了积极而又肯定的回答:使之美国化!他指出,对于美国来说,行政学是一门外来的科学,很少使用英国式或美国式的语言规则,它所使用的仅仅是外国腔调;它表达的只是与美国人的思想迥然不同的观念,它的目标、事例和条件,几乎都是以外国民族的历史、外国制度的惯例和外国革命的教训为依据的;它是由法国和德国的教授们发展起来的。因此,其各个组成部分是与一个组织严密的国家的需要相适应的,并且是为了适应高度集权的政府形式而建立起来的。因此,为了与美国的目的相符,必须对它进行调整,使之适合于权力高度分散的政府形式。如果要应用这种科学,必须使之美国化,不只是形式上或仅仅从语言上美国化,而是必须在思想、原则和目标方面从根本上加以美国化。显然,威尔逊倡导的行政学美国化,首先表现在行政学内容方面的美国化,其次表现在方法上的美国化。因此,他认为只要能够从根本原则上认识其在环境条件方面的全部根本差别,美国就能够安全和有益地引进外国的行政科学。为了防范行政学美国化过程中的盲目性和教条主义,威尔逊特别强调"世界性的"做什么"永远应该由美国式的"如何做所支配。这种从实际出发,以实践为准绳,以本国具体实践为核心的思想,既体现了美国行政学研究的优良传统,也构成了美国行政学研究的一个鲜明特色。正是从这个意义上说,威尔逊最大的历史贡献,不仅在于他是行政学的奠基人,对现代行政学的发展起到了至关重要的作用,而且还在于他旗帜鲜明地提出和论证了行政学美国化。相比之下,后者的贡献对于行政学的建立和健康发展更具普遍的引领意义和价值,甚至可以认为如果没有后者的贡献,前者的贡献是不可能的,或者会大打折扣。

为了使行政学美国化,伍德罗·威尔逊从思维方式、学习态度、学习方法和学习目的等几个方面深入讨论了美国为什么要学习当时管理技术比较发达的德国,学习它的什么地方,美国自身的优缺点在什么地方等等。他也很好地处理了国民在对外学习方面心理上不服输的问题,强调就事论事,认真分析,注重技术,明确学习目标。伍德罗·威尔逊关于行政学美国化的灿烂的思想之花,

第三部分
第三篇 行政学美国化:理论支点及其引发的批评与启示

结出了丰硕的行政学理论和实践之果。在行政学理论方面,从时间维度看,他架设了沟通19世纪和20世纪行政学演变的桥梁;从空间维度看,他架设了欧洲大陆特别是法国、德国行政方面的研究与美国行政学研究的越洋桥梁;从学科维度看,他架设了政治学、管理学、历史学、伦理学、法学、经济学等交叉领域、交叉学科间的桥梁,从而使行政学研究的中心从欧洲转向美国,涌现出一大批行政学家,可谓形成"美国行政学学派",实现了西方(欧洲大陆)行政学美国化的夙愿,以至于西方行政学说成了美国行政学说的同义语代名词,进而为美国赢得20世纪的国际地位做出了突出贡献。在行政学界,似乎美国行政学者及其术语见解无处不在,无时不有。比如,我们见到的两本《西方行政学说史》,一本是竺乾威教授主编,高等教育出版社出版,另一本是丁煌教授著,由武汉大学出版社出版。前者,选介18位行政学家的行政思想学说,其中有12位是美国行政学家;有4位行政学家祖籍或生于欧洲大陆、澳洲、英国、日本,但后来移居美国立业于行政学,后期的学术造诣也与美国紧密相连;只有1名法国学者法约尔是美国以外的学者。后者,选介26位行政学家,其中有23位是美国行政学家,有2位是英国的,有1位是法国的。从一定意义上说,这两本书名是名不副实的,与其说是《西方行政学说史》,倒不如说成是"美国行政学说史"更为贴切一些。美国行政学理论方面的成就,对于美国以外的西方行政学或其他各国的行政学研究来说,具有某种"反哺"的作用和意义,从这个意义上说,当今美国行政学不同程度地成为其他国家行政学研究和行政学发展的"源",而其他国家的行政学研究和行政学发展却成了美国行政学发展的"流",其他国家的行政学研究同样面临着如何使美国行政学本国化的问题,就如同当年伍德罗·威尔逊倡导使欧洲大陆行政学美国化一样。在行政学实践方面,在美国的社会发展过程中,公共行政管理起到举足轻重的作用,而美国化了的公共行政管理科学的产生和发展,也随着社会发展的脉搏跳动。在美国建国初期,大多数人对公共行政管理认识不足,国家的发展过程出现了不少的挫折。19世纪末经济发展的无序和政府腐败现象的愈演愈烈,导致了科学、改革和进步运动的展开,人们开始认识到培养有公共行政服务的职业道德精神,懂得用科学的方法来领导和管理公共事务的专门人才的重要性。美国社会百多年来的迅速发展,得益于他们行政学美国化的创新,得益于他们注重实践的管理教育,以及从事这些教育的星罗棋布的大规模的公立大学。美国行政实践方面的成就及其世界影响,同美国行政学理论的成就及在世界的影响一样巨大。几年前,我曾在首届全国行政哲学研讨会的发言中陈述了这么一个观点,即当今美国社会发展在世界的领先地位,取决于诸种因素,其中一个重要因素之一就是与伍德罗·威尔逊当年倡导的行政学美国化有很大的直接关联性。

二、行政学美国化的理论支点

恩格斯曾经指出,一门科学提出的每一种新见解,都包含着这门科学的术语的革命。而任何一种新的学说必须首先从已有的思想材料出发,虽然它的根源深藏在物质的经济的事实之中。这就是说,在人类思想史发展的长河中,后人的思想都不是凭空产生的。此有二层意思:一层意思是指它必须以前人的思想"终点"或研究成果作为自己的思想的"起点",这是一种学习、研究、继承和扬弃的发展过程;一层意思是指它必须以自己所处的时代、自己的社会存在作为基础,提出前人还没有提出的历史课题,或解决前人虽然提出但没有解决或没有解决好的历史课题。但是,后人怎样处理好已有的思想材料同现实的物质的经济的事实之间的关系呢?是以已有的思想材料作为出发点,还是以现实的物质的经济的事实作为出发点呢?显然,他们的思想应该扎根在时代的土壤之中。恩格斯还指出,历史从哪里开始,思想进程也应当从哪里开始。这说明,后人的思想进程即逻辑起点必须同相应的历史进程相统一,而历史的起点也应是逻辑的起点。一旦逻辑与历史亦即思想进程与历史进程发生错位,就会导致理论的错误和实践的失败。然而,思想进程与历史进程相统一,并不意味着思想进程必须处处跟随着历史进程。恩格斯又指出,历史常常是跳跃式地和曲折地前进的,如果必须处处跟随着它,那就势必不仅会注意许多无关紧要的材料,而且也会常常打断思想的进程。所以,思想进程的进一步发展不过是历史过程在抽象的、理论上前后一贯的形式上的反映。这种反映是经过修正的,然而是按照现实的历史过程本身的规律修正的,这时,每一个要素可以在它完全成熟而具有典型形式的发展点上加以考察。恩格斯的这些思想对我们研究行政学美国化(以及行政学中国化)的理论支点与挑战也具有方法论的指导意义。在美国行政学研究发轫期,一方面注重从已有的思想材料出发,选择和确立行政学的理论支点;另一方面注重物质的经济的事实与投身政治改革,为现实的政治体制改革提供理论依据。学科创建中往往强调的是理论范式的创造,因而行政学初始时期在研究风格上带有很强的宏观、抽象的色彩。这种研究风格不仅和美国注重实证分析的传统不相一致,也和整个行政学研究后来强调的方法相去很远。因此,对行政学美国化所依据的理论支点的理解产生分歧、批判和挑战也在所难免。从学科发展的历史看,行政学是直接从政治学中分离出来而形成的一门独立学科。因此,其直接理论渊源是政治学和行政法学,其直接的理论支点主要是"政治与行政二分法",其间接的理论支点主要是"三权分立"学说。以下对这两者略加分析比较:

"三权分立"学说有一个产生发展过程,其重心由阶级分权发展为阶级内部分权,由议会权力重心转向行政权力重心(行政国家)。早在柏拉图、亚里士多德的著作中就有关于国家分工、政府权力分立思想。亚里士多德认为国家政体的公职分配方式是由审议、行政和审判这三种机能构成的。与此相适应,由公民大会、议事会和审判法庭分别行使上述机能,由此构成一个国家权力机构系统,同时他又认为国家的三种机构及其机能有着密不可分而又相互平衡的内在联系即相互限制或节制的思想。后来,波利比乌斯根据罗马共和国的历史经验,在理论方面直接传承柏拉图和亚里士多德的有关思想,在西方政治思想史上第一次较全面地探讨了国家三种政治权力分设的制衡问题,并着眼于奴隶主与奴隶、自由民之间的阶级分权,对以后三权分立尤其是政府权力分立、政治权力制衡学说产生了直接的影响。到了西欧资本主义社会时期,在资产阶级革命中涌现出一批杰出的政治学家,他们提出和确立了天赋人权、社会契约、三权分立等思想,把政治学理论推向新的发展阶段,为资产阶级国家政权体制的建立奠定了理论基础。经过资产阶级革命和民族民主革命所建立起来的资产阶级国家普遍采用立法、行政、司法三权分立并互相制约的政治制度。其中,以美国最为典型。

在洛克那里,认为国家的立法权、执行权和联盟权(外务权)应该分立,由不同的人执掌不同的权力。在这三权中,立法权是最高权力,它应由民选国会掌握,即由资产阶级掌握,而执行权和联盟权则由国王掌握,属于贵族。这在本质上是属于一种阶级分权理论。洛克的分权政府、限制、约束行政权力的理论,对于将国家的政治、行政功能长期合二为一的传统来说是一次巨大的冲击。将国家权力看成是由两大类相对独立的权力而构成的思想,在后来政府的行政理论中占据极为重要的地位,对后来两种形式的分权理论具有巨大的影响。洛克的思想不仅在英国有突出的地位,而且经过杰斐逊和潘恩传到了美国,又经伏尔泰、孟德斯鸠和卢梭等人传到了法国、德国,因而不仅在资产阶级革命过程中发挥了巨大作用,而且在革命胜利后资产阶级上升为统治阶级,从阶级分权转变为阶级内部分权中也发挥着巨大作用。如杰斐逊认为,不仅要坚持三权分立,这三个权力机构中任何一方的权力也不可能不加限制,而且要防止权力过分集中在联邦政府手中,实行地方层层分权。汉密尔顿在分权问题上主张加强行政权,认为三权分立不能理解为三种权力绝对分开,而应相互联系,相互牵制和平衡。孟德斯鸠在资产阶级思想家中第一个正确地把国家权力划分为立法、行政、司法三个方面,从而为国家的权力结构奠定了理论基础。同洛克相比,孟德斯鸠至少在两点上与之有别:一是孟德斯鸠发展并完善了洛克的"二权分立"说;二是在立法权和行政权的地位上有了变化。洛克认为立法权为最高权力,并用立法权制约行政权,奉行的是"议会至上""无法不行政"原则,因为洛克的使命是通过加强议会权力来削弱或架空王权。而孟德斯鸠的时代,英国王权已经被摧毁,行政权已被资产阶级掌握,如果不再限制立法权,被统治阶级便可能利用议会给资产阶级制造麻烦。这说明资产阶级在未取得国家政权之前需要议会限制行政权力,而在取得权力之后,则要求议会不干预它的统治。三权分立中权重于行政,反映了资产阶级新的政治要求,但难免导致国家诸权力之间的失衡。康德也赞成三权分立主张,但同时强调三权的合作对国家统治的意义,认为一个国家如果让一种权力实行完全独立于另外两种权力之外,社会就会出现专制主义。

通过以上对"三权分立"学说的梳理可见,"三权分立"学说中的"分权"与"制衡"是同一个政治过程的两个方面,具有相对性意义。其中,分权学说中的"行政"是一个很复杂的分析对象,与政治法律的执行有关,它可以分别从职能(功能)、权力与机构的角度以及它们之间的相互关系和联系来加以把握。行政机关行使的职能从形式上看全部是行政职能,但是从实质上看可能涉及立法、行政和司法。也就是说,没有一个国家的行政机关只局限于实质意义上(从国家职能的性质来说明行政的意义)的行政职能。

研究表明,伍德罗·威尔逊致力于建立一门独立的行政学学科,使行政学美国化,是建立在"政治与行政二分法"基本认识的基础之上。他的思想主要受益于德国政治学家布隆赤里和斯坦因,其后又得到古德诺的推崇和发展。

布隆赤里认为政治是重大而且带普遍性的事项方面的国家活动,行政则是国家在个别和细微事项方面的活动。因此,政治是政治活动家的特殊领域,而行政则是技术官员的事情。虽然政治若无行政的支撑便无所作为,但是行政并

第三部分
第三篇　行政学美国化：理论支点及其引发的批评与启示

不因此就是政治。在斯坦因那里,"政治"和"行政"已经在一定程度上得以划分。他认为国家是一种有机体,国家作为在一定社会秩序下的人格主体,具有心理学意义上的意志和活动的两相对立,具体表现为宪政与行政的关系。他认为宪政是主体有组织的意志,行政则是主体依据意志的活动。宪政规定行政活动的轮廓,但行政的内容却不是来自宪政。他还认为,法规的制定,也即立法的最初步骤应由行政机关掌握,而最后的批准或否决的权力则在宪政手中。这是因为只有行政机关才真正熟悉法规的限度与性质。

对布隆赤里和斯坦因的思想观点,威尔逊极为赞同,领悟透彻,并转化为自己的独立见解。他认为政治与行政既有联系又有区别。行政活动是政治活动的一个组成部分。但是行政活动领域是一种事务性的领域,属于技术范畴,而政治活动则要重大和复杂得多,政治领域内充满混乱和冲突,这远非行政活动所能相比。政治和行政是国家活动的不同范围,它反映了宪政制度和行政职能的区别。从历史的角度看,政治与行政的分离不仅是政治学研究的最新成果,而且也很大程度上体现了美国资本主义经济发展的必然要求,认为政治与行政的分离已经是现代社会生活条件下不言而喻的事实。也正是由于对政治与行政两分观点所持的解释,使威尔逊站在了美国政治改革的前列。如同政治与行政的分离一样,政治学与行政学也必然是分离的,威尔逊认为,政治学主要研究国家的性质、政府的构成方式、主权的本质和地位、政治权力、政治制度等有关国家根本制度的基本理论,关注社会价值、社会公正；行政学则侧重于研究政府的具体行政管理过程,它主要运用政治学的基本原理研究政府组织、政府行为等行政现象,研究如何设置合理的组织体系,如何确定正确的组织目标和如何有效地达到目标,它主要关注的是具体化、技术性和应用性研究。正是从这个意义上,威尔逊才反复强调政治与行政的显著区别,并认为行政学已开始与政治学相分离,正在成为一门独立的学科。威尔逊对政治与行政二分法这一理论的秉持与实践,奠定了他成为西方(美国)行政学开创者的历史地位。

对政治与行政二分法理论率先进行系统阐发的是古德诺。他在《行政学研究》一文发表13年以后的1900年出版了《政治与行政》一书,以抽象的方法对国家的基本功能进行了考察与划分,指出在所有的政府体制中都存在着两种主要的或基本的政府功能,即国家意志的表达功能和国家意志的执行功能。在所有的国家中,也都存在着分立的机关,每个分立的机关都用它们的大部分时间行使着两种功能中的一种。这两种功能就是：政治与行政。与威尔逊等人相比，古德诺对政治与行政分离观点的阐述更为系统、明确了。同时，他还纠正了人们以往对"分离"观点的一种僵化的理解，这种理解认为由于实行权力分立的原则，一种国家功能只能由一种国家机构独立行使。因此，分权不是绝对的分权，政治与行政两种功能的分离，也不是绝对的分离。两种功能及其行使机关的联系是密切的，对功能的行使不是完全单一的，这就要求行使机关加强合作，要求两种功能以一定的方式取得协调。对政治与行政两种功能协调一致的阐述是古德诺对政治与行政两分论的重要贡献。对政治与行政二分理论的系统阐述，使古德诺成为这一理论的典型代表。他的思想不仅引导人们对18世纪美国建国初期的三权分立原则作更深入的思考，而且通过对政治与行政分离的分析说明，启发人们从新的角度去认识行政、研究行政，从而推动了新生的行政学的发展。

从"三权分立"到"政治与行政二分法"，反映了西方政治制度内部矛盾的发展，以及政府与外部环境关系的动态调适过程。三权分立学说所奠定的政治制度，为政治与行政二分法的提出与发展提供了政治结构方面的逻辑空间，如果没有三权分立的政治制度以及政党政治，政治与行政二分法能否构建和发展起来还是值得怀疑的。与三权分立相比，政治与行政二分法对政府的行政管理职能持相对肯定的态度。虽然三权分立的原则依然为人们所遵循，但是政府行政部门的作用却已经变化了，主要表现为：在三权分立中的行政是"大行政"，逻辑上既包括狭义的政府，也包括官僚制，但它对行政部门的角色认定却是消极的；政治与行政二分法中的行政则是"小行政"，即不包括泛指的政府，只限于官僚制，但它对行政的角色认定却是积极的。对于这种变化，我们隐约可以发现西方政治权力重心的转移轨迹，即政治权力从议会转向行政部门，再从行政部门中的政治家转向常任文官（官僚制）。这些不同点和变化后来在新的历史条件下，引发了对政治与行政二分法——现代行政学理论基础的反思与批评。总之，威尔逊和古德诺主张政治与行政二分法体现了一种使行政摆脱政治干扰的努力，其目的是倡导在美国尽快创立一门行政科学，而不是认为现实中的政治与行政是可以截然分开的，强调的是其所具有的十分重要的方法论意义，其理论价值在于使行政学作为一门相对独立的学科的建立成为可能。因此，我们认为政治与行政二分法是使行政学美国化的直接的理论支点或逻辑起点。

三、"政治与行政二分法"引发的批评与启示

正如上文所述,现代行政学创立是以《行政学研究》一文的发表为标志的,实现了威尔逊使行政学美国化的夙愿。此后,现代行政学或西方行政学的发展实质上就是美国行政学的发展。现代行政学发展过程中的问题、争论、批评、挑战实际上主要是在美国行政学家之间开展的。世纪之交,作为美国国家公共生产力中心研究员的锡拉丘兹大学的张梦中博士曾以"美国公共行政学百年回顾"为题,论述了百年美国行政学发展的五大理论、三种模型和五大时期。其中,五大理论是:诚实、无党派及像企业一样的政府;经典管理模式;政治与政策制定;人类行为;项目的有效性。三种模型是派系冲突模型、派系规则模型和公共利益模型。这三种模型又是基于三个假设或前提:成立美国的奠基人多数将人看作是本质上易腐化的;涉及共和国的权力属性;预计到了个人与集体参与公共团体会带来的矛盾。美国行政学发展的五大时期分别是:创始初期(1887—1899);管理科学效率时期(1900—1929);研究的繁荣时期(1930—1959);重新调整时期(1960—1979);政府改革与行政学发展新趋势(1980—2000)。该文涉及行政学范围内广泛的问题,其中最为关键的问题要数与本文相关的对政治与行政二分法的扬弃问题。他指出,当行政学正式从政治学中分离出来,且行政被等同于企业管理,行政学的主流观念就开始追逐像机器一样的效率,重心从公共行政在社会中的地位这样一个政治问题转移到了微观问题,即如何有效地管理组织问题,这不仅将行政与政治分离,而且包括了向私有部门学习最佳实践的努力。将政治因素从行政中分离出来之后,改革者们认为科学的理性能够消除政治冲突。运用知识而不参与政治就会实现公众利益,达到各方面都更好的状况。另外,当行政学成为一门独立的学科建立起来,而且新兴福利国家开始广泛发展福利项目时,政治与行政二分法就会再现,公共行政的一个主要趋势便是远离"中立"而靠向"政治"。尽管早期支持行政中立的学者主张行政官员仅仅是公共政策的执行者,但这种假设现在被认为是幼稚的。人们认识到价值观会从多重外部因素侵入行政,而且价值观也存在于如政策执行这样被号称为是"中立"的内部决策中,像其他政策参与者一样,政府官员应当参与政策制定。由此观之,我们认为自古德诺以后的行政学发展历史中,政治与行政二分法面临两种并存的趋势或倾向:一是"行政"偏离"政治",追

求"效率至上",逐渐流失"公共性"或"政治性";二是"行政"讲"政治",不断"走近"政治或"走向"政治或"走进"政治。这两个趋势或倾向往往是从怀疑、批判、挑战政治与行政二分法着眼或入手的,有异曲同工之妙。

在我国学术界,把这两种倾向概括为"管理主义"和"宪政主义",认为西方公共行政思想史上历来存在着"管理主义"和"宪政主义"两种倾向,它们始终交织、盘旋着,分别支配着西方行政理论发展的不同路程。早期行政学(包括威尔逊、古德诺、泰勒、法约尔、马克斯·韦伯、古立克等)是以管理主义为中心的,关注的是行政学的科学性与效率,即行政的工具性与技术性问题,缺乏以价值理性和以价值问题为宗旨的行政伦理的指导维度,也就是说"管理主义"主张按照企业的管理原则与价值取向来对公共组织进行管理,试图通过科学化、技术化的管理来实现政府管理目标,效率中心、技术至上,价值中立是其内容的概括。经过西蒙的"事实—价值"的二分法及沃尔多的"民主"核心原则之后,西方行政学开始了以价值问题为宗旨的行政伦理探索,走上了以宪政主义为中心的"伦理救治"之路。"宪政主义"将公共行政视为政治体制和政治过程的一个组成部分,关注社会公正、平等、民主和回应性等。相对于"宪政主义"而言,"管理主义"倾向在西方行政学理论中一直占据着相对主导的地位,造成了公共行政学的价值偏颇和"公共性"的流失,日趋"非公共化",主要表现在:模糊了公共部门和私人企业的界限,将效率视为公共行政的终极目标,对政府的公共责任造成一系列冲击。事实上,"管理主义"对公共行政的这种"非政治化""非公共化"是对威尔逊的政治与行政二分法的曲解,为缓解这种失衡状态,"宪政主义"的觉醒与复兴及民主行政管理论、新公共服务理论、行政伦理学的发展,逐步在价值取向上、制度构建上和伦理文化上更加注重体现和强调公共行政的"公共性"。它的历史背景在于,随着西方国家政府的行政职能不断扩大和加强,人们开始关注行政在国家政治生活中所发挥的作用,由此成为政治理论和行政理论研究的重点。政治与行政两分离的理论受到越来越多的批判。在实践中,行政官员更多地为立法机构拟制法律草案或提出法案内容的具体建议,向立法机构提供经过他们筛选的情况和信息,行政对政治的"干预"明显加强,从而使政治与行政分离的界限愈趋混淆不清。行政活动"政治化"的现实和行政理论研究的"政治化"趋向,使得政治与行政二分法理论的影响大大下降。

对此,有学者进行综观性的研究,认为西方公共行政大体经历了四个发展阶段,并带来治理理念和范式的四大转变,即传统公共行政(TPA)的自上而下治理→新公共行政(NPA)的参与式治理→新公共管理(NPM)的绩效式治理→公共价值管理(PVM)的网状治理。与之相适应,公共行政的核心价值经历了效率至上→公平主导→"三E"(经济、效率、效能)和质量取向→效率、公平与责任并重的过程。事实上,每一种公共行政体系的实际运行中都要回答效率如何实现、责任如何保证、公平问题如何处理这三个核心问题,都在寻求回应效率、责任、公平三种核心价值,都有其优势和劣势,它们在迎接效率、责任和公平挑战的过程中,各种公共行政的价值都呈现出交叉并存的特征,只是侧重点有所不同,这与百余年来西方工业革命、新技术和资本主义单一社会形态演进的复杂历史背景不无关系。然而,现实问题就在于:我们如何进一步深入地阐述政治与行政二分法面对批判、挑战后的理论影响力?在此基础上,如何进一步深入地研究"管理主义"与"宪政主义"这两根主线并列、平行、相交的情形和同时并举的可能性,进而进一步深入探讨公共行政核心价值呈现的从效率到公平再到经济、效率、效能而趋向效率、公平与责任相统一的价值回归与平衡特性,以及对于正确把握当代中国公共行政发展的价值取向所具有的重要的借鉴意义和现实意义?

现实的历史雄辩地证明着这样一个道理,即一个具有世界历史意义的重大理论的产生,一定是与一个或多个具有历史意义的重大社会现实问题相关,并为解决这些问题服务,只要这些问题依然存在,那么反映并要解决它的理论就不会被抛弃,虽然它的表现形式是多样化的。同样,作为现代公共行政理论支点的政治与行政二分法并不是一种纯粹的理论设想,它是有时代的客观要求和现实依据的。政治与行政二分法是西方社会政治发展的必然结果。政治与行政二分法是西方政治文化为总体背景的,如"三权分立"等,但最为直接的原因主要是政治上的多党制和行政体系中的公务员制度建设这两个方面推动了政治与行政二分。1883年《彭德尔顿法》创立了美国公务员委员会,公务员制度的建立以及城市膨胀的需求催生了美国的公共行政学。威尔逊《行政学研究》一文提出了"政治与行政二分法",古德诺《政治与行政》一书作了系统的阐发。根据西方政治体制的设置,政治与行政的二分实质上和实际上是政党决策与政府执行的分开,也就是说政治是决策的领域,政治活动是决策活动,而行政是执行的领域,行政活动是执行活动。这样,政治与行政二分的前提就是两个:政党政治和公务员制度。它们的影响和作用是相互的。政党政治是公务员制度赖以产生的前提,而公务员制度也为政党政治的生成和发展提供了广阔的空间。

从这个意义上讲，20世纪60年代以来，政治与行政二分法所受到的批判，主要就是对西方多党政治与公务员制度的批评。政治与行政二分法的提出，一个直接的肯定的成果，就是使行政及其研究成为一个独立的领域，其积极意义在于最终使行政以公共行政的面目出现，确立了公共行政的边界，使对公共行政的研究成为独立的科学。但是，这一二分法所展开的行政学研究放弃了使社会其他公共领域恢复其公共性质的追求，或把这种追求看作是公共行政以外的与公共行政无关的生态因素。在二分法框架下所进行的行政科学化、技术化追求的消极面，在20世纪后期越来越暴露出来。同时也让我们发现，政治与行政二分法是否可以成为一个普适性的原则，的确是一个值得怀疑的问题，或者说，如果我们不把政治与行政二分法放在具体的社会历史背景中加以认识，而是脱离这一二分法的适用背景，把它抽象出来，当作一个具有普遍意义的原则，就有可能引致一些消极的后果。

一百多年来的历史实践已经证明，为创建美国现代行政学而提出的政治与行政二分法理论的目的已经达到或实现。它今天之所以被置于受批评地位和引起争议，我们认为主要有三方面原因：其一，二分法当时具有某种总体科学性，只是在其后的实际运用过程中，一方面可能由于公共行政实践脱离了二分法理论，实践尚未达到理念的要求；另一方面，可能由于公共行政的研究者和实践者对二分法产生了一定的误解或曲解。其二，二分法本身存在着历史的和认识的局限，应该加以修正或补充，如在阶级社会中，政治包括十分广泛的内容，不仅仅是某些人、政党或集团的立法、决策行为，如果仅仅归结为这一点，就大大缩小了政治的界限；再如对国家意志的阶级性、社会性、人民公意性也没有科学的界定，企业、市场、所有制的私有性质作为无可争议的内设前提加以确认，国家意志执行活动也不仅仅是国家行政机关的事。其三，西方公共行政主要是在资本主义单一社会形态背景下演进的，但毕竟已有一个多世纪的时间差，资本主义社会也在内外因素作用下缓慢地变迁着，政治与行政二分法也应当被适时地扬弃，并朝着人类社会文明进步方向发展。从特定意义上说，公共行政思想演变历程中的"管理主义"和"宪政主义"都是不可或缺的，问题是我们怎样选择一条具体的符合国情的优势互补的发展路径。

在伍德罗·威尔逊的行政学美国化精神的启迪与鼓舞下，我们面临着相似的历史任务，即要使行政学中国化！关于行政学中国化问题早在20世纪90年代就引起我的关注和思考，先后公开发表了三篇文章。我认为行政本质上隶属于政治,是具体的、历史的,具有民族性、世界性及普遍联系性。如同当年伍德罗·威尔逊提出要使欧洲大陆行政学美国化一样,我们应当也能够提出和构建行政学中国化,即使中国传统的行政现代化,使西方和美国行政学中国化。但是应该有所不同的是,行政学美国化所依据的理论或逻辑起点是"政治与行政二分法";而行政学中国化所依据的理论或逻辑起点只能是"政治与行政的和谐统一",这是由我国的社会主义性质所决定的。我们不搞多党政治,不搞"三权分立"。我国国家意志及其执行应始终保持社会主义的公共性特质和人民性本色!对此,我们仍有很多文章可做。

第四篇　行政学中国化与行政发展观辨析*

关于为什么要使行政学中国化,以及怎样使行政学中国化问题,我曾在第一、二届行政哲学研讨会上作了初步的探讨。本文仅就行政发展观及其与行政学中国化之间的相互关系问题再发表点浅见,借以抛砖引玉。

相对于作为实践或实践哲学层面的行政发展而言,行政学中国化和行政发展观同属于理论层面或理论哲学层面的问题。关于行政学中国化,我们可以从两个主要方面加以理解与阐释:一是从社会科学的形成发展维度看,中国有几千年的社会文明发展的历史,有着极其丰富的行政管理实践经验及其行政管理思想,它完全可能形成中国特色、中国气派的行政学,也就是说,中国应该有、必然有同时也确实有中国自己的本土行政学。二是从社会科学相互交流借鉴的维度看,现代行政学只能产生在西方,产生在美国,从这个意义上说,中国没有行政学,特别是没有现代行政学,行政学是外来货,所以要使之中国化、本土化。相比之下,通常人们更多的是持后一种理解和阐释,这是值得进一步商榷的。事实上,行政学中国化本质上是一种过程,即使中国"本土"的行政学和"外来"的行政学进行有机化合、整合的过程。因为行政本质上是具体的、历史的,具有民族性、世界性及普遍联系性。正是从这个意义上说,就如同当年伍德罗·威尔逊提出要使欧洲大陆的行政学美国化一样,提出和论证行政学中国化问题,本身也是一种行政观、一种发展观,是一种行政发展观。提出并研究行政发展观,必将进一步推动行政学的中国化。

行政发展观是行政观和发展观的有机统一,是指对行政发展的基本认识和基本看法。不同社会发展阶段的国家(早发型国家和后发型国家),不同社会制

---

* 本文原载于《长白学刊》2007年第2期,收录本书时作了部分修改,删除了原文注释。

度的国家(中国不同于美国),同一社会制度国家的不同历史时期(如改革开放以后的中国不同于改革开放以前的中国),人们会产生不同的行政观、不同的发展观、不同的行政发展观。这种基本认识和基本看法上的不同,归根结底源于不同的行政发展或行政发展的不同。一方面,行政发展观根源于行政发展,一般说来,有什么样的行政发展就有什么样的行政发展观,在这里,行政发展是第一性的,由此形成的行政发展观是具有从属性的,要求同具体的行政发展相适应、相一致;另一方面,行政发展观又能动地反作用于行政发展,自觉地指导行政发展,行政发展观决定着行政发展的程度、方向与道路,行政发展观应当先于行政发展。因此,研究和确立科学的行政发展观具有非常重要的理论意义和现实指导意义。

在国外社会科学领域,把行政发展作为热点问题进行研究,首先发端于20世纪60年代的美国。在我国,行政发展问题的提出是同改革开放以来的经济发展、政治发展、文化发展和社会发展紧密相连的。早在行政学界提出研究行政哲学问题之前,就有学者热心于行政发展问题的研究,其中卓越教授等还较早出版了《行政发展研究》一书。在2003年首届全国行政哲学研讨会上,何颖、陈辉、卓越、张劲松等教授对行政发展作了专门性的研究,主要集中在以下方面:行政发展概念的内涵及行政发展的特征、动因、内容、原则;行政发展与非同一性思维;行政发展与发展行政,行政发展与行政效率、行政改革、行政现代化,行政发展与经济、政治、社会发展,以及在对传统公共行政批判基础上形成的公共管理理论对人的全面发展等问题。他们的研究成果以及其他学者近几年来对行政发展问题的研究与探索,为行政发展观的深入研究奠定了宽广的理论和学术基础。

发展既相对于衰退,又不同于进化。一般进化指称自然界,发展指称人类社会。唯物辩证法认为,宇宙间的一切事物都以某种方式保持着相互联系、相互影响和相互作用,其联系、影响和作用又以运行的方式存在着,而运动必然导致变化。而变化又有两种基本方向:一是向着好的、进步的方向变化,一是向着坏的、落后的方向变化。前者称为发展,后者称为衰退。发展是指一个国家在一定的环境和条件下,使其政治、经济、文化、教育、科技、社会多方面协调共进,以推动该社会进步及现代化的过程。发展观既是一种价值观念,又是一种思维方式。一般说来,有什么样的发展观就会有什么样的发展道路、发展模式、发展战略,就会对发展的实际结果产生根本性、全局性的重大影响。第二次世界大战以后,西方学者在探究发展中国家从传统的农业社会向现代工业社会转变的过程中,曾提出过三种不同的发展理论。即发展＝工业化＝经济增长;发展＝现代化＝整个社会结构由传统向现代的转型;发展＝以人为中心＝综合发展(亦即可持续发展)。行政发展就是基于发展观或发展理论提出来的。行政发展是相对于行政衰退而言的,是指政府行为朝着进步、更高层次方向变化的过程。而政府行为包括抽象行政行为和具体行政行为两个方面。前者既有政府行政机关制定的法令规章,也有按照法令规章建立起来的行政制度、工作制度等;后者既有动作行为,也有心理行为,既有个别性行为,亦有集合性行为,既有实体性行为,也有方法性、技术性行为等。由此,所谓行政发展可以描述为:政府为满足本国经济社会发展的需要而采取科学方法,变革与健全行政体制及其制度,调整行政活动方式和行政关系,提高行政效能,以促进本国政治、经济、文化、社会各领域协调共进的行政活动过程。基于此,所谓行政发展观,是关于行政价值观念、行政思维方式以及行政发展的本质、目的、内涵和要求的总的看法和基本认识、基本观点。在既定的行政发展的前提和基础上,行政发展观应当先行于行政发展,并贯穿于整个行政发展的过程之中。

在我们初步分析论证发展、发展观、行政发展、行政发展观问题之后,还要进一步分析论证的问题是:第一,行政发展有别于行政发展观。大致说来,前者主要指涉行政实践问题,后者主要指涉行政理论或行政哲学问题,而不宜将行政发展与行政发展观等同视之。第二,行政发展又有别于发展行政。卓越教授在介绍美国行政思想家的观点时指出:在他们看来,行政发展和发展行政是两个相对独立的学科,前者重在基础理论研究,探讨行政发展的意义,行政发展现代化与政治现代化、社会变迁等多种因素的相互关系;后者是一种务实性的工作,主要研究如何改进行政技术、如何提高行政效率等。卓越教授自己也认为,发展行政和行政发展是有所区别的。行政发展是指政府行为向好的进步的方面变化的过程本身,而发展行政则是指对政府发展了的行为进行的研究,发展行政的研究对象是行政发展。官员应致力于行政发展,而学者则要关注发展行政。这样的观点是值得商榷的。事实上,行政发展与发展行政两者各自的主客体是有所不同的,行政发展不仅仅是官员的事,发展行政也不仅仅是学者的事。第三,发展行政也不同于发展行政学,同样,行政发展也不同于行政发展学。发展行政学是研究发展行政的过程及其规律的学问(学科),而行政发展学是研究行政发展的过程及其规律的学问(学科)。第四,行政学中国化与行政发展观、行政发展学、发展行政学具有共同的学理基础,同属于行政理论哲学层面。无论是行政学还是行政发展观,又或是行政发展学与发展行政学都应当使之中国化,归入中国化之列。也就是说,在中国,行政学、行政发展学、发展行政学以及行政发展观都应当表征出中国风格、中国气派、中国特色。

为了体现行政发展、行政学、行政发展学、发展行政学以及行政发展观中的中国风格、中国气派和中国特色,我以为要处理好以下几对统一关系:

其一,从行政发展方法论上看,处理好价值与事实之间的统一关系。一方面,行政发展中的行政价值取向是由行政的公共性特质及其目的性指向决定的,行政价值不能直接从行政经验或行政事实中产生。另一方面,行政发展又是以行政事实为对象或以行政实际为根据的,具有进步性、整体性、现实性和多样性等特征,行政事实不能以任何推理形式从行政价值中引出。在行政价值与行政事实这对关系中,行政价值追问的是行政发展的预设性、应然性目的,即行政发展为什么的问题,而行政事实追问的是行政发展的现实性过程中的实然性即如何进行行政发展或行政发展如何科学进行的问题。在实际辨别上,行政价值与行政事实的关系也可以从行政目的与行政手段的关系上加以考察。

其二,从行政发展动因上看,要处理好被动性与主动性之间的统一关系。唯物辩证法认为,任何事物的发展都是有动因的,行政发展也不例外。行政发展主要是指政府(广义或狭义)自系统的发展,其发展的动因主要来自外部动因和内部动因两个方面。行政发展的外部动因,主要由全球范围内的国家间,一国范围内的自然、国家、社会、政党、市场、企业、公民等生态环境因素构成。行政发展的内部动因,主要由政府行政系统的层级与部门、组织与人员、理念与制度、机制与行为等因素构成。我以为,在行政发展的外部动因与内部动因的关系问题上,存在着各种主、被动因素的关系,大体可分为六种情形:正面积极的主动因素与正面积极的被动因素之间的互动;正面积极的主动因素与负面消极的被动因素之间的互动;正面积极的被动因素与负面消极的主动因素之间的互动;负面消极的主动因素与负面消极的被动因素之间的互动;主动因素中的正面积极因素与负面消极因素之间的互动;正面积极的被动因素与负面消极的被动因素之间的互动。如何处理好行政发展过程中的内、外动因中各种主、被动因素之间的关系,切实推动行政发展,在很大程度上取决于政府行政能否做到自觉及其自觉的程度。从归根结底意义上说,政府行政自系统的自我发展即行政发展并不是行政发展的目的本身,积极而又高效地回应行政发展的外部动因,实现行政的公共性的价值目标,推动人类社会全面进步,才是行政发展的真正目的之所在。

其三,从行政发展过程上看,要处理好阶段性与持续性之间的统一关系。唯物辩证法认为,发展是事物普遍联系、运动、变化的结果之一,发展是不间断地发展与发展的阶段性的有机统一。因此,阶段性的行政发展并非是政府行政过程中所追求的常态。当然,行政发展也并不简单表现为行政扩张或行政膨胀、行政增量。为了防范行政发展过程中的行政自我衰退现象,应当处理好行政改革、行政发展与行政稳定的相互关系,以确保政府行政管理的可持续发展。